中國佛教

第五辑

中国佛教协会　编

中国出版集团有限公司
華文出版社

图书在版编目（CIP）数据

中国佛教．第五辑 / 中国佛教协会编． -- 北京：华文出版社，2023.11
ISBN 978-7-5075-5874-6

Ⅰ.①中… Ⅱ.①中… Ⅲ.①佛教史－中国－通俗读物 Ⅳ.①B949.2-49

中国国家版本馆CIP数据核字(2023)第188428号

中国佛教　第五辑

作　　者：中国佛教协会
责任编辑：吴文娟
封面设计：草鹭文化
责任印制：刘力新
营销编辑：张　露
统　　筹：张慧君
出 品 人：包　岩
出版发行：华文出版社
地　　址：北京市西城区广安门外大街 305 号 8 区 2 号楼
电　　话：总 编 室 010-58336239　发 行 部 010-58336267
　　　　　责任编辑 010-58336192
邮政编码：100055
网　　址：http://www.hwcbs.cn
经　　销：新华书店
印　　刷：北京雅昌艺术印刷有限公司
开　　本：710mm×1000mm　1/16
印　　张：32.75
字　　数：453 千字
版　　次：2023 年 11 月第 1 版
印　　次：2023 年 11 月第 1 次印刷
标准书号：ISBN 978-7-5075-5874-6
定　　价：220.00元

《中国佛教》（中英文卷）编委会

出版委员会

主　任：演　觉

副主任：宗　性　明　海　常　藏　刘　威

委　员：卢　浔　明　杰　秦　萌　圣　凯

刘　东　能　仁　澄　龙

整理校订委员会

主　任：圣　凯

副主任：范文丽

委　员（按姓氏音序排列）：

陈　超　传　云　旦巴贡布　德　光　范文丽　郭　敬

果　微　胡少博　姜桂芹　梁峻铭　刘　晨　刘懿凤

明　胜　能　仁　亲　道　亲　宣　仁　洁　升　圆

童赛赛　王　帅　悟　畅　现　了　徐文臻　尹　晗

印　通　张　琴　张忆雯　赵凌云　智　清　周邦威

朱兆丰　祖晓敏

序　言

佛教起源于印度，光大于中国，经过与中国文化的交融、共生、合流，最终以“释”之名，与“儒”“道”并称，成为中国传统文化的重要内容。这在世界文明史上是独树一帜的，既体现出佛教本身的世界性特征，也显示出中国文化兼收并蓄、博采众长的包容性特质。作为中华文明与印度文明两大文明传统相遇、碰撞之后形成的文明成果，中国佛教在思想、信仰、文学、艺术、制度、戒律、礼仪、习俗等方面做出了重要贡献，产生了一代代优秀的佛教人物和经典著述，发展出了丰富多样的佛教胜迹、佛教文化。今日，中国佛教不仅是中国传统文化的重要内容，更是世界文明的重要组成部分，堪称文明融合的示范与表率，对当今世界不同文明间友好交流具有重要借鉴意义。为向世界提供一部全面介绍中国佛教概况的通识性著作，中国佛教协会特编辑出版《中国佛教》（中英文卷）。

本书的编撰有着殊胜因缘。1955年，斯里兰卡为纪念释迦牟尼佛涅槃2500年，发起编纂英文版《佛教百科全书》，中华人民共和国总理周恩来受斯里兰卡总理约翰·莱昂内尔·科特拉瓦拉之请托，应承由我国来撰写其中有关中国部分的佛教条目，并委托刚刚成立不久的中国佛教协会组织人力编写、翻译。中国佛教协会接受任务后，即成立中国佛教百科全书编纂委员会，聘请国内佛教学者担任撰述、编辑和英译工作，时任副会长兼秘书长赵朴初居士担任主任委员，著名佛教学者吕澂担任副主任委员。编纂委员会以南京金陵刻经处为据点，约请了一批当时国内知名佛教学者撰写相关条目，内容分为教史、宗派、人物、经籍、教理、仪轨制度、佛教胜迹、佛教文化、中外佛教文化交流等九类。为了适应百科全书的体例，各篇条目着重资料性的叙述，要求全面性与概括性相结合，并做到言必有据。中文条目原稿前后共写成400多篇，200多万字，英文条目原稿也有100多万字。二十世纪八十年代至本世纪初，中文条目稿件陆续被整理出版为五卷本的《中国佛教》。英译稿寄往斯里兰卡后，部分被编入《佛教百科全书》（*Encyclopaedia of Buddhism*）。中国佛教的内容被打散之后编入不同的词条，散见于全书之中。当时形成的百万字的英文稿至今尚未完整面世，殊为憾事！

2018年，中国佛教协会安排中国佛教文化研究所开展“《中国佛教》英译出版项目”，对当时留存的全部词条稿件进行整理和出版，期望借前贤之功德，为当下的世界增添一份精神资粮。《中国佛教》（中英文卷）的出版，得到了华文出版社的大力支持，此次出版不仅使尘封之黄卷得以面世，也使前贤之佳作再次流通，更使当年编纂团队智慧成果得以整体呈现，可谓因缘殊胜，令人欢喜。

由于本书稿件多为二十世纪五六十年代所撰，当时的编纂委员会成员大多已离世。此次出版，基本保留稿件原貌，兼以少量内容修订。审校团队水平所限，在整理校订方面若有疏漏，祈请各位读者指正。

演觉

二〇二三年二月十七日

于北京广济寺丈室

要研究佛教对中国文化的影响（2004年版代序）

与几位青年朋友的一次谈话

如何看待宗教和文化的关系，这是每一个民族在发展文化过程中必然会遇到的问题。佛教对中国文化发生过很大影响和作用，在中国历史上留下了灿烂辉煌的佛教文化遗产。例如，我国古代建筑保存最多的是佛教寺塔，现存的河南嵩岳寺砖塔，山西五台山南禅寺、佛光寺的唐代木构建筑，应县大木塔，福建泉州开元寺的石造东西塔等，都是研究我国古代建筑史的宝贵实物。许多佛教建筑已成为我国各地风景轮廓线突出的标志。在一片郁郁葱葱之中，掩着红墙青瓦、宝殿琼阁。精巧的佛教建筑为万里锦绣江山平添了无限春色。敦煌、云冈、龙门等石窟则作为古代雕刻美术的宝库举世闻名，它吸收了犍陀罗和印度的特点而发展成为具有中国民族风格的造像艺术，是我国伟大的文化遗产。

佛教还为中国文化带来了新的意境，新的文体，新的命意遣词方法。数千卷由梵文翻译过来的经典本身就是伟大富丽的文学作品。马鸣的《佛所行赞》带来了长篇叙事诗的典范；《法华》《维摩》《百喻》诸经鼓舞了晋唐小说的创作；般若和禅宗思想影响了陶渊明、王维、白居易、苏轼的诗歌。变文、俗讲和禅师的语录体都和中国俗文学有着很深的关系。

佛经中的动人故事常常成为艺术家们绘画的题材，曹不兴、顾恺之、张僧繇、展子虔、阎立本、吴道子等历代名画家皆以擅长佛画而传世。中国画学中由王维一派的文人画而发展到宋元以后盛行的写意画，则与禅宗思想有关。由此可见佛教对绘画艺术所起的作用。至于音乐方面，公元三世纪，中国已有梵呗的流行。唐代音乐又吸收了天竺乐、龟兹乐、安国乐等来自佛教国家的音乐，唐代音乐至今还有少部分保存在某些佛教寺庙中。

伴随佛教俱来的还有天文、医药等科学技术的传习。唐代高僧一行创《大衍历》和测定子午线，对天文学做出了卓越贡献。隋唐史书上记载由印度翻译过来的医书和药方就有十余种，藏语系佛教中并且有医方明之学。佛教的刻经促进了我国印刷术的发展，至今被保存下来的世界上最古的版刻印本，几乎都是佛教经书图像。

佛教哲学蕴藏着极深的智慧，它对宇宙人生的洞察，对人类理性的反省，对概念的分析，有着深刻独到的见解。恩格斯在《自然辩证法》中称誉佛教徒处在人类辨证思维的较高发展阶段上。在世界观上，佛教否认有至高无上的“神”，认为事物是处在无始无终、无边无际的因果网络之中。在人生观上，佛教强调主体的自觉，并把一己的解脱与拯救人类联系起来。佛学和中国古典哲学的交互影响，推动了哲学提出新的命题和新的方法。它以独特的思想方法和生活方式，给予人们以新的启发，使人们得以解放思想，摆脱儒学教条，把人的精神生活推向另一个新的世界。

那么佛教在发展社会主义的民族新文化过程中还有没有作用？人类文化发展是一个连续不断的过程，传统文化和现代文化不可能完全割断。我们要汲取传统文化中一切有价值的精华来充实发展社会主义的民族新文化。中国传统文化也包括佛教文化在内。现在有一种偏见，一提中国传统文化似乎只是儒家文化一家，完全抹煞了佛教文化在中国传统文化中的地位，抹煞了佛教徒对中国文化的贡献。其实魏晋南北朝以来的中国传统文化已不再是纯粹的儒家文化，而是儒佛道三家汇合而成的文化形态。

研究中国历史，尤其是中国文化史离不开对佛教的研究，事实上，自公元148年安世高东来译经时起，260年朱士行西行求经至公元1175年朱熹、陆象山鹅湖之会（前者标志一个新的文化运动——佛学之开始，后者标志又一个新的文化运动——理学之创立），这一千余年是中国民族文化的灿烂辉煌时期，也就是中外学者盛称的魏晋六朝隋唐文化。五代北宋为其余波。恰恰在这一时期中作为中国哲学思想发展主流的却是佛学。其时期之长，声势之大，影响之广（传播国外），都远非两汉经学、宋明理学所能比拟。所以胡适当年写《中国哲学史》半途辍笔，就是因为当时不懂佛学写不下去了。还有一位我国当代著名的史学家早年曾对佛教文化采取过虚无主义态度，但到了晚年却开始系统地钻研佛经，表示自己需要补课。这位史学家对人说，在中国历史上，佛教和文化关系如此之深，不懂佛学就不懂中国文化。可是现在人们还是不重视研究佛教，把它看成粗俗的宗教迷信。例如对玄奘这个中国历史上伟大的翻译家、旅行家、语言家和佛学大师，在西方学者的世界史著作中都给他留下了应有的篇章。在印度他的名字更是家喻户晓，印度前总理尼赫鲁把他尊为历史上的四大伟人之一。但在中国，人们反而只知《西游记》里的唐僧，不知中国文化史上的玄奘。更有甚者，有人还把佛教文化这笔宝贵的文化遗产单纯地当作生财之道，发生了许多不该发生的事情，授人以中国不尊重文化的话柄。现在许多人虽然否定佛教是中国文化的一部分，可是他一张嘴说话其实就包含着佛教成分。语言是一种最普遍最直接的文化吧！我们日常流行的许多用语，如世界、如实、实际、平等、现行、刹那、清规戒律、相对、绝对等等都来自佛教语汇。如果真要彻底摒弃佛教文化的话，恐怕他们连话都说不周全了。因此，今天在制订文化发展战略时应该提出认真研究佛教文化精华的问题。

赵朴初

1986年1月

审校及修订说明

《中国佛教》（中文卷）以知识出版社1980年6月至1989年5月《中国佛教》第一至四辑第一版及中国社会科学出版社2004年6月《中国佛教》第五辑为底本，稿件基本保留了当初出版时的原貌。本次再版时，于以下几方面进行了少量修订：

1. 对少量标点、语法方面的错误进行了修订。

2. 对照二十世纪五六十年代编修的《中国佛教》英文版，进行中英互校，发现了一些诸如人名、地名、典籍名、年份等表述不一致的地方，针对此类问题进行了订正。

3. 对个别地名、行政区划等的表述，进行了修订。

4.《中国佛教》第五辑中增加了《〈中国佛教〉参编词条作者小传》，对于各词条作者的生平进行了简要介绍。

目录

藏　经

石　窟

佛　塔

佛教与中国文化

一　佛教和中国文化[①]

佛教是世界三大宗教中最古老的宗教。中国文化是世界人类三大文化中光辉灿烂的一支。佛教自公元一世纪传入中国，在长达两千年的历史时期中，两者的有机结合产生了极为丰富多彩的成果，其影响扩大到东亚其他国家，促进了各国民族文化的发展与繁荣。

（一）佛教的传入中国

佛教在印度本土的流行约有一千八百年的历史（自公元前六世纪至公元十二世纪）。粗略划分，可分三期：初六百年，为部派佛教形成时期；中六百年，为显教大乘发展时期；后六百年，为秘密佛教流行时期。初期佛教以上座、大众两部为主，三四百年中分化为十余种部派。其中上座部，分为南、北二传。南传上座部，在阿育王时传入斯里兰卡、并传入缅甸、泰国、柬埔寨等国家；约公元七世纪后又自缅甸传入中国云南省，迄今流行于傣族地区，形成中国的巴利语系佛教。中期的大乘佛教，于公元一世纪中传入中国汉地，公元七世纪起又自汉地和印度传入中国西藏。公元十一世纪起，印度后期逐渐盛行的秘密佛教，又大量传入西藏。印度这后二期的佛教，又在中国形成汉语系和藏语系两大系统的佛教。

---

① 此文系1984年出席世界佛教徒联谊会第十四届大会时向大会举办的佛教学术座谈会提交的学术论文。

（二）中国佛教的特点

中国佛教具有下述特点：

1. 全面性　如上所述，在长达两千年的历史时期中，中国传入了印度佛教三个时期的全面内容，形成了三大语系的佛教。我们从阇那崛多、玄奘（596—664）和阿底峡的传记及译经史实得知，大乘显密经论的原本中国保藏最多，其中不少重要经论，印度本土反而没有全部流行，如《华严经》《大集经》《大智度论》等。

2. 丰富性　中国佛教的丰富性，主要表现在两方面，一为典籍的浩瀚，二为宗派的繁多。

（1）在汉语系佛教中，现存译典一千四百八十二部，五千七百零二卷，除去重译本还约有四千四百卷，其中声闻乘三藏的一千四百卷，大乘经论约三千卷，全部约合梵文二百五十万颂。另有历代汉文著述一万余卷，折合梵文七、八百万颂。余部合计约有一千万颂。我国正在编辑的《中华大藏经》（汉文部分）共收二万三千余卷。藏文《甘珠尔》及《丹珠尔》两部共收译典五千九百六十二部，约合梵文三百万颂。藏文著述数量亦极庞大，目前我们正在进行编目工作。傣语系佛教除巴利语原典外，还有傣文译本及大量傣文著述。三个语系的佛教典籍之丰富是极其惊人的。以汉语系为例，汉文化历史悠久，文献之多，古代无比。但公元1403—1407年成书的《永乐大典》，不过二万二千八百七十八卷，与汉文佛教典籍约略相当。佛教在汉文化中所占的比重于此可见一斑。至于其他两种语系的佛教典籍就几乎等于各该民族文献的全部了。

（2）大乘佛教在印度只分“中观”与“唯识”二“见”和“波罗密多”与“真言”二“乘”，并未形成学派或宗派。但传入中国后，在汉地由于长期对教义进行钻研和辨析，逐渐形成许多宗派，如地论师、摄论师、楞伽师、涅槃师、天台宗、三论宗、律宗、法相宗、华严宗、密宗、净土宗、禅宗、三阶教等，禅宗后来又分七宗。西藏语系佛教也分为宁玛派、迦当派、噶举派、萨迦派、格鲁派、希解派、觉宇派、觉曩派、郭札派、夏鲁派等。傣族巴利语系佛教也分润派、摆庄派、多列派、左祇派等。佛教在中国所形成的这种“百花齐放、百家争鸣”的局面，是中国佛教内容丰富多彩的具体表现。

3. 广延性　中国汉藏两语系的佛教虽与民族文化紧密结合而发展，但并未成为民族的宗教，反而广泛流传到其他民族和国家。如汉语系佛教即传入朝鲜、日本、越南等地。藏语系佛教即传入蒙古族、满族。近代，这两语系的佛教又传入欧、美两洲各国。

（三）佛教与中国文化的结合

藏语系佛教与本民族的文化融为一体，一方面在教义上保持印度原来的传统，另一方面在形式上也吸收了汉地文化和印度文化之长，创造了极为光彩夺目的西藏佛教文化。

傣语巴利语系佛教基本上保持南传上座部佛教的传统，在傣族各地区形成傣族文化的主体。

佛教传入汉地，时间最长，发展变化最多，影响也最为广远。这一历史经验值得我们认真进行深入的研究。大体说来佛教与汉民族文化的结合是沿着三个方面进行的，即佛教的学术化、艺术化和社会化。

1. 学术化　佛教传入中国时面临一个民族传统文化高度发展的社会。从一开始这个社会的知识阶层就把佛教作为一种思想学说来接受，钻研讲习，不遗余力。由于书写工具的便利，每一新译经论不久即可传遍全国，讲、录、注、述，蔚然成风。因此，在教理、教义的研究方面很快就达到很高的水平，赢得当时国外佛教学者的赞美和崇敬。如东晋时的道安（312—385），被西域的佛教大师鸠摩罗什誉为“东方圣人”，“恒遥而礼之”。北魏时的昙谟最，妙达《涅槃》《华严》，印度的佛教学者菩提留支来华，“见而礼之，号为东方菩萨”，又把他著的《大乘义章》译为梵文，“寄传大夏，彼方读者皆东向礼之为圣人矣”。唐玄奘在印度被尊称为大乘天和解脱天，更是众所周知的事情。历史事实说明，大乘佛教传入中国后，教义的研究始终是发展的主流，由此引起十余种宗派的繁兴和二万三千余卷大量译籍及著述的出现。

2.艺术化　在佛教传入以前，中国的艺术和工艺已达到极高的水平，书法、绘画、制造工艺、纺织、建筑等的精美在世界上都冠绝一时。大乘佛教传入后，吸收了汉文化这一方面的长处，引起画像、造像、寺塔建筑等艺术和工艺的发展，使佛教面目焕然一新。公元301年前后来华的耆城大沙门看见洛阳寺、塔、宫殿的壮丽，赞叹说：“兜率天宫仿佛似此。”公元516年洛阳永宁寺建成后，菩提达摩祖师见之，“口唱南无，合掌连日”，赞叹说“此寺精丽，阎浮所无”，“极佛境界，亦未有此”。他又看见修梵寺的金刚像，形象逼真，赞美说“得其真相”。至于历史上一些著名画家，如顾恺之、吴道子、杨惠之等，为僧寺所作的壁画、塑像引起轰动的故事更是脍炙人口。今天，敦煌壁画、龙门造像、乐山大佛、雍和宫大佛、札什伦布寺大佛、布达拉宫等及遍布全国的寺、塔、石刻，其艺术上的价值已为世界所公认。事实上，大乘佛教的这一发展方向，是用汉文化中高超的艺术手段和方式来表达佛教的思想教义。近代有人认为中国佛教是多神教，是偶像崇拜，这是完全不理解佛教教义和无视历史事实的一种误解。事实上，大乘佛教信奉“诸法缘起性空”的学说，佛教不承认有创世主，也不相信有主宰人类命运的天神。

3.社会化　中国大乘佛教继承和发展了龙树的“一切资生事业悉是佛道”和弥勒的成佛必须修学五明的思想，在僧俗信徒中产生许多著名的学者，如一行、道宣、王维、孙思邈等人就是天文学家、医师、史学家、文学家。到了禅宗六祖慧能（638—713）提出“佛法在世间，不离世间觉”的思想，以后的怀海（720—814）又提出“一日不作，一日不食”的原则，因而使佛教与社会生活打成一片，在实际行动上实现了释迦牟尼的

“成熟有情，庄严刹土”的理想，使大乘真正发展为“人间佛教”。自公元九世纪以后的一千余年中，佛教的高僧大德从事造桥、修路、兴修水利、植树造林、行医施药、赈灾救难、救死扶伤，以至兴办社会福利事业、从事民族团结工作、进行整理文化遗产者代不乏人。举其著者，如深受禅宗思想影响的西藏宁玛派高僧钵阐布在担任吐蕃僧相时力主和议，促成唐、蕃立碑结盟（821—823），结束了百余年纷争的局面，开辟了汉藏两族世代永好的新的历史时期。明代僧人道衍（1335—1419）主持《永乐大典》二万二千八百七十八卷的编纂，总汇了当时汉文化的全部内容，成为世界上最大的一部百科全书。大乘佛教的这一发展，使佛教与中国文化完全打成一片，而无法分割了。

（四）结论

综上所述，我们可以看出，大乘佛教传入中国后，和中国文化相结合，发展是多方面的。一方面是与中国的思辨哲学相结合，而向学术化发展，对教义愈研愈精，由此引起各宗派的成立，使佛教本身达到高度的繁荣。一方面是与中国的精美工艺相结合而向艺术化发展，使佛教成为绚丽多彩的艺术宝库。一方面与中国的人生理想相结合而向社会化发展，使佛教与中国社会密切联系。这三方面都使佛教成为中国文化不可分割的一部分。自大乘佛教提出菩萨应以五明为修学的主要内容以来，佛教已由避世潜修的宗教信仰和思辨哲学转而向世间的学术、文艺、理论科学、生产工艺的领域迈进。我们一千多年的历史经验证明，佛教在中国大地上吸取中国文化的营养，沿着这一人间佛教的方向发展，取得极其巨大的成功。我们教祖释迦牟尼的“成熟有情，庄严刹土”的伟大理想已在东方的广大地区在一定的程度上化为具体的现实。在人类所创造的各支古老文化中，佛教已以独具的精深哲学思想、丰富的精神财富、庞大的文献宝藏、精美的文化遗产而成为东方文化和文明的重要支柱。它在长期进行“成熟有情，庄严刹土”的崇高事业的同时也使自身成熟起来和严净起来了。

我们相信，在未来的时代中，佛教必能一如既往，进一步与全人类的先进文化相结合，开出更加绚丽的花朵。我们佛教徒必将以更加精进勇猛的精神，深入学习五明，广行利他事业，为全人类的和平、进步和幸福的光辉远景做出前所未有的贡献。

（赵朴初）

二　中国佛教与哲学

（一）引　言

佛教从东汉传入中国，经过三国、两晋和南北朝的流行和发展，到隋唐创立宗派，达到鼎盛；由一外来的宗教哲学，经过吸收融合，成为中国哲学体系的一个组成部分。中华民族是一个伟大的民族，心胸广阔，气度恢弘，不仅组成了自己的多民族大家庭，创造出了自己的辉煌古文化，而且不管什么异文化，一经传来，就被广取众长，消化吸收，成为自己的独特文化，使自己的文化不断丰富和更新，放出灿烂的光彩，有如海纳百川，天罗星斗，海阔天空，洋洋大观。

佛教初时，只讲因缘："此有故彼有，此生故彼生"，从事物的普遍联系，即互相依存、互相制约的关系中，理解事物的存在，否定有神。这样的佛教传入中国，起初只是依附于黄老之学传布，东汉楚王英"诵黄老之微言，尚浮屠之仁祠"（《后汉书·楚王英传》）就是明证。至魏晋，佛教与玄学互相影响。南北朝佛教独自发展，形成了涅槃师等师派学说。隋唐佛教建立宗派，并向朝鲜、日本等国传布，佛教盛到高峰。宋、元、明、清走向衰退，佛教哲学部分被儒道两家吸取。在这千年之间，可说是佛、道、儒三家思想的交涉史。

（二）佛教初传

佛教初传中国约在两汉之间。若论可考的译家，当以汉末桓、灵二帝之际，来洛阳译出禅数之学的安世高和译出般若之学的支娄迦谶为最早。安世高，原是安息国（伊朗一带）的王子，东汉桓帝建和二年（148）到达洛阳，灵帝建宁年间（168—172）译出禅数学、声闻乘经典。“禅”指禅观，为定学，是说通过禅定静虑，领悟佛教的人生观和世界观以达到涅槃寂静的精神境界。例如，《安般守意经》、大小《十二门经》、《大道地经》等，即是。安般为梵语音译安那般那之略，“安那”指出息，“般那”指入息，与道教的“吐故纳新”相类似；“守意”指心缘呼吸守止意念而入定。所谓“禅数学”者，“数”指“数法”，即“阿毗昙”，意译“对法”。对佛教理论概念的分类系上数字，如四谛、八正道、十二因缘、五蕴、四大等等，也称“数法”。

支娄迦谶，简称支谶。于灵帝光和、中平（178—189）之间译出《道行般若经》《般舟三昧经》《首楞严经》三经，既包括缘起性空的理论，也包括三昧的实践，而重点在般若。《道行般若》的译语，把表示空性的“真如”“实相”译成“本无”，是受《老子》的影响，即把“无”理解为“有”之本。三国时，支谦将《道行般若经》改译成《大明度无极经》，仍然沿用“本无”一词。《大明度无极经》，在公元222至241年间译出，王弼创玄学“正始之音”在240至248年间，两者恰相衔接。通常认为般若依附玄学，受玄学的影响；但影响总是相互的，在交涉过程中，玄学也会受佛学的影响。王弼的《体无论》说：“圣人体无，无又不可以训，故不说也。老子是有者也，故恒言无所不足。”（《钟会传注引》）从《般若》的问世和玄学创始的年代先后而论，王弼很有可能是接受了般若的空无思想以后，才认为老子是“恒言无所不足”的。《道行般若》正是针对由“因缘”说有的一切有部的《毗昙》，而由“缘生”说“空”。“名本无形，字无有形”（《道行经·昙无竭菩萨品》）一切名言概念，即佛说的教法，都不代表真实有形的东西，而只有依“缘生”而起的幻化现象。缘生幻化是现象的“假有”，若论本质，是不与名言概念相一致的“本无”。“本无”，后来译为“真如”“实相”的“真空”。“空”“本无”是佛教哲学的核心思想之一。

“空”是对“有”（即存在）的否定概念——肯定一切事物的运动发展都要走向自己的否定。《老子》说“道”是“无”或虚空，同时举“埏埴以为器”，“凿户牖以为室”，“有之以为利，无之以为用”，强调“无”的作用。所以，“有”与“无”，“存在”与“否定”，是世界观中一对基本的概念，般若学首先对它的辨证关系作了剖析。

（三）佛教哲学与魏晋玄学

佛教哲学与玄学在“言意之辨”这一命题的关系，是特别值得提出的。“言意之辨”原是认识论中的一个基本问题，王弼用庄子的“得兔忘蹄”“得鱼忘筌”来注解《周易》，说：“得意在忘象，得象在忘言”，是言不尽意论。在佛学里，“言”是世俗的名相，由约定俗成而假立，不等于事物的“实相”；只有破除了执以为实的形而上学偏见，认识事物的“离言自性”，即“空性”，才能得到事物的实相真义。这“意”不是平常的意念，而是指比平常常识更为殊胜的智慧。“空性”“实相”是殊胜慧的境界，对俗谛而称为真谛或胜义谛。实相即无相，真意即空性。因此，真意是离言绝相的觉慧境界，与玄学老子的“道本无名”有相通之处。般若与玄学的言不尽意，得意忘言这一哲学思想，后来敷演为中国文学艺术思想的风尚。魏晋文学争尚隽永，《文心雕龙》推许隐秀。陶渊明的诗句“此中有真意，欲辨已忘言”正是这一思想的表达。无论文艺、绘画，都主张蕴藉含蓄，敦厚温柔，重在传神写意，不尚形似逼真，是中国传统哲学思想贯穿在文化中的一个特征。

魏晋时的《般若》典籍，翻译尚不丰富，人们对它的理解还存在偏颇。因此，当时玄学与般若，义理既可相互比拟、相互发挥；名僧与名士，行为风范也多契合。西晋支孝龙和阮瞻、庾凯等结为好友，共称“八达”。东晋孙绰的《道贤论》，以七道人与竹林七贤相比拟，这些般若学者有的已不像是佛教徒，而承名士之风，为魏晋名流人物的典型，甚至在玄学胜理中，支道林也成为庄学的权威。

详细探究佛理与玄学之间的理论关系，就要考察当时般若学的分派及其原因，般若的根本义理空性当时译为“本无”。对“本无”一义的理解，出现三大学派，本无派、即色派、心无派。宋释昙济作《六家七宗论》，举出本无、本无异、即色、心无、识含、幻化、缘会等七宗，于七宗中除去本无异宗，故说六家。这六家中，除本无、心无二家各自成为独立的一派外，即色、识含、幻化、缘会四宗复可归结为即色一派，因此实际只有三大学派。般若学的分歧，本质上是当时玄学各派的分歧在般若研究中的反映；般若学各派的分歧，既可理解为玄学各派的分歧，因而般若学的繁兴，也可理解为魏晋玄学的进一步的发展。六家七宗的般若学，不仅影响了中国哲学思想的发展，而且成为中国哲学思想中的一个组成部分。

晋时般若学六家七宗的论点多与玄学合流。竺法琛等的本无义，是王、何贵无思想在般若学中的延伸；支敏度的心无义，是裴颜崇有论在般若学中的理论发挥；支道林的即色义，是向秀、郭象冥内游外玄学在般若学中创造性的发展。不仅玄学与般若学互相启示而进展，般若学中的六家七宗也由相互激荡、相互砥砺而趋于融贯。这是在同一时期各种学术发展的必然规律。

（四）义理归正与神灭之争

般若义理这种驳杂不纯的状态，一直到鸠摩罗什到长安译出《摩诃般若》（也称《大品》）、《小品般若》及解释《大品》的《大智度论》后，才纠正过来，般若义学到此时才得到正确理解和阐明。他的入室弟子有生、融、影、睿、严、观、恒、肇，称为八哲，时人评语：“通情则生、融上首，精难则观、肇第一。”僧肇（384—414）在关中弘传三论，对般若学六家七宗的代表，本无、即色、心无三家作了批判，认为都不是正确的空义，并作《不真空论》《物不迁论》，说明以假（不真）成空和“求静于诸动，故虽动而常静”，“动静未尝异”的义理。《般若无知论》则说以无所取著的“虚其心（即无知）”，观照性空无相实际的“实其照”，从能所两方面分析般若无知无相的道理。道生（?—434）本于“万法虽异，一如是同”（《法华经疏》）的论据，主张一切众生皆有佛性，但为烦恼所覆，受生三界，说“禀气二仪者，皆是涅槃正因，三界受生，盖唯惑果。阐提是含生之类，何谓独无佛性？盖此经度未尽耳”。早在大本《大般涅槃经》译出之前，于法显译的六卷《泥洹经》之际，即预推定一阐提（断善根者）也有佛性，可以成佛，并断定六卷《泥洹》，译出未尽。因而受到抨击，被摈出建业。后来大本《涅槃》传来，果然有一阐提也可成佛的明文。众皆折服，称他为涅槃圣。他主张顿悟成佛，说“夫真理自然，悟亦冥符。真则无差，悟岂容易？不易之体，为湛然常照，但从迷乖之，事未在我耳”（《大涅槃经集解》卷一）。这顿悟义，在刘宋风行一时。谢灵运作《辨宗论》，为道生声援说：“圣道既妙，虽颜殆庶，体无鉴周，理归一极”，取儒家的“一极”而不要“殆庶”，已用儒家之说来解释顿悟之理。道生宣扬的是关于佛身、佛性，属于“妙有”的道理，与僧肇宣扬的般若性空，属于“真无”之义，恰好是相对而又互相发明。其实，所谓“真空”“妙有”的含义，诚如黑格尔在《小逻辑》一书中指出的那样，纯有与纯无，是绝对无规定性的抽象，二者相符，不可分别。在《附释》中说：“今‘有’只是纯全无确定性者，而‘无’亦复同样没有确定性，因此两者间的区别只是一称谓上的区别，或完全抽象的区别，这种区别同时又是无区别。”他又说，“被佛教徒认作万事万物的普遍原则，究竟目的和最后归宿的‘无’，也是同样的抽象体。”看来很可能就是受到佛教哲学的启发而有此说。所以，“妙有”“真无”指的是纯全的理体，名异而实同。道生的佛性说和顿悟理论，后来禅宗的明心见性，顿悟成佛说，就与它有渊源关系。

梁代神灭神不灭之争，与形神可分不可分相关联。神不灭之义，慧远在《沙门不敬王者论》中，论形尽神不灭，说“冥神绝境，谓之泥洹”，是“神”达到一种不可知的超然境地，并不是神灭，而主张神不灭。这一思想是受了《三法度论》里说有胜义我的影响。梁武帝天监初，范缜著《神灭论》，对形神的关系，从神形相即不离，体一名殊，犹如刃之与利等论点，破神不灭论。沈约、曹思文等著文反驳，曹以神形只能说为相合为用，不能作为相即的一体。范缜承认了这一点，还举比喻“蛩与駏驉”二兽相依为命来证明形灭神也灭。这反而论证得更不完整。曹反难问，既是两个生命，形谢神存就可成立。而且佛家还有许多与此相关的理论，如关于补特伽罗有我和佛性的思想等等，都与神不灭问题有关，范缜的简单形神关系说法就显得无力。实际上，佛教哲学是主张中道的，所谓“非常非断，不堕二边”。说神灭即成断见，说神不灭即成常见，都不是佛教哲学的中道义。

（五）南北学风的融合和隋唐各宗形成

“南义北禅”佛教风尚各异，然也互相影响交流，禅法与义学并无绝对界限。北方著名禅师多以某一经论为依据，如达摩依《楞伽》、佛陀依《地论》、僧稠依《涅槃》、慧思依《法华》。南方义学虽不重修证，但以研习《三论》著称的摄山一派却很重视禅观。到了隋、唐，各派大师都主张定慧双修，所谓“禅义兼宏”“定慧双开”，南方义学与北方禅法有互相结合的趋向。这样就形成了隋、唐之际的两大宗派：天台宗和三论宗。

与这两大宗派形成的同时，新译经论又把新的佛学不断传入。北方的菩提流支、勒那摩提译了《十地经论》等，研习者成为地论师。南方的真谛传译了《摄大乘论》等，研习者成为摄论师。两派互相交流，成为唐初慈恩宗的先驱。地论一派与三论宗的汇合，又演化为唐代的华严宗。

天台宗　中国成立最初的宗派是天台宗，创宗人智𫖮（538—597），住在浙江天台山，因而得名。它的学说渊源，可上溯至南岳慧思和北齐慧文。慧思是北方的一个禅师，他带了一批弟子由北方来到南方，与摄山的兼重三论和禅法的慧布一派相遇，在南方颇受欢迎，“陈世心学，莫不归宗”（《续高僧传·慧思传》）。他兼重般若，“定慧双开”，禅学则“南北禅宗，罕不承绪”。他还受道教影响，先求长寿，多弘禅法。

天台宗的真正创立人智𫖮，师承北方禅学，又接受般若三论义学，成为与三论宗、早期禅宗并立的一种佛学体系。他的学说主要以止观和判教为代表，所谓天台教观。观主要说“一心三观”：即空、即假、即中三观，是由《中论》三是偈来的。空无与假有合成中道，是辩证的对立统一。

三论宗　吉藏（549—623）是三论宗的实际创立人，他的诸法实相学说，以真俗二谛，八不中道来作解释。八不是不生不灭、不断不常、不一不异、不来不出，有二律背反意义，否定对佛说缘起的一些不正确看法，提出了八不，通过二谛讲中道。二谛义说，言诸法有者，凡夫谓有，此是俗谛，此是凡谛。贤圣真知诸法性空，此是真谛，此是圣谛。在《三论玄义》中说：“诸法实相，言忘虑绝，未曾真俗，故名之为体，绝诸偏邪，目之为正，故言体正。言用正者，体绝名言，物无由悟，虽非有无，强说真俗，故名为用，此真之与俗，亦不偏邪，目之为正，故名用正也。”他以有无、真俗、体用的对立范畴来讲中道义理。

慈恩宗　印度佛学从汉末传来中国，直到唐初的几百年间，真正能够传译印度学说本来面目的，当推玄奘（600—664）。他的弟子窥基根据他传译的哲学思想创立了慈恩宗。此宗的学说，相对中观学派来说，是用偏计执、依他起和圆成实三性来解释诸法实相为特征的。依他起性又是三性中的枢纽，依他起性的“他”指的是缘起之“缘”，主要为人意识中的种种习气，所谓种子、功能等比较不显著的潜在作用，也就是人们积累的经验。把一切事物包括客观存在的一切现象，都看成为依存于经验的东西，这就叫“唯识”。因此，唯识说乃是三性说所必然导归的结论。唯识说在古代印度经过无著、世亲、陈那、护法、戒贤、亲光等各代一再发展，由玄奘传来中国。玄奘晚年，由窥基秉承他的意旨，博采十家注释的《三十唯识》编译的《成唯识论》一书，为慈恩宗学说的主要准绳。但从保存玄奘学说的基本精神来看，《佛地经论》更为重要。它的唯识说，归宿在“转依”上。唯识说阐明一切客观现象，都与人的经验联系着，不能脱离人的意识而独立存在。其中，很微细而又经常不自觉地在活动着的、保存一切经验的基本识叫阿赖耶识（即藏识）。还有一种处在不自觉状态中的自我意识，叫末那识（即染污意）。又有反映由藏识中的经验重新显现出各种各样的现象的表面活动的一些意识（即前六识）。这种活动又构成新的经验，并继续保存于藏识，成为以后再显现而发生新的认识的根据。这样积累的经验就称“种子”。经验所显的现象就称“现行”，二者互为因果，相续不断。这就是唯识说的模式。在实践上由染污的虚妄达到清净的真实，乃是一个根本转变的过程。根本转变的依据就在“藏识”，因而称之为染净依。转变的结果，由以分别为主的意识活动转成为如实如理的无分别智慧（无那种执著的分别），而成为一类转依。关键是改变那种平常分别执著的看法，转过来按照事物本来的样子去理解。形容事物本来样子、本来面目的概念有“如性”“真如”等，都是离开“实我执”“实法执”才显示出来的。做到这一点，就能发生有区别于染污的清净。从这一意义上讲，事物的本相也称为“法界”（法指清净法，界就是因，法界就是清净之因），“真如”“如性”“法界”都是形容事物本来样子的。对于各别事物来说，此相是共性，也就是说，存在于一切事物上的共同道理。依这些道理，人们就可以由迷转变为悟，所以称为迷悟依。藏识为染净依，真如为迷悟依，两类转依相待相成，是理论运用于实践的最后目标。把染净依归之于心，迷悟依归之于理。心是法，理是法性（本质），两者的关系是不一不异，既不能说是同一回事，又不能说互不相关。这种说法与其他宗派有所不同。天台宗及后来的贤首宗、禅宗等，都倾向于把心与理看成为一回事，他们与慈恩宗发生分歧也集中于这一点。由于事、理有别，所证的理虽人人都有，而实践的事，信、解、行、证，就有三乘，不定和无种姓的五种。此即五种姓说。这种说法招致别宗的反对，终于影响到不能在中国畅行。种姓说的争论，似乎先是涉及一切众生能否成佛的问题，但这一理论的根据，却在于“心”“理”之异同上。“理”是从心的法性上来讲的，因此还会推演到“心”与“性”、“性”与“理”是否同一的问题。这一问题后来在佛教内外一直成为讨论的重要论题。

贤首宗　贤首（643—712），参加译过八十卷《华严》，弘扬《华严》经义，创贤首宗。他的学说以“无尽缘起”为中心，提出“法界观”，讲“事”“理”“理事无碍”（统一）、“事事无碍”。事，各别的现象，事物；理，事物的本体、本性；理事无碍，通过智慧了解到理为事之理体，事为理体之显现，所以理事无碍；了解到此，即可以了解事事无碍。这是先通过理（自性空）与事融合为一，再从理上见到与事的融通，这样，由事之作用于事，事与事也就发生了联系。事事无碍，周遍含容，就成为无尽缘起。

华严兼禅的宗密作《禅源诸诠集》，本书已佚，“都（总）序”还存。《禅源诸诠集》序区分当时所有的禅为三宗，“息妄修心宗、泯绝无寄宗、直显心性宗”。所有的教为三教：密意依性说相教、密意破相显性教，显示真心即性教。教到了“显示真心即性教”，宗到了“直显心性宗”，才是最高的阶段。这种教与宗的统一，是由于对心性本觉的论点加以扩大的结果。自此以后，《起信论》的思想就同中国的佛学思想融洽无间，更没有什么异论。但和印度的佛学义理是不同的，应该说是中国的佛家哲学思想。

禅宗　禅宗初祖达摩以四卷《楞伽》印心。二祖慧可、三祖僧粲修头陀行，不在一地久居。四祖道信、五祖弘忍，在黄梅的西山和东山定居下来，于《楞伽》以外，吸收了《般若》的思想。传至六祖慧能（638—713）以后，就完全以《金刚般若经》代替了《楞伽经》。五祖弘忍门下南能北秀、顿渐分宗。据《坛经》传说，弘忍准备传法，让学有心得的弟子呈偈给他看。神秀的偈是：“身是菩提树，心如明镜台，时时勤拂拭，莫使有尘埃。”慧能看了此偈，认为还不到家，写了一偈：“菩提本无树，明镜亦非台，本来无一物，何处惹尘埃。”弘忍见到后，就密付衣钵，传法给他。慧能得了弘忍的真传。慧能禅法的嫡传是荷泽神会。神会攻击神秀的北宗是“传承是傍，法门是渐”，而说南宗是“无念为宗，法门是顿”。

其实，佛教禅宗的修持过程，也与一切事物的发展过程一样，量变的渐进与质变的飞跃，是必经的两个阶段而不能偏废，神会不过为争正统而突出顿的一面而已。宗密认为荷泽禅的要点是“寂知指体，无念为宗”。说空寂上的知是心体，净心即以空寂之灵知为体。达摩以来，以心传心就是传的这个心，所谓“知之一字，众妙之门”。这是受到《起信论》的影响，把本觉作为心体，用知来解释本觉，对后来中国的理学和心学产生过很大的影响。所谓“致知格物”“良知良能”就是这一影响的表现。南禅神会系只是在北方占有势力，真正在南方得到发展的是南岳和青原两系。

南岳与青原的基本不同，即在于一从体用与一从本末作理事圆融的解释。这在以后禅宗的发展中也有很明显的表现，他们的思想影响于宋明理学也与此种区别有关。理学之受《华严》影响是大家共认的。不过，他们是通过禅学，特别是所谓华严禅，而间接受到的影响，并不是直接研究《华严》而得到的。到了五代末年，南宗禅分成五家支派。五派的思想一般说来，相差无几，都属于南宗，只是在接引学人的方式上各有一套，形成不同的门风而已。文益的《宗门十规论》指出：“曹洞则敲唱为用，临济则互换为机，韶阳则函盖截流，沩仰则方圆默契。”说得确切可信，也很扼要。因为他自己是法眼宗，没有谈及法眼。但它的宗眼是一切现成，也是可以推想而知。禅对于教应采何种态度，是发展过程中一再讨论到的，如中唐时期的宗密，既是贤首宗的大家，又是荷泽系的禅师，在其《禅源诸诠集都序》中，就曾主张过禅教统一。但到了后来，有些人又产生了不大正确的看法，认为禅是教外别传，或者根本“不看古教，或者不符原来教义乱有引证”。文益因此感慨地写了一颂：“今人看古教，不免心中恼，欲免心中恼，但知看古教。”说要除烦恼，仍只有认真看经这一禅教统一途径，经其门下天台德韶再传永明（寺）延寿，得到更大发扬。

五代末宋初的延寿（904—975），出自法眼一系，召集了慈恩、贤首、天台三家佛教的人，“分居博览，互相质疑”，最后由他禅家“以心宗之衡准平之”，把诸家之说统一起来，写成《宗镜录》一百卷。当时，禅虽有各家止观，教虽有三家，却“禅尊达摩，教尊贤首”，将禅教统一起来，这是法眼宗的门风，也是宗密《禅源诸诠集都序》的编纂方法。

从五代到南宋，禅宗的思想没有特别的发展，只是与从前玄学的关系又密切了。佛教传来中国，原是与玄学互相影响发展起来的，以后双方分了开来，到了禅学的后期，却又重新结合了。中国的儒道传统思想本来是由玄学沟通的，禅学趋向于玄学，因而就沟通儒释道三家的哲学思想。唐人讲玄学称《易》为“真玄”，《老子》为“虚玄”，《庄子》为“谈玄”，关于真玄，宋人与禅师有关的都喜欢唐代李通玄以《易经》讲《华严》的《华严经论》。如程伊川就说过：“看《华严经》，不如看一艮卦。”关于虚玄，看话禅的“话头”中所谓“万法归一，一归何处”，“父母未生前本来面目”，“旷劫无名”等，就通于《老子》的“有生于无”思想。关于《庄子》谈玄，是“以天下为沉浊，不可与庄语”，而“以卮言（无心之言）为曼衍，以重言（古人之言）为真，以寓言为广”。认为语言中也有玄。本来禅师就讲究语言的“机锋”，得到《庄子》的启发后，也讲三句用以试人，含有玄意。临济就说过：“一句须具三玄门，一玄门须具三要，有权，有用。”让听的人自己去理解。禅学再走上玄学的道路，当然和原来的玄学不同，这种玄学的回归，可谓之新玄学。

（六）儒借佛家哲学思想构成新玄学

佛教的哲学思想，以它宏博深微的思辨理论，从南北朝到隋唐之际而达到极盛，竟将中国固有的哲学思想抑制达数百年之久，一时才智之士多归依于佛家。唐韩愈（768—824）想复兴古代儒家人本的、有为的积极哲学来排斥佛教，在《原道》一文中抬出儒家的道统以对抗佛家传法世系的法统。理论是用儒家《大学》的正心、诚意、修身、齐家、治国、平天下的人本理论来反对佛教的出世、离俗、出家修道等思想行为。认为佛教违反中国封建社会的伦理纲常关系，要勒令僧道还俗，焚毁经典，没收寺院、道观房产。当时唐宪宗没有采纳，韩愈反为上《谏迎佛骨表》而被贬到潮州。到了武宗灭佛时，因为寺院经济损害到国家利益，就照他的办法一一施行了。但他是一个文学家，对哲学没有一个思想系统，只是以一个思想运动的创导者，而对后来宋代道学的兴起发生重大影响。他的学生李翱（772—841），著《复性论》，主张性善情恶，用《大学》的正心、诚意、格物、致知、齐家、治国、平天下的途径，以尽心之性、尽物之性。复性说进一步发展了韩愈的反佛理论，开了宋明道学的先河。

以佛家哲学思想为内容核心，而以儒家面貌出现的是宋明的道学，也称理学。道学的开创人程灏（1032—1085）、程颐（1033—1107），从周敦颐接受道教陈抟的象数学《太极图说》，又从佛教华严宗的“理事无碍”“法界圆融”思想，发挥理、气、道器相对相摄及“理一分殊”的哲学思想。朱熹（1130—1200）更把理一称为太极，分殊称为万理，主张理在事先。陆象山（1139—1192）则采佛家“三界唯心”“万法唯识”和孟子“万物皆备于我”的思想，创立“心学”一派，明代王阳明（1472—1529）继之说良知良能，主张致良知。“心学”是沿袭禅宗“明心见性”的说法而来的。宗密讲“知之一字，众妙之门”更是致良知的滥觞。

（七）佛家哲学思想大融合

元明两代，台贤二宗的传承，虽然零落，大体仍可衔接。到明末，又有四大家，即云栖袾宏（1535—1615）、紫柏真可（1543—1603）、憨山德清（1546—1623）和藕益智旭（1595—1655），他们都熟悉台贤学说，进一步融合各家。中国佛教义学始终不出台、贤、慈恩范围。慈恩学说始终为中国佛教哲学解释名相、分析事相等不可缺少的依据。德清所说的“相”就是指的“法相”，也称慈恩为法相宗。台贤二宗着重于理，所谓“法性”，则称性宗。“法相”说真如、如来藏凝然不动，不能受熏，而“法性”则说为不变而随缘，可以受熏，两说相背。德清据《起信》所说“一心二门”，沟通性相，注解《百法明门论》和《八识规矩颂》，合称《性相通说》。智旭认为天台性具说，应不但具理，也具足相，如贤首所说事事无碍，重重无尽，这样由具性而发展到具相。会通性相，如波与水，相是波而性是水。例如，波不离水，相也不离性，而应会相归性，说：“欲透唯识玄关，须善台衡宗旨，欲得台衡心髓，须从唯识入门。”他批评台家只讲性具而不懂唯识法相，法相家讲法相而又不懂圆理，议论纷纭，性相不通。所用的最后根据仍为《起信》。他说：“悉教纲幽致，莫善《玄义》，而《释签》辅之；阐圆明真修，莫善《止观》，而《辅行》成之。”“极性体雄诠，莫善《杂华》而《疏钞》《玄谈》悉之；辨法相差别，莫善《唯识》而《相宗八要》佐之。”教观性相都被提出来了，做到“悉性”“真修”“极性”“辨相”后，还要“然后融于宗镜（禅），变极诸宗，并会归于净土”。这种说法，是当时全部融会贯通的突出典型。在近代佛学思想未曾变化之前，大抵都是依照他来讲说的。

（八）清末佛教义学的重兴

《清代学术概论》中说：“晚清思想家有一伏流，曰佛学。前清佛学极衰微，高僧已不多，即有亦与思想家关系较少。其在居士中，清初王夫之颇治相宗，然非其专好。至乾隆时则有彭绍升、罗有高笃志信仰。绍升尝与戴震往复辩难。其后龚自珍受佛学于绍升，魏源亦然，易名承贯。龚、魏为‘今文学家’所推奖，故‘今文学家’多兼治佛学。……文会深通‘法相’‘华严’两宗，而以净土教学者，学者渐敬信之。……故晚清所谓新学家者，殆无一不与佛学有关系。”这样佛教义学于清代在居士中成为一股伏流而重兴。

杨文会从日本寻回古德佚著，如《华严三昧章》《中论疏》《百论疏》《唯识述记》《因明大疏》等，刻印流通，三论、慈恩的旧义得以复明，义学因以重兴。从游的，如章太炎、谭嗣同、欧阳渐、梅光羲等，皆著名人士。二十世纪初，僧俗兴起办学。1903年，湖南僧笠云首创僧学堂于长沙开福寺，随后扬州、南京等地继之。1907年，杨文会在金陵刻经处建“祇洹精舍”，学僧太虚后创办闽南、武昌等佛学院和汉藏教理院，欧阳渐创中国内学院于南京。在此前后，还有月霞、应慈创办华严大学于上海等处，谛闲开办天台观宗学社于浙江宁波，圆瑛开楞严专宗学院于上海，北京韩清净办三时学会，周叔迦办佛教学院。此外，全国各地寺院先后开办佛学院二十余处，共同把佛教哲学在一定程度上又振兴了起来。

（李安）

三　佛教与中国文学

汉魏以后，佛教成为中国文化的重要组成部分。它的理论和实践渗入社会生活的各个方面，文学当然也不能例外。中国文学在许多方面受到佛教的影响，或者说，中国文学的宝库里有不少佛教成分。这方面内容丰富，总的可以分为两类。一类是佛教自身的，即在翻译的佛教典籍里，有不少篇章，故事性强，描写华丽美妙，应该算作文学作品（有人称之为“佛典文学”）。另一类是受佛教影响的，直接或间接表现在不同形式的作品中。前一类数量不少，但属译典，姑且从略。本篇只谈后一类，即中国文学究竟受了佛教什么影响。分作两部分：一部分是正统文学，一部分是俗文学。

（一）佛教与中国正统文学

六朝以来，佛教在中国成为势力最大的宗教，不少文人同佛教有密切关系，在一般人民的思想和生活中含有浓厚的佛教成分。佛教对中国正统文学的影响是广泛的、深远的、持久的，甚至可以说许多表面看来与佛教无关的作品，其实是长期在佛教思想影响下的中国文化的产物。以下从三个方面择要介绍这种情况。

诗　对于中国诗歌，佛教的影响主要表现在三个方面：一是诗的格律，二是诗的语言，三是诗的内容。

（1）诗的格律　中国近体诗在声音上严格要求平仄协调，这同中国语言文字的性质、特点有密切的关系；而声律学说在南朝齐梁之际兴起，因而促成近体诗的形成和发展，却是受佛教的影响。

中国在南北朝以前，文人写作虽然重视声音和谐，但只是“始判清浊，才分宫羽”（《隋书·潘徽传》）。有关声律的比较细密的理论，是南朝齐永明年间沈约、谢朓等提出来的。

沈约等人倡导的永明体，在中国诗史上占有重要地位，因为从此以后，中国诗才有意识地走向格律化。永明体关于格律的规定有所谓“八病”说，就是在诗中避平头、上尾、蜂腰、鹤膝、大韵、小韵、旁纽等八种毛病（平仄不调的各种情况）。八病说的理论基础是有关四声的知识，也就是“将平上去入为四声，以此制韵”。而四声的发现及四声说的成立，据陈寅恪考证，是受佛经转读的影响。他说，中国文士依据及视拟当日转读佛经之声，分别定为平上去之三声。合入声共计之，适成四声。于是创为四声之说，并撰作声谱，借转读佛经之声调，应用于中国之美化文（《清华学报》第九卷第二期《四声三问》）。

六朝时期宣扬佛法，有导师，有经师。导师擅长唱导，就是用通俗的语言，随缘设譬，宣扬佛教教义。经师擅长转读，就是用有韵律的语言歌咏佛教经文。慧皎《高僧传》为不少经师立传，说他们“响韵清雅，韵转无方”，“巧于转读，有无穷声韵”。

在南朝齐梁之际，沈约等人是受到佛经转读的启发，才提出四声的理论，开创了永明体，成为唐朝严格的近体诗的前锋。此后，近体诗迅速成长、发展，不久就取得主宰诗坛的地位。

近体诗重视格律，有引导人重形式轻内容的流弊；但也必须承认，格律的形成是要求诗的声音具有音乐美的自然趋势。比较一下下面两首诗（①齐梁以前的，②是唐朝的），我们就会知道，在词句精炼和音韵铿锵方面，近体诗在诗的演化史上向前迈进了一大步。

①涉江采芙蓉，兰泽多芳草。
采之欲遗谁？所思在远道。

还顾望旧乡，长路漫浩浩。

同心而离居，忧伤以终老。（《古诗十九首》之一）

②空山新雨后，天气晚来秋。

明月松间照，清泉石上流。

竹喧归浣女，莲动下渔舟。

随意春芳歇，王孙自可留。（王维《山居秋暝》）

（2）诗的语言　佛典里大量叙事说理的颂赞，译成中文后，成为语句匀称的质朴无华的白话诗，风格与中国本土言辞典雅的诗迥然不同，辞采、音律都不很讲究，但内容深厚，语句通俗，有很强的劝说力量。隋唐以来，佛教经典成为家喻户晓的读物，于是影响了一部分诗人，用质朴的白话写一些明道言志的诗。其最有名的首推初唐的王梵志。例如："世无百年人，强作千年调。打铁作门限，鬼见拍手笑。"其后还有传说的诗僧寒山，如："有个王秀才，笑我诗多失。云不识蜂腰，仍不会鹤膝。平仄不解压，凡言取次出。我笑你作诗，如盲徒咏日。"

出身士大夫阶层的文人不喜欢通俗，写这类诗的不多。但也有文人间或欣赏这类诗的，如宋朝大诗人黄庭坚曾引王梵志的诗；范成大有"纵有千年铁门限，终须一个土馒头"的诗句，显然是由王诗脱出。

（3）诗的内容　魏晋以后，中国文人受到佛教教义的熏陶。有的文人成为虔诚的信徒，如南朝的谢灵运。唐朝诗人王维字摩诘，连命名都来自《维摩诘经》。更多的诗人同僧人有深厚的交谊，如东晋的孙绰同支遁，宋朝的苏轼同参寥。这些情况自然要表现在诗作上。我们翻阅六朝以后的诗集，到处会嗅到佛教的气息。

佛教影响诗的内容，主要表现在两个方面。一是题材方面，在历史上歌咏佛寺的诗很多，如"已从招提游，更宿招提境。阴壑生虚籁，月林散清影。天阙象纬逼，云卧衣裳冷。欲觉闻晨钟，令人发深省"（杜甫《游龙门奉先寺》），"月落乌啼霜满天，江枫渔火对愁眠。姑苏城外寒山寺，夜半钟声到客船"（张继《枫桥夜泊》）。

也有不少诗是投赠僧人的，如：“我闻隐静寺，山水多奇踪，岩种朗公桔，门深杯渡松。道人制猛虎，振锡还孤峰。他日南陵下，相期谷口逢。”（李白《送通禅师还南陵隐静寺》）“所得龙光竹两竿，持归岭北万人看。竹中一滴曹溪水，涨起西江十八滩。”（苏轼《赠龙光长老》）这种性质的诗，题材来自佛教，受佛教的影响是显然的。

二是思想方面，情况比较复杂。诗作的思想内容不同，影响的程度不同。有的明显，有的隐晦；有的直接，有的间接。大致可以分为两类：一类是明显表现佛教教义的，可以称为佛理诗。例如：“灯引飞蛾拂焰迷，露淋栖鹤压枝低。冥心坐睡蒲团稳，构到天台过剡溪。”（齐已《默坐》）“法藏长王宫，怀道出国城。愿言四十八，弘誓拯群生。净土一何妙，来者皆菁英。”（谢灵运《净土咏》）

另一类是山水诗和隐逸诗。这类诗是六朝时期释道思想融合影响文人雅士生活的反映。例如：“戚戚苦无悰，携手共行乐。寻云陟累榭，随山望菌阁。远树暧阡阡，生烟纷漠漠。鱼戏新荷动，鸟散余花落。不对芳春酒，还望青山郭。”（谢朓《游东田》）“中岁颇好道，晚家南山陲。兴来每独往，胜事空自知。行到水穷处，坐看云起时。偶然值林叟，谈笑无还期。”（王维《终南别业》）

文　禅宗盛行以后，士大夫模仿禅宗语录的语言，创造了与文言迥然不同的语录体。

对于一些作家的文章的气势，神理之类，佛教也有不小的影响。中国文人有不少是熟读佛典的，佛教教义的广博精微，行文的繁衍恣肆，自然会使他们的文笔受到熏染。苏轼说柳宗元“南迁，始究佛法，作曹溪、南岳诸碑，妙绝古今”（《书柳子厚大鉴禅师碑后》）。苏轼自己也是这样，钱谦益说：“吾读子瞻《司马温公行状》《富郑公神道碑》之类，平铺直叙，如万斛水银随地涌出，以为古今未有此体，茫然莫得其涯涘也。晚读《华严经》，称心而谈，浩如烟海，无所不有，无所不尽，乃喟然长叹曰：‘子瞻之文其有得于此乎？’”（《初学集》八十三《读苏长公文》）更明显的是另外两个方面的影响：一是文的题材，二是文的思想。

（1）文的题材　在中国的正统文学里，题材与佛教有关涉的著作数量很多。例如，北朝杨衒之的《洛阳伽蓝记》，作者在尔朱荣乱后重过洛阳，目睹“城郭崩毁，宫室倾覆，寺观灰烬，庙塔丘墟”，追忆当年佛寺兴盛时期的华美壮丽，写成这部专讲佛寺的书。文笔清隽秀丽，到处流露着叹惋的情思，在中国文学史上是少见的优美作品。

题材与佛教有关涉的零篇文章，在历代典籍中随处可见，体裁多种多样。例如，谢安的《与支遁书》：“思君日积，计辰倾迟。知欲还剡自治，甚以怅然。人生如寄耳，顷风流得意之事，殆为都尽。终日戚戚，触事惆怅，唯迟君来，以晤言消之，一日当千载耳。此多山县，闲静差可养疾，事不异剡，而医药不同。必思此缘，副其积想也。”（慧皎《高僧传〔卷四〕支遁传》）又如白居易的《游大林寺序》，柳宗元的《永州龙兴寺东丘记》，陆游的《跋杲禅师蒙泉铭》等也都是与佛教有关的佳作。

（2）文的思想　中国文人有不少是信仰佛教的，或者思想含有佛教成分，因而在他们的文学作品中常常流露出佛教的气息。例如，王维的《赞佛文》：“窃以真如妙宰，具十方而无成；涅槃至功，满四生而不庶。故无边大照，不照得空有之深；万法偕行，无行为满足之地。惟慈化佛，即具三身；不舍凡夫，本无五蕴。实籍津梁相法，脱落尘容，始于度门，渐于空舍。然后金刚道后为三界大师，玉毫光相得一生补处。……又愿普同法界，尽及有情，共此胜因，俱登圣果。”（《王摩诘全集》卷二十）又如苏轼的《黄州安国寺记》，袁宏道的《书念公碑文后》，也都明显地表现了佛教思想。

中国正统文学中的文，有些以玄谈、山林隐逸为内容，也是佛教思想影响下的作品，因为崇尚玄谈、山林、隐逸是魏晋之际释、道思想融合的结果。这类文章以南北朝时期为最多。例如，王羲之帖：“计与足下别，二十六年于今，虽时书问，不解阔怀。省足下先后二书，但增叹慨。顷积雪凝寒，五十年中所无。想顷如常。冀来夏秋间，或复得足下问耳。比者

悠悠，如何可言！吾服食久，犹为劣劣，大都比之年时，为复可耳。足下保爱为上。临书但有惆怅。”（《法书要录》卷十）

诗文评　隋唐以来，禅学盛兴，中国有不少文人喜欢引用禅理来谈论文学，并且提出所谓韵味说、妙悟说、神韵说等。这种风气一直延续了许多朝代，使中国的文学批评和文学作品受到很大的影响。

学佛，目的在于求解脱，度一切苦厄；能不能解脱，关键在于能不能彻悟。晋宋之际，佛教大师们对悟有“渐”“顿”两种看法，宣扬顿悟说的是当时的名僧竺道生，慧皎《高僧传》说：“生既潜思日久，彻悟言外，乃喟然叹曰：‘夫象以尽意，得意则象忘；言以诠理，入理则言息。自经典东流，译人重阻，多守滞文，鲜见圆义。若忘筌取鱼，始可与言道矣。’于是校阅真俗，研思因果，乃言善不受报，顿悟成佛。”这在佛教史上是一件大事，因为在当时有破旧立新之功。

到南朝宋末年，被推为禅宗初祖的菩提达摩来华，讲《楞伽经》，传禅法，也主张“不随于言教”。菩提达摩的禅法一传再传，到六祖慧能之后，成为在中国势力最大的佛教宗派——主张直指本心，顿悟成佛的禅宗。

这种超乎象外、直指本心的玄理对文人有很大的吸引力，如谢灵运就曾著《辩宗论》，阐明所谓折中孔、释的顿悟说。到唐朝，禅理的影响越来越深，不少文人的生活和作品往往带有禅味。还有些文人引用禅理来评论文学，其最著名的是晚唐的司空图。他在《与极浦谈诗书》里说：“戴容州云：‘诗家之景，如蓝田日暖，良玉生烟，可望而不可置于眉睫之前也。’象外之象，岂容易可谈哉?”这里提出的“象外之象，景外之景”同禅理的“超乎象外，不落言诠”正是一类。

司空图的名著《诗品》把诗的风格分为“雄浑”“冲谈”等二十四种，每种用一些美丽形象的四言诗句加以解说，其中不少也是富于禅味的。例如：

雄浑——超以象外，得其环中。

洗练——流水今日，明月前身。

含蓄——不着一字，尽得风流。

形容——俱似大道，妙契同尘。

超诣——远引若至，临之已非。

飘逸——如不可执，如将有闻。

这些以禅境说明诗境的诗句，同反映社会现实的诗相比，显得超逸美妙，因而对后来的诗论影响很大。到宋朝，禅宗的声势越来越大，用禅理来写诗、论诗成了风气。例如，苏轼在《送参寥师》里写道："上人学苦空，百念已灰冷。……欲令诗语妙，无厌空且静。静故了群动，空故纳万境。阅世走人间，观身卧云岭。咸酸杂众好，中有至味永。诗法不相妨，此语当更请"。（《苏试全集》卷十）这是说，想要诗句高妙，就必须重视禅悟。苏轼之后，受苏门影响的韩驹、吴可等，论诗更加重视禅悟。吴可的《学诗》说："学诗浑似学参禅，竹榻蒲团不计年；直待自家都了得，等闲拈出便超然。学诗深似学参禅，头上安头不足传；跳出少陵窠臼外，丈夫志气本冲天。"（《诗人玉屑》卷一）

宋朝文人用禅悟来论诗的还有很多，如杨万里、李之仪、曾几、葛天民、戴复古、杨梦信、徐瑞、范温、张炜、叶茵等人。其中理论最成系统，对后代影响最大的是南宋的严羽。他的名著《沧浪诗话》，中心内容是以禅喻诗，以悟论诗。例如："夫学诗者……久之自然悟人。虽学之不至，亦不失正路，此乃是从顶𩕳上做来，谓之向上一路，谓之直截根源，谓之顿门，谓之单刀直入也。""须参活句，勿参死句。""看诗须着金刚眼睛，庶不眩于旁门小法。"他讲学诗的门经是"参"，所求是"透彻之悟"，写诗要"不落言筌"、如"羚羊挂角，无迹可求"，理是禅家的，连话头也是禅家的，可见受佛教的影响是如何深远了。

宋朝以后，文人引用禅理来讲诗文的还很不少。例如，明朝的谢榛说："体贵正大，志贵高远，气贵雄浑，韵贵隽永，四者之本，非养无以发其真，非悟无以入其妙。"（《四溟诗话》）释普荷说得更加明显："太白子美皆俗子，知有神仙佛不齿。千古诗中若无禅，雅颂无颜国风死。惟我创知风即禅，令为绝代剖其传。禅而无禅便是诗，诗而无诗禅俨然。从此作诗莫草草，老僧要把诗魔扫，那怕眼枯须皓皓。一生操觚壮而老，不知活句非至宝。吁嗟至宝声韵长，洪钟扣罢独泱泱。”（《滇诗拾遗》）

严羽之后，引用禅理来论诗的人，最重要的是清初的王士禛。他发展司空图的韵味说和严羽的妙悟说，主张诗的最高境界是“神韵”。他经常用诗、禅相通的道理来阐明最上乘的诗的奥妙。例如：“舍筏登岸，禅家以为悟境，诗家以为化境，诗禅一致，等无差别。”（《香祖笔记》）由禅的境界悟出“神韵”，并进而宣扬“诗禅一致”，这比严羽的偏重比况更进了一步。

（二）佛教与中国俗文学

俗文学是流行于民间为大众所喜爱的文学。魏晋以后，佛教势力深入民间，因而对于俗文学的影响也就特别深远，几乎可以说，隋唐以后各种体裁的俗文学作品，都或多或少地受到佛教的熏染。这大体可以分做以下两个方面：

1. 佛教的俗文学创作——变文。佛教不是中国本土的产物，想让中国的广大人民信奉，就要翻译佛教的经典。中国古代文化不普及，加以佛教教义深微繁富，不很容易领悟，所以宣传解说就要讲求方式与技巧，既要通俗，又要有情趣，这样才易于吸引群众。

南北朝时期，宣扬佛教教义已经有了精通讲说歌咏技术的专家。一种是长于咏经和歌赞的“经师”。慧皎《高僧传》说：“天竺方俗，凡是歌咏法言，皆称为呗；至于此土，咏经则称为转读，歌赞则号为梵音。”他为许多经师立传，说他们“经声彻里许，远近惊嗟，悉未观听”，“每清梵一举，辄道俗倾心”。

另一种是长于宣唱或唱说的“唱导师”。慧皎《高僧传》说：“唱导者，盖以宣唱法理，开导众心也。昔佛法初传，于时齐集，止宣唱佛名，依文致礼。至中宵疲极，事资启悟，乃别请宿德，升座说法，或杂序因缘，或傍引譬喻。……夫唱导所贵，其事四焉，谓声辩才博。非声则无以警众，非辩则无以适时，非才则言无可采，非博则语无依据。至若响韵钟鼓，则四众惊心，声之为用也；辞吐俊发，适会无差，辩之为用也；绮制雕华，文藻横逸，才之为用也；商榷经论，采撮书史，博之为用也。……谈无常则令心形战栗，语地狱则使怖泪交零，征昔因则如见往业，核当果则已示来报，谈怡乐则情抱畅悦，叙哀戚则洒泣含酸。……”

唱导不是诠释式的讲经，而是演义式的讲经，所以可以“谈无常”“语地狱”“征昔因”“核当果”“谈怡乐”“叙哀戚”，用可歌可泣的故事来感动人心。因为是讲故事，所以到“胜集难留”的时候听众还会“载盈恋慕”。

唱导师宣唱的言辞，有的是应时编撰的，也有的是先后传承，早已写成本子，备一般僧徒采用的。慧皎《高僧传》说：“若夫综习未广，谙究不长，既无临时捷辩，必应遵用旧本。”这种旧本的具体内容如何，现在无从知道，推想与后来的变文可能有相似之处，这应该是佛教创作的最早的俗文学作品了。

南朝末年，经师和唱导师的专业逐渐合流，通俗的宣讲逐步得到发展，到唐朝就成为“俗讲”。据日本僧人圆仁《入唐求法巡礼行记》记载，当时长安有不少出名的俗讲法师，如左街的海岸、体虚、光影，右街的文溆等。其中文溆尤其有名，甚至敬宗皇帝都“幸兴福寺，观沙门文溆俗讲”。

俗讲有本子，就是敦煌发现石室的“变文”。就现存的变文来看，内容可以分为两类：一类是演述佛经故事的，如《维摩诘经讲经文》《降魔变文》等；另一类是演述历史故事或民间传说的，如《伍子胥变文》《王昭君变文》等。演述佛经故事的变文自然是俗讲师作的。演述历史故事或民间传说的变文，有的可能也是俗讲师作的。

变文用的几乎都是散文韵文交替的体裁。内容故事性强，有丰富的想象、生动的描写和繁细的铺叙，所以在唐、五代时期成为群众喜爱的俗文学作品。例如："六师闻语，忽然化出宝山，高数由旬，钦岑碧玉，崔嵬白银，顶侵天汉，丛竹芳薪。东西日月，南北参辰。亦有松树参天，藤萝万段，顶上隐士安居。更有诸仙游观，驾鹤乘龙，仙歌缭乱。四众谁不惊嗟，见者咸皆称叹。舍利弗虽见此山，心里都无畏难，须臾之顷，忽然化出金刚。其金刚乃作何形状？其金刚乃头圆象天，天圆只堪为盖；足方万里，大地才足为站。眉郁翠如青山之两崇，口暇暇犹江海之广阔。手执宝杵，杵上火焰冲天，一拟邪山，登时粉碎。山花萎悴飘零，竹木莫知所在。百僚齐叹希奇，四众一时唱快。故云金刚智杵碎邪山处，……"（《降魔变文》）

2.其他俗文学作品所受佛教的影响

（1）传布方式　中国俗文学作品对听众讲唱的、传布方式是僧徒所用，由寺院外流，直接传与诸伎艺人的。唐宋以后中国俗文学作品的繁富兴盛，同对听众讲唱的传布方式有非常密切的关系。六朝时期的转读、唱导、唐朝的俗讲，集会的场所都在寺院里。集会有定期，名叫道场或法会。这种讲唱故事的办法自然会有伎艺人来模仿，例如晚唐时期吉师老有《看蜀女转昭君变》的诗："妖姬未着石榴裙，自道家连锦水濆。檀口解知千载事，清词堪叹九秋文。翠眉颦处楚边月，画卷开时塞外云。说尽绮罗当日恨，昭君传意向文君。"可见那时候讲唱变文的已经不限于僧徒，而且地点也不限于寺院了。

到宋朝，情况有了更大的变化，讲唱故事名为"说话"，场所由寺院搬到瓦肆（市场）。据孙楷第先生考证，宋朝"说话"（即后来的"说书"）有四家："小说"，"说经"，"讲史书"，"合生"和"商谜"。这时期，尘俗故事的势力越来越大，演述佛经故事已经不能占据主流地位。但是说经的还有僧徒，由道场而仿艺场的递嬗痕迹是相当明显的。讲唱场所深入街巷和村庄，为俗文学作品的繁荣滋长准备了充足的条件。

（2）体裁　从文体方面看，佛经有个最大的特点，那就是在散文中掺杂着不少韵文，散文和韵文交替出现，少数是通篇使用韵文。正统的讲经，有讲有唱，就是适应佛经的这种体裁。隋唐以来的俗讲，用的也是讲唱交替的形式。孙楷第先生说：“唐、五代俗讲本分两种：一种是讲的时候唱经文的。……一种是不唱经文的，形式和第一种差不多，只是不唱经文。内容和第一种也有分别。第一种必须讲全经。这一种则因为没有唱经文的限制，对于经中故事可以随意选择。”这两种俗讲的本子，现在通称为“变文”。变文用讲唱交替的形式演述故事，在体裁方面为中国的俗文学开了一条路，唐、宋以后不少俗文学作品是用这种体裁写下来的。例如：

①小说　唐朝的小说可分为俗和雅两类。俗的是伎艺人演述的尘俗故事，有的称为变文，如《王昭君变文》，有的称为“话”，如《一枝花话》。雅的是文人写的传奇，如《柳氏传》《南柯太守传》等。演述尘俗故事的变文是直接从演述佛经故事的变文孳乳出来的，传奇小说同变文的关系很少，但也受有变文的影响。

宋以后的小说大体可分为短篇、长篇两类，都是由说话人创始的。短篇有宋人的“话本”，如《京本通俗小说》里收的那些篇；有明朝人仿作的“拟话本”，如“三言”“二拍”里收的某些篇。这类短篇小说，一般是用诗或词开头，用诗煞尾；中间的关键处所，需要着重描画解说的，引用诗词或骈文来点染或印证；上场先写一个性质与正文有联系的故事，名叫“得胜头回”，然后转人正文。这种格式，脱胎于变文的痕迹非常明显。

长篇小说也有说话人演述的话本，如《新编五代史平话》《大宋宣和遗事》等；有文人整理或仿作的章回小说，如《三国演义》《西游记》等。这类长篇小说，除去分回之外，体裁同短篇小说基本上是一样的，也是在散文中常常插入一些诗词。这种体裁的特点在书名上也表现出来，如《大唐三藏取经诗话》《金瓶梅词话》等。

②鼓子词　这是流行于宋朝的一种俗文学艺术形式。这类作品篇幅短小，是供宴会时歌唱用的，如《元微之崔莺莺商调蝶恋花词》和《刎颈鸳鸯会》，两篇用的都是散文韵文交替的形式，虽然歌词比较雅驯，而体裁

是模仿变文却相当明显。

③诸宫调　这是流行于宋、金、元几个朝代的一种俗文学艺术形式。因为歌唱部分联合许多不同宫调的乐曲，所以叫诸宫调。例如，《西厢记诸宫调》共用乐曲一百九十三套，重点在于歌唱，但乐曲之前有散文解说，同变文的体裁一脉相承。

④宝卷　这是从宋末一直延续到清末的一种俗文学艺术形式，和变文的关系特别密切。它不仅形式继承变文，内容也大多是宣扬佛教教义的，例如《香山宝卷》，不但传说是宋朝普明禅师所作，而且原名叫《观世音菩萨本行经》，涉及大量佛教内容。

⑤弹词　这是明清两代盛行于南方的俗文学形式。和妇女的关系特别密切，妇女最喜欢听，最喜欢看，清代还出了不少有名的女弹词作家，如陶贞怀、陈端生等。这类作品篇幅都比较长，内容以写男女悲欢离合的居多。弹词以歌唱为主，其间插入一些讲说，显然还是变文的传统形式。

⑥鼓词　这是清朝北方民间特别流行的俗文学艺术形式。存世作品特别多。也以歌唱为主，唱词之间插入一些讲说，不同的是内容偏于演述慷慨激昂的历史故事，歌唱时要用击鼓伴奏。就渊源说，它也是远绍变文的。

此外，俗文学作品直接间接受变文影响的还有不少。例如戏剧，有白有唱，有上场诗、下场诗，同变文和小说等讲唱作品有不少相似点，显然也是受了变文的影响。

（3）题材　中国俗文学作品的大部分题材与佛教都或多或少地有些关系。作品的故事内容，不管用什么体裁表现，都常常提到僧徒、寺院、菩萨、罗汉乃至阎罗、鬼魂、报应等，这样的题材当然是从佛教来的。中国的俗文学作品浩如烟海，这里简要介绍两方面的情况：

①题材直接来自佛教的　不少中国俗文学作品主要是演述佛教故事的。例如，以玄奘取经为题材的宋朝话本《大唐三藏取经诗话》，经过辗转流传，内容不断丰富，情节越发神奇，终于由明朝吴承恩组织扩充，写

成一部伟大的神魔小说《西游记》。出于《佛说盂兰盆经》的目连救母故事，写目连仗佛法的威力把母亲的鬼魂救出地狱的经过是最突出的。宋元以后，以目连救母故事为题材的俗文学作品很多，如戏剧有宋元杂剧《目连救母》，明朝郑之珍的《目连救母劝善戏文》，清宫大戏《劝善金科》等。还有个很出名的剧本《归元镜》（明朝释智达作），用舞台剧形式，演述东晋慧远大师、五代永明禅师和明朝云栖莲池大师的出家成道，以及传灯弘法的真实故事，劝导世人以祖师为榜样，念佛戒杀，慈悲乐道，以便往生西方。

②题材间接来自佛教的　有的俗文学作品表面看来似乎与佛教无关，其实是根据佛典中故事改编的。例如，六朝志怪小说《阳羡鹅笼》的故事，唐人李复言模仿佛教的故事编写的传奇小说《杜子春传》，都属于此类。又如元朝李好古的《张生煮海》杂剧，演述潮州人张羽和东海龙王的三公主琼莲相爱的故事，据考证是出于《贤愚经》卷九的《大施抒海品》。

（4）思想　社会上受佛教思想熏染最多的是一般人民群众，因而俗文学受佛教的影响比正统文学更广泛、更深远。一千多年来，在各种体裁的俗文学作品中，随时随地都会发现程度不同的佛教思想成分。有的十分明显，如宝卷的宣扬佛教教义，六朝志怪小说《宣验记》之类的表现因果报应思想；有的不很明显，如泛泛推奖慈悲喜舍，慨叹人生如梦等。下面分五个方面简略地谈谈主要的情况。

①无常苦空　人生是苦，万法皆空，因而理想的立身处世的好办法是出世，求解脱，这是佛教的根本思想。中国俗文学作品中有的突出地表现这种思想的，如唐人传奇小说沈既济的《枕中记》，清朝蒲松龄的《聊斋志异·续黄粱》；也有部分情节表现这种思想的，如《金瓶梅》的结尾是孝哥出了家，《红楼梦》的结尾是宝玉出了家。

②地狱轮回　这也是早期佛教思想的重要组成部分。从六朝的志怪小说起，俗文学描述地狱轮回情况的很不少，如目连救母的故事，南朝齐王琰《冥祥记》和《聊斋志异·席方平》等。

③因果报应　宣扬佛教教义，引导众人信奉，力量最大的莫过于因果报应的说法。俗文学有劝善止恶的作用，所以常常演述因果报应的故事，阐明报应不爽的思想。从南北朝起，历代各种体裁的俗文学作品，以因果报应为主要内容的数也数不清。六朝志怪小说《宣验记》《冥祥记》，清初长篇小说丁耀亢《续金瓶梅》和西周生《醒世姻缘传》等都是。

④修持得福　佛教理论的最高希求是度一切苦厄，离苦得乐的条件是修持三宝，持斋念佛，也是修持。修持能得福，富贵寿考，甚至往生净土。俗文学作品表现这种思想的也很不少。例如，《聊斋志异·菱角》就是。

⑤多种神通　佛、菩萨、罗汉、得道的僧尼，有多种神通，如前知、变形态、降妖魔、治病，以及做各种常人看来不可能的事，也是俗文学作品里常常看到的内容，如《聊斋志异·画壁》里的老僧和《菱角》里的观音大士就是。

上面把常见于俗文学作品里的佛教思想分为五种，有的作品表现其中的一种，有的兼表现其中的两三种或三四种，例证很多，不赘。

（张中行、徐丹晖）

四　俗讲和讲经文

古代寺院中的僧侣为弘扬佛法，时有讲经之举。而讲经又有“僧讲”和“俗讲”之别。“僧讲”以讲解经文为主，对象为僧侣，主要用于宣扬佛门义理，类谈空有。“俗讲”是以讲说佛经故事为主，但并不局限于佛教经义，对象为世俗男女。“俗讲”是由正式讲经转化出来的。《资治通鉴·唐敬宗纪》宝历二年（826）六月：“己卯，上幸兴福寺观沙门文溆俗讲（胡三省注：释氏讲说，类谈空有，而俗讲者又不能演空有之义，徒以悦俗邀布施而已）。”这说明俗讲是讲说悦众，与演空有之义的讲经是大相径庭的。不过，俗讲也是承袭讲经而逐步兴起的形式，遵循着讲经的规范，由法师、都讲合作组成，即都讲诵经，法师说唱。敦煌遗书保存下来的讲经文，就是法师说唱的底本。

为了探明俗讲的讲经文与释家讲经的关系，首先要知道讲经既是古印度佛教讲经的传统，又是结合我国儒家体制的结果。佛教不仅在古译经典中有讲经的内容，而且在公元前三世纪古印度阿育王的《法勅》中也有勉励僧俗听闻讲经的记事。我国汉代经师师徒传授，多采取讲经传道的形式。据《后汉书》卷二十六《侯霸传》；“师事九江太守房玄，治《穀梁春秋》，为玄都讲。”同书卷五十四《杨震传》：“后有冠雀衔三鳣鱼飞集讲堂前，都讲取鱼进曰：‘蛇鳣者，卿大夫服之象也。’”这里所谓讲堂和都讲，便是儒家经师与都讲合作讲经的明证。讲经不仅是都讲念诵白文，经师加以解释，而且听众还要提问，与经师辩难，如《高僧传·慧远传》云：“年二十四，便就讲说。尝有客听讲，难实相义，往复多时。”因为像这样的讲经是一般听众难以达到的，所以寺庙中的讲经便向通俗化方向发展，于是产生了俗讲，抛开“演空有之义”，代之以说说唱唱，以达到“悦俗”化导的目的，不过仪轨仍未变动，仍由都讲、法师合作完成讲经，所以文中必然具备某些彼此呼应的特征。如《佛说阿弥陀经讲经文》《妙法莲华经讲经文》《维摩诘经讲经文》等，内有“高著声音唱将来”“心生欢喜唱将来”“忽然起问唱将来”等类似句式，便是讲唱时使用的交替语句。

俗讲是按正常讲经形式进行的说唱活动，同样要把全经分成序分、正宗、流通的程序。如，《长兴四年中兴殿应圣节讲经文》：“将释此经，大科三分：第一序分，第二正宗，第三流通。”《金刚般若波罗蜜经讲经文》：“上来有三，一序分，二正宗，三流通。初从‘如是我闻’至‘敷座而坐’为序分；二从‘长老须菩提在大众中’至‘应作如是观’已来，为正宗分也；三从‘佛说是经已’至‘信受奉行’，名流通分。”这样分段程序，与经疏相同，可见俗讲虽为“悦俗”，但仍要遵循一般的讲经形式，这样才能成为俗讲的讲经。现在流传下来的讲经文，即是当时法师使用的底本，所以在抄录时对经文部分往往是节抄，省作“××××乃至××××”的样子。

唐代俗讲兴盛原因有四：首先俗讲为招徕听众，一改以往枯燥的讲经形式，加入生动有趣的佛教故事和民间传说，以增强娱乐性和吸引力，内容更加广泛，也更易流传。其次，俗讲以讲唱结合形式演释经义，语言通俗，文辞浅显，并能以宛转声调，感染听众，因而某些严肃的讲经内容，逐渐演变为通俗的讲唱，有时甚至寓教于乐，晓以人生道理，因而文溆僧的俗讲才能倾倒世俗，使听者“填咽寺舍，瞻礼崇拜，呼为和尚教坊，效其声调，以为歌曲”（《因话录》）。再次，俗讲的兴盛还与当权者提倡有关，比如唐武宗“勑左右街七寺开俗讲”（见《入唐求法巡礼行记》），唐敬宗也曾幸兴福寺，“观沙门文溆俗讲”（同前）；唐文宗甚至采文溆讲声为曲子，号“文溆子”（见《太平广记》卷二四〇引《卢氏杂说》）。而某些仕宦显贵亦可延请俗讲者至其府衙讲说经文或变文，可见俗讲的流行盛况空前。最后，民间出现以讲唱为营生的艺人，由于俗讲题材扩大，生动有趣，逐渐从寺院扩展到民间，讲唱者也由僧徒转向社会人士和民间艺人，如唐吉师老《看蜀女转昭君变》之“蜀女”，王建《蛮妓诗》之“蛮妓”说昭君故事，均可表明俗讲已深入到下层社会，并深得人们的喜爱。

唐代讲经文大都亡佚，仅敦煌遗书内尚保存多种讲经文的唐人抄本，正是佛教徒以大众化方式宣讲佛经的底本。就普及意义而言，它使往昔的讲经变成为听众所易于接受的讲解和歌赞，而这些歌赞又必须套用人们能歌能唱的曲调。讲经文由三部分组成：一是经文，在讲经之前，先把要讲的经文唱出来，叫作唱经，是由都讲担任的，古代讲经是这样，俗讲也如此。二是讲经，把唱出的经文加以解释，或依据旧的注疏义记，或结合当时社会风尚，以引起听众的兴趣，发扬更多的佛教思想，就形式与方法而言，仍袭用道安的科分方法，即把讲经分为序分、正宗、流通三部分。三是唱词，包括新歌、俗曲和诗词，有五言诗，六言诗（或称为词），七言诗和三三七言的俗曲，这是讲经文里最重要的部分，有了它才把讲经变成俗讲，才使佛经弘传大众化。所以，讲经文的体制和变文一样，都是散韵结合，说唱兼行，但是变文不引原经文，而讲经文讲说之前则必须引述原经文，然后逐段，逐句或逐字地发挥演绎，故讲经文讲说开头往往标有“经云”“经曰”的字样，唱词末尾又以“催经”的套语“××××唱将来”作结。至于讲经文的内容都是依据佛教经典，宣扬佛法的宏大，教义的深邃以及人生无常、皈依佛门的真谛，如《佛说阿弥陀经讲经文》（P2931）、《维摩诘经讲经文》（P3872等）、《长兴四年中兴殿应圣节讲经文》（P3808）、《妙法莲华经讲经文》（P2305等）、《父母恩重经讲经文》（P2418）、《金刚般若波罗蜜经讲经文》（P2133）等。整理本见《敦煌变文集》（人民文学出版社1957年版）。

（周绍良）

五　变文

变文，一称“变”，是唐五代时期说唱技艺“转变”的底本。唐人笔记小说曾有记载，如郭湜《高力士外传》云：“每日上皇与高公亲看扫除庭院，芟薙草木。或讲经、论议、转变、说话，虽不近文律，终冀悦圣情。”这里说的“转变”，就是讲唱变文。它能深入宫廷，足见流传之广。可惜这一文学样式，亡佚已久，直到敦煌藏经洞发现大批手抄变文写卷以后，才逐渐为人们所认识和重视。敦煌遗书中明确标为“变文”或“变”的作品有：《破魔变》（P2187尾题）、《降魔变文》（S5511首题）、《大目乾连冥间救母变文并图一卷并序》（S2614首题）、《八相变》（云字24卷背）、《频婆娑罗王后宫采女功德意供养塔生天因缘变》（S3991首题）、《丑变》（S4511尾题）、《汉将王陵变》（S5437首题）、《舜子至孝变文》（P2721尾题）、《刘家太子变》（P3654尾题）。这些作品一般没有留下写作时代，若从写卷的题记或内容涉及的人物事件、风土名物、地理沿革、典章制度等，约可考知《降魔变文》产生于天宝八载至十二载（749—753）期间，为已知变文编写年代最早的一篇，而题记为“天福十五年（950）”的《舜子变》，则为明确题有抄写年代的最晚一篇。

关于变文的渊源和得名，长期以来一直进行广泛的讨论，存在着不同的说法，概括起来可分为“本土说”和“外来说”。“本土说”又有三种不同的观点。其一，源自清商旧乐，如向达云：“欲溯变文之渊源，私意以为当于南朝清商旧乐中求之”，“或者即出于清商旧乐中变歌之一类也”（见《唐代俗讲考》）。其二，源自我国固有的赋体，如程毅中云：“变文这种文学形式，主要是由汉语特点所规定的四六文和七言诗构成的”，“是在我国民族固有的赋和诗歌骈文的基础上演进而来的”（见《关于变文的几点探索》）。其三，源自文体变化，如周绍良云：“变文之得名，应该是由于它是从某一种体裁的东西改变成另外一种体裁的缘故，如依佛经改变成说唱文，或依史籍记载改变成说唱文，都称为变文”（见《谈唐代民间文学》）。

“外来说”主张变文之“变”是从梵文音译而来与印度传来的佛教密切相关，也有三种意见：其一源自佛典翻译，如郑振铎云“变文的来源，绝对不能在本上的文籍里来找到，我们知道，印度的史籍很早便已使用到韵文散文合组的文体。最著名的马鸣的《本生鬘论》也曾照原样的介绍到中国来过”。“从唐以后，中国的新兴的许多文体，便永远地烙印上了这种韵文散文合组的格局”（见《中国俗文学史》）。其二源自梵语，如周一良云“我觉得这个变字似非中华固有，当是翻译梵语（Citra）”（见《读〈唐代俗讲考〉》）。其三源自变相，如孙楷第云“盖人物事迹以文学描写之，则谓之变文，省称曰变。以图相描写之，则谓之变相，省称亦曰变，其义一也”（见《读变文·变文变字之解》）。以上诸说，各陈己见，至今尚未定论。

唐代早期的变文，和南北朝“唱导”一样，是以“或杂叙因缘，或傍引譬喻”的讲经，和民间说唱形式相结合来演绎佛经神变故事及其僧俗事理，“如为出家五众，则须切语无常，苦陈忏悔；若为君王长者，则须兼引俗典，绮综成辞；若为悠悠凡庶，则须指事造形，直谈闻见；若为山民野处，则须近局言辞，陈斥罪目。凡此变态，与事而兴，可谓知时众，又能善说。”（慧皎《高僧传》卷13《唱导》）这种使“唱导”通俗化的讲经方式，同唐前期绘画中描摹佛本生故事的“变相”一样，首先出现于佛寺禅门，同样是把佛教经典故事化、艺术化和形象化的产物。僧徒为了把深奥的佛经义理通俗化，以招徕更多的听众，不得不“商榷经论，采撮书史”，在讲唱过程中加进一些历史故事和现实内容，于是出现专门讲唱故事的俗讲和俗讲僧。《高僧传》记载“唱导”的感染力时指出，“谈无常则令人心形战栗；语地狱则使怖泪交零；征昔因则如见往业，核当果则已示来报，谈悦乐则情抱畅悦，叙哀感则洒泣含酸，于是围众倾心，举堂恻怆。”俗讲则充分发扬了这些特长。中晚唐时期，由于帝王不断提倡佛教，长安城内许多寺庙经常进行俗讲，盛况空前。韩愈《华山女》诗云：“街东街西讲佛经，撞钟吹螺闹宫廷。”长庆年间还发生关于俗讲僧文溆的一桩公案，“善吟经，其声宛扬，感动里人”（《乐府杂录》）的文溆，由于被指斥“公为聚众谈说，愚夫野妇，乐闻其说”，结果被“前后杖背，流在边地数矣”（《因话录》）。这正说明文溆敢于冲破佛寺禅门的常规，走向民间，赋予俗讲以广泛的社会内容，才为统治阶层所不容。除俗讲僧外，还出现以转唱变文为职业的民间艺人，他们进而创作出许多以历史故事、民间传说和现实斗争为题材的变文，使其思想内容和艺术形式都得到充分的发展。同时，讲唱场地也由寺庙扩向民间，并逐渐多了起来，不仅可以与各种杂戏在“戏场”演出，而且还有专门讲唱变文的“变场”。据段成式《酉阳杂俎》载，元和中有个李秀才，曾被寺僧斥为“望酒旗，玩变场者”。《资治通鉴》卷二四八还记载万寿公主到“慈恩寺观戏场”。这都说明民间娱乐场所已经能吸引王公贵胄、士子秀才，足见变文等讲唱艺术产生的深刻影响。此外，讲唱变文时，有的还配有画图，吉师老的“画卷开时塞外云”（《看蜀女转昭君变》）诗句，和“大目乾连冥间救母变文并图一卷”的标目，可以为证。敦煌本《降魔变文》卷上绘有形象生动的画图与变文内容相配合，亦为后代插图小说之滥觞，这也表明变文是一种向综合性艺术过渡的，为群众喜闻乐见的文学表现形式。

敦煌变文包括讲唱佛经故事和世俗故事两类作品。讲唱佛经故事的变文，如《八相变》《破魔变》《降魔变文》《目连救母变文》等，主要以释迦修道成佛、降伏外道和上天入地救母为题材，目的在于弘扬佛法和禅门义理，有时还夹杂“为国尽忠，居家尽孝”的儒家道德观念。在艺术表现形式上，那种奇妙的构思、惊人的想象和天堂地狱的生动描写，无不令人叹绝。讲唱世俗故事的变文，可分为三类：（一）历史故事变文，如《伍子胥变文》《李陵变文》《王昭君变文》《汉将王陵变》等，这类变文主要以一个历史人物为主，选取历史记载中有关事实，进行艺术再创造，往往一段简短枯燥的文字被渲染成曲折起伏、有声有色的文学作品。它们还通过塑造出不同的人物形象，对正直、善良而又遭受邪恶势力迫害的人们寄予深刻的同情，对丑恶的社会现象和虚伪的人情世态予以揭露和批判，充分反映出人民的思想感情，意义深远。（二）民间传说变文，如《舜子变》《孟姜女变文》等，在充分吸取民间传说的故事情节和轶闻趣事的基础上，使流传久远的舜子故事和孟姜女故事又平添灾难性和悲剧性的色彩。（三）讲唱现实斗争的变文，如《张议潮变文》《张淮深变文》，虽然残损严重，但仍可看出这类作品是以直接描写唐代时事，歌颂奋起抵御民族侵扰的英雄人物为主题，高度赞扬他们勇猛顽强的战斗精神和维护国家统一的高尚情操，具有深厚的人民性，为变文发展开拓出新的途径。

敦煌变文在艺术形式上除有叙事曲折、描写生动、想象丰富、语言通俗等独特创造外，体制上散文与韵文结合是其重要特点。变文的韵语句，一般用七言，间或杂有三言、五言、六言句式，每个唱段或一韵到底或多次换韵，灵活多变，易于演唱。散文则为浅近的文言和四六骈语，也有使用通俗的口语，在由说白向歌唱转变时，往往要用“若为陈说”“道何言语”等交替过渡的惯用语。散文部分与韵文部分的结合也有两种形式，一是“复用”，以散文讲述故事，再以韵文重复歌唱所讲述过的内容，有助于加深听众的印象。另一种是“连用”，用散文串起情节，以韵文铺写情状，两部分内容互不重沓，但又紧密相连，相互补充，起到交相辉映的作用。变文在创作上较多地继承辞赋家敷陈铺叙的表现手法，文笔粗犷，以刚健浑厚见长。不过，它往往缺乏后世小说家那种细腻传神的艺术描绘，在刻画人物性格，展示人物内心世界方面亦嫌不足。

变文与唐传奇的创作也有密不可分的关系，如唐初张鷟《游仙窟》，通篇以散文叙事、韵语对话，这与变文的散韵结合、唱白并用的形式基本一致，而且描写细致生动，语言浅近易懂，也十分接近变文的风格。中唐是唐传奇繁荣的时期，也是俗讲、说话、转变盛行之际，这时出现更多的散韵合体的传奇，如李朝威《柳毅传》、元稹《莺莺传》、陈鸿《长恨歌传》等都明显地受过变文的影响。从唐代传奇到宋元以来的话本、拟话本等白话小说以及皆宫调、宝卷、鼓词、弹词等讲唱文学，除在讲唱相间的表现形式上有着相近相同之处外，变文的多样化题材也提供了丰富的素材，如《目连救母变文》曾被明代郑之珍铺衍成长达百出的《目连救母劝善戏文》，至于伍子胥、孟姜女、王昭君等变文，后来更有多种戏曲剧目，长期流传于世，这都说明变文对中国文学史和宗教文学史产生过深远的影响，值得重视。

敦煌变文的整理本有：周绍良《敦煌变文汇录》（1954年）；王重民等编《敦煌变文集》（1957年），前篇收录变文39篇，后者辑录78篇（其中尚有不属于变文的作品）；潘重规《敦煌变文集新书》（1984年），共校录变文86篇，是研究变文的丰富辑本。此外，还有周绍良、白化文、李鼎震合编的《敦煌变文集补编》（1989年），又补录变文作品15篇。

（周绍良）

六　宝卷

宝卷是从变文转化而成的宣传教理或演说故事的通俗唱本。在寺院中俗讲的话本变文，从唐代开始流行，到了宋初，由于政治上的原因被禁止了。但变文是民众乐闻的，有它的群众基础，所以过了不久，僧人便以说经、说参请、说课经、弹唱因缘等等形式出现于瓦子（市场）的讲唱场中。说经等后来再度变化，就成了宝卷。

宝卷的体裁包括下面几种形式：一、有的分品，有的不分，分品的品数也多少不等。二、开头有开经偈、焚香赞，结尾有收经偈，是吟诵部分（有的宝卷没有）。三、说白部分，在每品中起韵文之前，或在变换形式之间，与一般讲唱文学作品无甚差异。四、吟诵部分，以十言韵文为主，句法为三、三、四。也间有以七言韵文为主体的，四句或八句为一组，位置不固定。五、歌唱部分，有词调（曲牌），如《傍妆台》《耍孩儿》《雁儿落》《画眉序》《刮地风》《山坡羊》等都是。在每品之末，通常是两阕或四阕，也有多至十余阕的。从这些体裁来看，可见宝卷的形式是直接从变文发展而来，开经偈、焚香赞、收经偈相当于变文的押座文，开题与解梵座、说白、吟诵则是直接承袭了说解与吟词，只有十言韵文和词调是杂糅各种词、曲和戏文而发展的形式。

宝卷的内容，也和变文一样，大部分属于佛教的，另外还有属于非佛教的。在佛教的宝卷里，又可分为劝世经文、佛教故事两类。

一、劝世经文　佛教宝卷在初期以此类为最多，故宝卷也被称为“经”。例如，《香山宝卷》称《观音济度本愿真经》，《叹世无为宝卷》称

《叹世无为经》。这一类宝卷，有的是用通俗浅近的讲唱文来谈经说教的，如《销释印空实际宝卷》《药师本愿功德宝卷》等；有的并不专演经文而仅为劝世的，如《立愿宝卷》《叹世宝卷》等。

二、佛教故事　这类宝卷也相当多，并且很流行。其中较早较好的一种，是《目连救母出离地狱升天宝卷》，有元末明初的写本，插图以金碧两色绘成。今坊间所印行的《目连宝卷》，受了明人戏文及清代《劝善金科》诸作的影响与此本全异。这宝卷写的是佛弟子目连历次入狱救母，都未达到目的，最后由于释迦佛的法力超度了她，并使她归心入道。全文写得宛转曲折非常动人。其次是《香山宝卷》，原名为《观世音菩萨本行经简集》，分上下两卷。序文说是宋普明禅师于崇宁二年（1103）八月十五日在武林上天竺受天神的启示而写作的。内容说的是本书主人翁观世音菩萨，原是天女转世，投生为兴林国的妙善公主。由于坚心向道，虽历尽苦难而百折不回，终至成为菩萨，名观世音。据开卷所云，可知当时宣讲此卷必在观音诞辰那天。言词虽然浅显，但写得却有声有色，说理之处也有些见地。再次是《鱼篮观音宝卷》，一名《鱼篮观音二次临凡度金沙滩劝世修行》。写的是金沙滩渔户，由于观音慈悲，化为卖鱼女郎，感化全村竟成善地。写得也很出色。此外最流行的佛教故事宝卷中，还有《刘香女宝卷》《妙音宝卷》《秀女宝卷》《庞公宝卷》等。

在非佛教的宝卷里，又有说神道故事和民间故事两类：神道故事的数量较多，有的写道教故事，如《篮关宝卷》等。有写鬼神故事的，如《土地宝卷》等。另外还有会道门用来写故事的。至于写民间故事的宝卷，也有相当数量，有的还带劝化色彩，有的纯粹写男女间悲欢离合等故事，而借用宝卷之名。

从明武宗正德年间起一直到清代初年，都是宝卷盛行的时期，从宫廷内后妃太监、以至一般劳动人民，莫不喜欢它。特别是神宗万历一朝，太监们执国威柄，他们拿出钱来印刷大量的宝卷，推行全国。清初以后，宝卷不再印行了，只沿用旧物或当时的钞本。但到了清末，宝卷又流行起来，而且南北地方有所不同。华北所流行的宝卷以劝善规过的劝世经文、佛教故事、神道故事为主；而流行于南方上海、苏州、杭州一带的宝卷则另成一种姿态，它把一些民间故事或一些戏文、小说之类改写成宝卷，脱离了劝善规过的宗教范围。

把宝卷拿来公开宣讲的，叫作“宣卷”。宣卷时，必须焚香礼佛，有浓厚的宗教色彩。

宝卷因为文字通俗，又便于歌唱，容易动人。在农民起义中，常有用来作号召与组织群众的，如明万历年间王森、徐鸿儒、于弘志等人的起义，以及明末李自成的起义都曾利用过宝卷。

宝卷文词写得好的很少，一般不为正统佛教和文学界所重视，但它在农民起义史和宗教思想史上曾发挥过作用，这是应该肯定的。

（田光烈）

七 佛教与中国绘画

——中国佛教画的形成及其流变

有悠久历史传统的中国绘画，中古时期曾因佛教和佛教艺术的传入，在题材、技巧、风格各方面均受到影响；而佛教在中国传播过程中，也由于历代绘画艺术的影响而丰富多彩。因而佛教与中国绘画，有其不可分割的关系，并逐渐形成了中国的佛教画。

相传公元一世纪间，后汉明帝遣蔡愔、秦景等往北天竺大月氏国请来高僧摄摩腾、竺法兰，并于西域得到释迦画像，归至洛阳，明帝令我国画工图写，置于清凉台中及显节陵上（《弘明集》卷一、《牟子理惑论》、《高僧传》卷一、《历代三宝记》卷四等）。这是最早传来的天竺佛教画像的记载。

其时，大月氏国与中国汉地早已交通，更和葱岭迤东的新疆各地接触频繁。《杂宝藏经》卷七即载有大月氏国旃檀罽尼吒王欲度葱岭东行征伐的故事。又其时佛教已流传于新疆各地，佛教雕绘艺术的东传也很盛。例如，《大智度论》卷十一说："大月氏国弗迦罗城有一画师，名千那，到东方剎陀罗国客画十二年，得三十两金持还本国。"至今新疆库车、拜城、和田、弥兰一带的千佛洞中，尚残存有若干优美而丰富的具有异常风格的佛教壁画，其在原有基础上受自葱岭以西的佛教传入的影响可想而知。

新疆赫色尔等窟的壁画内容，系以佛传图、本生图、佛菩萨像占大多数。其所绘人物形象，大都用铁线描法。以赤褐色的线条描绘轮廓，于上面用阴影法，表现出衣褶的紧贴和人体肌肉的晕染。在深暗而沉静的色素基础上，以鲜浅赭淡色衬出凹凸状的画趣，生气洋溢，形象复杂而统一。充分显出这一具有民族风格而又受到外来艺术影响的佛教绘画的特色。

新疆各地所传衍的佛教绘画艺术，不时又转而给予汉族地区的绘画艺术以相当影响。

中国中原地区的绘画艺术，从古以来也大都以人物画为主。相传名画家最早绘制佛像的，系开始于三世纪时的曹不兴。当时，西域沙门康僧会在建业（今江苏省南京市）“设像行道”，曹氏看见西域传来的佛像仪范便加以写绘，盛传于世。不兴的弟子晋名画家卫协，更精于释道人物，曾画有七佛图，闻名于世。卫协以后，东晋顾恺之更为突出。他运用玄学家的意境于绘画，而以写神为先。相传当时（364）瓦官寺初建，僧众设会募缘，士大夫们都没有写捐过十万钱的，独顾恺之题认百万，众人以为他说大话。后来，他令寺众备办一面墙壁，即闭门在壁上画维摩像一尊，到将要点眸子时，开门展览，光采耀于一寺，布施的人拥挤而来，顷刻便得捐钱百万（《历代三宝记》卷五）。这是一项有关佛寺壁画的脍炙人口的传说。古称他用笔如“春蚕吐丝”，可能是他的画法之中曾运用了一些铁线描法也未可知。

这时，佛教寺院壁画似已流行。如《贞观公私画史》尚载有卫协的弟子史通硕在江陵龙宽寺和郯中本纪寺所绘的壁画。又《历代名画记》（卷五）也载有王廙在武昌昌乐寺东塔所绘的壁画等。师法王廙的东晋明帝也仿照佛寺壁画，曾在乐贤堂绘有佛像，据《晋书》卷七十七说，当时几经变乱，而他的画依然存在。

晋代以来已流行的中国佛寺壁画，不仅宣扬了佛教的教义，而且也丰富了教徒的文化生活。这对中国古代绘画艺术的进展起了作用，也对佛教和寺院的繁荣有着促进作用，因而佛教壁画在古代寺院中一直得到重视和发展。

另外，在山林中的寺壁佛画也为当时宗教界所极需要。如庐山慧远因西域沙门叙述北天竺月氏国那竭呵城南石室中的佛影相，即请画工在寺壁用“淡彩图写，色凝积空，望似烟雾，晖相炳暖，若隐而显”（《高僧传》卷六）。

其时，名雕塑家戴逵和他的二子戴勃、戴颙，并崇奉佛教，也都精于绘画。戴逵曾有一次为山阴灵宝寺雕造了三年的丈六无量寿木像与菩萨像，广听群众意见雕刻成功。他的绘画似乎也采用了同样作法。他所绘有罗汉图、观音像（男像、无髭、贴金，见《画史》）等，“范金赋采，动有楷模”（《历代名画记》卷五）。

刘宋名家首推陆探微，史称他“参灵酌妙，动与神会，笔迹劲利，如锥刀焉”。他曾绘有佛因地图、无量寿佛、文殊、维摩、阿难、摩利支天、释僧虔像、天安寺惠明扳像等。探微的儿子陆绥也工于佛画，曾用麻纸画释迦像，为时所珍。同时，名家顾宝光也有《天竺僧像》二卷，袁蒨有东晋高僧白画，又有《维摩诘变相图》一卷，“百有余事，运思高妙，六法备呈”。此外的名画，有宗炳的僧惠持象，谢灵运的菩萨六壁。顾骏之、江僧宝在永嘉、江蒙、江宁的法王、长庆、景公等寺所绘的壁画等。又其时临近犍陀罗地方的罽宾高僧求那跋摩、昙摩密多，曾分别在始兴（今广东省韶关市曲江区）灵鹫寺和建业定林上寺壁画罗云及定光、儒童布发形象和迦毗罗神（《高僧传》卷三）。

其时，齐梁名家从事于寺壁及佛教人物画的，有齐宗测、毛惠秀、丁光、蘧通慜、章继伯、姚昙度、僧惠览，梁焦宝愿、嵇宝钧、解倩、陆整、僧威公等（见《贞观公私画史》《历代名画记》等）。但这一时期最享盛名的佛画家无过于梁代的张僧繇。

张僧繇所绘，似乎是融会中外而有新的风格的画法。《续画品》称他“奇形异貌，殊方夷夏，皆参其妙”。又《建康实录》卷十七载他所绘的一乘寺，“寺门遍画凹凸花，代称张僧繇手迹，其花乃天竺遗法，朱及青绿所成，远望眼晕如凹凸，就视即平，世咸异之，乃名凹凸寺”。这种画法，可能是采用晕染法烘托而成，取其立体感觉，能补充传统线画技法的不足，因而世称为“天竺遗法”。这是由于当时中印高僧往来频繁，梁武帝又遣使至中天竺摹写舍卫国的佛像。张氏接受了天竺画风的影响。时梁武帝“崇饰佛寺，多命僧繇画之”（《历代名画记》），《梁书》卷五十四也说：“繇丹青之工，一时冠绝。”僧繇的佛教名画，尚有江陵天皇寺壁卢舍那佛像及定光如来、维摩诘并菩萨、天竺胡僧、摩衲仙人、行道天王图等。僧繇的二子：善果，儒童，并继承僧繇的画法，广绘寺壁，有名于世。

其时，中国北方的佛教绘画也相当流行，而以北齐曹仲达所绘最负盛名。仲达本曹国人，精于梵像，他所绘的人物衣褶，是一种薄薄的紧贴身体而体态感很明显的新手法，后世称它为“曹家样”，即所谓“曹衣出水”的风范。其衣态的韵律节奏，正显出吸收外来所长的艺术风格。这和现存北朝造像，其圆雕和浮雕人物大都衣服薄贴，衣褶衣纹的线条是相近似的。

此外，北朝有关佛教的绘画名家，尚有北魏王由、杨子华、刘杀鬼，北周田僧亮、冯提伽、袁子昂等（《后画录》《贞观公私画史》等）。另外，还有许多无名画工或画匠，在北方各地寺院中创造出无数优美而精巧的壁画。

敦煌石窟壁画中，北魏时期的作品颇多。图画内容多是佛传和本生故事，而造形简朴，线条奔放，其色彩则主要以红赭色的弧线分描出，其颜面、躯体、手足部分向内渐淡，立体感很强，表现出凹凸画法和铁线描法，而所绘人物的体态衣饰均有异常风格。

隋代由于佛教兴盛之故，从事佛教绘画的作家有展子虔（有江都、长安、洛阳、浙西名寺壁画菩萨等）、董伯仁（有长安、洛阳等各寺壁画，及弥勒变等）、郑法士（有长安各寺壁画灭度变相等）、郑法轮（有龙兴、纪国等寺壁画佛像等）、郑德文（有崇圣、东神等寺壁画）、陈善见（有请禅寺壁画）、刘焉（有兴善寺壁画）、孙尚子（有长安、洛阳各寺壁画维摩诘等）、杨契丹（有光明、宝刹等寺壁画，及佛涅槃变、维摩诘等）、李雅（有永泰寺璧画）等不少著名人物。展子虔人物描法甚细，“随以色晕开，人物面部神采如生”（《古今画鉴》）。杨契丹于长安大云寺东七宝塔外边四面画本生经，塔东叉手下画辟邪，“双目随人转盼”（《历代名画记》卷三）。显见晕染画法在当时名画中已不时出现。隋代画家尉迟跋质那，善画佛像及外国景物，扬名当时，所画有婆罗门图、外国宝树图等，带来了西域画法的影响。

佛教绘画技术，至唐代更臻圆熟和发展。这时，中印度笈多时期的雕绘艺术，也因中印文化交流而传来中国。中国画家更逐渐以民族风格结合着宗教思想，创造出华丽而富有生命力的佛教艺术形象的作品。这就是这一时期的最大特色。

当时，高僧玄奘等游印赍归来各式佛像，以及巧匠宋法智随唐使王玄策摹得印度各地佛迹和佛像回国，长安道俗竞相传写，对于初唐佛教绘画当有影响。加以其时两京各地寺院壁画的绘制甚盛，更促进了中国绘画艺术的开展。至麟德间（664—665）敕撰的《西域记》六十卷中另有《图画》四十卷，即为当时名画家范长寿的绘制。范氏尚绘有崇福、净法等寺壁画，及所绘赵景公寺三阶院西方变，十六观“宝池尤妙绝，谛观之，觉人浮壁”（《京洛寺塔记》）。

又其时画家尉迟乙僧，继承其父尉迟跋质那的画风，工于佛画，并染映出凹凸花面，中绘佛菩萨像，精妙无比。他的画小处是用笔紧劲，好像屈铁盘丝，大处洒落有气概。他的名画有慈恩、光宅、兴唐、安国、奉恩等寺及洛阳大云寺壁画千钵文殊、千手眼观音、净土经变、降魔变、菩萨、鬼神、婆薮仙等许多作品。后世称他的画法“用色沉着，堆起绢素而不隐指”（《古今画鉴》）。

初唐（618—712）时阎立德（有赵景公寺壁画等）、阎立本（有维摩像、慈恩寺画功德等）、王定（有胜光褒头等寺壁画菩萨、行僧等）、张孝师（有慈恩、净域等寺壁画地狱等）、何长寿（有洛阳敬爱寺壁画佛会等）、王韶应（有净域、青龙等寺壁画万菩萨、弥勒变等）、赵武端（有云花、敬爱等寺壁画净土变等）、尹琳（有慈恩、光宅等寺塔壁画文殊、普贤、西方变等）、刘行臣（有敬爱寺壁画卢舍那、法华太子变、唐三藏等）、张法受（有洛阳敬爱寺壁画华严变等）、薛稷（有新安，成都各寺壁画西方佛等）诸名家辈出，并大都精于佛画。佛教绘画正风靡于初唐画坛，民族风格和外来手法，宗教庄严与写实笔调，均交融于这一时期的绘画艺术中，为后来盛唐时期（713—765）华丽、绚烂、圆熟的佛教绘画艺术打下了基础。

盛唐时期的经济文化繁荣，反映在绘画艺术方面也丰富多彩，而其时各画家中以吴道子最为杰出。据《历代名画记》等所载：吴氏的名作，有荐福、兴善、慈恩、光宅、资圣、兴唐、菩提、景公、安国、永寿、千福、宗福、总持、景云，菩萨，洛阳福先、天宫、敬爱，汝州龙兴等寺壁画佛、菩萨、文殊、普贤、西方变、维摩变、金刚变、日藏月藏经变、业报差别变、地狱变、降魔图、盘龙、天、帝释、行僧、高僧、鬼神等种类最多。《宣和画谱》尚载有宋朝宫廷中保存了他有关佛教的绘画六十余件。据传吴氏的画学出于张僧繇，而成就“过于僧繇”，并以豪放劲拔见称，如《历代名画记》卷二说他“众皆密于盼际，我则离披其点画；众皆谨于象似，我则脱落其凡俗”，显见他的妙处，是成熟地汲取了古代和西域的技法，不求相似面加以变化乃至脱落凡俗。在有些方面，他已丰富并发展了晕染法和铁线描法的特点，如《两京耆旧传》说他“数处图壁只以墨纵为之，近代莫能加其采绘”，即可说明他的线条本身已富于屈曲、阴阳、浓淡等变化，线描已极成熟，不用色彩即能充分表显其形象。《画史》也说他“行笔磊落挥霍，如专菜条，圆润折算，方圆凹凸”。《古今画鉴》也说他“人物有八面，生意活动，……其傅采于焦墨痕中，略施微染，自然超出缣素，世谓之吴装”。其所谓“吴装”，如《图画见闻志》所说：“吴之笔其势圆转，而衣服飘举，……后辈称之曰：吴带当风。”表明他发展了从来的线条，而在人物和衣饰的处理上，线势更加雄劲飘举，使富于运动感。这种“吴装”的画风，长期为人物画家所崇尚。

这一时期的著名画家，还有吴氏的门下杨庭光（精于写绘佛像、经变），卢楞伽（特长于佛教绘画）、李生、张藏、王耐儿，以及同进的皇甫轸、武静藏、姚景山、石艳玉、车道政、杨惠之、韩幹、解蒨、程逊、陆庭曜、杨仙乔等，他们对于绘画技巧、形象、品类的各方面都竞放异彩，有的是特以佛画擅长，也有的以其他方面的技艺或绘画而有名，形成唐代艺坛百花齐放的盛况。他们大多通过以佛教为内容的寺院壁画，描画出了许多雄浑健康、富丽工整、气象宏大、色彩华郁而具有民族风格的名贵精绝的作品，由此也反映出当时社会经济文化繁荣与佛教绘画艺术发展的关系。

中唐（763—812）时代的绘画艺术，更由华丽豪迈的风格转入圆熟细致的境地。这一时期的画家以周昉为最突出。周氏所绘的观音，“衣掌劲简，彩花柔丽、菩萨端严，妙创水月之体”（《历代名画记》卷十）。所画形象表现为慈柔庄丽有感人风姿的母性容态，至为后世所宗法。他的作品有长安章敬、大云、广福、招福、胜光、兴唐、宣州禅定等寺庙中的壁画，如水月观音、行道僧、鬼子母、天王、神像等。相传贞元末年（804），新罗国人曾以重价收购了他的绘画数十卷带回去，因而他的作品当时即已盛传于海外。

当时的画家还有李真（有招福、资圣等寺壁画及为青龙寺惠果画赠日僧空海赍归的真言曼荼罗及五祖像等）、辛澄（有成都圣慈寺诸变相、五如来等壁画）、李洪度（有圣慈寺帝释、梵天等壁画）、左全（有圣慈寺维摩，金刚等经变、水月观音、二十八祖等壁画）、赵公祐（有圣慈寺天王、神等壁画）等，其中赵公祐所绘佛像，“相好皆具，而慈悲成重，有巍巍天人师之容，用笔劲细，用色精密”（《画品》），代表这一时期的画家所绘佛事功德的意匠风貌。

随着唐武宗的大举毁佛（845），当时全国各地寺院中所有名贵壁画，遭到巨大的破坏。其时李德裕镇浙西，建甘露寺，因取管内诸寺的著名壁画移置寺中，一时尚保存有顾恺之（维摩），戴逵（文殊）、谢灵运（菩萨六壁）、陆探微（菩萨）、张僧繇（菩萨十壁、菩萨及神）、展子虔（菩萨）、韩幹（行道僧四壁）、陆曜（行道僧四壁）、唐凑（十善十恶）、吴道子（僧、鬼神）、王逌子（须弥山海水）等少数画迹。但这些名画在封建王朝社会秩序濒于崩溃的晚唐（813—906）不是被盗取就是被毁坏，余下的不多。

另外，远在西南的成都地区，也还有部分佛寺壁画遗存未毁。不久，唐宣宗再兴寺庙，蜀地名画家范琼、陈皓、彭坚三人，奉命从大中到乾符年间（847—879）在大圣慈寺及圣寿、圣兴、净余、中兴等寺作画，绘有七佛、药师、释迦、弥陀、弥勒、水月观音、大悲变、天王等变相、药师十二神等壁画，“二百余间墙壁，天王、佛像、高僧及诸变相，名目虽同，形状无一同者”（《益州名画录》）。据称范琼所画，“笔迹如缕，而精劲湿润，妙穷毫厘”（《画品》）。陈皓和彭坚的笔力也相近似。他们大都宗法吴生（道子），而傅采、勾描似更为细致。同时的名家，还有张腾（有圣慈、圣寿等寺报身如来、弥勒下生、文殊、普贤、北方天王等壁画）、赵温其（赵公祐子、有圣慈、中兴等寺文殊、普贤、释、梵、天王等壁画）、孙位（特善画水，有成都应天等寺诸天王等壁画），张南本（特精画火，有圣慈等寺灵山法会、六祖、功德等壁画，都曲尽其妙）、竹虔（有长安及成都等寺丈六天花瑞像等壁画）、赵德齐（赵温其子，有圣慈寺菩萨、十六罗汉等壁画）等，他们大多宗法吴（道子）、周（昉）的画风，以精细的手法，写庄严的佛事，但因更多地结合了民族格调，遂至与印度传来的风范色彩相去渐远。

唐代沙门也有不少工于绘画的，如思道（有安国寺壁画释梵八部，不施以彩）、环师（有大相国寺壁画《法华经》二十八品功德变相等）、智俨（有大相国壁画三乘因果位次图等）等并称精妙。此外有关瑜伽密教的绘画也曾一时流行，如《历代名画记》（卷九）说：“金刚（智）三藏，师子国人，善西域佛像，运笔持重，非常画可拟，东京广福寺木塔下素像，皆三藏起样。”又不空三藏也由师子国赍来了许多曼荼罗画，《京洛寺塔记》并叙述兴善寺曼殊堂内，有不空由西域赍来的泥金帧画遗品。其后沙门惠果还在他所住的青龙寺灌顶堂壁，图画了两部曼荼罗画。随着密宗教法的弘播，此项绘画更由中国流传于海外，日僧空海、圆仁、圆行、宗睿等所赍归为数不少的密宗图像，即大多出于李真、王惠等唐名画家的手笔。

唐代佛教寺院壁画在数量上和质量上，都可说是已发展到了空前的极盛阶段，如初唐高僧善导曾在各地寺院图绘了净土变相三百余壁，事见《佛祖统记》卷二十六，《往生西方瑞应传》《庐山莲宗宝鉴》《龙舒净土文》等。吴道子一生所绘的壁画多至三百余间，此外毕生从事于佛画专业的名家在当时为数也不少。因此，除了长安、洛阳等地寺壁有着甚多的名画以外，像成都大兴慈寺九十六个院落，到宋时还遗存有唐代的壁画“八千五百二十四间，画诸佛如来一千二百一十五、菩萨一万四百八十八、帝释梵王六十八、罗汉祖师一千七百八十五、天王明王大神将二百六十二、佛会经验变相一百五十八”（宋李纯《大圣慈寺画记》）。由此可见，当时任人观摩的寺院壁画规模的巨大和内容的丰富，它对唐代绘画艺术的发展是起了促进作用的。

现今尚遗存的敦煌千佛洞艺术宝库中，也还保存有唐代数以万计的佛、菩萨、罗汉、高僧、明王、诸天、人物、经变故事等描绘精丽而规模宏大的壁画一百余窟。从这些壁画中，可以看出唐代的绘画内容已突破了魏、隋时代以佛传、本生图为主的范围，而向大型经变及菩萨像等方面发展。在绘画技术上，则结构富丽而穿插精细，人物的造形已由魏、隋的清癯修长而趋向于圆满健硕；菩萨像更为端丽，宝冠璎珞，天衣飘举；画中风景也接近透视原则；其色彩的华丽，线条的纯熟，一般都超越魏、隋时代的作品。

至五代时战乱弥漫，但南唐和西蜀两地佛教绘画仍相当隆盛。这一时期的著名画家，在南唐有陶守立（有罗汉、神像等）、王齐翰（以十六罗汉闻名）等，而以周文矩（有文殊像等，画风如周昉，衣纹作战笔）、曹仲玄（画学吴生而更细彩，长时期为建业佛寺画壁，有佛会图观音像等）为特出。在西蜀有高道兴（有大慈寺壁画丈六天花瑞像及十六高僧等）、杜子瑰（有龙泉禅院壁画佛、罗汉等）、杜齯龟（有圣慈寺壁画毗卢、释迦佛二菩萨、十六罗汉等)、赵忠义(与父德元同于成都各寺壁画佛会变相等)、杜措(有圣慈、翠微等寺壁画地藏、十六罗汉经变等)、杜子义(有宝庆寺壁画水陆功德及罗汉等),而尤以沙门贯休最负盛名,所绘十六罗汉,庞眉大耳,朵颐高鼻,或倚松石,或坐山水,奇貌异相,曲尽其态。这是随着禅宗的盛兴,文人写意画这时已经抬头,严肃工整的宗教画风渐渐衰薄,于是有一定规范的佛菩萨像也被随意改绘并自由挥写,乃至形成宋元以来水墨写意画的风调。此外,还有沙门令宗,也在圣慈寺画有六祖及四天王像,并皆绝,其风格似和贯休相近似。这一时期,画家所绘的罗汉颇多,似因受着禅学流行的影响,其画风已脱外来的色调,而逐渐纯粹中国化了。

北宋时代从事于佛教绘画的名家,有王瓘(有雒中昭报寺壁画佛道功德等,艺追吴生,而设色清润)、王霭(有开宝、景德等寺壁画弥勒下生等)、孙梦卿(有开宝寺壁画菩萨等)、赵先辅(有许昌各寺壁画地狱变、功德等)、高益(有相国、崇夏等寺壁画阿育王战像,炽盛光等,并皆妙绝)、高文进(有相国、开宝诸寺塔壁画变相诸功德等)、王道真(有相国寺壁画祇园因缘、志公变等)、孙知微(有成都寿宁院壁画炽盛光等)、武宗元(有佛、文殊、普贤、水月观音等及许昌龙兴寺壁画旃檀瑞像、帝释、梵王等)、孙怀说(所画理致深远,有雒中寺壁等),他们大多宗法曹吴,工于赋彩,但都没有像李公麟(名作有八十《华严经》变相、《金刚经》变相、释迦、弥陀、观音、维摩、十六罗汉、禅会图、传法授衣图等)那样的“不施丹青而光彩动人”的白描画法。这是由于李氏的画法已汇集顾陆张吴的众长而自成一家,扫去粉黛,轻毫淡墨,意与禅会,无一毫烟火气。因而他所创造的艺术风格,被称为宋朝独步。这一白描的画风,出奇立异,使世俗惊感,以往那种立严精彩的供养功德画逐渐式微,而自由挥涂的文人写意画遂渐次风行。

南宋以来,佛教人物画也和整个佛教的发展情况同样趋向于衰落,南渡初时仅有苏汉臣、李从训、李祐之等善佛教画,工于赋采,但继李公麟一派的名家，有贾师古、释梵隆、乔仲常等，稍后更有俞洪、李权、李确、刘朴等，均是一代白描的能手，所绘的水墨观音、罗汉等均盛行于当时。

此后卷轴画即代替寺院壁画而盛行，对于佛画的礼拜供养也渐转变为鉴赏玩藏，渐至名人画家多不事壁画，而寺院壁画遂多委诸未为当时社会所推重的漆工匠人之手。

元明清以来的佛教绘画，随着整个佛教的衰微而愈益不振，虽其间还有许多佛画名手，如元刘贯道、颜辉，明张仙童、蒋子诚、董常、张靖、上官伯达、苏遯、丁云鹏、李麐，清丁观鹏、许从龙等先后辈出，但这时最风行的仍然是罗汉、祖师等像的漫无规范的文人写意画法。又各地寺壁也还遗有少数工整辉煌以示庄严相好的制作，则大多出于富有生活气息的民间艺人、无名工匠的手笔。

总的说来，外来的佛教和佛教艺术所给予古来中国绘画艺术的影响，可分以下几个方面：

（一）在形象内容方面，因佛教经典的大量传译，带来了许多印度和西域的情节生动而优美的佛传、本生、经变等宗教故事，以及许多富有宗教特征的佛、菩萨、罗汉、高僧、天龙、神鬼、各种类型的人物形象和它们的服饰庄严、天衣璎珞等，这都促使中国艺术家从想象中、从外来的形象艺术中并结合汉地群众所喜尚的形式来加以描绘，以满足信众的宗教需要，从而丰富扩大了古来画家创作内容和题材品种。加以印度宗教文学艺术的夸张描写，也有利于古来绘画天才和想象力的发挥和成长。

（二）在晕染画法方面，古来印度绘画中特别为中国人所称道的，是表现物体阴阳明暗的凹凸画法，这又称为晕染画法。这是用深色描绘外缘，分层渲染至中间渐浅，显出人体或物体的凹凸面，立体感很强，是过去中国绘画里所未见有的。因此，张僧繇在寺门画凹凸花，被称为天竺画法，即是一例。又尉迟乙僧在奉贤寺壁画魔女，“身若出壁”，也是经西域传来的这种画法的效果。此种晕染作画的技术，南北朝隋唐名家已采用，至盛唐更发展到普遍运用在各方面，如吴道子画菩提寺壁维摩变中舍利佛“转眼看人”，都是这种画法运用的成效。其后到了晚唐，更由深重色发展为淡墨薄彩的晕染法，使物体的立体感质量感都达到很好的效果，提高了晕染法的应用范围，也发展了中国特有的水墨山水人物等画中“泼墨晕染”的新的技法。

（三）在线描方面，由于西域铁线描法的传入，特别是天竺佛教雕绘艺术的传入，人物形象和衣褶线条，稠贴而劲健有力，以至形成“曹衣出水”一派的艺术体系，给予中国绘画的影响甚大。唐代画家于传统作风中触合了西来手法，对线描法更加以发展，一方面创造出笔简意远富于含蓄的线描法，另一方面又把面的物体也归纳于线，通过线描把形象、体积、光、色都巧妙地加以结合，形成所谓“吴带当风”的高度技巧。此后，中晚唐画家于此基础上又创造了更清淡的线条和更简括的衣纹，为后世形象艺术开启了广阔前景。

（四）在色彩方面，印度绘画色彩一般都比较强烈鲜明，这从现存阿旃陀壁画和受其影响的新疆赫色尔壁画中，可以看出。由于受到这种佛教艺术传入的影响，中国汉地绘画在色彩方面也有所发展。隋朝的绘画色彩已渐趋向繁华灿烂，至盛唐则达到辉煌富丽的顶端，不但色调绚烂华丽，而且层层叠晕的表现方法也是丰富多彩。但至中晚唐以后，随着以山林简素生活为务的禅宗的兴盛，一般绘画的色彩可能也受其影响而渐趋于“焦墨薄彩”，形成“水墨渲染”的简淡风调。

以上这些受外来艺术影响而衍变的迹象，在现存敦煌石窟各时期的壁画艺术中均有充分的反映。

据《历代名画记》（卷五及卷二）说，中国佛教人物画有四大典型：（一）北齐曹仲达，摄取了当时流行的西域佛像的雕刻样式来描绘佛教人物形象、衣纹、服饰、瓔珞、庄严等，后称为曹家样；（二）梁张僧繇运用了天竺的色彩晕染等法，后称为张家样；（三）唐吴道子，艺术更加融炼，在瓔珞、天衣、光、色、线条的巧妙处理上，更表现为兰叶描法，后为吴家样；（四）唐周昉，又在以上成就上，加以衣纹简劲，赋色柔丽的现实描法，也为未来所仿效（此文先后次序，依据《历代名画记》卷五）。

佛教人物画在古来曾经是中国绘画艺术的主要部分。如《宋史》卷157《选举志》说："画学之业，曰佛道，曰人物，曰山水，曰鸟兽，曰花竹，曰屋木。"即以宗教人物画列在画学诸科的首位，也反映了南北朝隋唐以来对于佛教画的重视。

中国山水画中有一派与佛教的流行相适应的南画（南宗画法简称南画）。本来中国早期的山水画，大都是人物画的背景与从属，呈现有如唐人所说"或水不容泛，或人大于山"（《历代名画记》卷一）的景况。其后，山水画在唐代渐次成长，特别是王维开创水墨泻染，清淡洒脱的画法形成后来的文人画派，使汉唐以来以人物为主体的传统，渐趋向于山水风景。

王维，字摩诘（合云维摩诘），以文人而信通佛理，能以渲淡的笔法，绘出平远的景色，有长安慈恩、清原、开元等寺壁画山水图等，后世尚传有他所绘渡水罗汉、十六罗汉等，他的简逸超脱，寄兴写情的画风，极为当时及以后的文人学士所推重，五代著名的山水画家如董源、僧巨然、李成、荆浩、关仝等都有这一画风而各具特点，给予后世文人士大夫的影响甚大。

以上所举五代、两宋以来山水南画诸家，大多兼擅水墨观音、罗汉等的写意画，他们用自由寄托的风格，从事笔晕墨染的抒情画法，罗汉、观音像的流行，是与摆脱经教束缚而超然解脱的禅宗的宗风有关。

另外，在我国藏族地区，由于民族特有的艺术生活传统和造形风格，从七世纪以来由汉地传入了各种绘画艺术，又从南方受到了以中印度后期佛教艺术为中心并包括有犍陀罗、笈多、南印度、尼泊尔各式文化艺术的影响，从而创造出了西藏民族绘画艺术，即早期形成的"江孜派"艺术。元代西藏佛教艺术更向较高阶段发展，乃至十五世纪以来建立的前后藏各大寺院中，绘有数以万计的佛教壁画卷画，形成了珍贵的西藏佛教艺术宝库。这些绘画内容，以佛教为主体，包括经典故事、佛、菩萨、明王、天人等显密图画，通过写实手法，汲取了印度、尼泊尔式，特别是汉地唐、宋时代的艺术风格，结合经教仪轨，注重造像法度，洋溢生活气息。现存各时代的佛教名画中，大都构图匀整优美，色泽明穆宁静，线条细致流利，风格豪放而刻画逼真，显示出中国藏族绘画艺术与佛教的密切关系。

（高观如）

八　中国佛教造像

造像，主要是制造佛像。即佛教徒为追念佛陀，因而以金、石、木、泥等各种素材营造佛的形象，作为崇敬、礼拜、供养的对象。后来，随着大乘教的兴起，更有诸佛、菩萨、天神等像的制造。

在原始佛教经典如南传尼柯耶中，未有佛像制造的记载。印度早期佛教艺术遗品如巴尔赫特、佛陀伽耶、山奇等古浮雕中，也未见刻有佛陀的形象。这些遗品所雕的崇拜对象有塔、法轮、菩提树、足迹等，还有说法图，前后左右的人似乎环坐谛听，但中间仅有佛座，而未有佛的身像。当时可能觉得佛为超人，若以寻常人的形象来拟制佛像则是冒渎，如阿育王曾闻弗那槃达北方的尼乾陀弟子画制佛像而大瞋，捉尼乾陀弟子而杀之（见《阿育王传》卷二），即其一例。

在汉传佛教长、中、杂阿含中也未载有营造佛像一事，只有在四世纪间译出的带有大乘色彩为大众部师所传出的《增一阿含经》卷二十八中，说有优填王以牛头旃檀和波斯匿王以紫磨金造像的事。这说明礼供佛像已在大乘教中流行。一般大乘经中多有造像的叙述。如《妙法莲华经》（卷一）说："若人为佛教，建立诸形象，刻雕成众相，皆已成佛道。或以七宝成，鍮石赤白铜，白镴及铅锡、铁木及与泥，或以胶漆布，严饰作佛像，如是诸人等，皆已成佛道。彩画作佛像，百福庄严相，自作若使人，皆已成佛道。乃至童子戏，若草木及笔，或以指爪甲，而画作佛像，如是诸人等，渐渐积功德，具足大悲心，皆已成佛道。"此外如《般舟三昧》《大明度无极》《观佛三昧海》《作佛形象》《大乘造像功德》等经叙列种种造像的福德利益。而《华严》《般若》《宝积》等诸经也都有造像功德之说。特别值得提出的是，公元179年在汉地译出的《道行般若经》卷十〈昙无竭菩萨品〉说："譬如佛般泥洹后，有人作佛像，人见佛形象无不跪拜供养者。其像端正殊好，如佛无有异，人见莫不称叹，莫不持花香缯彩供养者。贤者呼佛，神在像中耶？萨陀波伦菩萨报言：不在像中。所以作佛像者，但欲使人得其福耳。不用一事成佛像，亦不用二事成，有金有黠人（巧工），若有见佛时人，佛般泥洹后，念佛故作像，欲使世间人供养得其福。"此经所说的营造佛像的萨陀波伦菩萨，为求佛法，从西方东行二万里到了犍陀罗国。近世于古犍陀罗地区发现了许多雕刻的释迦佛像，其面貌、衣褶、头发都带有古希腊风貌，因而近世学者多推论为公元以前亚历山大帝远征印度时的移民希腊工匠所雕刻。当时，大乘佛教经西印度传入当地，于是雕制希腊神像的工艺家，遂改而从事印度佛像的雕造。据近世考古发现的碑文记载，月氏族迦腻色迦王朝曾任用过希腊艺人为技师以兴造佛像，后来形成为希腊、印度合糅的犍陀罗式造像艺术。此即佛教造像的创始。

另在中印度和南印度，当时造像也已流行，其早期造像形态、手法，有如摩菟罗、阿摩罗婆提等石雕，已表现为纯印度民族形式；由此发展，乃至形成为笈多期、波罗期的艺术风格的佛教造像。

在佛像以外，菩萨像的制造，在犍陀罗地区也相当兴盛。如《法显传》所载北天竺陀历国有弥勒菩萨大像，是佛灭后三百余年造。此外，随着大乘的流行而各地制造的菩萨等像，也都成为民间礼拜供养的对象。如后来义净的《南海寄归内法传》卷一中所说："若礼菩萨，读大乘经，名之为大（乘），不行斯事，名之为小（乘）"，即以礼拜菩萨为大乘佛教特有的标帜。

至于佛像由印度传入中国，相传始于永平十年（67），迦叶、摩腾等，赍着释迦画像来到洛阳，汉明帝又令画工照样描绘，安置于清凉台和显节陵上（《高僧传》卷一）。于是汉地始有佛像。但在这以前即永平八年（65），汉明帝的兄弟楚王英曾“为浮屠（佛）斋戒祭祀”，明帝给他的诏书中，说他“尚浮屠之仁祠，洁斋三月，与神为誓”（《后汉书》卷七十二）。或其时已经供有佛像亦未可知。至汉桓帝则更于宫中“立浮屠祠”（同书卷六十），并“设华盖以祠浮图”（同书卷七）。汉献帝时，笮融又大起佛寺，用黄金涂造佛像（同书卷一百零三）。这时，佛寺和佛像的建造似已相当多了。

嗣因西域高僧络绎来华，佛像的传来和制造也相续不绝。如247年，康僧会来到建业（今江苏省南京市），“建立茅茨，设像行道”（《高僧传》卷一），当时名画家曹不兴，看见他的佛像仪范，即加以写绘，流传于世（《图画见闻志》卷一）。到了晋武帝时（265—290），寺庙图像，已受崇于京洛（《高僧传》卷一），其时竺法护曾由西域赍归大量佛经和佛像，都安置在洛阳法云寺内（《洛阳伽蓝记》卷四）。又太始二年（266），荀勗在洛阳造佛菩萨金像十二躯（《佛祖统纪》卷三十六），并为当时有关佛像的重要记载。

至东晋时，随着佛教的流行，造像事业也渐次兴盛。南方许多著名的佛寺、佛像纷纷兴建。名僧支遁曾有释迦、弥陀、文殊、弥勒、维摩、善思等佛菩萨像赞的撰出（《广弘明集》卷十五），沙门竺道邻也造有无量寿像（《高僧传》卷五），竺道壹于太和中（366—370），在嘉祥寺有金锞千像（同传同卷）。晋司空何充并曾塑有泥像七龛（《续高僧传》卷十九）。宁康三年（375），高僧道安在襄阳檀溪寺铸成丈八金铜无量寿佛像，庐山慧远为作像赞（《广弘明集》卷十五）。慧远曾闻西域沙门谈述北天竺月氏国那竭呵城南佛影光相，因请画工于庐山用淡彩图写佛影，并又造有无量寿佛像以资礼敬（《高僧传》卷六）。太元二年（377），支慧护在吴郡绍灵寺造有释迦文佛丈六金像（《出三藏记集》卷十二）。又名画家顾恺之，以瓦官寺初建，僧众募缘，他壁画维摩像一躯，将要点眸子时，开户展览，光照一寺，信众布施，得钱百万（《历代名画记》卷五）。又随后绝代艺术家戴逵也工于画像，他“范金赋采，动有楷模”，曾绘有观音、罗汉等像，又曾有一次为山阴灵宝寺精雕了三年才成的丈六无量寿并夹侍二菩萨的点彩木像，及在招隐寺造五夹纻行像，精妙无比（《辨正论》卷三、《法苑珠林》卷十三、十六等）。其后元兴三年（420）晋恭帝也造有丈六金像，并亲迎之于瓦官寺（《晋书》卷十）。此外，贵族官吏如护军将军王默、雍州刺史郄恢等均造有佛像，或造有金象寺等（《辨正论》卷三）。这时，中国造像艺术已相当发展。而由国外传入的，有法显从天竺赍归的佛像（《法显传》），又师子国（今斯里兰卡）王也遣使送来白玉琢成高四尺余的精巧佛像，被供养在瓦官寺中，和戴逵造五佛像及顾恺之的维摩画像并称为瓦官寺中三绝（《梁书》卷五十四）。

在北方则佛图澄兴造佛像，并在赵地每年举行灌佛会（《高僧传》卷九）。后世尚传有他于光初五年（322）造释迦像碑（《金石录》卷二十）。前秦苻坚则曾以外国高七尺的金箔倚像以及金坐像、结珠弥勒像、金缕绣像、织成像各一尊致送于高僧道安，“每讲会法聚，辄列尊像，布置幢幡，珠佩迭晖，烟华乱发”（《高僧传》卷五）。又苻秦沙门乐僔于建元二年（366）在敦煌鸣沙山穿岩造窟，为敦煌莫高窟造像的开始。随后又有沙门法良等于莫高窟继续增造（唐李怀让《重修莫高窟碑》，又秦将吕光奉苻坚的派遣西伐龟兹，于左末县（且末县）图绘佛菩萨像，后来北魏沙门惠生，宋云西行路见此像，不似胡貌，问知是吕光所造（《洛阳伽蓝记》卷五）。鸠摩罗什由西域东来，也曾带龟兹国的檀像来至长安（《续高僧传》卷二十四）。后秦主姚兴曾在长安永贵里立波若台作须弥山，上设仙人、佛像（《长安志》卷五）。姚兴又曾令安城侯姚嵩以珠像赠送与庐山慧远（《高僧传》卷六）。另在凉州，则北凉沮渠蒙逊于州南百里天梯山等处开造窟殿，广造石像和塑像（《集神州三宝感通录》卷中），为当时规模宏大的造像。

佛教到南北朝时更为发展，佛像的制造也极兴盛。

南朝造像，盛行金铜像的铸造。其著名的造像，有元嘉二年（425）刘式之所造文殊金像，及徐州刺史王懿在彭城宋王寺所造丈八金像（均见《三宝感通录》卷中）。随后又有沙门法成在蜀地集合千人铸造丈六铜像（《魏书》卷五十二）。元嘉八年（431）比丘尼道琼大造无量寿、弥勒、普贤等金像及行像，分别安置于彭城、瓦官、建兴等寺（《比丘尼传》卷二）。戴颙秉其父戴逵的技业，曾手造弥勒像，又为沙门慧护修造吴郡绍灵寺释迦丈六金像，为宋世子改铸瓦官寺丈六铜像，又自造兴皇寺丈六佛及二菩萨金铜大像等，均为江南名品，庄严神巧，世称绝技（《宋书》卷九十三，《法苑珠林》卷十三、十四、十六等）。此外，名家画像有陆探微、谢灵运、顾宝光、袁倩等所画释迦、无量寿、文殊、维摩、阿难等佛菩萨、罗汉及摩利支天、梵华高僧等像，而以维摩像的绘画最为兴盛（《历代名画记》《宣和画谱》等）。另外，沙门法献由龟兹赍归所造的金鍱像（《出三藏记集》卷十二，《高僧传》卷十三）。元嘉五年（428），师子国王摩诃南遣使送来牙台像（《宋书》卷九十七）。龙光寺的木檀瑞像，是从扶南（今柬埔寨）获得（道宣律师《感通录》）。又林邑国（今越南中部）也送来有无量寿鍮石像（《三藏记集》卷十二）。罽宾（今克什米尔）高僧求那跋摩、昙摩密多分别在始兴（今广东省韶关市曲江区）灵鹫寺和建业定林上寺壁画罗云及定光、儒童和迦毗罗神像（《高僧传》卷三），丰富了刘宋一代的佛教造像。

至南齐高帝则每年四月八日常造金像（《辨正论》卷三），又造行像八部鬼神等（《出三藏记集》卷十二）。随后，武帝在宫中也经常礼供诸佛像，临终时并遗诏显扬殿所供诸佛玉像仍须尽心礼拜供养（《南齐书》卷三）。他的儿子竟陵王萧子良等也广造释迦、弥勒、龙华会等像，又与文惠太子等倡导于栖霞山开凿石岩，造千佛像（江总《栖霞寺碑铭》）。后来，明帝也造金像千躯（《辨正论》卷三）。文学家沈约为撰千佛颂，更为文惠太子、竟陵王等撰作造弥勒石像、释迦金像、弥陀绣像等赞铭（均见《广弘明集》卷十六）。

梁代的造像更为殷盛，梁武帝即位后即造等身金、银像两躯于重云殿，晨夕礼事凡五十年（《二宝感通录》卷中）。又曾舍本宅为寺，并以铜四万斤敕沙门僧为寺监造成丈九大像，庄严精妙，称为东方第一（《高僧传》卷十三）。又于钟山大爱敬寺造一丈二尺的旃檀大像和丈八金铜像，于大智度寺造丈八金像（《续高僧传》卷一）。大同元年（535）、二年（536），又为同泰寺造十方金像及十方银像（《南史》卷七、《金陵梵刹志》卷四十八）等。沙门僧祐又曾赴郯县经营石佛的雕刻，制成极端庄严的五丈坐佛、十丈立佛及龛殿庄严等。僧祐长于巧思，能目准心计，经营造像，准确精美（《高僧传》卷十一、十三）。其时名画家张僧繇，能以天竺凹凸画法绘制佛菩萨像，所绘有释迦、卢舍那、定光佛、文殊、维摩、十六罗汉等，并为后世雕绘的楷范（《历代名画记》卷七、《宣和画谱》卷一）。由国外输入的佛像，有决胜将军郝骞、谢文华等奉武帝令于天监元年（502）赴天竺舍卫国，请得摹刻祇洹精舍的旃檀像归国，武帝并迎奉于太极殿供养（《三宝感通录》卷中）。又天监二年（503），扶南国王阇耶跋摩遣使送来珊瑚佛像（《梁书》卷五十四）。同十八年（519），扶南国又遣使送来天竺旃檀瑞像（《南史》卷七十八）。中大通元年（529）盘盘国（泰国南部地方）遣使送来牙像。二年（530）丹丹国王也遣使送来牙像二躯（《梁书》卷五十四）。又婆利国送来有真金像（《出三藏记集》卷十二）。而输往国外的，则有大同元年（507）扶南国王遣使来请去释迦像及经论等（《佛祖统记》卷三十七）。

梁末兵乱，扬都（今江苏省南京市）寺像多遭焚毁，至陈武帝锐意修复，渐复旧观。武帝并造有金铜像，其次文帝也修造寺像，宣帝也造有金铜像。文帝的儿子鄱阳王、衡阳王、桂阳王，宣帝的儿子豫章王、新蔡王、义阳王等也都奉佛造像。尚书仆射徐陵也一生造像，江总于匡山造有高八十尺的弥勒大像，袁宪于上定林寺造有夹纻像十躯等（均见《辩正论》卷三）。高僧兴皇寺法朗、南岳慧思等并各造佛像（《续高僧传》卷七、十七）。沙门普明在天台造丈六卢舍那像及金铜像十躯等（《佛祖统纪》卷九）。此外，有关这一时期的造像记载尚多。但总的说来，南朝的佛教造像，远不如北朝隆盛。

北朝造像，以崖窟石雕像最为兴盛。北魏太武帝，初时也奉佛（《魏书》卷百十四），嗣于太延五年（439）灭了北凉，将凉州民众三万余家迁到魏都平城（今山西省大同市），其中包括有许多沙门和凿石造像的工艺家。嗣后文成帝复兴佛教，以凉地来的罽宾沙门师贤为道人统，并令经营雕造等身石像。师贤寂后，又以昙曜继续为沙门统，令于城四郊外的武州塞（今山西省大同市云冈区）首先凿了五大石窟（第十六—二十窟），各造巨大佛像，“雕饰奇伟，冠于一世”（同书同卷）。嗣又相续雕造了十几个大石窟，其中都造有佛菩萨像以及无数壁龛像。内中第二十窟佛陀坐像，由顶至膝高三十三尺，具有犍陀罗式的作风，表现出北魏的雄伟而严肃的气质，规模宏大而配合整善，雕造的手法也极雄劲。又第五窟的主佛也是高达五十余尺的坐像，为云冈石佛中最大的像，姿态雄健而庄严合度，是北魏艺术最高的伟大杰作。此外各窟中还有许多释迦、弥陀、卢舍那、弥勒、普贤、文殊、维摩等佛菩萨乃至金刚力士等像、佛传和本生浮雕，还有若干印度外道神像，形成了中国最丰富而巨大的石窟造像。

北魏于太和十七年（493）迁都洛阳，随即于其南方伊阙龙门山也凿龛造像。由沙门慧成督工首先开凿了古阳洞，于时朝野道俗造像风行，洞壁上凡尺寸可磨的山石几乎全有雕像。其雕造手法大都沿着云冈石像的形式，而面貌较为柔和，雕造亦较细致和洗练。但也间或有模仿犍陀罗式而造的佛像。其次宾阳洞的造像，系从景明元年（500）起，用工八十万二千余，为魏王朝在龙门主要的造像，有北、中、南三窟。中洞正面凿有佛、菩萨、声闻夹侍五像，左右也凿有佛等五尊，壁上并有精美的佛传图和帝后供养图的浮雕（已被美国间谍雇人盗去）。南北两洞也各于正面凿佛、菩萨、声闻五像。又南洞壁上还有后来隋唐人雕造的龛像。这三窟的雕造，比古阳洞更为精巧，作风也极流丽。此外还接着凿造有莲花洞和其他二三窟洞等。

随着北魏王朝在云冈、龙门等石雕像的兴造，在其统治下的西部地区敦煌、麦积山等处洞窟像也有大量的雕像。六世纪前期，北魏瓜州刺史建平公、元太荣先后大力倡导凿窟造像。现今所存魏窟二十三个，其中有三百余躯北魏塑像及大量的影塑和甚多的壁画，其塑像与云冈最初的造像相近似，带有相当的外来风貌，壁画也反映有天竺、西域的形象和技法影响。在秦州麦积山现存的魏代造像中，也有许多塑像、影塑和壁画。这是由于敦煌和麦积山是石质较松的砂岩，不像云冈、龙门山石坚细能雕刻石像，因而就广造了泥塑和画像。

当时中原地区的崖窟造像，还有巩县石窟，其中最古的造像也类似云冈，又壁上的礼佛图浮雕也甚精美。此外，还有历城黄石崖、千佛山等摩崖像，安阳宝山万佛沟洞窟像等。至北齐时更有龙门药方洞造像、安阳善应村龛造像、磁州南响堂山洞窟像，山西平定石门摩崖像，太原天龙山、甓甕山、义县万佛洞等崖窟像。至北周时更有四川简州大佛崖等的雕造，形成了北朝各地以石窟为中心的佛教造像艺术。

北朝造像雕刻的手法也反映在当时的画像方面。时有北齐曹仲达，精于梵像，所绘形象、服饰、璎珞庄严，有笈多式的艺术倾向，衣服的纹褶薄贴身体，好像刚出水似的，称为“曹衣出水”式的造像。

金铜像在北朝各代铸造也颇盛行。遗存于后世的最早的造像，有登国五年（390）、神瑞二年（415）、皇兴二年（468）造小铜像（《陶斋吉金录》卷八）。又北魏道武帝曾建开泰、定国二寺，铸金像千躯（《辩正论》卷三）。魏文成帝兴光元年（454），又以赤金铸丈六释迦像五躯，为以前诸帝祈福。献文帝又于天宫寺造释迦文像，高四十三尺，用金铜十万余斤（《魏书》卷百十四）。太后之兄冯熙在诸镇建佛寺七十二处，造像也甚多（同书卷八十三）。宣武帝时，每年四月八日洛阳诸名像一千余躯，齐集景明寺前出发游行，至宫前散华致敬，梵乐法音，聒动天地，西域沙门，唱为佛国（《洛阳伽蓝记》卷三）。孝明帝时，胡太后造永宁寺，内设有丈八金像一躯，等身金像十躯，绣珠像三躯，织成像五躯，“作功奇巧，冠于当地”（同书卷一）。同时，洛阳广德寺沙门法贞造像千躯，分布供养（《续高僧传》卷六）。其余朝野道俗造像甚多，而各种金、石、木、土、砖、漆、夹纻等像的制造也很盛。白玉石像、碑像等在东西魏各代非常流行。后世遗存北朝各代的铜、石像甚多，不胜枚举。而由国外输入的佛像，则有太安初年（455），师子国沙门邪奢遗多、浮陀难提等五人，奉赍着精巧的佛像三尊来到洛阳（《魏书》卷百十四）。其后正光二年（521），沙门惠生与宋云至乾陀罗请良匠用铜摹写释迦四塔变赍归魏京（《洛阳伽蓝记》卷五）。同时，外国送来的经、像，都设在永宁寺内（同记卷一）。这都给北朝造像艺术风格带来不少的外来影响。

隋王朝统一了南北，佛像的兴造复盛。隋文帝曾敕造金、银、檀香、夹纻、牙、石等像，并修治旧像。隋炀帝也修造故像，并雕铸新像，造有并州天龙山高百三十尺的弥陀坐像等（《辩正论》卷三）。开皇三年（583），独孤皇后为父建赴景公寺，其华严院内即造有小金像六百余躯，金佛一躯高数尺，又有大银佛高六尺余，式样精巧（《京洛寺塔记》）。其时，尚书右仆射虞庆则在襄州造卢舍那大夹纻像高百二十尺，相好殊胜（《辩正论》卷四）。张频舍宅为玄法寺，造金银像十万躯（《酉阳杂俎》续集）。高僧智顗一生造金、铜、檀、塑、画像十万余躯（《续高僧传》卷十七）。仁寿中（601—604），高僧吉藏也修造曲池大像，举高百尺，庄严周满，后又造二十五尊像等（同传卷十一）。此外，制造丈六、丈八大铜像、夹纻像等记载尚多，铜石像遗存于后世的也不少，可见当时造像的盛况。至于石像的雕造，则历城千佛山、玉函山、佛峪、益都云门山、东平白佛山、驼山、磁州南响堂山、安阳万佛沟及龙门、敦煌、麦积山、天梯山等处，隋代雕造的崖窟像及像、画像颇多。其雕塑的作风已脱离原来的生硬而渐变为纯中国式样，面貌柔和圆满，衣褶也趋于写实，流丽而妥帖，为唐代造像风格的先驱。

唐初佛教造像艺术非常发达。唐高祖武德元年（618）曾为父母造等身旃檀像三躯供于长安慈悲寺（《辩正论》卷四）。又为他的第五子楚王智云造楚国寺及等身金铜像（《酉阳杂俎续集》）。唐太宗又曾为高祖造等身夹纻像六躯，供于终南山龙田寺（《辩正论》卷四）。从此，朝野道俗风行雕造，当时工艺家经常预造佛像出售，民众竞买，唐太宗曾下令加以断禁（见《广弘明集》卷二十八）。贞观十九年（645），唐高僧玄奘从印度回国，赍来有摩揭陀国前正觉山龙窟留影金佛像、拟婆罗痆斯国鹿野苑初转法轮刻檀佛像、拟憍赏弥国出爱王思慕如来刻檀佛像、拟劫比他国如来自天宫下降宝阶银佛像、拟摩揭陀国鹫峰山说《法华》等经金佛像，拟那揭罗曷国伏毒龙所留影刻檀佛像，拟吠舍釐国巡城行化刻檀像等。玄奘后又造夹纻宝装像二百余尊，又一生造俱眼画像、弥勒像各一千帧，并造塑像十俱胝（《慈恩法师传》卷六、七、十）。其后义净和不空等高僧也多有佛像从外国赍归。不空请来那烂陀寺巧工纯陀在五台山督造金阁寺，造有文殊菩萨骑青毛狮子像、阁第二层造金刚顶瑜伽五佛像、第三层造顶轮王瑜伽会五佛金像并诸胁侍菩萨等，构成瑜伽密教金刚顶宗的庄严像设（《入唐求法巡礼行记》卷三）。由于佛教造像的风行，龙朔元年（661）道士郭行真在所住西会观内造有金铜佛像和十一面观音檀像各五躯（《集古今佛道论衡》）。则天武后曾于洛阳造有高九百尺的夹纻大像（《太平广记》卷二百八十八），又于白司马坂铸造六年尚未完成的千尺大铜像（《佛祖历代通载》卷十二），显见当时造像规模的巨大。开元中，杭州华严寺沙门玄览曾铸多铜像三百五十座，以弥陀为首（《宋高僧传》卷二十六）。五台山清凉寺沙门澄观一生塑绘佛像不可胜数（同传卷五）。同山佛光寺沙门法兴作三弥陀大阁，高九十五尺，尊像七十二位，圣贤八大龙王，罄从严饰（同传卷二十七）。其时，高僧鉴真在各地也广造诸像，天宝十二载（753）他被请赴日本弘化，曾赍往乐师、弥陀、白旃檀千手观音等像，并携有画、刻、铸、绣等工匠多人前往（《唐大和上东征传》）。而当时来到中国游学的日本沙门空海等八家，也赍归有各种显密佛、菩萨、天神、祖师等像（见空海等八家将来目录）。苏州南禅院于开成元年（836）造佛千龛，文学家白居易并为作记。香山寺堂上也造有金色像五百躯等（《白香山集卷七十》）。后至咸通时（860—873）唐懿宗还令大安国寺沙门僧彻为检校，刻真檀像一千躯（《宋高僧传》卷六）。可见晚唐造像还相续不绝。

至于石像的雕造，在唐代亦甚为发展，新造和续造的崖窟像，有唐山宣雾山、邠州大佛寺、鄜州石泓寺、安阳万佛沟、巩县、洛阳龙门、长清灵岩寺、历城千佛山、驼山、佛峪、云门山、太原天龙山等，从唐初到唐中期，出现了很多摩崖、龛窟石雕像。其中尤以奉先寺高八十五尺的卢舍那大佛像和高七十尺的夹侍二菩萨像相好圆满，为龙门第一瑰伟的杰作。西南四川的梓州隆兴寺、绵州摩崖、简明大佛崖、广元千佛崖、大足北山、巴州南龛、南江摩崖、资州北崖、富顺罗浮洞等，崖窟造像，一直到中晚唐犹风行不绝。西北地区的敦煌莫高窟、秦州麦积山、凉州天梯山等石窟中的泥塑像和壁画像也盛行制造。特别是敦煌莫高窟中的唐代造像，现尚存有二百三十窟，内有数达六百余躯的精巧塑像和很多庄严的壁画，成为唐代造像艺术宝库。现存石刻如西安大慈恩寺大雁塔上阴刻的释迦说法图，佛在中央莲花座上，有很多菩萨围绕，显示唐代木造佛殿的遗制，非常可贵，当时著名的石造像，尚有唐慧震在梓州（三台县）西山雕凿百三十尺的大佛坐像，于贞观八年（634）圆满成就（《续高僧传》卷二十九）。沙门道胄则于鄣州造三百尺大像（同传卷二十二）。沙门道积，于贞观十九年在吕州（今山西省霍州市）普济寺修建十年，造成百丈大像（《法苑珠林》卷一十七）。并州城西童子寺有高百七十尺大坐像，显庆末年（660）唐高宗曾来巡视。北山开化寺也造有高二百尺的大像（同书卷十四）。开元十八年（730），沙门海通于嘉州江滨凿石造弥勒佛像高三百六十尺，覆以九层之阁，扁其寺曰“凌云”（《佛祖统纪》卷四十），为现存世界上最大的佛像。一般说来，唐代的造像比魏隋各代所造面貌更为圆满，姿态更妥帖，衣褶的雕法也更流丽，并吸收了印度笈多后期的艺术风格。

画像艺术在唐代亦空前兴盛，高僧善导一生造弥陀变相三百余壁。两京各地寺壁佛画风行。著名的画家阎立本、尉迟乙僧、刘行臣等均为初唐寺院壁画能手。吴道子、杨惠之及吴氏的门人张仙乔、王耐儿等都兼擅塑、绘，吴道子在长安、洛阳即绘有包括佛菩萨、高僧等壁画三百余间，皆为妙绝一时之作，后世奉为雕绘楷模。周昉画水月观音，相好端严，也为后世所师范。

五代时各地纷乱，但佛像的制造仍然相续不绝。如后梁沙门智晖于洛阳中滩应真浴院西庑造十六罗汉像，于观自在堂塑观音像（《宋高僧传》卷二十八）。陕西扶风法门寺塑四十二圣菩萨及画西天二十八祖，塔内外则塑画功德八龙王（《金石萃编》卷百十一）等。后唐同光元年（923），沙门智江于宋州（河南商邱县南）广寿院塑慈氏、释迦二尊及十六罗汉（《宋高僧传》卷二十八）。吴越王钱弘俶造有四面镂刻佛像的涂金塔四万八千（《金石萃编》卷百二十二），以七宝于福州支提山铸天冠菩萨像一千躯（《释氏稽古略》卷三）。北汉广运二年（975）新建天龙寺千佛楼内塑有观音像一座，并铸拘留孙如来等铁佛千尊（《金石萃编》卷百二十二）。此外四川广元、富顺、资州、简州、大足、乐至乃至广西容县都峤山、北方龙门、南响堂山等处新造的崖石像仍多。又吴越王钱弘俶于杭州飞来峰、烟霞洞等处也开凿崖石造出了不少的佛像。

宋代禅宗流行，不重像设，但随着南北各地务院的兴造，佛像的制造还是颇盛。其重要的造像，有开宝中（968）正定龙兴寺高四十九尺的观音大铜像（《正定县志》卷十五），嗣又加塑文殊、普贤、弥勒及许多眷属菩萨天人等像。太平兴国五年（980）宋朝庭令内侍张廷训于五台山真容院造金铜文殊万菩萨像，又令内侍张仁赞往成都铸二丈高的金铜普贤像，安置于峨眉山普贤寺。雍熙元年（984）又令造罗汉五百十六躯，置于天台寿昌寺（《佛祖统记》卷四十三）。端拱元年（988）开宝寺建成八隅十一层高三十六丈的舍利塔，上安千佛、万菩萨像（同记同卷、《宋史》卷五）。大中祥符元年（1008）又令重修泰山佛像三十二身（《佛祖统纪》卷四十四）。而河南辉县白茅寺五百罗汉、杭州灵隐寺五百罗汉、行唐普照寺十六罗汉等，均于时先后塑造。文学家苏轼常供弥陀及十八罗汉像（同记卷四十六）。政和五年（1115）优婆塞邹氏绣释迦像并十八罗汉，沙门慧洪为之作赞（《石门文字禅》卷十八）。宣和六年（1124），长清灵岩寺造成五百罗汉。这一时期的造像，以罗汉像最为流行。但一般的佛像庄严也很盛。如十一世纪间来宋地巡礼的日僧成寻在所著《参天台五台山记》中载有当时南北各地寺院的庄严像设，像杭州、天台、泗州各大寺院均有壮丽的丈六释迦、弥陀、弥勒、胁侍菩萨、十六乃至五百罗汉等像。而汴京太平兴国、大相国等寺的像设，如丈六弥勒、弥陀、千百亿释迦、舍那、菩萨、声闻、五百罗汉、四天王等尤为庄严，其遮那堂并有三千金银佛像等。五台山宝章阁供有丈六舍那、释迦等佛，万菩萨围绕；山中太平兴国寺尚有三千多佛阁与万圣阁，供三千佛及石菩萨等。

至于石像的雕造，则有大中祥符九年（1016）沙门栖演奉令经营修饰龙门石像一万七千三百三十九尊（《佛祖统纪》卷四二四）。而敦煌莫高窟、天水麦积山、永靖炳灵寺等处，宋代所造的塑画像也不少。四川、山东、河南、杭州等地崖窟石像续有雕造，但已成尾声。

元初因藏族高僧帕思巴受崇奉为帝师，随着而来的有尼泊尔巧工阿尼哥的梵式造像，朝廷设有梵像局，由阿尼哥领导广造诸像，他所造阿弥陀铸像及千手千眼大悲塑像等，精妙无比。他的弟子禀搠思哥斡节儿、八哈失、阿哥拔、杂儿只、八儿卜等也造有万安寺佛像一百四十尊，以及供于玉德殿的三世佛、五方佛、五护佛、陀罗尼佛输石像、文殊、弥勒漆布像等。又名塑造师刘元，也师事阿尼哥，广造梵像，时称绝艺，他塑有香山寺天王、毗卢佛及夹侍文殊、普贤九尺立像等，当时两都名刹，塑土范金，抟换诸像，大都出于其手。刘元的弟子张提举、吴同签、李同知，也造有大威德明王、菩萨、白金铸佛等像奉安于元京各寺（《元代画塑记》）。

江南各地造像，一般仍依汉式，盛行雕塑。如至大八年（1309），沙门元良铸金铜像万尊奉安于四明天童寺朝元阁（《新高僧传四集》卷五）。至顺二年（1331），江西万安陈觉和募缘铸金铜像千尊奉安于普陀山寺（《补陀洛迦山传》）等。崖窟石造像，仅有杭州飞来峰及居庸关等处的凿造，其雕刻形象也均渗有梵式风格。另在敦煌莫高窟中也还有元代密宗的塑像和圆像。

此后明清两代的造像仍相当普遍，其雕铸、塑作、夹纻、绣、绘等像在各地也广有造出，现今南北各寺院丛林像设，许多仍是明清时期所造。也有些重要的寺像是现代新建的。如杭州灵隐寺于1958年由人民政府出资七十万元，重建已毁的大殿，集合了全国美术工艺家的设计，新造丈八释迦趺坐说法的香樟木雕像，庄严殊妙，极为稀有，为近代以来中国最精巧的造像。

关于中国古来造像的形象和风格，由于对佛的敬慕和想象，古来造像家总想模仿着印度传来的，或一般通行的造像，并依凭经说，一方面尽量保持外来风貌，一方面也结合当地人民乐见的形象艺术，而以表显清净、慈济、庄严、相好的佛的风度为特征，但古来由于受外来雕造的影响，造像艺术因时因地而发展不同，因而在各时期造像风格中也有其显然不同的特色。

首先是汉晋时代，西域高僧络绎赍来有不少经、像。如康僧会、竺法护等均奉有佛像东来，北天竺犍陀罗式的造像艺术似早已输入。五世纪间法显也由天竺赍归有佛像，为中天竺笈多时期造像传入的开始。这些外来的形象和风格，对于早期中国佛像的制造曾带来了相当的影响。晋著名工艺家戴逵于此基础上，广听群众意见三年才雕成的弥陀及二菩萨像，可能是外来风范和民族色彩相结合的作品。他的儿子戴颙也继承他的法度雕铸佛像，并擅“光颜圆满”的技法。

稍后，梁张僧繇运用天竺的凹凸画法，并摄取雕铸佛像的格调于绘画，“奇形异貌，殊方夷夏，皆参其妙”，他所画佛像，成为后世雕绘的楷模，后来唐代艺术家吴道子、杨惠之的画像和塑像，都以他为典范而并臻神妙。

但在中国佛教造像影响最大的，是北魏以来的石窟造像。首先是继承罽宾高僧师贤为沙门统的昙曜在云冈经营凿造的佛像，面貌庄肃，鼻梁高隆，双目细长，薄唇阔肩，短服露脚，襞褶贴身，衣纹作平行线等，接受了犍陀罗的样式。而石佛的体形，大都健壮挺实，反映了当时北方民族的形象。至于比较华美的装饰，阴刻花纹，斜上的眉等，又糅合了汉民族传统的技法。当时云冈造像，对南朝的雕刻很有影响，如南齐竟陵文宣王在他所著的《净住子净行法门》中，有“敬礼恒安石窟经像”的文句（《广弘明集》卷二十七）。同时，在敦煌莫高窟中的北魏塑像，其面相体格、衣饰也都和云冈雕像一样带有外来风貌并兼有民族传统手法。

北魏后期所造龙门古阳洞、宾阳洞等处诸像，则因汉文化浸润较深之故，佛像的面貌也显见秀润，表情亦较温和，衣褶衣纹的垂直平行线也很流畅。这些艺术风格也影响于画像方面，如北齐曹仲达，“精于梵像”，他所绘人物，衣服薄薄贴身，体积感很明显；其衣态的韵律节奏，显出西方笈多式的艺系倾向，后世称为“曹衣出水”的风格，一时大为流行。

从现存各地石雕像和敦煌塑、画像上，可以看出隋代的造像比前代所造面貌更加温和，衣褶衣纹接近现实，装饰较华丽，菩萨像则天衣璎珞，裙褶流畅，逐渐融合外来艺术形成新的民族形式风格，为唐代艺术高潮奠下了基础。

唐代的造像艺术，随着当时的经济文化美术工艺的发展而更臻于繁荣圆熟，在形象的表现上，则为面容温静，唇润颐丰，身躯健美，肌体丰腴，弯长的眉，明澈的眼，姿态妥帖，衣褶流丽，使人见了有虔敬和亲切感，其作风更近于写实，一般菩萨大都身段秀美，气度闲雅，衣裙都表现如丝织，薄薄地贴在身上，现出“曹衣出水”的样式。这些形象风格在各地崖窟石雕和泥塑像中都可以看到。那时名匠辈出，百花齐放，形成了有唐一代画坛上辉煌灿烂的盛况。其间名家如吴道子、周昉等所绘佛菩萨像的形象和风格，也被应用于雕塑等各方面。

由五代至两宋，佛教造像基本上继承了唐代的样式而形象日益汉化，写实技法有所发展，宗教色彩则渐薄，所造释迦、弥陀、观音等形象渐流于一般化。其时由于禅宗的发展，罗汉像非常流行，为适应当地群众的思想要求，其造像风格也渐流于人情化。

元代从西藏传入了以何尼哥为代表的尼泊尔风格的梵式造像，其形象多露胸、细腰、璎珞庄严，显出印度后期佛教造像风貌，元朝廷并设梵像局乃至梵像提举司经营各寺梵像的制造。同时，南北各地一般寺院，则仍依原有传统的汉式造像、相续不断。

明清两王朝由于藉佛教和藏族联系之故，在与朝廷有关诸大寺中也继续造梵式像，而汉族民间佛教造像，一般仍沿着宋元以来的形象风格。

关于中国古来的造像名家，见于历代记载的，有晋戴逵（画、塑、木雕、夹纻），宋戴颙（雕、铸），齐雷卑（石雕），梁僧祐（雕、铸）、张僧繇（画），北魏李雅（雕、塑），北齐曹仲达（画），隋陈真达（婆罗门僧、木雕），唐苏富娄（铸）、宋法智、张净眼、韩伯通、吴道子、杨惠之、王耐儿、张仙乔（以上画、塑）、吴智敏、范长寿、张训、刘行臣、依明堂（以上画）、安生、释方辩、张寿、宋朝、赵云质、窦弘果、张智藏（以上塑）、车道政、杨庭光、卢楞伽、周昉（以上画）、刘爽（刻）、释惠云（铸）、释惟则（雕、塑）、纯陀（天竺人、铸、塑）、员名、程进、张珂、雍慈敏、赵德、赵守忠、苏则、檀如洛（以上石雕）、释鉴真、思讬、如宝、义净（以上铸、塑），宋王瓘、王霭、李公麟（以上画），元阿尼哥、阿僧哥、刘元、禀搠思哥斡节儿、八哈失、阿哥拔、杂儿只、八儿卜、张提举、吴同签、李同知（以上铸、雕、塑、抟换），明丁云鹏（画）等。

此外各时代中还有许多无名的工艺家，留下了无数造像艺术珍品。如云冈、龙门、太原、济南、敦煌、麦积山等难以数计的庄严精巧的各种雕塑画像中，其实际作者的姓名多被埋没。这是由于在以往轻视劳动的封建社会中，无数延续艺术传统的天才造像家，大都默默无闻地被雇来从事工作，而在史传上常常只列载那些出资的雇主；很少记载那实际劳动者的姓名；因而除了少数已享盛名的艺术家以外，古来许多造像家多无姓名可考。

关于古来造像的种类，据《佛画纪源》（周叔迦辑）所载，主要有六类：一诸佛，有释迦（诞生、成道、说法、游行、涅槃等像）、弥陀、乐师、弥勒、卢舍那、毗卢遮那、定光、宝生、妙声、炽盛光、甘露、香积等佛像，三世、五方、七佛、五十三佛、千佛、佛会、佛从等。二菩萨，有大悲、准提、水月、白衣、鱼篮、行道、如意轮、千手眼、十一面、不空羂索、渡海、杨枝、竹林、海潮、莲座、甘露等观音，文殊、普贤、地藏、势至、药王、药上、金刚手、仁王、大力、金光明、行道、宝幢、师子、智度、七俱胝等菩萨、维摩居士等。三罗汉，有迦叶、阿难、舍利弗、目犍连、须菩提、宾头卢、富楼那、释迦十弟子、十六罗汉、十八罗汉、百八罗汉、五百罗汉、渡海、渡水、降龙、伏虎、演教、寿相等罗汉、辟支佛等。四明王，有孔雀、不动、大力等明王。五天神，有帝释、梵王、摩醯首罗、摩利支、毗沙门诸天、托塔、行道、增长、护国、四方天王、天龙八部、天女、龙王、药叉、护法神、杂鬼神等。六高僧、有马鸣、龙树、无著、世亲、摩腾、竺法兰、慧远、达摩、慧能、智𫖮、玄奘、窥基、善导、僧伽、寒山、拾得、莲华生、宗喀巴、达赖、班禅等。古来雕塑铸绣织印等像种类，大体也如上列。

近百年来由于帝国主义者的入侵，中国古来遗存在南北各地的造像艺术珍品，如新疆、甘肃、山西、河南等地的雕刻塑画像，曾遭受大量破坏，劫往国外的数量也很多。这种摧残我国佛教文物的现象，直到中国人民获得解放后才完全杜绝。现在中华人民共和国政府贯彻执行保护民族文化遗产的政策，中国人民也正为发扬古来艺术传统的光辉而努力。

（高观如）

九　夹纻像

夹纻像是用漆涂裹纻麻布而制成的佛菩萨等像，又称脱空像、转换像、脱沙像。造像时，先抟制泥模，再在泥模上裹缝纻布，用漆加以涂凝光饰，然后将泥除去，脱空而成。

关于夹纻的语义，如慧琳《一切经音义》卷七十七说："綊纻，上音甲，下除虑反。案《方志》（《释迦方志》卷上）本义，綊纻者，脱空像，漆布为之。"明本《大唐西域记》卷十二的小注中也说："綊纻今称脱沙（脱去像内预制的沙土型）。"《资治通鉴》卷二百零五胡三省注释夹纻象也说："纻，直吕翻，檾属，今人谓之纻麻。夹纻者，以纻布夹缝为大象，后所谓麻主（用麻布缝漆而成的神主）是也。"

夹纻造像，原为古代中国所创制发明。《说文》："纻，檾属，细者为絟，粗者为纻。"我国在公元前后，已有用漆布制成冠、笥的事例。这种漆纻制品，汉朝人写作侠纻（汉王盱墓侠纻杯铭），或作綊纻（同墓綊纻盘铭），是在纻布上敷漆，制成器物，其中多有脱空的构造。随后，佛教传入，即将这一项技艺应用于造像，便成为中国特创的夹纻像。这是印度古来所未有的，因而各经论中均未有这一项造像记载。

中国历史上有名的夹纻造像，最早见于文献上的，是四世纪末东晋戴逵（字安道）所造的夹纻像。如《出三藏记集》卷十二法苑杂缘原始集目录中，有"谯国（今安徽亳县）二戴（戴逵和他的次子戴颙）造夹纻像记"。《辩正论》卷三也说："晋常侍戴安道，学艺优达，造招隐寺，手自制五夹纻像，并相好无比，恒放神光。"又《法苑珠林》卷十六也说："逵又造行像五躯，积虑十年。像旧在瓦官寺。”行像也许是用夹纻制造，因为夹纻像体很轻，便于行像之用；可见戴氏在当时所造夹纻像当不是少数。在这以后的夹纻造像，如《广弘明集》卷十六，载有梁简文帝为人造丈八夹纻金薄像疏文。又《辩正论》卷三，也载有陈尚书袁宪在上定林寺造夹纻像十躯。在北方，则北魏孟仲晖于六世纪初在洛阳永明寺造人中夹纻像；《洛阳伽蓝记》卷四称其相好端严，世所希有，还记载其灵异事迹。这都证明南北朝时代夹纻像颇为流行。

隋代关于夹纻像的记录也不少。如《续高僧传》卷二十五感通篇说：“京师西北有废凝观寺，有夹纻立释迦，举高丈六，仪相超异，屡放光明，隋开皇三年（583）寺僧法庆所造。捻塑才了，未加漆布，而庆忽终。……周流远近，率诸士女，以成其象；依像忏礼，无爽晨昏。”又开皇十六年（596），润州仁孝寺释智琳也“前后造人中像五躯，夹纻像一躯，神仪显耀，相好严梃”（据《续高僧传》卷十）。同时所造还有大夹纻像，如尚书右仆射鲁国公虞庆则“大起法堂，广罗佛殿，于襄州造卢舍那夹纻像，高一百二十尺，相好奇异，灵应殊常。其所建寺，即冲觉寺也”（据《辩正论》卷四）。

唐代夹纻造像的有名记载，如《续高僧传》：初，南武州沙门智周造弥勒丈六夹纻并诸侍卫。又《慈恩法师传》卷七说：贞观二十三年（649）以来，玄奘在大慈恩寺造夹纻宝装像二百余躯。武周时，洛阳更造有极大的夹纻巨像。如《旧唐书》卷二十二说：“垂拱三年（687）春，毁东都之乾元殿，就其地创之〔明堂〕。四年（688）正月五日明堂成，凡高二百九十四尺，东西南北各三百尺，有三层。……刻木为瓦，夹纻漆之。”这一巨大的明堂用夹纻瓦建造后，又在其地建造更大的功德堂并造大夹纻像，如《朝野佥载》卷五说：“证圣元年（695），薛怀义造功德堂一千尺于明堂北，其中大像高九百尺，鼻如十斛船，中容数十人并坐，夹纻以漆之。”这可称为空前的夹纻大像，其构造方法和技巧，使我们在现今也难以想象而为之惊异。

西域于阗、龟兹，也有夹纻佛像。如《大唐西域记》卷十二记玄奘法师在瞿萨旦那（于阗）国，也见到“王域西南十余里，有地迦婆缚那伽蓝，中有夹纻立佛像，本从屈支（龟兹）国而来至止”。可见当时西域地区也有用夹纻造的佛像，其制造技术也许是在这以前由汉地传往的，亦未可知。以后宋赞宁《僧史略》卷上还说：“今夏台、灵武每年二月八日僧戴夹纻佛像，侍从围绕，幡盖歌舞引导，谓之巡城。”可见古新疆、甘肃地区以夹纻像用于行像，到十世纪间还很流行。

由于唐代夹纻造像技术的发展，八世纪间扬州大明寺鉴真律师和他的弟子如宝、思讬等去日本弘化，并将这一造像技术东传于日本，在该国奈良唐招提寺制造了丈六本尊卢舍那佛等夹纻像。其构造的技艺极为精妙，至今该国奉为国宝。

十三世纪间，汴梁光教寺有宋制五百罗汉夹纻像，据周密《癸辛杂识》别集卷上说：“像皆是漆胎，庄严金碧，穷极精好。”这种夹纻造像技术，到了元初（即十三世纪末），宝坻刘元（字正奉）更为精擅特出。当时又称为抟换像，如《道园学古录》卷七《刘正奉塑记》说：“抟换者，漫帛土偶上而髹之，已而去其土，髹帛俨然其像。昔人尝为之，至正奉尤极好。”同书又说；“凡两都名刹有塑土范佘抟换为佛者，一出正奉之手，天下无与比者。”又《元代画塑记》中，关于刘元的造像记载很多，其中如：“至治元年（1321）十二月十八日，勅诸色府及朵儿只等大殿后御塔殿内。其西安置文殊菩萨像，其东弥勒像，咸以布裹漆为之。”这就是所谓抟换的夹纻像，从此以后，各地造像中，颇多用夹纻制造。

关于夹纻像的制造法，古来虽未有详细的记载，但据慧琳《音义》说：夹纻系脱空像，漆布为之。又元代抟换像的造法，也如《道园学古录》所说：漫帛土偶上而髹之，已而去其土，髹帛俨然成像。其制法仍然和前代大致相似。今据近人陆树勋氏所藏《圆明园内工佛作现行则例》钞本，记载清宫廷制夹纻像的方法和物料如下：“佛像不拘文武，油灰脱沙，使布十五遍，压布灰十五遍，长面象衣纹熟漆灰一遍，垫光漆二遍，水磨三遍，漆灰粘做一遍，脏腔朱红漆二遍。所用材料有：夏布、桐油、严生漆、笼罩漆、退光漆、漆朱、砖灰、鱼子砖灰、土子等（砖灰、土子是用以和漆的）。”

（高观如）

十　十六罗汉、十八罗汉和五百罗汉

十六罗汉

十六罗汉是释迦牟尼佛的弟子。据经典说，他们受了佛的付嘱，不入涅槃，常住世间，受世入的供养而为众生作福田。古代译品中如北凉道泰译的《入大乘论》说："有尊者宾头卢、尊者罗睺罗如是等十六人诸大声闻散在诸渚……守护佛法。"但是未列举出十六罗汉的一一名字。此外，失译《弥勒下生经》（即《增一阿含经》卷四十四经文别抄）云："所谓大迦叶比丘、君屠钵叹比丘、宾头卢比丘、罗云比丘，汝等四大声闻要不般涅槃，须吾法没尽，然后乃当般涅槃。"东晋失译《舍利弗问经》也说；"我去世后摩诃迦叶、宾头卢、君徒钵叹、罗喉罗四大比丘住不泥洹，流通我法。"隋智顗《法华经文句》卷二即根据此说云："佛敕四大罗汉不得灭度，待我法灭尽。"而唐湛然《法华文句记》解释此文却云；"准《宝云经》第七，佛记十六罗汉令持佛法，至后佛出方得入灭。彼经一一皆列住处、人名、众数等。故诸圣者皆于佛前各各发誓言：我等以神力故弘护是经，不般涅槃。宾头卢、罗云在十六数，却不云迦叶。"今勘现本《宝云经》有两本，一题梁代曼陀罗仙译，一题梁代曼陀罗仙共僧伽婆罗译，都无此文。只是后本卷七末没有一般经典惯例的"信受奉行"的文句，或者现本的经文有所阙失，这就难以考定了。现在所有的十六罗汉的典据是依唐玄奘译《大阿罗汉难提密多罗所说法住记》。难提密多罗，此云庆友，是佛灭后八百年时的狮子国（即今斯里兰卡）人。

《法住记》中说，第一尊者宾度罗跋啰阇惰与自眷属千阿罗汉多分住在西瞿陀尼洲，第二尊者伽诺迦伐蹉与自眷属五百阿罗汉多分住在北方迦湿弥罗国，第三尊者迦诺迦跋釐惰与自眷属六百阿罗汉多分住在东胜神洲，第四尊者苏频陀与自眷属七百阿罗汉多分住在北俱卢洲，第五尊者诺矩罗与自眷属八百阿罗汉多分住在南瞻部洲，第六尊者跋陀罗与自眷属九百阿罗汉多分住在躭没罗洲，第七尊者迦理迦与自眷属千阿罗汉多分住在僧伽荼洲，第八尊者伐阇罗弗多罗与自眷属千一百阿罗汉多分住在钵剌拏洲，第九尊者戍博迦与自眷属九百阿罗汉多分住在香醉山中，第十尊者半托迦与自眷属千三百阿罗汉多分住在三十三天，第十一尊者罗怙罗与自眷属千一百阿罗汉多分住在毕利飏瞿洲，第十二尊者那伽犀那与自眷属千二百阿罗汉多分住在半度波山，第十三尊者因揭陀与自眷属千三百阿罗汉多分住在广胁山中，第十四尊者伐那婆斯与自眷属千四百阿罗汉多分住在可住山中，第十五尊者阿氏多与自眷属千五百阿罗汉多分住在鹫峰山中，第十六尊者注荼半托迦与自眷属千六百阿罗汉多分住在持轴山中。

自《法住记》译出以后，十六罗汉受到佛教徒的普遍尊敬赞颂。现存敦煌唐人写经卷中还有第八尊者伐阇罗弗多罗、第十一尊者罗怙罗颂二首，每首七言八句（见《敦煌杂缀》下）。此外，还有《十六大阿罗汉因果识见颂》一书，题云“天竺沙门阇那多迦译”而不记时代。前有宋范仲淹序谓，庆历中（1041—1048）宣抚河东，宿保德（在今山西省）水谷传舍，于堂檐罅间得之，因于府州承天寺命僧别录藏之。于戊子岁（1048）有江陵僧惠喆又出其藏本，称得之于武陵僧普焕，宝之三十余年云云。书中记十六阿罗汉各各为摩拏罗多说自所证“因果识见”，各有七颂，总有一百十二颂。唯文义浅薄，其为宋代汉地民间伪造无疑；就此亦足见当时民间对十六罗汉崇奉之广。在《秘殿珠林》还载有唐人画十六应真图卷后附宋姜夔跋，完全引用了此颂，可见这《因果识见颂》在宋时是相当流行的。

关于十六罗汉的图像，《宣和画谱》卷二载梁张僧繇有十六罗汉像一幅。他是否根据北凉道泰译的《入大乘论》，或者如湛然所说《宝云经》中所载，难以考定，但是我们知道梁时在佛教界中十六罗汉的崇奉还不是普遍的。唐玄奘译出《法住记》以后，到乾元中（758—759）卢楞伽特爱好作十六罗汉画像，《宣和画谱》卷二记载他有这类作品多种，又同书卷十中记王维也有十六罗汉图四十八幅。到了五代时这类绘画就更多起来，如南唐的陶守立（见《式古堂书画考》二）、王齐翰（见《宣和画谱》四、《清河书画舫》五、《秘殿珠林》九），前蜀的李昇（见《宣和画谱》三），张玄（见《宣和画谱》三、《清河书画舫》五），吴越的王道求（见《式古堂书画考》二），都有此类作品，而以前蜀贯休为最知名（见《清河书画舫》五，《妮古录》《式古堂书画考》十）。宋代孙知微（见《清河书画舫》六），李公麟（见《珊瑚网》二十三，《弇州四部稿》一三七，《式古堂书画考》二，《秘殿珠林》九、十，《书画鉴影》二，《宝绘录》十，《平津馆鉴藏书画记》《江村书画目》《好古堂家藏书画记》上，《三秋阁书画录》上），颜博文（见《式古堂书画考》二），李时择（见《式古堂画考》二），梁楷（见《书画鉴影》三），孙必达（见《秘殿珠林》九）；僧中如梵隆（见《珊瑚网》二十三，《弇州四部稿》一三七，《式古堂书画考》二，《大观录》一四，《江村销夏录》一，《青霞阁题画绝句》）、月蓬（见《式古堂书画考》二），海仑（见《秘殿珠林》九、十）；元代赵孟頫（见《秘殿珠林补编》十），钱选（见《盛京故宫书画录》三），明代吴伟（见《秘殿珠林》二集）、仇英（见《过云楼书画记》四，《江村销夏录》一，《盛京故宫书画录》三）、吴彬（见《石渠宝笈》三）、丁云鹏（见《石渠宝笈》二、三）等，都有名作见于历代的著录。

关于十六罗汉的雕像，最早的有杭州烟霞洞吴越国吴延爽造十六罗汉，计右壁内部二尊、前部四尊、左壁十尊。此十六尊的雕刻技巧同一手法；阮元《两浙金石志》曾载有烟霞洞《吴延爽造像功德记》。吴延爽是吴越王钱元瓘妻吴夫人的兄弟。宋代曾在此洞补刻僧像一、布袋和尚像一，做法浅陋，远不及前十六尊。可见《咸淳临安志》所记“原有石刻罗汉六尊，吴越王感梦而补刻十二尊，成为十八”之说，全出于附会。

从以上所述绘画和雕刻两方面来看，十六罗汉的尊崇是从五代时发展起来的，特别是在江南一带地区，并且由十六罗汉而演变成十八罗汉。

十八罗汉

由十六罗汉演变成为十八罗汉，似乎是从绘画方面起始的。现在所知的最早的十八罗汉像是前蜀简州金水张玄画的十八阿罗汉，宋苏轼得之于儋耳，题了十八首赞（见《东坡七集》《后集》二十），但未标出罗汉名称。其次是贯休画的十八阿罗汉，苏轼自海南归，过清远峡宝林寺见之，为之作赞十八首，每首标出罗汉名称，于十六罗汉外，谓第十七为庆友尊者，即《法住记》的作者，谓第十八罗汉为宾头卢尊者，即十六罗汉中宾头卢跋啰惰阇的重出（见《东坡七集》《续集》十）。清《秘殿珠林》也有贯休十八罗汉图卷，后有宋苏过、元赵孟頫、明宗泐三跋，也不题罗汉名字。宋绍兴四年（1134）江阴军乾明院五百罗汉碑于五百罗汉尊号前列十八罗汉尊号，也说是第十七庆友尊者，第十八宾头卢尊者。

宋咸淳五年（1269），志磐撰《佛祖统纪》卷三十三供罗汉条驳斥前说，认为庆友是造《法住记》的人，不应在住世之列，宾头卢为重复；应当是迦叶尊者和军徒钵叹尊者，即是《弥勒下生经》所说四大声闻中不在十六罗汉之内的二尊者。

中国西藏地区所传的十八罗汉，是于十六罗汉之外加上达摩居士和布袋和尚，这些传说也都是从汉地传去的。当西藏朗达玛王破坏佛教时（唐武宗会昌元年，841），西藏地区六位大师来到西康，见到当地各寺普遍绘塑十六尊者像，特别是卢梅、种穹大师摹绘了圣像，迎到藏中耶尔巴地方，这就是著名的耶尔巴尊者像。后来，陆续传入汉地各样传说而增加了二像。据说达摩多罗（法增）居士是甘肃贺兰山人（今内蒙古自治区阿拉善旗）经常奉事十六尊者而得到感应（见第五世达赖著《供养十六罗汉仪轨》)。他的画像常是背负经箧，右旁伏有卧虎。但至今在供养仪轨中还只是十六尊者。

《秘殿珠林续编》第四册有清庄豫德摹贯休补卢楞伽十八应真册，后有清高宗题颂。颂中说，第十七降龙罗汉是嘎沙鸦巴尊者（即迦叶尊者），第十八伏虎罗汉是纳答密答喇尊者（即庆友尊者），这是由当时章嘉呼图克图考定的。但降龙伏虎乃是后世的传说。苏轼集有《应梦罗汉记》说，元丰四年（1081）岐亭庙中有一阿罗汉像，左龙右虎。可见北宋时降龙伏虎像不一定是分成两个罗汉的。

若从烟霞洞宋人补刻一僧——布袋和尚来考察，布袋和尚就是唐昭宗时明州奉化县释契此，后人相传为弥勒菩萨化身，则另一僧像也应是汉地名僧。据《天台山全志》卷十载宋淳化中（990—994）天台山广严寺道荣习禅定，入以罗汉目之。烟霞洞的僧像或者就是此人。

综合以上各说先后发展来看，十八罗汉传说的兴起并没有什么经典的根据，似乎是由于画家们在十六罗汉之外加绘了两人而成为习惯，于是引起后人的种种推测和考定。最初的传说既是十八罗汉中第十七是《法住记》的作者——庆友尊者，第十八便应是《法住记》的译者玄奘法师。但是后人以未能推定为玄奘而认他为宾头卢，以至重复，乃至众说不一，难以考定。由此，十八罗汉的传说反因而普遍，自元朝以后各寺院的大殿中多雕塑十八罗汉像，十六罗汉说反不甚通行了。

历代画家绘的十八罗汉画像的主要作品见于著录的，有后唐的左礼（见明都穆《十百斋》十三），前蜀的贯休（见《秘殿珠林》九），宋代的李公麟（见《秘殿珠林》三、《盛京故宫书画录》二、《古物陈列所书画目录》五）、瞿汝文（见《式古堂书画考》二）、贾师古（见《岳雪书画录》二）；僧海仑（见《秘殿珠林》）；元代的赵孟頫（见《秘殿珠林续编》）、钱选（见《古物陈列所书画目录》五）、张渥（见《盛京故宫书画录》三）、方方壶（见《古芬阁书画记》），明代的仇英（见《秘殿珠林》二十）、吴彬（见《石渠宝笈》三）、丁云鹏（见《梦园书画录》《秘殿珠林》十二、《盛京故宫书画录》三、《古物陈列所书画目录》五）、钱贡（都穆《十百斋书画录》二十二）、李麟（见《秘殿珠林》二集）、陈范（见《秘殿珠林》八）。

由于十六罗汉住世护法说的流传，引起汉地佛教徒对于罗汉的深厚崇敬，于是又有五百罗汉的传说。

五百罗汉

五百罗汉的传说在佛经中是常见的，例如西晋竺法护译有《佛五百弟子自说本起经》，佛灭度后迦叶尊者与五百阿罗汉最初结集三藏，《舍利弗问经》中说弗沙密多罗王毁灭佛法后有五百罗汉重兴佛教。诸如此类说法甚多。在中国汉地自东晋竺昙猷住天台山时，古已相传天台悬崖上有佳精舍是得道者所居，有石桥跨涧而横石断人。猷洁斋累日，度桥见精舍神僧，因共烧香中食。神僧谓猷曰：却后十年自当来此。于是而反（见《高僧传》十一）。后世遂有石桥寺五百应真之说。广东华林寺《五百罗汉碑记》说，十六罗汉中第五尊者诺矩罗率八百众，五百住天台，三百住雁宕云。《天台山志》引《五百应真居方广寺感应异记》云："永嘉长史全亿，画半千罗汉形象。"到五代时，五百罗汉的尊崇特别兴盛。吴越王钱氏造五百铜罗汉于天台山方广寺。显德元年（954），道潜禅师得吴越钱忠懿王的允许，迁雷峰塔下的十六大士像于净慈寺，创建五百罗汉堂。宋太宗雍熙二年（984），造罗汉像五百十六身（十六罗汉与五百罗汉），奉安于天台山寿昌寺。宋仁宗供施石桥五百应真的敕书现敕在《天台山志》中。各地寺院也建五百罗汉堂。宋苏轼集中有元符三年（1100）为祖堂和尚作的《广东东莞县资福寺五百罗汉阁记》（见《东坡七集》《后集》二十）。

各地名山也有罗汉洞或竹林圣僧寺的传说。如河南嵩山有五百罗汉洞。据宋崇宁元年（1102）释有挺撰《中岳寺五百大阿罗汉洞记》（又名《修圣竹林寺碑》，见于《八琼室鉴石补正》一百零八）中称：宋代院主崇敬，因选定这洞造五百罗汉像。现存的五百罗汉堂有北京碧云寺、上海龙华寺、武汉归元寺、重庆华岩寺、昆明筇竹寺等处。

历代画家绘画五百罗汉图像主要作品见于著录的有梁代的朱繇，见于宋中兴馆阁储藏。稍后有宋代的李公麟（见《清河书画舫》八、《法书名画见闻表》、《式古堂书画考》三），南宋的刘松亭（见《秘殿珠林》十）、吴彬（《石渠宝笈》三）。

至于天台山石桥寺五百罗汉的名号，据《宝刻丛编》十五中载有太和癸巳（933）大德崇义书的《吴（宣州）龙兴寺崇福院五百罗汉碑》，注云：出《复斋碑录》。又《金石续编》十七有绍兴四年（1134）刻的《江阴军乾明院罗汉尊号碑》。这两碑现都不存。但是《乾明院碑》于明崇祯十六年（1643）高承挺曾刻于泾县署中，其子又重刻，被收入《嘉兴续藏》第四十三函中。书中所举五百罗汉名号的典据未明，似是宋人附会之谈而已。

（周叔迦）

十一　中国佛教建筑

佛教是在公元一世纪左右，从印度经过现在的巴基斯坦、阿富汗，而传入中国的。在大约两千年的期间里，佛教对于中国人民（这里指的主要是汉族人民）的思想、文化，以及物质生活都发生了很大的影响。这一切在中国的建筑上都有所反映，并且集中地表现在中国的佛教建筑上。

佛教传入中国的时候，中国文化，仅仅按照已经有文字的记录来说，就已经有了将近两千余年的历史。作为物质文化的一部分，中国建筑的历史实际上比有文字记录的历史要长若干倍。估计从石器时代开始，经过可能达到一两万年的长时间，一直到佛教传入中国时，中国的匠师已经积累了极其丰富的经验。在工程结构方面，形成了一套有高度科学性的结构方法。在建筑的艺术处理方面，也形成了一套特殊风格和手法。成为一个独特的建筑体系，那就是今天一般被称作中国建筑的这样一个建筑体系。在这些建筑之中，有住宅、宫殿、衙署、作坊、仓库等，也有为满足各种精神需要的特殊建筑，如中国传统祭祀天地和五谷之神的坛庙，拜祖先的家庙，模拟神仙世界的仙山楼阁，迎接从云端下来的仙人的高台等。中国的佛教建筑就是在这样一个历史基础上发展起来的。

相传在公元67年，天竺高僧迦叶、摩腾等来到当时中国的首都洛阳。当时的政府把一个官署鸿胪寺，作为他们的招待所。“寺”本是汉朝的一种官署的名称，但是从此以后，它就成为中国佛教寺院的专称了。按照历史记载，当时的中国皇帝下命令为这些天竺高僧特别建造一些房屋，并且以为他们驮着经卷来中国的白马命名，叫作“白马寺”。到今天，凡是到洛阳的善男信女，或是游客，没有不想到白马寺去看一看这个中国佛教的苗圃的。

公元200年前后，在中国历史上伟大的汉朝已经进入土崩瓦解的历史时期，在长江下游的丹阳郡（今天的南京、镇江一带），有一个官吏笮融“大起浮图，上累金盘，下为重楼，又堂阁周迴，可容三千许人，作黄金涂像衣以锦采”（见《后汉书·陶谦传》）。这是中国历史的文字记载中，比较具体地叙述一个佛寺的最早的文献。从建筑的角度来看，值得注意的是它的巨大的规模，可以容纳三千多人。更引起我们注意的就是那个上累金盘的重楼。完全可以肯定，所谓“上累金盘”，就是用金属做的刹；它本身就是印度窣堵波（塔）的缩影或模型。所谓“重楼”，就是在汉朝，例如在司马迁的著名《史记》中所提到的汉武帝建造来迎接神仙的，那种多层的木构高楼。在原来中国的一种宗教用的高楼之上，根据当时从概念上对于印度窣堵波的理解，加上一个刹——最早的中国式的佛塔就这样诞生了。

公元400年前后，中国的高僧法显到印度求法，回来写了著名的《佛国记》。在他的《佛国记》里，他也描写了一些印度的著名佛像以及著名的寺塔的建筑。法显从印度回到中国之后，对于中国佛教寺院的建筑，具体地发生了什么影响，由于今天已经没有具体的实物存在，我们不知其详。不过可以肯定地说是发生了一定的影响的。在这个时期，很多中国皇帝都成为佛教的虔诚信徒。公元419年，晋朝的一个皇帝，按历史记载，塑造了一尊十六尺高的青铜镀金的佛像，由他亲自送到瓦官寺。六世纪前半，有一位皇帝就多次把自己的身体施舍在庙里。后来唐朝著名的诗人杜牧，在他的一首诗中就有“南朝四百八十寺”这样一个名句。这说明在当时中国的首都建康（今天的南京），佛教建筑的活动是十分活跃的。与此同时，统治着中国北方的，由北方下来的鲜卑族拓跋氏皇帝，在他们的首都洛阳，也建造了一千三百个佛寺。其中一个著名的佛塔，永宁寺塔，一座巨大的木结构，据说有几层高，从地面到刹尖高一千尺，在一百里以外（约五十公里）就可以看见。虽然这种尺寸肯定是夸大了的，不过它的高度也必然是惊人的。我们可以说，像永宁寺塔这样的木塔，就是笮融的那个“上累金盘下为重楼”那一种塔所发展到的一个极高的阶段。遗憾的是，这种木塔今天在中国已经没有一个存在。我们要感谢日本人民，在他们的美丽的国土上，还保存下来像奈良法隆寺五重塔那种类型以及一些相当完整的佛寺组群。日本的这些木塔虽然在年代上略晚几十年乃至一二百年，但是由于这种塔型是由中国经由朝鲜传播到日本去的，所以从日本现存的一些飞鸟、白凤时代的木塔上，我们多少可以看到中国南北朝时代木塔的形象。此外，在敦煌的壁画里，在云冈石窟的浮雕里，以及云冈少数窟内的支提塔里，也可以看见这些形象。用日本的实物和中国这些间接的资料对比，我们可以肯定地说，中国初期的佛塔，大概就是这种结构和形象。

在整个佛寺布局和殿堂的结构方面，同样的，我们也只能从敦煌的壁画以及少数在日本的文物建筑中推测。从这些资料看来，我们可以说，中国佛寺的布局在公元第四第五世纪已经基本上定型了。总的说来，佛寺的布局，基本上是采取了中国传统世俗建筑的院落式布局方法。一般地说，从山门（即寺院外面的正门）起，在一根南北轴线上，每隔一定距离，就布置一座殿堂，周围用廊庑以及一些楼阁把它们围绕起来。这些殿堂的重要性，一般地是逐步加强，往往到了第三或第四个殿堂才是庙宇的主要建筑——大雄宝殿。大雄宝殿的后面，在规模比较大的寺院可能还有些建筑。这些殿堂和周围的廊庑楼阁等就把一座寺院划为层层深入，引人入胜的院落。在最早的佛寺建筑中，佛塔的位置往往是在佛寺的中轴线上的，有时在山门之外，有时在山门以内。但是后来佛塔就大多数不放在中轴线上而建立在佛寺的附近，甚至相当距离的地方。

中国佛寺的这种院落式的布局是有它的历史和社会根源的。除了它一般地采取了中国传统的院落布局之外，还因为在历史上最初的佛寺就是按照汉朝的官署的布局建造的。我们可以推测，用寺这样一个官署的名称改做佛教寺院的名称，那么，在形式上佛教的寺很可能也在很大程度上采用了汉朝官署的寺的形式。另一方面，在南北朝的历史记载中，除了许多人，从皇帝到一般的老百姓，舍身入寺之外，还有许多贵族官吏和富有的人家，还舍宅为寺，把他们的住宅府第施舍给他们所信仰的宗教。这样，有很多佛寺原来就是一所有许多院落组成的住宅。由于这两个原因，佛寺在它以后两千年的发展过程中，一般都采取了这种世俗建筑的院落形式，加以发展，而成为中国佛教布局的一个特征。

佛寺的建筑对于中国古代的城市面貌带来很大的变化。可以想象，在没有佛寺以前，在中国古代的城市里，主要的大型建筑只有皇帝的宫殿，贵族的府第，以及行政衙署。这些建筑对于广大人民都是警卫森严的禁地，而且在形象上，和广大人民的比较矮小的住宅形成了鲜明的对比。可以想象，旧的城市轮廓面貌是比较单调的。但是，有了佛教建筑之后，在中国古代的城市里，除了那些宫殿府第衙署之外，也出现了巍峨的殿堂，甚至于比宫殿还高得多的佛塔。这些佛教建筑丰富了城市人民的生活，因为广大人民可以进去礼佛、焚香，可以在广阔的庭院里休息交际，可以到佛塔上面瞭望。可以说，尽管这些佛寺是宗教建筑，它们却起了后代公共建筑的作用。同时，这些佛寺也起了促进贸易的作用，因为古代中国的佛寺也同古代的希腊神庙、基督教教堂前的广场一样，成了劳动人民交换他们产品和生活用品的集市。另一方面，这些佛教建筑不仅大大丰富了城市的面貌，而且在原野山林之中，我们可以说，佛教建筑丰富了整个中国的风景线。有许多著名的佛教寺院都是选择在著名风景区建造起来的。原来美好的风景区，有了这些寺塔，就更加美丽幽雅。它本身除了宣扬佛法之外，同时也吸引了游人特别是许多诗人画家的创作。在这些风景幽美地区的寺塔，为无数的诗人画家提供了创作的灵感。诗人画家的创作反过来又使这些寺塔在人民的生活中引起了深厚的感情。总的说来，单纯从佛教建筑这一个角度来看，佛教以及它的建筑对于中国文化，对于中国的艺术创作，对于中国人民的精神生活，都有巨大的影响，巨大的贡献。

在两千年的发展过程中，中国的佛教建筑，经过一代代经验的积累，不断地发展，不断地丰富起来，给我们留下了很多珍贵的遗产。在不同的地区、不同的时代，由于不同的社会的需要，不同的技术科学进步，佛教建筑也同其他建造一样，产生了许多不同的结构布局和不同的形式、风格。

从敦煌的壁画里，我们看到，从北魏到唐（五世纪到十世纪）这五百年间，佛寺的布局一般都采取了上面所说的庭院式的布局。但是，建筑一所佛寺毕竟需要大量的人力物力财力，因此，规模比较大，工料比较好，艺术水平比较高的佛教建筑，大多数是在社会比较安定，经济力量比较雄厚的时候建造的。佛寺的建造地点，虽然在后代有许多是有意识地选择远离城市的山林之中，但总的看来，佛寺的建造无论从它的地点来说，或者是从它的建造规模来说，大多数还是在人口集中的城市里，或者是在贸易交通的要道上。除了上文所提到的建康的“南朝四百八十寺”以及洛阳的一千三百多寺之外，在唐朝长安（今天的西安）城里的一百一十个坊中，每一个坊里至少有一个以上的佛寺，甚至于有一个佛寺而占用整个一坊的土地的（如大兴善寺就占靖善坊一坊之地）。这些佛寺里除造像外大部分都有塔、有壁画、有佛像。这些壁画和造像大多是当时著名的艺术家的作品。中国古代一部著名的美术史《历代名画记》里所提到的名画以及著名雕刻，绝大部分是在长安的佛寺里的。在此以前，例如在号称有高一千尺的木塔的洛阳，也因为它有大量的佛寺而使北魏的一位作家杨衒之给后代留下了《洛阳伽蓝记》这样一本书。又如著名的敦煌千佛洞就在戈壁大沙漠的边缘上。敦煌的位置可以和十九世纪以后的上海相比拟，戈壁沙漠像太平洋一样，隔开了也联系了东西的交通。敦煌是走上沙漠以前的最后一个城市，也是由西域到中国来的人越过了沙漠以后的第一个城市。就是因为这样经济政治的战略位置，其中包括文化交通要道上的战略位置，才使得中国第一个佛教石窟寺在敦煌凿造起来。这一切说明尽管宗教建筑从某一个意义上来说，是一种纯粹的精神建筑，但是它的发展是脱离不了当时当地的政治、经济和社会环境的。

现在我们设想越过了沙漠到了敦煌，从那里开始，我们可以把中国两千年来的一些主要的佛教史迹游览一下。

敦煌千佛崖的石窟寺，是中国现存最古的佛教文物，现存的大约五百个石窟是从公元366年开始到公元十三世纪将近一千年的长时间中陆续开凿出来的。其中现存的最古的几个石窟是属于第五世纪的。这些石窟是以印度阿旃陀、加利等石窟为蓝本而模仿建造的。首先由于自然条件的限制，敦煌千佛崖没有像印度一些石窟那样有着坚实的石崖，而是比较松软的沙卵石冲积层，不可能进行细致的雕刻。因此在建筑方面，在开凿出来的石窟里面和外面，必须加上必要的木结构以及墙壁上的粉刷，墙壁上不能进行浮雕，只能在抹灰的窟壁上画壁画或作少量的泥塑浮雕。因此，敦煌千佛崖的佛像也无例外地是用泥塑的，或者是在开凿出来的粗糙的胎模上加工塑造的。在这些壁画里，古代的画家给我们留下了许多当时佛教寺塔的形象，也留下了当时人民宗教生活和世俗生活的画谱。

其次，在今天山西省大同城外的云冈堡，我们可以看到在中国内地最古的石窟群，在长约一公里的石崖上，北魏的雕刻家们在短短的五十年间（大约450—500年）开凿了大约两打大小不同的石窟和为数甚多的小壁龛。其中最大的一座佛像由于它的巨大的尺寸就不得不在外面建造木结构的窟廓。但是，大多数的石窟却采用了在崖内凿出一间间窟室的形式，其中有些分为内外两室。前室的外面，就利用山崖的石头刻成窟廊的形式。内室的中部一般多有一个可以绕着行道的塔柱或雕刻着佛像的中心柱。从云冈的石窟看来，我们可以看到印度石窟这一概念到了中国以后，在形式上已经起了很大的变化。例如印度的支提窟平面都是马蹄形的，内部周围有列柱。但在中国，它的平面都是正方或长方形的，里面用丰富的浮雕代替了印度所用的列柱。印度所用的圆形的窣堵波也被方形的中国式的塔所代表。此外，在浮雕上还刻出了许多当时的中国建筑形象，例如当时各种形式的塔、殿、堂，等等。浮雕里所表现的建筑，例如太子出游四门的城门就完全是中国式的城门了。乃至于佛像、菩萨像的衣饰，尽管雕刻家努力使它符合佛经的以及当时印度佛像雕刻的样式，但是不可避免地有许多细节是按当时中国的服装来处理的。值得注意的是，在石窟建筑的处理上，浮雕描绘的建筑上，我们看到了许多从西方传来的装饰母题。例如佛像下的须弥座、卷草、哥林多式的柱头，伊奥尼斯的柱头，希腊的雉尾、和箭头极其相似的莲瓣装饰，以及那些连环璎珞等，都是中国原有的艺术里面未曾看见过的。这许多装饰母题经过一千多年的吸收改变丰富发展，今天已经完全变成中国的雕饰题材了。

公元500年前后，北方鲜卑族的拓跋氏统治着半个中国，取得了比较巩固的政治局面，就从山西的大同迁都到河南的洛阳，建立他们的新首都。同时也在洛阳城南的十二公里的伊水边上选择了一片石质坚硬的石灰石山崖，开凿了著名的龙门石窟。我们推测在大同的五十年间，云冈石窟已经成了北魏首都郊外一个不可缺少的部分，在政治上宗教上具有重要的意义，所以在洛阳，同样的一个石窟，就必须尽快地开凿出来。洛阳石窟不像云冈石窟那样采用了大量的建筑形式，而着重在佛像雕刻上。尽管如此，龙门石窟的内部还是有不少的建筑艺术处理的。在这里，我们不能不以愤怒的心情提到，在著名的宾阳洞里两幅精美绝伦的叫作“帝后礼佛图”的浮雕，在过去反动统治时期已经被近代的万达尔——美国的文化强盗敲成碎块，运到纽约的都市博物馆里去了。

在河北省磁县的响堂山，也有一组第六世纪的石窟组群。这一组群表现了独特的风格。在这里我们看到了印度建筑形式和中国建筑形式的非常和谐的，但有些也不很和谐的结合。印度的火焰式的门头装饰在这里大量地使用。印度式的束莲柱也是这里所常看见的。山西太原附近的天龙山也属于第六世纪的石窟，建筑处理上就完全采用了中国木结构的形式。从这些实例看来，我们可以得出这样一个结论，石窟这一概念是从印度来的，可是到了中国以后，逐渐地就采取了中国广大人民所喜闻乐见的传统形式。佛教的石窟遍布全中国，我们不能在这里细述了。

前面已经说到，中国的佛寺建筑是由若干个殿堂廊庑楼阁等联合起来组成的，因此每一所佛寺就是一个建筑组群，在这种组群里除了举行各种宗教仪式的部分以外，往往还附有僧侣居住和讲经修道的部分。在这种完整的组群中，现存的都是比较后期的，一般都是十三、十四世纪以后的。因此，在这以前的木构佛寺，我们只能看到一些不完整的，或是经过历代改建的组群。

在中国木结构的佛教建筑中，现在最古的是山西五台山的南禅寺，它是公元782年建成的。虽然规模不大，它是中国现存最古的一座木构建筑。具有重大历史意义的是离南禅寺不远的佛光寺大殿。它是857年建造的，是一座七间的佛殿，一千一百年来还完整地保存着。佛光寺位置在五台山的西面山坡上，因此这个佛寺的朝向不是用中国传统的面朝南的方向，而是向西的。沿着山势，从山门起，一进一进的建筑就着山坡地形逐渐建到山坡上去。大殿就在组群最后也是最高的地点。据历史记载，九世纪初，在它的地点上，曾经建造了一座三层七间的弥勒大阁，高九十五尺，里边有佛菩萨天王像七十二尊。但是在公元845年，由于佛教和道教在宫廷里斗争的结果，道教获胜，当时的皇帝下诏毁坏全国所有的佛教寺院，并且强迫数以几十万计的僧尼还俗。这座弥勒大阁在建成后仅仅三十多年，就在这样一次宗教政治斗争中被毁坏了。这个皇帝死了以后，他的皇叔，一个虔诚的佛教徒登位了，立即下诏废除禁止佛教的命令，许多被毁的佛教寺院，又重新建立起来。现存的佛光寺大殿，就是在这样的历史条件下重建的。但是它已经不是一座三层的大阁，而仅仅是一层的佛殿了。这个殿是当时在长安的一个妇人为了纪念在三十年前被杀掉的一个太监而建造的。这个妇女和太监的名字都写在大殿大梁的下面和大殿面前的一座经幢上。这些历史事实再一次说明宗教建筑也是和当时的政治经济的发展分不开的。这是在艺术上技术上高度成熟的一座木建筑。在这座建筑中，大量采用了中国传统的斗拱结构，充分发挥了这个结构部分的高度装饰性而取得了结构与装饰的统一。在内部，所有的大梁都是微微拱起的，中国称做月梁的形式。这种微微拱起的梁符合力学荷载的要求，呈现了极其优美柔和而有力的形式。在这座殿里，同时还保存下来九世纪中叶的三十几尊佛像、同时期的墨迹以及一小幅的壁画，再加上佛殿建筑的本身，唐朝的四种艺术，就集中在这一座佛寺中保存下来。应该说，它是中国建筑遗产中最可珍贵的无价之宝。

遗憾的是，佛光寺的组群已经不是唐朝九世纪原来的组群了。现在在大殿后还有着一座第六或第七世纪的六角小砖塔；大殿的前右方，在出坡较低的地方，还有着一座十三世纪的文殊殿。此外，佛光寺仅存的其他少数建筑都是十九世纪以后重建的，都是些规模既小，质量也不高的房屋，都是和尚居住和杂用的房屋。现在中华人民共和国文化部已经公布佛光寺大殿作为中国古代木建筑中第一个国家保护的重要的文物。解放以来，人民政府已经对这座大殿进行了妥善的修缮。

按照年代的顺序来说，其次一座最古的木建筑就是北京正东约六十公里蓟县的独乐寺。在这个组群里现在还保存着两座建筑；一座是结构精巧的山门，一座是高大巍峨的观音阁。这两座建筑都是公元984年建造的。观音阁是一座外表上两层实际上三层的木结构。它是环绕着一尊高约十六米的十一面观音的泥塑像建造起来的。因此，二层和三层的楼板，中央部分都留出一个空井，让这尊高大的塑像，由地面层穿过上面两层，树立在当中。这样在第二层，瞻拜者就可以达到观音的下垂的右手的高度；到第三层，他们就可以站在菩萨胸部的高度，抬起头来瞻仰观音菩萨慈祥的面孔和举起的左手，令人感到这一尊巨像，尽管那样的大，可是十分亲切。同时从地面上通过两层的楼井向上看，观音的像又是那样高大雄伟。在这一点上，当时的匠师在处理瞻拜者和菩萨像的关系上，应该说是非常成功的。

在结构上，这座三层大阁灵巧地运用了中国传统木结构的方法，那就是木材框架结构的方法，把一层层的框架叠架上去。第一层的框架，运用它的斗拱，构成了下层的层檐，中层的斗拱构成了上层的平座（挑台），上层的斗拱构成了整座建筑的上檐。在结构方法上，基本上就是把佛光寺大殿的框架三层重叠起来。在艺术风格上也保持了唐朝那一种雄厚的风格。

在十八世纪时，这个寺被当时的皇帝用做行宫，作为他长途旅行时休息之用。因此，原来的组群已经经过大规模的改建，所余的只是山门和观音阁两座古建筑了。

在中国现存较古的佛教寺院中，可以在河北正定隆兴寺和山西大同善化寺这两个组群中看到一些比较完整的形象。正定隆兴寺是公元971年开始建造的。由最前面的山门到最后面的大悲阁，原来一共有九座主要建筑。尽管今天其中已经有两座完全坍塌，主要的大悲阁也在严重损坏后，仅将残存部分重修保留下来，改变了原来的面貌；但是还能够把原来组群的布局相当完整地保存下来。在这个组群中，大悲阁是最主要的建筑，阁内供养一尊巨大的千手观音铜立像。可惜原来环绕着这座铜像的阁本身已经毁坏得很厉害。大悲阁的左右两侧各有一楼，楼阁并列，在构图效果上形成了整个组群的最高峰。大悲阁前面庭院的左右两侧，各有一座小楼，其中一座是转轮藏，整座小楼的设计就是为一个转轮藏而构成的。到现在为止，这个转轮藏是中国现存唯一第十世纪的真正可以转动的佛经的书架。与大悲阁相对在轴线上的是一个十八世纪建造的戒坛。戒坛的前面有一座平面正方形，每面突出一个抱厦，从而形成了极其优美丰富的屋顶轮廓线的摩尼殿。这一座殿是十二世纪建造的，是这个组群中除戒坛外年代最晚的一座建筑。摩尼殿前面的大觉六师殿和它前面左右侧的钟楼鼓楼则不幸在不知什么时候毁坏了。

山西大同善化寺是一个比较完整的辽金时代的组群，现在还保存着四座主要建筑和五座次要建筑；全部在由公元十一世纪中叶到十二世纪中叶这一个世纪之间建成的。这个组群规模不如正定隆兴寺那样深邃，但是庭院广阔，气魄雄伟，呈现很不相同的气貌。这两个组群虽然年代相距不远，但是隆兴寺是在汉族统治之下建造的，而善化寺所在的大同当时是在东北民族契丹、女真统治下的。这两个组群所呈现的迥然不同的气氛，一个深邃而比较细致，一个广阔而比较豪放，很可能在一定程度上反映了当时南北不同民族的风格。

可以附带提到大同华严寺的薄伽教藏。它是原来规模宏大的华严寺组群遗留下来的两座建筑之一，虽然它是其中较小的一座，可是作为一座1038年建成的佛教图书馆，它有特殊重要的意义。靠着这座图书馆内部左右和后面墙壁，是一排“U”字形排列的制作精巧的藏经的书橱（壁藏）。这个书橱最下层是须弥座，中层是有门的书橱主体，上面做成所谓“天宫楼阁”。这个“天宫楼阁”可以说是当时木建筑的一个精美准确的模型。整座壁藏则是中国现存最古的书橱。

在山西洪洞县的霍山，有两个蒙古统治时代建造的组群广胜寺。这两个组群是一个寺院的两部分，一部分在山上叫作上寺，一部分在山下叫作下寺。上寺和下寺由于地形的不同而呈现不同的轮廓线。上寺位置在霍山最南端的尾峰上，利用山脊作为寺的轴线。因此轴线就不是一根直线而随着山脊略有弯曲。在组群的最南端，也就是在山末最南端的一个小山峰上建造了一座高大的琉璃塔。尽管这座琉璃塔是十五世纪建成的，却为十四世纪的整个组群起了画龙点睛的作用。下寺的规模比较小，可以说是上寺的附属组群。在这两个组群中，结构上大量地采用了蒙古统治时代所常用的圆木作结构，并且用了巨大的斜昂，构成类似近代的桁架的结构。这种结构只在蒙古统治时期短短的一百年间，昙花一现地使用过，在这以前和以后都没有看见。广胜寺原来藏有稀世的珍本金版的藏经，在抗日战争期间，日本侵略者曾经企图抢劫这部藏经。当时这个寺的住持力空法师获知消息后，立刻向八路军秘密告急。现任人民政府国务院副总理薄一波当时为了保卫这部藏经，曾经率领八路军部队在寺的附近和日本侵略军展开了激烈的战斗，胜利地为祖国人民保卫住了这部藏经。

十四世纪末叶以后，那就是说明、清两朝的佛寺，现在在中国保存下来的很多，只能按照不同的地区和当时不同的要求，举几个典型。

首先是所谓敕建的寺院，亦即皇帝下命令所建造的寺院。这种寺院一般规模都很大，无论在什么地区，大多按照政府规定的规范（亦即北京的规范）设计建造。例如现在北京中国佛教协会所在的广济寺，就是一个很好的例子。这个寺位置在城市中心的热闹区，占用的土地面积在一定程度上受到限制，但是还是有完整的层层院落。山门面临热闹的大街，门内有一个广阔的可以停车马的前院。这种前院，在一个封建帝国的首都，是贵族和高级官吏、富有的商人等，特别是他们的眷属，到寺里烧香礼佛所必需的。面临前院和山门相对的是一座天王殿，殿内有四尊天王像；他们不仅是东西南北四面天的保卫者，并且是寺院的保卫者。在天王殿的前面，在前院的两侧是钟楼和鼓楼。每天按照寺院生活的日程按时鸣钟击鼓。天王殿的后面，是寺内的主要建筑大雄宝殿。他的后面是圆通宝殿。前一座供奉的是三世佛，后一座供奉的是观音菩萨。最后是一座两层的藏经阁。在很长的一个时期内著名的佛牙就供奉在这座阁上。从天王殿一直到藏经阁的两旁是一系列的配殿和廊庑，把整个组群环绕起来，同时也把几个院落划分出来。由于地势比较局促，广济寺的庭院虽然不十分广阔，可是仍然开朗幽雄，十分适宜于修身养性，陶冶性灵。在这方面建筑师的处理是十分成功的。在这个组群的右侧，另外还有几个院落，是方丈僧侣居住的地区，现在也是中国佛教协会会址所在。这个组群原来是十七世纪建造的，后来曾经部分烧毁，又经修复，在中华人民共和国成立以后，人民政府对广济寺又进行了一次大规模的重修，面貌已经焕然一新，成为中国佛教徒活动的主要中心了。

在北京郊外西山的碧云寺是敕建寺院的另一典型。由于自然环境不同，建筑处理的手法和市区佛寺的处理手法也就很不相同了。碧云寺所在的地点是北京西郊西山的一个风景点，这里有甘洌的泉水，有密茂的柏林，有起伏的山坡，有巉岩的山石。因此，碧云寺的殿堂、廊庑的布局就必须结合地形并且把这些泉水、岩石、树木组织到它的布局中来。沿着山坡在不同的高度上坐落一座座的殿堂以及不同标高的院落。在这个组群中可以突出的提到三点：一个是田字形的五百罗汉殿，这里边有五百座富有幽默感的罗汉像，把人带进了佛门那种自由自在的境界。罗汉堂的田字形平面部署尽管是一个很规则的平面，可是给人带来了一种迂回曲折难以捉摸，无意中会遗漏了一部分，或是不自觉地又会重游一趟的那一种错觉。另一个突出点，是组群的最高峰，汉白玉砌成金刚宝座塔。从远处望去，在密茂的丛林中这座屹立的白石塔指出了寺的位置，把远处的游人或香客引导到山下山门所在，让人意外地发现呈现在眼前的这一座幽雅的佛寺。关于这座塔，在另一段中将比较详细地叙述，在这里就不必细谈了。另一个突出点，是以泉水为中心的庭园，在这里有明彻如镜的放生池，有涓涓流水，在密茂的松柏林下，可以消除任何人的一身火气，令人进入一个清凉的境界。总的说来这个组群是在山林优美地区建造佛寺的一个典型。浙江杭州的灵隐寺，以及江西庐山很多著名的寺院，都有相同的效果。

中国南方地区，由于自然条件特别是气候原因，佛寺的建筑就和北方的特别是敕建的佛寺在部署上或是在风格上就有很大的区别。例如四川峨眉山许多著名的寺院，都建造在坡度相当陡峭的山坡上。在这里气候比较温和而多雨，山上林木茂盛，因此我们所见到的是一个个沿着山坡一层比一层高，全部用木料建造的佛寺组群。由于天气比较温暖，所以寺庙的建筑就很少用雄厚的砖石墙而大量利用山上的木材作成板壁。院落本身也由于山地陡坡的限制而比较局促。但是，只要走出寺门，就是广阔无边的茂林，或是重叠起伏的山峦，或目极千里的远景，因此寺内局促的感觉并不妨碍寺作为一个整体的开阔感。峨眉山下的报国寺、半山的万年寺、山顶的接引殿等都属于这个类型。

十四世纪末或十五世纪初，中国佛寺的建筑中首次出现了发券的砖结构的殿堂，一般被称作无梁殿。例如山西太原永祚寺，山西五台山的显庆寺，江苏苏州的开元寺、南京的灵谷寺、宝华山××寺等这种结构，都是用一个纵主券和若干个横券相交，或是用若干个并列的横券而其间用若干次要的纵券相交贯通。这种发券的建筑在西方是很普通的，但在中国虽然匠师们在建造陵墓和佛塔中已经运用了一千多年的发券，却是到十四五世纪之交才这样运用到地面可以居住或使用的结构上来。在外表形式的处理上，当时的工匠用砖模仿木结构的形式，砌出柱梁斗拱、檐椽等。这种做法本来是砖塔上所常用的，把它用到殿堂上来，可以说又创造了佛教殿堂的一个新的类型。在太原永祚寺除了大雄宝殿之外，还和东西两配殿构成一个组群。一般说来，这种结构方法还是没有普遍地推广，实物还是比较少的。

有必要叙述一下清朝（1644—1911）时期修建的一些喇嘛寺，如北京的雍和宫，承德的“外八庙”等。

藏传佛教是在元朝蒙古统治时期（十三世纪后半和十四世纪）由西藏地区传入汉族地区的。在满清皇朝中，藏族政权和北京的中央政权的关系进一步的密切，藏族的统治者接受了中央政权封赐的达赖和班禅的称号。这种关系的进一步密切也在建筑上反映出来。在北京城的北面修建了东黄寺和西黄寺两个组群，东黄寺是达赖喇嘛到北京时的行宫，西黄寺则是给班禅喇嘛的。可惜在二十世纪的前半，在反动统治和日本帝国主义侵略时期，这两个组群都被破坏无遗了。因此在北京，我们只能举雍和宫为例。

雍和宫是清朝第三代皇帝将他做王子时的王府施舍出来改建的，于1735年完成，是北京城内最大的喇嘛寺。庙前有巨大的广场和三个牌坊，山门以内中轴线上序列着六座主要建筑。这些建筑都是用传统的汉族手法建造的。其中法轮殿平面接近正方形，屋顶有三道平行的屋脊。中间的一脊较高，上面中央建一“亭子”，前后两脊较低，各建两座“亭子”，形成了在下文将要叙述的金刚宝座塔的“五塔”形状，而这种塔却是在十五世纪由西藏传到北京的。

组群的最后一进是绥成殿。与左右并列的两阁各以飞桥相连。这种布局是中国建筑中比较罕见的。但其来源并不是藏族而是汉族的古老传统。

雍和宫最高大的建筑物是万福阁，阁内是一尊高达二十米的弥勒佛像。

河北省承德是清朝皇帝避暑的地方，建有避暑山庄（离宫）。在避暑山庄的东北的丘陵地带，从1713年至1870年之间陆续建造了十一座大型喇嘛寺组群，其中八处至今还存在，称为“外八庙”。这些组群都建造在山坡上，背山面水，充分利用了地形，形成了丰富的轮廓线。在这些建筑中，有模仿新疆维吾尔族形式的，有完全藏式的，也有以汉族形式为主而带有藏族风趣的。

上面只举出了少数突出的著名佛寺组群，但这并不意味着中国的佛教建筑仅仅就是这种大型佛寺，事实是，数以万计的佛寺，大大小小遍布全中国。大的如上所述，小的只有一个正殿两个配殿，和一般小住宅差不多。这些无数的佛寺中各有不同的地方风格，其中也有极优秀的作品。从佛寺的数字和分布上看来，也可以看到佛教对于中国人民生活的历史性影响。但在这里不能详细叙述了。

在中国的佛教建筑中，佛塔是值得作为一个特殊的类型而加以阐述的。从笮融建造他的金盘重楼起，在将近两千年的长期间内，凡是规模较大的寺院组群中，往往也包括一座或若干座塔。经过长期的发展，中国历代的匠师创造出许多不同的塔型，大量佛塔遍布全国，成为一份极其丰富的遗产。

前面已经说到，中国初期的佛塔都是木材建造的；但是由于木材本身容易焚毁，特别是佛塔本身的高度，再加上上面金属的塔刹，容易诱导落雷，所以木塔的寿命一般都是很短的。再加上香火失慎，或是战争的破坏，如何取得佛塔的永久性问题，早已受到古代的高僧信士和工匠们的注意了。

公元520年，我们看到了对于这个问题的第一个答案，那就是河南嵩山嵩岳寺塔，中国现存最古的一座砖塔。在它以前以及和它同时的木塔，平面都是四方形的，并且是一层层地架叠上去的。这座塔却一反传统形式，平面作十二角形，在一座很高的塔基上，加上一座很高的塔身，再上去就是十五层很密的檐。这种形式是和过去三百年来传统的木结构形式毫无相似之处的。虽然没有文献可征，但是我们可以大胆肯定地说它是模仿印度的一些塔型的。从这座塔上的许多雕饰部分看，例如以莲瓣为柱头和柱础的八角柱，以狮子为主题做成的佛龛，火焰形的券面等印度的装饰母题是非常明显的。但是更重要的是它创造了一座不怕雷火的永久性的佛塔。虽然在这以前五百年间砖已经被相当普遍地用在建筑上，但是像这座塔这样全部用砖结构而且达到将近四十米的高度，它所反映的不仅仅是古代匠师在用砖的技术上极大的提高，而且反映砖的生产力极大的发展。从这座塔上我们看到社会生活需要和思想意识提出的要求，就向建筑提出了新的课题。当生产力和匠师的技术达到一定水平的时候，就可以产生新的方法和形式来满足这种要求。在结构上，这座佛塔由顶到底内部是空的，是像今天我们砌一座烟囱那样砌上去的。内部的楼板和扶梯都是用木头建造的。从这一现象看，说明当时的匠师在技术上还受到了一定的局限。从艺术方面看，这座砖塔的轮廓线是异常优美流畅的。这条轮廓线正是几何学上的抛物线形。这不仅说明当时的匠师已经掌握了高水平的几何知识，而且在建造过程中能够准确地把它砌出来。从佛塔的发展史看来嵩山嵩岳寺塔，如同佛光寺大雄宝殿在木结构的殿堂中那样，是一件最珍贵的遗产。

从这个时候起，以后将近五百年的期间是一个木塔和砖塔并存的时期。例如北魏的洛阳、唐的长安，所有数量众多的塔，绝大部分都是木材建造的，但是砖塔的数量的比重在这五百年间，就逐渐增加，到了公元第十世纪以后，木塔就成为极其稀罕的东西了。

伟大的唐朝（618—906）给后代留下了相当数量的砖塔。在这些砖塔之中，有两种主要的类型：一种是像古代的木塔那样一层一层垒上去的，我们可以叫这一种为“多层塔”；另一种是像嵩岳寺塔那样，在一个高大的塔身上承托着多层密檐的，我们可以叫这一种为“密檐塔”。此外，还有一种次要的塔型，那就是作为和尚坟墓的单层的墓塔。令人注意的是所有唐代的塔，除了一个例外，平面全部是正方形的。嵩岳寺塔十二角形的平面，在以后一千几百年间再也没有出现过。我们可以推测，这种四方形的平面是佛塔由诞生到成熟成型的发展过程中，广大的善男信女在概念上已经接受了四方形的多层木塔作为塔的标准形式。因此佛塔的平面必须是四方的，否则它就不像一个塔了。而且在塔的表面处理上也必须把木结构的柱梁、斗拱表现出来，因此唐朝的多层砖塔例如西安的大雁塔（701—704）、香积寺塔（681）、兴教寺玄奘塔（669）等都属于这个类型。显然由于砖的材料本身以及用砖技术的限制，斗拱和檐椽部分是大大地简化了。另一类型，密檐塔在唐代也采用四方形的平面。这种塔一般的不用柱梁斗拱等表面装饰，完全以它们的轮廓线取得艺术效果。其中杰出的例子，有嵩山永泰寺和法王寺的两座塔，虽然准确年代无可考，但都是第八世纪的东西。这一塔型在中国相当普遍，远到云南昆明、大理也有唐代的密檐砖塔。例如昆明的慧光寺塔，大理的崇圣寺塔，都是杰出的例子。但是最重要的应该说是西安荐福寺的小雁塔。它和慈恩寺的多层的大雁塔，已经成为西安城市轮廓线的不可缺少的构成因素了。

在唐代诸塔之中，我们应该特别提到慈恩寺大雁塔。它是唐代高僧玄奘法师从印度回到中国以后，在翻译他由印度带回的经卷的时候，特别建造起来的为保存印度带来的梵文原本用的，因此这座塔在中国的佛教史中就有特殊意义。

在所有这些塔中，内部的楼板扶梯也同前一个时代一样，是用木材建造的。显然这已经成了一个问题，到了十世纪以后才得到了解决。在唐代的砖塔中，还有为数众多的高僧墓塔，除了极少数如玄奘那样是多层塔以外，全部都是单层正方形的小塔，其中许多是用石料建造的。例如山东长清灵岩寺的慧崇塔（第七世纪前半建造的）就是一个典型的例子。这种塔一般有两层重檐，顶上有砖或石制的刹，高度一般不超过四或五公尺（旧制长度单位，一公尺=一米）。但是在唐代墓塔中，有一个孤例，那就是嵩山会善寺的净藏塔（745）。它的平面是八角形的，表面上用砖砌出柱梁斗拱和门窗等。这座单层的小小的八角形砖塔，可以被认为是后来八角塔的始祖。

十世纪中叶以后，砖塔已经成为绝大多数，木塔已经寥若晨星了。

从这时候起，在佛塔的形式上和结构上都发生了巨大的变化。二百年以前在净藏塔上一度出现的八角形平面，到这时候，突然变成了佛塔的标准平面形式了。这个平面形式的突然改变，原因何在，中国的佛教史家和建筑史家还没有找到令人满意的解释。这一现象是很值得研究的。在技术上，五百年来木楼板、木扶梯的问题也得到了解决。宋朝以后的塔再不是像砌烟囱那样砌上去了，而是在塔的内部用各种角度和相互交错的筒形券的方法，把内部的楼梯、楼板，塔内的龛室等同时砌成一个整体，消灭了过去五百年来外部用砖结构，内部用木结构的缺点。塔身更加坚固了。

十世纪中叶以后，更发展出丰富多彩的佛塔类型。虽然基本上还是以多层塔和密檐塔两个类型为主，但是不同的地区还创造出不同的地方风格。而且兄弟民族对于塔的类型的创造也有不少的贡献。

在黄河、淮河流域，当时属于汉族的宋朝统治的地区，主要的是八角形的多层塔。这些塔一般都没有模仿木结构的雕饰，仅有少数砌出斗拱模样。例如山东长清灵岩寺辟支塔，位置在泰山北部的风景区。虽然用斗拱承托塔檐，也用斗拱承托平座，但总的说起来，模仿木结构的部分仅此而已。这座塔的准确年代无可考，从形式上判断应当是十世纪末或是十一世纪初的建筑。

另一个例子是河北定县开元寺的砖塔，平面也是八角形，高十一层。它的内部如同灵岩寺塔一样，都是用筒形券把楼梯、走廊、龛室砌出来的。这座塔建于公元1055年，是这时期华北广大地区最典型的塔型。这座佛塔建造的动机是很有趣的。当时的定县正是汉人的宋地区和契丹人的辽地区的分界线上，多年来宋辽都在进行着继续不断或断而复起的战争。因此宋朝的汉族军官就利用开元寺建造了这样一座分界线上的佛塔，作为了望敌军形势的了望台。因此到今天当地的居民还把这座塔叫“料敌塔”。

与料敌塔约略同时（1041—1048）的河南开封祐国寺塔，从建筑材料的发展上说，具有一定的历史地位。这座瘦而高的十二层砖塔，全部使用琉璃面砖。这些面砖一共有二十八种标准块。运用这些标准面砖可以砌出墙面、门窗、柱梁斗拱等。这在材料技术方面当时是一个伟大的创造。这些面砖是深赭色的，呈现铁锈的颜色，因此这座塔一般被叫作“铁塔”。当然，这种面砖不是突然出现的，在这样运用以前，必然曾经经过相当的发展过程，在开封的繁塔上（977）我们已经看到一座用标准面砖处理塔面装饰的砖塔，不过在这里只用了一种模子压出佛像的面砖和做“花边”用的面砖。然而在这里，我们已经看到用标准面砖来处理砖塔的外形了。在这里应该附带指出，繁塔的平面是六角形的，是在八角形平面发展的同时一种派生的类型。河南济源延庆寺塔（1036）也属于这一类型。

与此同时，在长江流域，虽然同样在汉族统治之下，佛塔的平面也都已经改用八角形，并且也是多层塔的形式，但是风格却迥然不同。在这地区，特别是在长江下游一带，砖石塔在材料和结构方法的许可下，尽量地模仿木结构的形式。最早的例子，我们可以举杭州灵隐寺大雄宝殿前的所谓双塔。这对塔事实上是用石料雕出来的塔的模型，高九层，实际高度不过十米左右。这一对塔是公元960年建造的。塔身的八个角上都刻出圆柱，上面刻出梁、斗拱、檐、瓦等，完全和木结构的形式一样，这是这个地区这一塔型最早的例子。

这一类型的塔，在长江下游还保存着不少。它们都是用砖砌成的，内部也用砖砌出楼梯、走廊、龛室等。无论外部内部墙面的处理，都用砖砌出木结构的形式；不过屋檐椽和平座部分往往也掺杂用些木料。砖砌部分全部抹灰，用彩色粉刷，给人的印象几乎同木结构没有差别。但是由于檐椽是木结构的，因此后代大多损坏。这种塔最典型的例子，就是苏州虎丘云岩寺塔。它的损坏后的形象也是最典型的。

苏州报恩寺塔、杭州六和塔和保俶塔都属于这一类型。但由于后代修理方法不同，就呈现了完全不同的三种形象。报恩寺塔是用后代（清朝）造檐的方式把檐补上的。因此可以说它最接近塔的原型，但是檐角飞翘比十世纪的制度翘得更高，所以乍看的形象是十七八世纪的风格多于十世纪的风格。六和塔本来是一座七层塔，在十九世纪末年，当时的善男信女，在原塔身之外给它造上了一层木结构的外衣，便做成十三层的模样。因此它就呈现一种肥而矮，但处理上又很纤弱的不和谐的形象。保俶塔连斗拱部分都损坏掉了。在二十世纪二十年代修理的时候，就把一个类似八角柱型的塔身略加修补保存下来。因此，这三个塔虽然原来本是同一类型的，现在却变成三种完全不同的样子。

这一类型的塔保存得比较完整的是苏州罗汉院的双塔。这一对塔规模不大，高度由地到刹顶也不过二十米，斗拱和檐瓦都比较完整地保存下来，给我们留下了这类塔型比较完整的形象。罗汉院双塔是公元982年建成的。

从十世纪开始，北方的契丹族就逐步向南侵入，后来女真族又灭了契丹的统治者，先后建立了辽、金两朝，继续向南方扩展。到了十二世纪二十年代，这两个北方民族就已经占有了长江以北的半个中国，和汉族统治的宋朝把中国分成南北两半。在这些北方民族统治的地区，佛塔虽然也都采用了八角形平面，但风格又和南方的塔很不相同。

在这里有必要特别叙述一下中国现存的一座惟一的木塔。山西应县佛宫寺释迦塔，是1056年建造的，由地面到刹尖高六十六公尺。塔高五层，加上上面四层每层下面的平座暗层，实际上是一座九层累架的木框架结构，全部用传统的柱、梁、斗拱层层叠上而建成的。除了塔基和第一层的墙壁是用砖石以及顶上的刹是锻铁之外，全部都是木材。每一层的檐和平座，都由斗拱承托。由下而上，由于每层的高度逐减，每层的宽度也逐渐收缩，特别是由于八角形的平面，为内部梁尾的交叉点造成相当复杂的结构问题。但是十一世纪中叶的伟大的不知名建筑师却运用了五十多种不同的斗拱圆满地解决了这一复杂问题。后代的香客献给这座塔的一块匾上写着“鬼斧神工”四个字来歌颂这座神妙的结构是丝毫没有夸大的。在九百年的长期间，这座金属刹木结构的佛塔竟得幸免于雷电的破坏，一直保存到今天。它的木结构的稳固性是经过长时间考验的。在国民党统治时期的一次内战和在抗日期间，这座塔曾经受到一些轻微的损害。但在人民政府成立以后，这座塔立即受到保护。除了加固修塔外，并设置了避雷设施。它将作为中国匠师在木结构上辉煌成就的典范，在今后若干世纪内，屹立在这个山西北部的平原上。

除了这个惟一的木塔之外，这时期中国北方保存到今天的佛塔也全部是砖造的。1090年前后建造的河北涿县双塔，就是模仿应县木塔的形式的砖塔。这两座塔外表的处理上全部用砖砌出柱集斗拱檐椽，但是由于材料本身的限制，出檐就比较短促，整个轮廓线就是一个砖结构形式。此外，塔上每层八面中的四面所开的门是券门，因此，尽管它们是檐仿木结构的，但是没有失去砖结构的特征。从应县木塔和涿县双塔的对比来看，我们可以明显地看到建筑材料对于建筑形式的影响。但另一方面也看到，材料的影响却没有影响到木塔和砖塔的共同风格。

在这时期，从现在河北省中部以北一直到辽宁、热河（中国原省级行政区，1955年热河省撤销）等地区出现了一个新的塔型，那就是平面八角形、忠实地模仿木结构的密檐塔。上面已经提到，中国现存最古的砖塔就是嵩山嵩岳寺第六世纪前半的密檐塔。在唐代，密檐塔采用了四方形的平面，它们都是用叠涩出檐的。并且在唐代塔身上也没有砌出木结构的形式。但到了十世纪，在这个契丹族统治的地区，匠师们却在八角平面上用木结构的柱梁和斗拱处理了塔身的外表，上面一层层的密檐，也全部用砖砌的斗拱承托，创造了一个崭新的塔型。1083年建造的北京天宁寺塔就是其中一个最杰出的典范。令人注意的事实是，在河北省中部以南，在这时期，在广大的中国土地上，在汉族统治的地区，并没有这种塔型。而在北方契丹族统治地区却为数甚多。我们从这一现象可以得出结论说，这一塔型是契丹族对于中国建筑的一个伟大贡献。同样地，像涿县双塔那种形式的仿木结构多层塔也应该说是在契丹族统治下的匠师们的重要贡献。

涿县双塔的类型在后代建造不多，但是天宁寺塔的类型却成为后代中国北部塔型中一个最常见的样式。

此外，我们还有必要转回到更南方的在汉族统治下的福建和四川，看几个比较少见的例子。福建泉州市的一双石塔，是在公元十三世纪南宋时期建造的。它们都是八角五层的塔，全部用石料构成，但是在石料的使用上不是传统的运用压砌的方法，而是把石料完全当做木材处理，用石头的柱、梁、斗拱、檐、椽等构成一座塔。按照近代技术科学对于材料力学的理解，这种结构是极不合理的。值得我们惊讶的是七百年来，这两座塔依然屹立无恙，这是工程界一个罕见的现象。

此外，四川宜宾县的白塔（1102—1109）和洛阳的白马寺塔（公元十二世纪后半），也是两座保存了唐朝风格的正方形密檐砖塔。

十到十三世纪末年之间，中国的佛塔已经演变、发展、创造出许许多多的类型。虽然基本上还是属于多层和密檐这两类，但是整体和细节的处理却是十分多样化的，不可能在这里详细介绍了。

十三世纪中叶以后，在汉族居住的地区出现了西藏式的瓶形塔。在这里我们再一次看到了外围民族对于以汉族为主的中国文化的贡献。特别值得指出的是西藏塔型是由蒙古族介绍到汉地来的。当时蒙古族在成吉思汗以及他的孙子忽必烈汗的领导下，正在企图征服全世界。忽必烈是一个伟大的战略家和政治家，他自己是崇奉佛教的。在征服中国的过程中，他只进兵到长江以北，然后从中国的西北部征服了现在的青海和昌都地区，然后沿着长江东下，最后消灭了汉族统治的南宋，并且定都于现在的北京，命名为大都。他这种迂回战略，通过藏族地区，也就带来了藏族的文化和匠师，带来了藏传佛教，因此1271年在北京城里，一座辽塔的旧基上出现了一座高度在七十公尺以上的西藏瓶形塔。这是忽必烈的帝师带来的尼泊尔匠师阿尼哥设计并监造的塔。一直到今天，它还是北京城市轮廓线上一个极其突出的标志。从此以后，在中国全国各地都出现了这一类型的塔。例如山西五台山塔院寺塔（1577年建），北京北海公园白塔（1651年建）。可以说都是北京这座白塔的子孙。这类塔型到了清朝，那就是十七世纪中叶以后，在中国各地出现得更多，在这方面也反映了当时的满族统治者对于汉族、蒙古族、藏族等民族的民族政策的一个方面。

在一个曾经出家做和尚的农民的领导下，汉族人民经过长期间的战斗，1368年把蒙古族的政权摧毁了。整个中国又回到汉族的统治之下，建立了明朝。1644年，东北的满族又征服了汉族政权，1911年中国又摧毁了满族政权，建立了一个共和国。在这三个朝代中，全国各地新建了无数的佛寺和佛塔。中国现存的佛塔大部分是属于这个时期的。在传统的塔型方面，一般地说来没有什么特殊的创造，绝大部分的塔都属于多层塔这一类型。在这五百多年之间，木结构建筑的斗拱比例和屋檐的深度都相对的缩小了，木结构的这种倾向也在砖塔上反映出来。因此，在这个时期，从比例上说，塔身的每一层和斗拱塔檐对比就显得高些。反过来，斗拱塔檐就显得像塔身上围了一圈纤细的环带，在总的轮廓线上和十四世纪以前的塔，有很大的区别。例如山西太原永祚寺的双塔（十六世纪末期）就是典型的例子。此外，北京玉泉山塔（十八世纪）也是一个典范。

在八角密檐塔方面，虽然这期间建造的也为数不少，但大多数是不很大的高僧的墓塔。重要的例子只有一个，那就是北京八里庄慈寿寺塔。这个塔是公元1578年建成的。在形式上它完全模仿第十世纪末年的天宁寺塔。但是从建筑处理的细节上看，却完全用的是明朝的制度。

山西洪洞县广胜寺的飞虹塔，值得作为一个突出的范例提出。前面我们已经提到河南开封十世纪中叶的全部用赭色琉璃面砖的所谓铁塔。在这里我们第一次看到了一座在砖塔上大量镶砌彩色琉璃面砖作为建筑装饰的佛塔。这座八角形的塔共高十三层，高度在四十米以上。每层塔身的柱梁斗拱檐椽等都用琉璃砖瓦嵌砌。砖墙壁上也镶嵌了大量的琉璃佛像和装饰花纹，外观至为华丽。塔的轮廓线不像其他的塔向上每层逐渐增加缩小尺度而呈现曲线型，而是直线的，呈现一个八角锥体型，因此显得有一点生硬。塔内最下层供奉释迦坐像一尊，以上各层事实上是实心的，但内部有梯可达塔的上部。这座塔是在1417年兴建的；但琉璃面砖上，多有1515年的标志。由此看来这座塔由动工到完成可能经历了一个世纪的时间。

现在北京颐和园、玉泉山和香山一带还有几座清朝（大约属于十八世纪）的琉璃塔。这些塔的琉璃不是和砖壁并用，而是全部用琉璃。其中颐和园和玉泉山的塔，都是很小的，只能说是一座大塔的模型。

十五世纪后半，中国的土地上又出现了一种新的塔型。这是藏族人民对于中国建筑的又一个重要贡献。十五世纪前半，西藏喇嘛班迪达来到北京，贡献了一尊金佛像。当时的皇帝为它建了一个寺，到1473年皇帝下诏在寺内（按照中印度的形式）建了一座金刚宝座塔。在一个长方形的高台上，建立五座塔。这五座塔是采用正方形平面的密檐塔。我们推测，这座塔是模仿佛陀伽耶的形式而设计的。在云南昆明妙湛寺也有一座金刚宝座塔，比北京的这一座略早十年，从年代上说是中国现存最早的一座金刚宝座塔。昆明的这座塔比北京的这一座规模小得多，上面的五个塔都是西藏式的瓶形塔。从昆明这座塔上也可以看到这一塔型传入中国的来龙去脉。

现存最大的一座金刚宝座塔在北京西山碧云寺，上文已经提到。碧云寺塔上面不是五座而是七座塔，其中五座是密檐塔，两座是喇嘛式的瓶形塔，是1747年建成的。1929年这座塔被改用为中国民族革命的先行者孙中山先生衣冠冢。在满族统治期间，这一类型的塔还在许多地方建造起来。其中还应该提到北京黄寺的金刚宝座塔，那是班禅三世的墓塔（1779年入寂），全部是用白色大理石砌成的，雕刻异常精美。由于宝顶下面垂下两片巨大的塔耳，因此呈现了非常特殊的形象，形成了它独有的风格。值得指出的是在这一宝座上，正中主塔是一座喇嘛式瓶形塔，而四角的小塔，却采用汉族传统的八角塔的形式，在比例上也相对地显得很小，从而更突出了主塔的重要性。

在这五百多年期间，中国的土地上，还出现了另外一种塔。这种塔在形式上和佛塔没有区别，但它是一种非宗教的塔，也可以说是种儒教的塔，假使我们也可以说儒教是一种宗教的话。它是在过去科举时代为了祈求本地的文人能够在国家考试中及第，作为一种能够发生巫术力量的纪念性建筑物而建造的。这种塔虽然不是佛教塔，但作为一个类型，它是以佛塔为蓝本而建造的。从这里也可以看到佛教以及佛教建筑对于中国人民生活的影响。

到了十九世纪以后，中国建造的佛塔是越来越少了。然而1960年，在中华人民共和国成立了十年以后，在人民中国首都附近的西山灵光寺，又建起了一座新的佛塔。这座佛塔是由人民政府为了佛教徒们供奉著名的佛牙而建造的。在这里有必要追述一下这座塔的前身的命运。在灵光寺西面原来有一座辽朝建造的砖塔，但在1900年英法德意奥俄日美八个帝国主义的侵略联军占领了当时大清帝国的首都北京，那座十一世纪的塔被毁坏了。残破的塔基在这个北京近郊的风景区供人凭吊，历六十年之久。现在全中国的佛教徒以无比兴奋的心情看到了这新塔的出现。塔的位置，距离残留的塔基约一百米，在形式上虽然还是参照原塔的形象，但是新中国的建筑师在佛教徒的建议下采用了近代的钢筋混凝土结构，建成这座八角十三层高五十一米的密檐塔。在内部空间的利用和文物的保存方法上都有了新的创造，是在传统的基础上革新、创造的一个很好的典型。塔顶上金光灿烂的塔刹是按照1957年赵朴初居士从锡兰得到的一座小铜塔的形式塑造的。在这座塔上体现了在中国共产党和人民政府的领导下伟大的信仰自由的宗教政策。它将作为一个辉煌灿烂的标志在今后几十个世纪中屹立在北京近郊的这个风景区里。可以附带提到，旧塔的残基也由人民政府很好地保存下来作为历史中两个时代的鲜明对比。

在中国人民过去两千年的历史中，佛教在他们的生活中发生了巨大的影响。在思想意识方面许多佛教教义已经成为传统的中国哲学的一部分。在语言文字、诗词、绘画、雕刻和日用工艺品中，到处都可以看到佛教的影响。这一深刻的广泛的影响更具体地从建筑中表现出来。从建筑的历史观点说来，我们应该感谢佛教给中国的建筑带来了一个新的类型。虽然说最早的佛寺是按照世俗建筑的形式，或者就是用世俗原有的建筑来满足佛教的宗教生活的需要的。但是反过来佛教建筑又给中国的世俗建筑提供了一些新的形式和处理方法。在两千年的发展过程中，佛教建筑和世俗建筑彼此影响也促进了中国建筑的发展。另一方面佛教建筑的出现，在古代的城市中，在很大的程度上改变了当时的城市面貌，丰富了当时人民的生活。在这一点上，不仅城市如此，在广大的中国土地上，在山林深处，在河流岸边乃至在广阔的原野上，佛寺不但丰富了中国的风景，不但给信徒提供了修养的环境，也给广大人民，从文学家、诗人、画家，一直到纯朴善良的农民，提供了幽雅的休息地方。佛教对于中国文化的贡献是巨大的。上面所提到的塔、寺更是一份丰富多彩、极其可贵的遗产。像一颗颗灿烂宝石一样，它们点缀着中国的锦绣河山，无论在铁路上、公路上、水路上，我们都可以不时地看见处处突出的一个塔尖和在下面衬托着的寺院殿堂，或是近处巍峨的高耸云霄的塔影。这些已经成为中国风景轮廓线上一个最突出的特征了。

在我们日常生活所用的家具、装饰等等小品中，我们也可以看到，由于佛教传入中国而带来的许多装饰纹样。

进入十九世纪以后，新建佛寺的活动就越来越少了，反映着佛教在中国已经逐渐衰退。不少寺院也逐渐颓圮或被破坏了。1949年中华人民共和国成立以后，人民政府坚决贯彻了中国共产党的宗教政策和民族政策，使宗教信仰自由得到了真正的保证。一个多世纪以来失修的寺塔，也由人民政府选择其中为佛教徒的宗教生活所需要的以及具有重大文化、历史、艺术价值的寺塔，予以史无前例的科学的、慎重的重修，使它们作为民族的珍贵遗产长久地屹立在人民自己的土地上。

今天中国人民正在建造他们新的城市和农村。中国的建筑师们得到了史无前例地发展他们的才能的机会，新的材料技术给他们提供了在创作上更大的可能性。他们在运用新材料新技术的时候绝不会忘记：一个民族的新建筑，作为一个民族文化的一部分，必须是从他们的旧文化旧建筑的基础上发展而来的。在这个旧建筑的尊贵传统中，佛教以及佛教建筑也有很大的一份贡献。

（梁思成）

十二　中国佛教音乐

佛教的传入，给华夏文化带来了一股异域的清新之风，深奥的思辨哲理，影响和促进了汉民族整个艺术领域的发展和变化。在近两千年的历程里，佛教文化和我国固有的传统文化融会贯通而成为中华民族文化的重要组成部分，并和儒、道等学派一起，促进了中华民族心理结构和性格特征的形成。

采用艺术形式，是佛教传播的方法之一。寓教义于生动的艺术形象之中，让人们直接从中得到启发与感化，以达到流布佛法之目的。音乐，作为文化艺术中的一个重要部类，它伴随着人们进入文明生活，同时又与佛教有着甚深的因缘。佛教在中国传播，从一开始就伴随有音乐这一艺术。所谓佛教音乐，就是借助于音乐的美感作用来宣扬教义，净化人心。但是，由于种种历史原因，未能像其他兄弟艺术那样被较为完整地保存下来。因此，佛教音乐在历史上的原貌如何，现在只能从文献资料中依靠记载得到一点信息。或者，在美术、雕塑里可以看到有关佛教音乐的资料，如敦煌莫高窟就有描绘乐舞的洞窟二百余个，绘有各种乐器四十四种，约四千余件，其中吹、拉、弹、打样样俱全，大小不同的各类乐队五百余组，形态各异的乐伎三千余身，人们可以想象其音响风貌是何等壮观、动听、新奇和美妙啊！

在梁慧皎《高僧传》卷十三《经师》中说："梵音重覆，汉语单奇，若用梵音以咏汉语，则声繁而偈迫；若用汉曲以咏梵文，则韵短而辞长。是故金言有译，梵响无授。"慧皎是汉族僧人。他撰写《高僧传》时，距汉明帝“永平求法”“白马驮经”的盛事已经近五百年。“金言有译”是事实，“梵响无授”则未必。随“白马驮经”而来到洛阳的天竺高僧摄摩腾、竺法兰，第二年就迁往“白马寺”。此后，陆续来华尚有其他天竺僧人。既有僧伽必有诵经礼佛，仪轨既成，则梵呗应举。

梵原是印度语“梵摩”的省称，意为清净。印度婆罗门自称为梵天苗裔，因此称印度为“梵土”。后又衍化成佛教的唱诵为“作梵”。呗是印度语“呗匿”的省称，意为歌咏或赞颂。从历史上看出梵呗有天竺的、西域的，也有汉地的，而且都仅用于唱赞佛偈和歌颂佛德。天竺僧人或西域僧人来汉弘法，带来当地的呗音，而汉人在礼佛时也模仿其音而举腔唱诵，这是一个互相影响逐渐汉化的过程，犹如壁画和塑像的衍化变更一样。因此不能说“梵响无授”，而是随着佛教的进一步深入，梵呗则逐渐发展和变化。

三国时期，东吴的僧人支谦，据《高僧传》记载，他深谙音律，留意经文中赞颂的歌唱，并依据《无量寿经》《中本起经》创作了《赞菩萨连句梵呗》三契。另一僧人康僧会也依《双卷泥洹》制《泥洹梵呗》一契，其声清靡哀亮，为一代模式。而且通过赞呗的运用也影响到后来偈颂译文的改进。

由于佛教的传播和印度梵呗在华的影响，才可能产生陈思王曹植在东阿渔山处所制成的《渔梵》。《法苑珠林·呗赞篇三十四·赞叹部》说：陈思王曹植“尝游渔山，忽闻空中梵天之响，清雅哀婉，其声动心。独听良久……乃摹其声节，写为梵呗”。《高僧传》也有同样的记载。从中可以看出，在曹植之前就有梵呗存在和传播，而曹植能“摹其音节写为梵呗”，也正说明当时似乎已有记谱的方法存在，才可能产生“传声则三千有余，在契则四十有二”这样的梵呗形式。

两晋时期，道安开创了在上经、上讲、布萨等法事中唱梵呗的先例，并弘传帛尸黎蜜多罗所授的高声梵呗。帛法桥作三契经，友昙砼也裁制新声，造六言梵呗。到了南北朝时期，佛教开始广泛地流传，而且不断有天竺、西域僧人，通过冰天雪地的帕米尔高原、大小雪山、沙漠，“委命弘法，忘形殉道”而迁留汉地。如北魏永平（508—512）年间，受供养于洛阳永明寺的外国僧人就有千余人（《中国佛教·北朝佛教》）。这里当然也有一些艺僧。

南朝的宋、齐、梁、陈四个朝代，大都崇信佛法。而以梁武帝时达到全盛。宋僧饶，有《三本起》《须大拏》，“每清梵一举，辄道俗倾心”（《高僧传·僧饶传》）。齐僧辩传《古维摩》一契、《瑞应》七言偈一契，被誉为“最是命家之作”（《高僧传·僧辩传》）。辩的弟子慧忍又制《瑞应》四十二契，齐王融也作过杂曲歌辞《法寿乐歌》十二首，每首五言八句（《乐府诗集》卷七十八）。这是首先出现歌颂佛陀一生事迹的汉地佛教诗歌，曲调虽不知其详，但其为赞诵佛法的梵呗，以及它的盛况是可想而知的。

北朝北魏正光（520—525）中的大贵族雍，家养童仆六千，伎女五百，铙吹响发，丝管迭奏，连宵尽日。雍死后，大批乐伎遣散进入寺院。此例一开延及唐宋以下，寺院客观上形成了容纳、保存、培养和传播音乐的场所。《洛阳伽蓝记》载：“景乐寺大斋常设女乐，歌声绕梁，舞袖徐转，丝管寥亮，谐妙入神。”

以上情况反映出佛教音乐发展的各个方面。北魏系异族统治，可以想象其音乐显然不会是汉族风格的。如北齐后主高纬，他喜爱胡乐，在宫中所设的歌舞均是西域诸佛国引来的，如“龟兹乐”“西凉乐”等。这就丰富了民族音乐的内容。

从“梵呗”发展出来的“佛曲”，其名称始见于《隋书》，但它早在南北朝时期就已形成，并为佛教所用。

隋文帝统一中国后，出现了“人物殷阜，朝野欢娱”的新局面。在尼庵里长大的隋文帝一直深信佛教。他亲自制作了十篇佛曲，名为“正乐”，其内容皆述佛法。又用“法乐童子伎”和“童子倚歌梵呗”在无遮大会上演唱。皇帝亲自创制佛曲，并用童声合唱，这是隋文帝的首创。此风一直延至宋明之世，只是形式有所不同而已。

梵呗以歌咏佛教的偈颂为主，其体裁类似乐府。乐府发生了变化，因受启发，便参考民间音乐，清除其世俗感情，贯穿佛子的清净意境，创造出新的形式，这就是佛曲。佛曲后来居上，不断丰富发展。梵呗自身又有所变化，即后来寺院出现的一种叫作唱导，有些僧人，专以唱导为职业。《高僧传·唱导·论》说："唱导者，盖以宣唱法理，开导众心"。寺僧每日初更时候，绕佛行礼。环境寂静，导师擎香炉登高座开始唱导："谈无常则令心形战栗，语地狱则使怖泪交零，征昔因则如见往业，核当果则已示来报"。至深夜，"则言星河易转，胜集难留"，使人感到紧迫，满怀恋慕，直至僧人个个宣唱佛号，求垂慈悲。这一专业宜开后来俗讲、变文等说唱音乐之先河。

李唐王朝，在我国漫长的封建王朝中曾是可堪夸耀的繁盛时代。大唐盛世之时，中国佛教也曾随之达到鼎盛阶段。全唐二十个皇帝（武宗除外），都不同程度地崇佛。中唐诸帝如玄宗、肃宗、代宗都曾依密宗大师不空和尚灌顶受法。唐代的九部乐、十部乐中有七部与西域的佛曲有关，其中《天竺乐》，乐伎舞伎都必须穿袈裟表演。堪称盛唐歌舞之冠的《霓裳羽衣曲》就是"扬敬述进《婆罗门曲》，明皇润色，又为易美名"而成的（《唐会要》卷三百三十二）。天宝年间（742—756）虽有奉旨刻石改诸乐曲名之事，即将原来的佛曲名称改头换面，变成道曲名称，以迎合圣心。其实只是"道"其词"佛"其曲（唐前诸朝也曾有过）。所以，《羯鼓录》的作者南卓就索性把道曲一并归入佛曲中，丘琼荪先生的《法曲》一文，也认为法曲之初即佛曲。

所谓佛曲，均与汉地、西域等各佛教盛行地民间音乐有关。《大唐西域记》说："屈支国（龟兹国）文字取则印度，粗有改善，管弦伎乐特善诸国。"除那些专供佛事的赞、颂、咒、偈、梵呗是缘佛经创制而外，其余都是民间音乐。因此可以认为梵呗出自寺院（佛经），佛曲兼本民间音乐。

中唐以后，俗讲兴盛。日本僧人圆仁《入唐求法巡礼记》和赵璘《因话录》对俗讲僧文溆的记载说明佛教音乐有新的发展，每当文溆上台“听者填咽寺舍，瞻礼崇拜，呼为和尚，教坊仿其声调，以为歌曲”。唐文宗还曾采用文溆讲经时的曲调以为歌唱，号为《文溆子》（《太平广记》卷二百零四）。

唐代的许多艺坛名流、教坊高手、诗人文士，均与佛教寺院高僧有因缘瓜葛，趣闻逸事亦曾不少。如德宗贞元年间（785—805），长安东西两市为求雨仪式而举行歌舞竞技盛会，两市各推名手比高低。东市推出第一名手康昆仑，弹了《新翻羽调六么》。西市彩楼上则走出一位女郎，怀抱琵琶，施礼后即坐下来弹奏。台下听众忽听雷声滚滚，风声飒飒，雨声潇潇。人们翘首望天，云淡天蓝，没有一丝雨意。侧耳聆听，原来是那位女郎在琵琶上所弹出的乐声，听者人神沉醉。康昆仑则涔涔冷汗，目瞪口呆。这是他第一次比输给别人。当他惊愧之余，毅然走下彩楼，愿拜“女郎”为师时，“女郎”更衣相见，竟是长安庄严寺的和尚段善本。后来，德宗召见段善本，一番称赞之后，更希望他能把技艺教给康昆仑。十年后，康昆仑终于在段善本的教授下，练成一代国手。真可谓教有盛衰，乐风不减。

唐代末期，时局动荡，战乱频繁。整个社会文化几乎赖佛教丛林才得以保存。据《二程全书》记载：“某日，明道过定林寺，闻伐鼓考钟，和谐典雅，见两序众人，绕向礼佛，威仪济济，肃然有序，叹谓三代礼乐尽在此中。”这位北宋的理学大师程夫子所见和感叹说明：（一）虽经战乱和时代更迭，佛教丛林仍保持着一定的仪轨和佛事活动。（二）如法如仪的绕向礼佛，表现了佛教文化（包括音乐）的延续和发展。

两宋的佛教，虽不如唐代繁荣昌盛，但作为中国化了的佛教，似乎更扎实和普及了。禅宗和净土宗在这时得到普遍弘扬，又如“水陆法会”，虽源于梁朝，但也只在此时才得以普遍开展。

元明时代的诸宫调、小令到盛行的南北曲，是由宋代曲子演变发展而来的。陈旸《乐书》有很多的记述，其中一个明显的变化就是制作梵呗已变为依格式而填词。其音乐则往往仍是前朝旧调，如明太祖朱元璋命宗泐作梵呗与佛曲，互参用之。《赞佛乐章》八曲，就是缘曲填词的例子。

明成祖朱棣，更为突出。史载：“自是上（成祖）潜心释典，作为佛曲，使宫中歌舞之。”（《双槐岁钞》卷三）永乐十五至十八年（1417—1420），成祖御制佛曲并颁于南京报恩寺的《普佛世尊如来菩萨尊者名称歌曲》，共收佛曲四千五百余首，凡五十一卷，四十余万字。称颂佛名歌曲（同上，卷一至卷十八）凡二千首。每曲前冠以佛曲名，下注相应的南北曲名称。如《澄圆融》即《清江引》，《广善事》即《水仙子》，《宏法门》即《普天乐》……以上为北曲。《超三昧》即《山坡羊》，《妙吉祥》即《江儿水》，《济沉迷》即《玉娇枝》……以上为南曲（同上，卷十四）。卷十九至四十五与前半部大不相同，多为叙事性赞诵佛曲。有首唱（赞头——领唱）与和声（赞众——合唱），合诵则为佛名或六字真言（唵嘛呢叭弥吽）领合结合，内容繁多，皆赞美佛名和极乐世界等。

音乐是在时间的流程中得到表现的。从这个意义上讲，它是一种“时间的艺术”，一种令人体悟到“无常”的艺术。那些古调遗韵，即使是当时最风靡流行之作，也往往随动荡战乱的社会变迁被消解转化甚至湮灭。佛教音乐也在所难免。

清末民初乃至当今，佛教寺院通行的“海潮音”（丛林腔）包括“四大祝延”“八大赞”的基调、主旋律、举落腔、起煞板，究其源都是从南北曲的古调中沿袭变革而来的。因为音调的可塑性、节奏上的扩张压缩，加上演唱时偏重庄严肃穆的情绪而成为现代的梵呗格式。梵呗的唱念自古以来惟有板眼圈点、口传心授，没有严格的曲谱，加之地域不同、语言差异，南北东西各分流派，抑扬顿挫，自标家风。就如书、梵、道、律诸腔也是互参并用，没有界定，难辨真拙，古调遗韵臆测默会而已。

扬帮、天宁腔、焦山、海潮音，在江南一带是流传颇广而被诸山接受认可的“丛林腔”（五十年代西南“音协”曾组织一部分专业音乐工作者对五台山、峨眉山佛教寺院作一次采风记谱活动，据了解部分汉地僧尼的唱腔来源均说是“从下江学来的”。杨荫浏先生等人在六十年代初去湖南地区考察时从佛教寺院中也闻此说）。仅“丛林腔”而论，扬腔独擅是有依据的。扬州自古有“华都”之誉，交通发达经济繁荣。宋明以降，勾栏、瓦市、秦楼楚馆竞相趋时，商行云集、名士优游，寺院庵堂盛极一时，高僧大德荟萃其间。音乐方而，有因源于唐代俗讲、变文的词曲，唱赞、诸宫调等。自南戏登堂以来，又有四大腔派的兴起（海盐、弋阳、昆山、余姚），而受诸影响演变而成的则有明嘉靖时的“扬州弦词”、清乾隆时的“扬州清曲”，可谓“错用乡语，流丽悠远”。而在扬州地区包括俗讲宣卷（宝卷），就地取材随缘施教，寺院音乐难免受其影响，甚至推波助澜，所以“丛林腔”中的香赞（六由赞）皆与原曲牌有关联。如“戒定真香”“十供养赞”，即“挂余锁”“望江南”“柳含烟”“学余经”等。

除“丛林腔”外，尚有不少其他地区的寺院音乐以及藏、蒙地区的格鲁派寺庙音乐。如五台山、东北、北京、河北、福建、广东、潮汕等地，寺院音乐均和当地民间音乐紧密结合并冠以曲牌名称。但又因方言不同，曲调差异，造成佛教音乐有趋同纷异形式和枝叶繁茂、丰富多彩的特色。

梵呗、佛曲，不同于一般的歌曲。它必须适应和服从佛教教义的需要。《毗尼母经》中云：“有一比丘，去佛不远立，高声作歌音诵经。佛闻，不听用此音诵经。有五过患，同外道说法。一不名自持；二不称听众；三诸天不悦；四语不正难解；五语不巧故义亦难解，是名五过患。”这里记载的是佛陀住世时对诵经的规范要求和对音乐审美的态度。在《长阿含经》里则更明确地提出“其音声有五种清净乃名梵声。何等为五？一者其音正直；二者其音和雅；三者其音清澈；四者其音深满；五者其音周遍远闻，见此五者乃名梵音”。《续高僧传》卷三十《杂科声德篇·论》认为，寺院过多地引用民间唱法有悖于佛教教义，同时论及各地语言和音声方面的特点得失，要求“使听者神开，因声以从回向”。《南海寄归内法传·赞咏之礼》（唐·义净）对佛教四众弟子的唱诵功德也作了肯定的论述。古德们对梵呗的重视及其在专著上的论述剖析，对现代寺院僧众的唱诵仍有参考价值和指导意义。赵朴初老居士则把它简明地归结为“虚、远、淡、静，梵音海潮”。虚则空灵疏荡；远则周遍深满；淡是澹泊无华；静为平明恬适。旨意融通，志趣清雅。这种清新的音乐意境，对现代音乐美学无疑是有其积极意义的。

佛教音乐虽属艺术范畴，但并不追求功利效应，也不受表演机制的约束，而是一种虔诚信仰情绪的表露。所以强调一个“诚”字。在咏叹唱诵时，从形式到内涵，身心归于一如；威仪容态，端庄自然，垂眼调息，心平气和，畅朗无垢，俗尘不染，如法如仪地凝注，进入最佳状态。从善的心念对宇宙、生命乃至人类尊严，佛法光辉的和谐讴歌赞颂。所以佛经曰“唱诵利人天”。人们从清净庄严中领略到道德与心灵的净化过程，可谓“素心自比得，真趣非外求”（唐·李白）。

从美学角度来审视佛教梵呗，既拓展了它的审美机制又赋予它在学术性和社会性上的双重价值。因为佛教既然面向社会的人，就必须介入社会，随之产生的伟大艺术就不仅仅是一种宗教艺术，而且客观上（事实上）实际是反映历史的、社会的和人的艺术。

（林培安）

十三　佛曲

佛曲是指佛教法事中赞叹歌咏法化的佛曲格调及与此相配合的赞颂、歌词。它的曲调原来配合音乐歌唱，很通俗。论其源流，实从“梵呗”演变而成。梵呗歌咏译本经典的赞颂，大都合乎乐府的体裁，其后乐府逐渐变化，而有了“词”的雏形，佛教的赞颂也随着采取新的形式，摆脱翻译老调来独立创造，便构成了种种佛曲。隋唐时代在宫廷的燕乐里就曾输入了西域的“佛曲”。见于《隋书·音乐志》的有“于阗佛曲”，见于《唐会要》卷三三的有“龟兹佛曲”“急龟兹佛曲”。又宋陈旸《乐书》卷一五九载：唐代乐府曲调有“普光佛曲”等二十六曲。它们演奏时用琵琶为主乐器，宫调齐全，节奏繁促，影响到一般乐府的变化，自然也启发了佛教赞颂新格调的创作。

从现存的资料看，较早的佛曲是净土法事的各种赞颂。其形式通用长短句，并以和声填词，联章体。像善导（613—681）的《转经行道愿往生净土法事赞》《依观经等明般舟三昧行道往生赞》，就常用五、七言句（间用三、四、二言句等），而以“愿往生”“无量乐”“往生乐”“散华乐”等为和声。这一形式即为后来净土宗师所沿用。如慈愍三藏慧日（680—748）所作《般舟赞》，完全用了善导的做法。再后，南岳沙门法照（八世纪中人）创《五会念佛法门》，所撰《净土五会念佛诵经观行仪》《净土五会念佛略法事仪赞》，其中赞文发展了佛曲的体制。如延长和声词句至五字以上（《涅槃赞》用“泪落如云雨”为和声，《菩萨子赞》用“宛转花台里”迭句为和声等），又迭出和声词句为本赞（《净土乐》用“净土乐，净

土乐，净土不思议，净土乐”为引赞，而读文各句仍以“净土乐”为和声；又《六根赞》用“努力”“难识”为各句和声，又以“努力、难识、急急断狐疑修福业”为结赞等）。另外，唱赞的声调也运用了先缓后急的方式，和他独创五会念佛之渐转渐急相配合。在举行法会的仪式里，首唱者为“赞头”，和声者为“赞众”，规定了分工的职位。到了五代，经过僧应之的努力，以各种赞颂配合乐调，佛曲获得进一步的发展（见《南唐书·浮屠传》）。

在净土法事以外的佛曲运用，从敦煌卷子的俗曲里可见其一斑。其俗曲数百余首，大量属于佛曲性质。据今学者研究，大体有三种情况：一、曲调与曲词全是佛教的，如《悉昙颂》（连缀悉昙字母为和声，像“现练现”“颇落堕”“鲁流卢楼”“那罗逻”“沙诃耶”等）《好住娘》《散花乐》《归去来》（后二调也用于赞净土）等，都是和声联章形式。二、曲调是佛教的，其词不是佛教的，或仅具有某些佛教色彩，如《望月婆罗门》等。三、以燕乐或民歌为曲调，其词是佛教的，如：《五更转》《十二时》等，用以赞大乘，赞禅门，赞南宗等。可见禅宗为了更好地接近民众，也应用佛曲了。这一风气的影响所及，五代以后，禅师们都喜欢用偈颂式的语句来作问答而谓之为“曲”，并以这些作不同门庭的标榜，所以常有“师唱谁家曲，宗风嗣阿谁”的说法，这当然不能算是佛曲的正宗了。

佛曲在宋代似无何进展。现存宋人所撰各种忏仪的赞颂之类，仍多采用翻译经典的伽陀（偈），很少见有俗曲格式。但经过元曲的盛行，到达明初，受到曲调音乐的影响，佛曲的制作骤见活跃。这集中表现在明成祖于永乐十五至十八年（1417—1420）间所编的《诸佛世尊如来菩萨尊者名称歌曲》这部书里。

《名称歌曲》有五十一卷，内载歌曲四千三百余首，完全用南北曲的各种曲调填词，并各立乐曲的名目为“某某之曲”。其中前十八卷，载曲二千二百余首，是机械地依各曲调来唱诸佛菩萨等名称。其次廿九卷（即第一九——四七卷）载曲近二千首，则是用《四季莲花乐》《频伽音》的联章，以及由《后庭花》《青哥儿》《调觉儿序》《尾声》数调构成的小套，依调填词，并用和声（称“南无释迦牟尼佛”等，或单称“诸菩萨”等），保留了传统的佛曲形式。再次末四卷，补充了《四季莲花乐》《频伽音》歌曲一百五十六首，性质同前。在这部书里广泛地运用南北曲的曲调，几乎所有宫调常用的调子都用到了，还用上不其常见的《哈剌那阿孙》等音译名字曲调，全数达于三百五十种之多，扩大了佛曲的范围，显出了制作的新意，可惜，只是后无继起的作者。目前，佛教法事中的赞颂除了用一些俗曲的声调以为歌唱而外（如歌唱《瑜伽集要焰口施食仪》所用《偈赞》等），在杂法中所用的俗曲，有《浪淘沙》《耍孩儿》《银钮丝》《清江引》《天官调》《梳妆台》《四洲调》《满江红》《虞美人》《小小郎调》《补缸调》《鲜花调》《穿心调》《青阳县调》《道情》《叹八仙》《柳含烟》等十余种。

（田光烈）

十四　中国佛教与医药

释迦牟尼有“大医王”之称，经律中常记其医护病人的事迹。在义净译的《说一切有部毗奈耶药事》第十八卷中集中叙述了他的有关医疗、护理的言论和行事。在《大毗婆沙论》和《瑜伽师地论》中也记载了他的关于长寿的言论。密部经典应用咒术治病在各经中都占重要地位，并且有专治各种常见病的咒语，如防治眼病、齿病、痔病、小儿病、时气、毒害、蛇咬及一切疾病等。初期来华僧人大多兼通医术。大乘祖师龙树也是精通医术之人，经录中记有其《五明论》，已佚。在经、律、论中常见对于病苦、病因及四百四病的分析，如《大涅槃经》卷五、十二，《大般若经》卷五百四十，《摩诃般若波罗密经》卷九，《中阿含经》卷十七，《增一阿含经》卷六、十七，《佛医经》，《修行本起经》下，《正法念处经》卷五十八、六十七，《摩诃僧祇律》卷十，《有部毗奈耶杂事》卷十二，《大智度论》卷五十八，《瑜伽师地论》卷六十一等皆有论述。唐义净在南海室利佛逝于武周垂拱三年（687）至武周天授二年（691）间作《南海寄归传》，其卷三中“先体病源”章介绍了印度八医：一论所有诸疮，二论针刺首疾，三论身患，四论鬼瘴，五论恶揭陀药，六论童子病，七论长年方，八论足身力。又“进药方法”章介绍四大不调病的治法。义净特别指出神州（中国）的针灸之医、诊脉之术、长年之药远胜西方。又佛教僧徒因修习禅定，如方法不当也会引生疾病，沮渠京声译有《治禅病秘要法》二卷，叙述各种禅病的防治方法。汉译佛教三藏中保存很丰富的医药知识，受到中国古代大医家的注重和重视。如唐孙思邈（永淳初年百余岁）

著的《千金方》中就曾引述汉译佛典四百四病之说。

西藏佛教对于医药之学尤其重视，其内容可分为三类。一、在丹珠尔藏中有医方明部译收医籍七部，即龙树著的《瑜伽百法》《寿命经》《阿缚药仪轨》，月喜著的《八支医方心要释》，父奴著的《八支心要集》及《八支心要医方释》。又月喜著的《八支心要释句义月光》。据多罗那他《印度佛教史》父奴即摩咥里制吒（又见义净《南海寄归传》）异名，初名难胜黑，后被提婆折伏而为弟子，又名马鸣，故其时代当在公元四世纪前后。所著《八支心要集》及自释约合汉译三十余卷，内容极丰富。原书梵本现存，题名语尊著。此人被印度推为医圣，近世学者考订有两人同名，依义净游印时间（674—684）推测其生存于七世纪初，并认为他是佛教徒。月喜的注释约合汉译一百卷。另外，丹珠尔藏中工巧部及杂部仍有约十部书可归入医药类，其中三种题名为龙树著，即《和香法》《王妃丸药》及《根本藏大药次第》。二、西藏最盛行的医书为《四部医典》，现已有汉译本。此书相传为莲华生传于其弟子玉妥云丹衮波（玉妥功德怙，732—856），由其另一弟子译师遍照协助译出。此书体系仍沿印度八支分类，但其内容吸收汉地医学甚多，如脉诊、方药、针灸等，另外也吸收当时西藏各地及西藏传统医疗方法，故可谓八世纪亚洲医学之集大成。此书后传译到蒙古，发展成蒙医要著。此书有藏王佛海（第巴桑结嘉措，1653—1705）所作的详注名《青琉璃》。此书第一部凡六品（章）为总论，述全书纲目及病理病因等。第二部凡三十品（章），述生理、病情、饮食、配伍、诊断、疗法、医师等。第三部凡九十二品（章）九分为八支，第一支七十品（章），为各种内科病疗法；第二支三品（章），为小儿科疗；第三支三品（章），为妇科病；第四支五品（章），为各种邪祟病；第五支五品（章），为各种外科创伤；第六支三品（章），为各种中毒症；第七支一品（章），为养老长寿；第八支二品（章），为壮阳方术。第四部凡二十七品（章），叙述各种辨症、制药及治疗技术等。此书于1835年首由匈牙利藏学家乔玛（1784—1842）为文向西方介绍，二十世纪以来日本及西方各国研究日盛，已有多种节译本及研究论文发表。三、西藏大藏经中除了有与汉文藏经大体相同的经律论以外，还多出大量的无上瑜伽部的经、疏、论、轨的密典。这一部分以即身成佛证得共同殊胜二种悉地为基本思想，因此有一整套的脉、风、明点的理论和生起，圆满二次地的修证。其脉、风、明点的理论为藏医所承袭。其八大共同悉地中的炼制丹药、眼药、丸药的方法也为藏医所撷取。至于各种修法能产生特殊的医疗效果已引起世界上的重视和研究。如用意念为他人治病，用观想为己身除病等，其中“拙火定”据测定能提高局部体温达11°（见1983年12月20日《参考消息》），对治疗现代一些重大疑难病症有意义。

（郭元兴）

藏经

一　佛经翻译概况

中国的佛教来自印度，其传播的重要方式之一即是佛典的翻译，这在过去通称为“译经”，实际所译包括三藏、撰集、传记乃至外道哲学等籍。从译经史来看，其汉文的翻译历代相承，先后约一千多年，数量和质量都极可观，可以说佛典是各种文字译本中在世界上规模最大者。此外，还有国内少数民族文字的完整译本，其中西藏文翻译的一切经也极值得重视。这里所叙述的，只以汉文译经为限。

汉译佛典先后有三个时期，即古译、旧译和新译。古译期由汉末开始。旧传摄摩腾和竺法兰在后汉明帝永平十年（公元67年），随同汉使，最初传佛教到中国洛阳，便已译出《四十二章经》，为最古的翻译。汉译佛典之有记载可考的，实始于后汉桓、灵二帝年间（147—189）。最初的译师是来自西域安息的僧人安世高。他于桓帝建和二年（148）来华。接着西域月氏的僧人支娄迦谶，于桓帝（147—167）末来到洛阳（初期外来译师，一般记载都在其名字上冠以国号，安、支两家即其先例）。他们虽非直接来自印度，却代表当时印度佛教的重要流派，译出各自传习的教典。安世高所译是属于部派佛教中禅数的典籍，支娄迦谶所译则属于大乘佛教的般若、宝积等类。稍后，曹魏嘉平中（249—253），中印沙门昙柯迦罗来至许昌，译出《僧祇戒心》，是为律典传译的开始。从此，渐次出现了有整理补充以往译经的译家。如洛阳的月氏侨民支谦，通西域六种语文，收集众本，于吴大帝黄武、建兴年间（222—253），改订支谶所译的《道行》《首楞严》，并译出《维摩》《阿弥陀》《瑞应本起》等经。又生长于交趾的康居僧人康僧会，从安世高门人韩林、皮业、陈慧等问学禅法，于吴赤乌十年（247）到建业译经，并注解安世高所译《安般守意经》以弘其学。接着，有颍川朱士行，于曹魏甘露五年（260）前往西域于阗访求《般若》原典。敦煌沙门竺法护，其先是月氏人，约于西晋武帝年间（265—290）游历西域，遍学各国方言，带回大量佛典，译出大小乘佛典三百多部，为古译时期的中坚人物。由于他的努力，使中国汉文译经前进了一大步。到了东晋中期孝武帝太元四年（379），高僧释道安到达长安，备受苻秦君主苻坚的敬重，他深感旧时所译之经未臻完备，极力提倡广译。时值西域开通，印度僧人来华的渐多。道安在长安创立译场，请罽宾的有部学者僧伽跋澄、昙摩难提、僧伽提婆等，并召集中国义学沙门，译出《中阿含》《增一阿含》两部，《八犍度》《毗婆沙》《阿毗昙心》等毗昙论，及《十诵戒本》等律，他亲为校定，序其缘起，使小乘三藏灿然完备。又力劝苻坚迎致誉满西域的大乘学者鸠摩罗什来长安译经，而为大乘佛学的传播作了很好的准备，佛典古译时期即至此结束。

姚秦弘始三年（401），鸠摩罗什被迎入关，长安逍遥园设立了译场，召集了名僧僧叡、僧肇、法钦等八百余人，大规模地开展翻译。这一设施，不但大大扩充了道安时的组织，并为后代各王朝的相继译经奠定了基础。罗什的译经事业，实际也有空前的成就，他不仅在译籍内容上，极其有系统地介绍了大乘根本般若、四论之学，而且在翻译文体上，也一变过去朴拙的古风，开始运用达意的译法，使佛学奥义易为一般人所接受理解，而对于研究方面开辟了无限广阔的园地。这是旧译时期极好的开端。其影响所及，首先是道安的高足慧远，在南地遥为声援，他一方面时常和罗什通讯，商讨义例，一方面又派门人法净、法领等去西域求经，并创般若台译场，请南来的译师等完成《阿毗昙心》等论藏翻译。其次则南方佛教中心地建业也建立译场，集中了中国西行求法的高僧法显、智严、宝云、智猛等人参与翻译，既考订了前代未完备的译本（如《中阿含》《增一阿含》），又扩大了大乘教典的范围（如《涅槃》《华严》的创译）。跟着，南北朝译事遂有很大的发展，如来自印度的求那跋陀罗、昙无谶、菩提流支，真谛诸家，均各大量翻出，而真谛精粹地译传无著、世亲各方面的学说，留下久远的影响，尤可称为旧译时期译经大家的殿军。

隋代统一中国，在洛阳分设翻经院，国立译场的规模渐备。入唐，译风转为新译时期，从贞观到贞元期间（627—805），达于极盛。这一期内最杰出的译家为玄奘。他游学印度历十七年，遍参当时名宿，带回中国来的大小乘三藏及外道典籍达五百二十箧，六百五十七部之多。在由政府组织、规模完备的译场内，他进行了十九年有计划的翻译，所译典籍不但在数量上超过前后各家，而且译文正确透彻，质量之高也是少见的。由他开辟了新译（注重文义俱切合于原典）风气，后来百余年间，影响不衰。其间如实叉难陀之于《华严》，义净之于有部律典，菩提流支之编纂《大宝积》，不空之译传密典仪轨，以及最后有般若之补译《华严行愿品》等，都各有成就。从唐代元和六年（811）以后，迄宋初一百七十余年间，政局不宁，译事中断。直到太平兴国八年（983），赵宋王朝恢复译场，由此到仁宗景祐四年（1037）的五十余年间，共译出经论等五百多卷，译家有印僧天息灾、施护、法天等及汉僧惟净等，所译典籍多流于形式，裨益于义学的极少，只可说绍继绪余而已。以后在元代至元年间（1264—1294）亦有洋经，大都为小品，微不足道。明、清两代，有一些密乘典籍的翻译，传本零落，又缺乏记载，详情也很难知道了。

关于汉文译经史实的记载和目录，通常称为“经录”。旧传从汉代开始译经以来，即有种种古录，现都无可考。只有东晋孝武帝太元年间（379—385），高僧道安，将他所亲见的历代译经，整理标目，考定人世，撰成《综理众经目录》（简称《安录》），可说是最古的一部完备经录。它的基本内容，完全为梁僧祐所撰的《出三藏记集》保存下来。始从后汉的安世高，终于东晋末年的法立，前后将近二百年之间，列举著名译师十六家，译书达二百四十四部，四百五十五卷（失译的不计算在内）。稍后于《安录》的经录，有释道流、竺道祖合撰的《众经录》和支敏度所撰的《经论都录》

《经论别录》，也都佚失了。再后续出具有代表性的经录是僧祐所撰的《出三藏记集》（简称《祐录》）。此书成于齐明帝建武年间（494—497），为现存较古也较有文献价值的经录。它继承《安录》的精神，依亲见的实物而编录（其有旧录中名数确定而未见经本的，另立阙经目），计收录有译、失译本共二千〇七十三部、三千七百七十九卷（据《历代三宝纪》卷十五《祐录》条下，经、论、律、古异经、失译经等录十二项合二千一百六十二部，四千三百二十八卷）。其后为写一切经而编的目录，有隋代法经等所撰《众经目录》（成于隋开皇十四年，即公元594年），费长房所撰的《历代三宝记》（成于开皇十七年，即公元597年），彦琮等所编的《众经目录》（成于仁寿二年，即公元602年），唐静泰的《大敬爱寺一切经论目录》（成于龙朔三年，即公元663年），道宣的《大唐内典录》（成于麟德元年，即公元664年）。但堪称最标准的经录，则为唐代智昇所撰的《开元释教录》，书成于玄宗开元十八年（730）。其内容乃综合以前各家经录，加以整理组织而成，不过也有未见经本而只据目录记载而刊定者，以故对于齐、梁以前的译籍仍不免有失实和杂乱之处。据他辑录的，从后汉迄唐开元十八年的十九代间，共计译师一百四十五人，当时存在的译籍计一千零八十一部、四千六百七十七卷（此中有重出者，故实际数目还要少些）。其后《贞元录》续载译师八人，译籍一百二十七部、二百四十二卷。宋代《祥符》《景祐》两录，记载至宋景祐四年（1037）为止，续增译师六人，译籍二百四十三部、五百七十四卷。元初《至元录》记载至至元二十二年（1285）为止，续增译师四人，译籍二十部、一百一十五卷。自后明、清两代都只有大藏经目录，没有记载译经的经录，以故译事无可考，但知其为数极有限而已。

上述历代经录的记载，由于体例不一，或同本错综互见，或卷数开合悬殊，彼此颇有出入，特别是齐、梁以前的译籍，尤多错乱。现据今人的考订，综计自汉末安世高，迄清代阿旺扎什，过去二十四代间，凡有译师一百三十八家，现存译籍一千五百一十部，五千六百二十五卷。其大概统计如下表：

历代译师（以大藏经中有现存译籍者为限，但书属疑伪者不计入）

朝代	译师人数	译师名字
1.后汉	八	1.安世高 2.支娄迦谶 3.安玄 4.支曜 5.严佛调 6.康孟祥 7.竺大力 8.昙果
2.曹魏	二	9.康僧铠 10.昙谛
3.吴	三	11.支谦 12.竺律炎 13.康僧会
4.西晋	八	14.竺法护 15.安法钦 16.法立 17.法炬 18.聂承远 19.聂道真 20.无罗叉 21.支法度
5.东晋	六	22.帛施黎密多罗 23.僧伽提婆 24.迦留陀伽 25.佛陀跋陀罗 26.法显 27.竺难提
6.苻秦	七(内已见东晋者一家)	28.竺佛念 29.僧伽跋澄 30.鸠摩罗佛提 31.昙摩鞞 32.佛护 (23)僧伽提婆 33.昙摩难提
7.姚秦	六	34.鸠摩罗什 35.弗若多罗 36.卑摩罗叉 37.佛陀耶舍 38.昙摩耶舍 39.昙摩崛多
8.乞伏秦	一	40.法坚
9.前凉	一	41.支施仑
10.北凉	六	42.道龚 43.法众 44.昙无谶 45.道泰 46.浮陀跋摩 47.法盛
11.刘宋	十四	48.佛陀什 49.畺良耶舍 50.昙摩密多 51.智严 52.求那跋摩 53.宝云 54.僧伽跋摩 55.求那跋陀罗 56.昙无竭 57.沮渠京声

续表

朝代	译师人数	译师名字
11. 刘宋	十四	58. 翔公　59. 功德直 60. 先公　61. 法海
12. 萧齐	四	62. 昙摩伽陀耶舍　63. 僧伽跋陀罗 64. 求那毗地　65. 昙景
13. 梁	四	66. 曼陀罗仙　67. 僧伽婆罗 68. 月婆首那　69. 真谛
14. 元魏	十一(内已见梁代者一家)	70. 慧觉　71. 昙曜 72. 吉迦夜　73. 昙摩流支 74. 勒那摩提　75. 菩提流支 76. 佛陀扇多　77. 瞿昙般若流支 (68)月婆首那 78. 毗目智仙　79. 达摩菩提
15. 高齐	三	80. 那连提黎耶舍 81. 法智　82. 万天懿
16. 北周	三	83. 阇那耶舍　84. 耶舍崛多 85. 阇那崛多
17. 陈	二(都已见前代)	(68)月婆首那 (69)真谛
18. 隋	五(内已见前代者二家)	86. 瞿昙法智　87. 毗尼多流支 (85)阇那崛多 88. 达摩笈多 (80)那连提黎耶舍
19. 唐	二八	89. 波罗颇迦罗蜜多罗 90. 玄奘　91. 智通 92. 伽梵达摩　93. 阿地瞿多 94. 那提　95. 地婆诃罗 96. 杜行颉　97. 佛陀波利 98. 提云般若　99. 慧智 100. 实叉难陀　101. 弥陀山 102. 李无谄　103. 宝思惟 104. 义净　105. 菩提留志 106. 智严　107. 善无畏 108. 金刚智　109. 达摩战湿罗 110. 阿质达霰　111. 不空 112. 般若　113. 勿提提犀鱼 114. 尸罗达摩　115. 智慧轮 116. 法成

续表

朝代	译师人数	译师名字
20. 宋	十五	117. 法天　118. 天息灾（法贤） 119. 施护　120. 法护（中印） 121. 惟净　122. 法护（北印） 123. 日称　124. 慧询 125. 绍德　126. 智吉祥 127. 金总持　128. 天吉祥 129. 相吉祥　130. 律密 131. 法称
21. 辽	一	132. 慈贤
22. 元	四	133. 沙罗巴　134. 释智 135. 真智　136. 智慧
23. 明	——	
24. 清	二	137. 工布查布　138. 阿旺扎什

（总计：二十四代　一百三十八人）

历代译籍一（从有译人、无译人方面统计）

朝代	有译部数/卷数	失译部数/卷数	共计部数/卷数
1. 后汉	35部52卷	18部29卷	53部81卷
2、3. 魏吴	32部57卷	11部13卷	43部70卷
4. 西晋	96部237卷	56部58卷	152部295卷
5. 东晋	19部197卷	36部43卷	55部240卷
6—8. 三秦	69部582卷	24部72卷	93部654卷
9—10. 凉	16部179卷	7部18卷	23部197卷
11—17. 南北朝	169部653卷	19部19卷	188部672卷
18. 隋	57部258卷	——	57部258卷
19. 唐	373部2160卷	3部3卷	376部2163卷
20. 宋	284部758卷	——	284部758卷
21. 辽	5部9卷	——	5部9卷
22. 元	8部9卷	——	8部9卷
23. 明	——	1部1卷	1部1卷
24. 清	2部2卷	——	2部2卷
25.（时代不明）	——	180部216卷	180部216卷
总计二十四代	1165部5153卷	355部472卷	1520部5625卷

（按：此中《大宝积经》一种以四十九部计算）

历代译籍二（从内容分类统计）

分类部门		译籍部数/卷数分计	部数/卷数合计
经藏	宝积部	272部734卷	737部2746卷
	楞伽部	28部74卷	
	般若部	77部877卷	
	华严部	69部336卷	
	涅槃部	28部121卷	
	阿含部	263部604卷	
律藏			208部861卷
论藏	释经论部	29部206卷	196部1395卷
	宗经论部	167部1189卷	
密藏	密经部	307部549卷	379部623卷
	密轨部	72部74卷	
总计			1520部5625卷

（此分类部门依《精刻大藏经目录》）

汉译佛典事业经历千年，各时期跌宕发展，由古译而旧译，由旧译而新译，其间演变推进，荦荦大端可以论列的，凡有几点：

1.原本　印度佛教之传入中国，初期乃以西域（中国史家用以指玉门以西、雪山以北各地）为之中介。传教者亦多为月氏、安息、康居、于阗、龟兹等处的僧人。这些地方，各有其语言文字，所以来华僧人在译经时诵出的或传来的（如朱士行、竺法护在西域所写得的）佛典原本，多为各国语言转译的或者是夹杂各国土音的本子，昔人也称之为胡本（关于胡本与梵本之必须分别，在《宋高僧传》的译经篇末的总论里辨之很详）。这在文义、音读上是不尽精确的。加之，当时过于重视口授、谙诵，因传译者的遗忘或错记，也会影响到传本的质量（《出三藏记集》卷七，载晋代太康末年，即289年，西僧寂志以胡语诵出《文殊师利净律经》，但忘失了末后数品，后得其本才补足。又如道安《鞞婆沙序》上说，论本由罽宾沙门僧伽跋澄诵出，其国沙门昙摩难提笔受为梵文，弗图罗刹译传，智敏笔受为汉文，经过了两重口授、笔受。论本甚多，诵者忘失，仅出四十事）。这可说是古译时期的一种特征。其次，旧译时期，重视传写的梵本，多从印度直接输入，由于各家释论的不同而有不同传承的异本。如龙树所释的《十地论》，即与后所传世亲所释的经本多有不同，龙树所释的《大品般若经》《大智度论》所释的经本亦和西域所传经本有异。南北朝时期，梵本经本的输入益多。据唐道宣《续高僧传》所载，北魏菩提流支房内经论梵本可有千箧；梁代真谛从扶南赍来经论二百四十箧，译出可得二万卷；宝暹获梵本二百六十部；那连提黎耶舍，达摩笈多、波颇迦罗等，亦都带来梵经。北齐三藏殿内存梵本千有余箧，后送天平寺翻经处。隋炀帝以梵经五百六十四箧、一千三百五十余部，并昆仑书、多黎树叶，敕送翻经馆付彦琮编叙目录，都可见梵本流入之多。传本的异点益著，从而影响及于翻译传习，渐开学派争论之端，是为旧译时期的一特点。至于新译时期，其重视梵本固不待言（如唐代玄奘，游历五印，带回大小乘藏及因明、外论等籍六百五十七部，共五百二十箧，搜罗力求其完备），且译者多能发扬师说，卓然成家，乃益夸张所传原本上独异的文句，而抹煞余说，如玄奘译传瑜伽一本十支诸论，鄙视其前流支、真谛之翻译为讹略，以自尊其学，于是译事与学说统一，而新译之称不但指译本而言，且代表一家的宗旨，这可说是新译时期之一特征。

2. 译主　译经通例，执本者刊定文义，付之口译笔受，是为译主，译本即著其名字，古译时期，主其事者多为西域僧人或侨民（此在名字上常冠以出生国号而为区别，如为安息人之安世高，为月氏人之支娄迦谶，为康居人之康僧会等），他们对于汉地语文大都隔阂，赖传语者为之译述，其不尽不实，可不待言。至旧译时期，译主虽多为外人，但突出的译家如鸠摩罗什、求那跋陀罗等，皆娴习汉语，故翻译能畅达原意。而汉僧亦有谙梵文者（如法显、宝云等），为之协助，或独立翻译，遂益丰富译本的内容并提高其质量。到了新译时期，则有唐代玄奘、义净诸大家，久游印度，汉梵兼精，写作自在，因而自任译主，他们在译经上的成就，特别巨大。此种译主的变迁，也足为区分译经各个时期之一因素。

3.译法　古译时期由于口授者和笔受者语文和理解上的隔膜，译出的常常不能通彻原文本意，只是随文转写而已，这可说是未成熟的直译。此期翻译，间有倾向顺俗晓畅，以期弘通的，对于原文是否相符，不甚置意，此可说是未成熟的意译。早期译家，大都偏于直译，而各人倾向亦有不同。如以安世高和支娄迦谶两家的译品相较，则安译较支译为易读。支为纯粹直译，而安则已略带意译的色彩。因此，中国最早探讨翻译文体的释道安，极推重支谶的译本，称其“弃文存质，深得经意”，而对于安译，亦嘉其“辨而不华，质而不野”，同时极端反对那种断章取巧、迎合流俗的译风，比之为葡萄酒之被水。他很不满意于竺佛念之笔受诸经好事润饰，常为之穷校考定，而他自己所监译的《鞞婆沙》，则严守“按本而转，不令有损言游字”。极力提倡直译，他还对于译经创造性地提出了“五失本、三不易”的说法。（五失本为：一、句法倒装，二、好用文言，三、删去反复咏叹之语，四、删去一段落中重复解释之语，五、删去后段复牒前段之语。三不易为：一、既须求真，又须喻俗，二、佛智悬隔，难于契合，三、去古久远，无从询证。见所撰《大品般若经抄序》）后世译家，都引为龟鉴。其次，旧译时期的大家鸠摩罗什，对于译法的持论，与道安又不同。他认为印度国俗甚重文制，翻梵为汉，实在无法兼顾到原文的词藻，即使能得其大意，而文体已完全变了样，有如嚼饭喂人，非徒失味，反令呕哕。因而他主张力求做到在不失原意的基础上，尽可能地保存原来的语趣，所谓“曲从方言，趣不乖本”，这也是于译文的信达而外，兼求雅驯。以故他的译本，人乐诵习，迄今不衰，而道安矜慎监译的《鞞婆沙》，则不久便需要再治了。此由于罗什兼通梵汉语文，且对文学有高度的欣赏力和表达力，故能在翻译上有其独到的成就。本来中国之称翻译，意谓如翻锦绮，正背面都有同样的花纹，只是左右异向。而前代任何译家，在宣译时大都要和笔受者合作，因而其译品的成就，和笔受或润文者了解外文外语的程度有极密切的关系。如真谛在广州制旨寺与笔受者慧恺对翻《摄论》《俱舍》，后复应慧恺之请，在显明寺重治《俱舍论》，讲解文义，因有“我早值子缀辑经论，则所译可期完备无恨”之叹，此即由慧恺能究晓原文义旨，故能尔尔。不过，倚重笔受，有时亦损害翻译的质量，如罗什诸译之力求尽意，一言三复，译场助手执笔承旨，亦能润文条畅，而不期滥入黄、老、庄之言，或声不洽梵音，或义从拟思（如译思益梵天，不懂“持”意，而用“益”字），都不得说臻于精审。此亦旧译时期之一局限性的缺点，而无可如何者。至于新译时期，则通人时出，有如玄奘、义净，皆能以一身兼笔、舌两役，足以尽翻译之能事。《续高僧传》说，前代以来所译经教，初从梵语倒写本文，次乃翻同汉言，然后译人整理文句，中间不免有所增损，致乖原意；只有玄奘所译的，一切都出自奘旨，意思独运，出语成章，词人随写，即可诵习。因此玄奘译经，达到了历代造诣的高峰，成就十分卓越。他对翻译，后代只保存了有关音译的一些原则，即“五不翻”说（一、秘密故如陀罗尼，二、含多义故如薄伽梵，三、中国所无故如阎浮树，四、顺古故如阿耨菩提，五、生善故如般若，见宋周敦义《翻译名义集序》所引），并无系统的议论。但当隋代，彦琮已先有“十例”“八备”之说，见于他所撰的《辨正论》中，其说大旨仍推重直译，认为译事之得本关质，而斫巧由文。他主张宁贵朴而近理，不用巧而背源。于是祖述道安遗绪开为字声、句韵、问答、名义、经论、歌颂、呪功、品题、专业、异本等十例，以立翻译的则式。复论到译家应具备的八个条件（一、诚心爱法利人、不厌久时；二、严守戒律、不招讥恶；三、通晓大小三藏，不苦暗滞；四、旁攻文史、工缀典词，不过鲁拙；五、平恕虚融、不好专执；六、淡泊志道、不务高衒；七、通达梵言、专志正学；八、善识古字雅语，不昧典文），其中第一、第五、第六三项，更注意到译家人格的修养，则不仅商榷译法，实兼论到译才和译德，对于译家的要求，可说是很全面的。玄奘之能达到翻译的最上乘，或不无受其议论影响之处。后至宋代，赞宁撰《宋高僧传》论赞译经，更综为：译字译音、胡语梵言、重译直译、粗言细语、华言雅俗、直语密语六项通例。初有四句：一、译字不译音，如陀罗尼；二、译音不译字，如佛胸前卍字；三、音字俱译，即经、律中纯汉语；四、音字俱不译，如经题上ρ、∼二字。次区别在五印范围内为纯梵言，在雪山之北为胡语，以纠正过去概梵为胡，或误胡为梵之误。决定以汉文译五印传来梵箧为直译，以译胡语经本为重译。次辨声明典僻（有错解）及华言雅俗，最后辨涉俗为宣语，涉真为密语。立说完备，可谓对新译时期翻译技巧的一个总结。

4. 翻译制度　古译时期开始不过一二西来僧人，一二信士私相对译，没有一定的规制，随时授受，录出即成经卷。但彼此音义隔阂，口笔分歧，也无法对勘校正。接着参加译事的人稍多，渐渐注意到商量文义，力求信达，但亦只略有进步而已。以后渐知组织译人，建立制度，于是有所谓译场的创设。高僧道安于苻秦建元年间（379—384），在长安提倡译事，组织当时来到长安的罽宾有部学者，并集长安义学僧人，计划传译声闻乘三藏，这是中国出现有组织、有制度的译场之始。当时道安极受苻坚的礼敬，又得秘书郎赵整的全力支持，公私合作，故得首创译场的规模。其后旧译时期，即在此基础上扩大规模，而有姚秦王朝以全力支持的西明阁、逍遥园等译场，由鸠摩罗什主持其事，成为国立译场的开端。接着北凉有昙无谶主持的姑臧闲豫宫译场，东晋有觉贤主持的建业道场寺译场，刘宋有求那跋陀罗主持的建业祇洹寺和荆州辛寺两处译场，萧梁有僧伽婆罗、僧祐、宝唱等人主持的建业寿光殿、华林园、正观寺、占云馆、扶南馆诸译场，其中华林园有宝云经藏，更成为宣译的中心。北朝则元魏有菩提流支主持的洛阳永宁寺译场，北齐有那连提黎耶舍主持的邺地天平寺译场。隋代于东西两京各设翻经院，西院在长安大兴善寺，东院在洛阳上林园，那连提黎耶舍，阇那崛多、达摩笈多和彦琮相继主持，这使翻译制度日见完备。到了新译时期，唐代在长安先有波颇密多罗主持的兴善寺译场，继有著名的译师玄奘所主持的弘福寺、大慈恩寺、玉华宫诸翻经院，遽臻译场组织的圆满境地。后来，实叉难陀、义净相继主持的佛授记寺、荐福寺翻经院，及不空主持的兴善寺译场。宋代有天息灾等主持的太平兴国寺译经院，这些都是以国家的力量设立的。在此等有组织的译场之内，译事大都采取合理的分工，司事的常多至数十人。据《宋高僧传》的记载，唐代译场的职司有九种分工：一译主（主持译事的），二笔受，三译语（译主如为外籍僧人时，就需要设置此职），四证梵，五润文，六证义（这两种职司，照例有多人担任），七梵呗（开译时讽呗以庄严译事），八校勘，九监护大使（兼监阅，这是由政府指派大臣担任的），此由逐渐积累历代译场的经验，才达到这样的完备。宋代继承了这样的规模，更作了合理的调整，其职司：一译主，中坐，二证义（和译主评量梵义），三证文（听诵梵文，验有无差误），侍左右坐，以上三职常联名题在译本上；四书字（审音写成梵字），五笔受（翻梵字成汉字），六缀文（同缀文字，使成句义），七参译（考验梵汉文字使无差误），八刊定（刊消冗长，载定句义），九润文（由政府指派官员参加润色译文）。如是每一译文，都经过这许多程序，由许多人分司专职，合力以成，可以见其组织的精密，制度的完备以及工作态度的谨严，此即新旧译时期划然有别之所以，亦是中国译经事业所以能取得伟大成就的主要原因之一。

（游侠）

二　佛教大藏经

佛教大藏经是佛教经典的总汇，最初产生于古印度，其后在佛教文化圈各国传播、发展，形成各种不同文字的传本，也出现了种种不同的称呼。在印度，随着时代的不同，它有“九分教”“十二品经”“三藏”“藏经”等名称；在南传佛教诸国，则一般称之为“三藏”；在藏传佛教区域，它分为“甘珠尔”“丹珠尔”两大部分，并以这两个名称流传于世；在汉传佛教地区，它先后被称为“众经”“一切经”“经藏”“藏经”，后来被统称为“大藏经”。

在汉传佛教地区，人们不但用“大藏经”这个名词来称呼汉文佛藏，还常用这个名词来称呼南传三藏及藏传甘珠尔、丹珠尔，如“南传大藏经”“藏传大藏经”。进而，还用这个名词来称呼其他文字的大藏经，如“西夏文大藏经”“蒙文大藏经”“满文大藏经”等。而在南传佛教各国，则用“三藏”来称呼汉文大藏经。以至西方各国至今仍用“三藏”这个词来称“大藏经”。这也充分反映了各不同传本藏经之间的密切关系。

佛教的基本构成要素有三项，也就是传统所说的佛、法、僧三宝。大藏经正是三宝中法宝的体现与代表。隋费长房所撰《历代三宝记》卷十五称：“论益物深，无过于法。何者？法是佛母，佛从法生。三世如来，皆供养法。故《胜天王般若经》云：‘若供养法，即供养佛。’是知法教津流，乃传万代。”因为大藏经是佛法的集结与体现，所以很自然受到佛教僧俗信徒的高度重视。另外，如顾况所撰《虎丘西寺经藏碑》称：“瞿昙教迹，不舍有表，不住无表。般若用中，坛摄其六，顶摄其四。譬如无根，安得有华？故觉华长者得定光如来授记，鹿仙长者得释迦如来授记，宝手菩萨得空王如来授记，皆因造藏而得作佛”（《全唐文》卷五百三十）。也就是说，写经造藏的功德无量，甚至可以因此而成佛。既然如此，写经造藏自然成为佛教僧俗信徒宗教生活中的一件大事。翻开中国佛教史，历朝历代，虔心收集、翻译、整理、传写、供养、修造佛典与大藏经的人前赴后继，由于他们的努力，使得各种形态的大藏经得以形成和发展。不仅如此，自南北朝以来，历朝历代都把编修大藏经当作本朝代的一件大事，几乎每个朝代都要编出自己的藏经，从而形成中国文化史上一大传统。

佛教大藏经的内容，除了佛教教义之外，还涉及哲学、历史、语言、文学、艺术、音韵、天文、地理、历算、医学、建筑、科技、民族、社会等诸多领域。因此，它不仅仅是佛教典籍，而且是人类文化的宝贵遗产。

（一）佛典在印度的产生与发展

释迦牟尼传道四十五年，脚迹遍及恒河中下游地区。从在鹿野苑初转法轮，到于拘尸那伽涅槃，在他的一生中，不知接触过多少人，说过多少次法。从现有资料看，除了初转法轮等少数几次之外，释迦牟尼的说法，大都是针对某些具体的人或具体的事发表自己的意见；或是应弟子及其他人的要求，对一些具体问题发表自己的观点。亦即“对机说法”。释迦牟尼所说的法，被当时的佛教教团视为修持的指南与行事的规范，具有很大的权威性，在弟子们的心里留下深刻的印象。但是，由于是口口相传，便不免产生记忆的误失与传承的差讹，这对于佛教的传播与教团的团结，都是很大的不利因素。释迦牟尼在世时，这个问题还不突出。因为释迦牟尼可以用他个人的威望来判断问题的是非及维护教团的团结。如果释迦牟尼涅槃，这个问题的严重性将会逐渐显现出来。

公元前485年，释迦牟尼在从摩揭陀国到憍萨罗国去的途中，于拘尸那伽涅槃。当年夏天，佛教徒按规定应举行结夏安居，迦叶便把大家召集到摩揭陀国首都王舍城外的灵鹫山，共同汇编释迦牟尼的遗教。参加者据说是五百个已经得到阿罗汉果位的比丘。具体的方法是先由一人将他所听到的释迦牟尼的教诲复述出来，复述时必须先说明释迦牟尼的这一段教诲是在什么地方、什么情况下、当着哪些人讲的。然后由参加集会的其他弟子们共同审定，看这个人讲的是否与自己平时听到释迦牟尼的教导相符。大家共同认可的，就作为释迦牟尼的遗教确定下来。佛教称这种方法为“结集”。所谓结集，就是弟子们在一起会诵经典的意思。现存的佛经一般都以“如是我闻”开头，然后说明释迦牟尼说法的时间、地点、对象、原因等，就是这种会诵形式的反映。由迦叶召集、主持的这一次结集，在佛教史上称为“第一结集”。学术界认为，从第一结集起，佛教开始有了相对比较成型的经典。

据《五分律》等典籍记载，第一结集时，侍从释迦牟尼时间最长、号称“多闻第一”的大弟子阿难背诵了释迦牟尼对佛教教义的许多论述，这些论述被大家肯定下来之后，便称为“经”。号称“持律第一”的大弟子优波离则背诵了释迦牟尼关于修持与生活的各种规范，这些规范被肯定下来以后，便称为“律”。从此，经与律便成为佛教典籍的基本组成部分。

对于第一结集，不同的经典对到底由谁主持、有哪些人参加、由谁背诵遗教及会诵、厘定了哪些内容，说法各不相同。如《四分律》等主张，第一结集时，优波离背诵了律，而阿难除了背诵经之外，还背诵了专门解释经中奥义的“论”。后代佛教把经、律、论当作佛教经典的最基本组成部分，称作“三藏”。也就是说，《四分律》主张早在第一结集时，三藏已经齐全。《付法藏因缘传》也主张三藏早就齐全，但认为论是由迦叶背诵出来的。而《迦叶结经》则说经律论三藏都是阿难背出来的，另外，有些经典还主张，除了迦叶在王舍城灵鹫山举行的结集之外，还有其他人在其他地方也举行了对释迦牟尼遗教的结集。如《大唐西域记》卷九称，在迦叶召集五百上座举行结集的同时，有数百千比丘举行了另一个结集。共会诵了经藏、律藏、论藏、杂集藏、禁咒藏等五藏。《大智度论》与《金刚仙论》则说，第一结集时，弥勒与文殊师利及十方佛在铁围山外，结集出大乘法藏。此外，还有其他一些不同的说法，这儿不一一列举，学术界认为，第一结集时，佛弟子们把释迦牟尼的一些教导和戒制会诵出来，形成最初的佛经和律典，这是可以信从的。但是，当时是否形成完整的经律论三藏还有疑问。部派佛教，主张不一，尚需考证。根据《毗奈耶杂事》记载：释尊在世，已有三藏。

最初的佛经虽然从第一结集开始就产生了，但当时未能摆脱口口相传的老传统，没有形成文字。而且，各地教团都用其所在地的俗语来传承佛典，没有统一的标准语。这样，在佛教向各地传播的过程中，难免会产生各种理解的歧异与传承的讹误，这也是佛教后来分裂成许多部派的原因之一。据有的经典记载，早在阿难尚在世时，就已经出现对佛典的不同传述。为了捍卫佛典的权威性与佛教教义的纯洁性，一些教团采用了比较严格的传承方法。《出三藏记集》卷五记述道安的话说："外国僧法，学皆跪而口受。同师所受，或十、二十转，以授后学。若有一字异者，共相推校，得便摒之，僧法无纵也。"讲的就是这种情况。有些教团则把佛典写在贝多罗树叶上，形成所谓"贝叶经"。

在其后的流传过程中，佛典逐渐以类相从进行组织。现知较早的佛典组织形式是"九分教"。九分教，又称"九部经""九部法"。据《法华经・方便品》载，它们是：

1. 修多罗，意为"经""契经""法本"。一般指用散文形式组织起来的经文。

2. 伽陀，意为"讽颂""孤起颂""不重颂"。一般指用偈颂形式组织起来的经文。

3. 伊帝目多伽，意为"如是语""本事"。指释迦牟尼所说的弟子们在过去世的因缘故事。

4. 阇陀伽，意为"本生"或"生"。内容俱为释迦牟尼所说自己在过去世的因缘故事。

5. 阿浮陀达摩，意为“未曾有”“希有法”。内容主要叙述释迦牟尼及其弟子们的种种神通故事。

6. 尼陀那，意为“因缘”“缘起”。记叙释迦牟尼说法的缘由。

7. 阿波陀那，意为“比喻”“解语”。指设用各种比喻来解释、宣说佛教教义。

8. 耆夜，意为“应颂”“重颂”。指用偈颂的形式将散文中宣示的教义再提纲挈领的复述一遍。

9. 优波提舍，意为“议论”。指探讨诸法意义的经文。

九分教中的修多罗、伽陀、耆夜三类是佛典的基本体裁。其余六种则是依据经文的内容所立的名称。《法华经·方便品》主张上述九分教是小乘经典的组织形式，但是，《大集法门经》《十住毗婆沙论》等对小乘九分教的说法与《法华经》不同。又，《涅槃经》认为小乘没有“无问自说”，在《法华经》的上述小乘九分教中的确也没有“无问自说”，但在现存的小乘藏经——南传巴利三藏中却有“无问自说”。因此，小乘九分教的具体内容到底是什么，还需要进一步研究。很可能小乘的九分教因部派的不同而相互有异，本身并不统一。

继九分教之后出现的佛藏组织形式是“十二品经”。十二品经又称“十二部经”“十二分教”“十二分圣教”等。它是在上述九分教的基础上加上：

10. 和伽罗那，意为“授记”“授决”。记述释迦牟尼预言菩萨成佛的言论。

11. 优陀那，意为“自说”“无问自说”。指无人发问，释迦牟尼主动宣示的那些教义。

12. 毗佛略，意为“方等”“方广”。指释迦牟尼宣说的广大方正、比较深奥的教义。

比较九分教与十二品经，可知十二品经是在九分教的基础上发展起来的。它反映了印度佛教从小乘向大乘演化时期的佛典组织形式。中国在相当长的时间内，都把“十二品经”一词当作大藏经的代名词来使用。有些典籍认为，仅仅念诵十二品经的名称就可以有无量的功德，敦煌遗书中就存有专门抄写十二品经名称以供念诵的卷子。

后来，又有“大乘九分教”的说法。所谓“大乘九分教”系从十二品经中删去因缘、比喻、议论三类而组成。不过，被列为大乘九分教的这些典籍是否全属大乘，各佛典的说法也不一致。如《大般涅槃经》卷三认为大乘九分教均属大乘；卷五又说只有“授记”“无问自说”“方广”三类属大乘；《菩萨地持经》则主张只有“方广”才算大乘，其余都是小乘。这些不同的说法，反映了不同的佛教派别对当时流传的各种佛教典籍的不同态度。

此外，印度佛教还用“三藏”来类别佛典。当时，印度佛教僧侣常把同一性质的佛典汇聚在一起，收藏在一个筐、箱或笼中。称作“藏”。因此，“藏”逐渐演变成为佛典的组织形式，并出现经、律、论三藏的分类法：

（一）经藏，汇聚释迦牟尼关于教理的论述。

（二）律藏，汇聚释迦牟尼关于戒律的论述。

（三）论藏，汇聚佛弟子阐述佛教义理的著述。

部派佛教时期，印度各小乘部派几乎都有自己的三藏。各部派三藏的内容既有相通之处，也有相异的地方。组织形式也不尽相同，如上座部用五分法组织三藏。经的五分即五部阿含——长阿含、中阿含、增一阿含、相应部阿含与小部阿含（又称“杂藏”）。律的五分是：（1）比丘戒本的解说；（2）比丘尼戒本的解说；（3）健度（关于受戒、安居等诸事）；（4）本母（关于戒律的通论）；（5）增一毗尼（对戒律的补充解释）。论的五分则为：（1）问（对佛教从多种门类去加以分析）；（2）非问（即不加分析）；（3）摄（不同诸法之性质可相互包容的，归为一类）；（4）相应（诸法中虽有相互联系，但不能归为一类的）；（5）发趣（不仅相摄、相应，而且相望为因果的）。而说一切有部的三藏，其经藏由四部阿含组成。其中尤重相应部阿含，把它置为经藏之首，结构是四分十诵。律藏也是十诵，故称《十诵律》。论藏共有二十一部，构成一部法蕴。不同的藏经组织形态反映了各部派理论的差异。

大乘产生，出现大批大乘经典。起初，大乘经典自立于小乘三藏之外。《大智度论》卷一百称："佛口所说，以文字、语言分为两种：三藏是声闻法；摩诃衍是大乘法。"并称："是故知摩诃般若波罗蜜经等在修多罗经中。以经大事异，故别说。是故不在集三藏中。"后来，有一种理论主张应根机上下之不同，三藏亦可分为小乘声闻乘之经、律、论三藏与大乘菩萨乘之经、律、论三藏，即总共分为六藏。但是，这只是一种藏经分类的理论，实际上印度是否真正出现过总摄所有大乘经典的大乘三藏，尚需考证。后密教产生，大批密教经典涌现，又对印度佛藏产化新的影响。

总之，与古印度诸国分立的政治局面相适应，印度佛教亦从不统一。印度人倾向于认为，无数相互对立的集团与派别，各种异质东西的并存是一种正常的现象，他们无意于从事统一佛藏的工作。因此，印度也就不存在标准的、规范化的佛藏。大小乘各派各自传承自己的典籍，呈现出百花齐放之势。如有的小乘部派主张传承经、律、论、杂四藏；有的小乘部派主张传承经、律、论、咒四藏；大众部传承经、律、论、咒、杂五藏；法藏部则传承经、律、论、咒、菩萨五藏，这显然是受大乘影响所致。但同样深受大乘影响的《成实论》却主张传承经、律、论、杂、菩萨五藏；《大乘理趣六波罗蜜经》卷一主张由经藏、律藏、论藏、般若波罗蜜多藏、陀罗尼藏而成五藏；《菩萨处胎经》卷七则提出释迦牟尼一代教法应由胎化藏、中阴藏、摩诃衍方等藏、戒律藏、十住菩萨藏、杂藏、金刚藏、佛藏等八藏组成。除了藏的区分不定之外，各藏亦未形成标准的目录与固定的规范，虽同为经藏，不同部派可以传承相互不同的典籍。所以来中国传教以及去西域求法的僧人往往均依各自所得而传译不同的经典。七世纪时，我国著名僧人玄奘西行求法，据《大慈恩寺三藏法师传》卷六记载，他带回的经本是：

大乘经，二百二十四部；

大乘论，一百九十二部；

上座部经律论，一十五部；

大众部经律论，一十五部；

三弥底部经律论，一十五部；

弥沙塞部经律论，二十二部；

迦叶臂耶部经律论，一十七部；

法密部经律论，四十二部；

说一切有部经律论，六十七部；

因明论，十六部；

声论，一十三部。

以上共计六百五十七部，分捆为五百二十捆梵夹。这张取经清单从一个侧面反映了当时印度佛藏流传百花齐放、并不统一的实际情况。

印度佛教各派，不但传承的经典不同，传承经典所用的语言也不同。

释迦牟尼成道后居住时间最长的是摩揭陀国与㤭萨罗国，第一结集又是在摩揭陀国举行的，因此，最初的佛经大约是用这一带的俗语结集起来的。学术界认为，早期佛经中存在的半摩揭陀语因素，大约就是这样来的。佛经记载，释迦牟尼禁止弟子们用婆罗门教的标准语言——梵语来传播佛教，要求他们无论到什么地方，都用当地的俗语来传教，表现出释迦牟尼希望佛教能由此更加接近群众。但由于释迦牟尼的这一语言政策，使得各地的佛教徒都用本地的语言来传承佛典，增加了印度佛典的复杂性。这样，到了部派佛教时期，各地教派汇编自己的三藏时，便都使用各自的语言。如南传上座部使用巴利语；上座部使用派湿恰语；正量部使用阿巴勃朗姆语；大众部使用马哈拉施特拉语；说一切有部流传的西北印度主要流传梵语，故他们的典籍也用梵文。公元三、四世纪，印度婆罗门教势力复兴，与此相应，全印度出现普遍使用梵文的风气。人们把梵语当作上层社会用语、学术用语以及通用的标准语来代替各种俗语。这时，不少佛教徒也开始采用梵文来改写原来的俗语经典。由于佛典大抵采取散文、韵文夹杂的文体，而韵文因其本身的特殊要求，很难改写成规范的梵文，就好像我们现在翻译外国诗歌，很难保持它原来的节奏与韵律一样。所成僧人们只好仅改写散文部分，将韵文部分照旧保留原样。这样，从俗语改写为梵文的佛教经典虽然从外观上已经具备了梵语的形式，但它的音韵、词形还包含若干俗语的因素，还包含了许多佛教特有的词汇。由于这种改写过的梵语中还混杂着俗语，而且这种情况一般均出现在佛教典籍中，故学术界把它称为“混合梵语”或“佛教梵语”。此后，由于梵文日益普及，新的佛教典籍便都用梵文撰成。尤其是中、后期大乘经典及密教经典，几乎全部用梵文撰成。

十三世纪后，佛教在印度趋于灭亡，印度境内的佛藏也损毁殆尽。近代以来，考古学者在中亚地区发掘、发现了一些印度梵文及古俗语的佛典。此外，在我国与尼泊尔的一些寺庙及文博部门还保存着不少梵文贝叶经。

（二）佛藏在各国的流传与发展

佛教向世界各地的传播主要有两条路线：南传与北传。南传佛教最初传入斯里兰卡，然后由斯里兰卡传入缅甸、泰国、老挝、柬埔寨、印度尼西亚及我国云南西双版纳、德洪地区，所传承的经典是巴利语三藏。北传佛教又可分为两大系统：一大系统主要经由中亚、南海传入我国，在我国孕育发展后，又传入朝鲜、日本、越南等国，所传承的经典是汉文大藏经。另一大系统传入我国西藏，在西藏孕育发展后，又传到蒙古及西伯利亚的布里亚特以及尼泊尔、不丹等国，所传承的经典主要是藏文甘珠尔、丹珠尔。下面分别予以简述。

南传巴利语三藏　公元前三世纪印度孔雀王朝阿育王时代，在首都华氏城举行了一次结集，佛教史上称为第三结集。这次结集确立了上座部的领导地位，并派出传教使团四出传教。以阿育王的儿子（一说为阿育王的弟弟）摩哂陀长老为首的教团来到斯里兰卡，在国王天爱帝须的支持下开始大力传播上座部系统的佛教。据说摩哂陀生长在西南印度山奇一带，当地通行巴利语，所以摩哂陀传入的是巴利语三藏，这部三藏在斯里兰卡得到广泛的传播。但也有学者认为巴利语是半摩揭陀语的一种，因此，巴利语佛典的起源可以追溯得很早。公元前一世纪左右，斯里兰卡佛教教团发生分裂，形成大寺派与无畏山派这么两个派别。大寺派主张恪守传统；无畏山派则吸收了不少从印度传来的新思想、新理论，包括当时刚刚产生的大乘思想。其后，大寺派长老五百多人举行了一次结集，南传佛教把这次结集称为第四结集。这次结集历时三年多，众多长老将历来口口相传的巴利语三藏及其注疏用僧伽罗文记录到贝多罗树叶上，以期代代相传。这也就是流传至今的巴利二藏的最初写本。五世纪，摩揭陀国三藏法师觉音来到斯里兰卡，他致力于巴利三藏的研究与整理，使巴利三藏的形态完全固定下来。人们相信，现在流传的巴利三藏与觉音的整理本没有太大的差别。

巴利语只是一种语言，没有与之相配套的专门文字。公元前一世纪，斯里兰卡僧人结集三藏时，系用当地通用的僧伽罗文把它拼写下来。其后，随着南传佛教在东南亚的广泛流传，各国均用自己的文字拼写巴利三藏，从而形成各不同文字的流通本。流传至今的有；僧伽罗文本、傣文本、缅甸文本、柬埔寨文本、老挝文本、泰文本、天城体梵文本等等。各种文字的巴利三藏内容基本相同，行文或偶有差别。1881年，由里斯·戴维斯发起成立的“巴利圣典协会”努力从事南传巴利三藏的收集、整理、校勘工作，出版了用罗马字母转写的精校本巴利三藏，为巴利佛教的研究提供了宝贵的资料。近代，以纪念释迦牟尼涅槃二千五百周年为契机，不少南传佛教国家都举行了新的结集，从而形成了新的精校本与翻译本南传三藏，如斯里兰卡从1954年开始，用了三十年的时间，编撰了新版僧伽罗文本巴利三藏和僧伽罗语译文的对照本。泰国从1940年至1952年，用了十二年的时间，把巴利三藏全部译为泰文。缅甸也在1954年邀请缅甸、柬埔寨、斯里兰卡、印度、老挝、尼泊尔、巴基斯坦、泰国等国的比丘二千五百人举行第六次结集，依据各种版本精校了巴利三藏，出版了新的缅甸文字的三藏圣典。另外，近代以来，巴利三藏中的不少典籍被译为英、法等各种西方文字，日本亦在1935—1941年间，把巴利三藏全部译为日文，出版了《南传大藏经》，全七十册。近代以来，我国也据巴利语或其他文种，翻译过一批巴利三藏的佛典。近年，我国台湾地区已据日译本把巴利三藏全部译为汉文。

印度小乘佛教大约分作二十多个部派，各部派几乎都有自己传承的三藏。但是，由于佛教在印度已经灭亡，各部派的这些三藏也都散佚无存。汉文大藏经中虽然保留了一大批部派佛教的典籍，其中涉及许多部派，但是，没有一个部派的三藏是完整的。惟有南传巴利三藏完整地保存了南传上座部的全部典籍。从这个角度讲，巴利三藏具有无可替代的价值。

古代中亚佛典　公元前三世纪，阿育王派遣使团到邻近印度的中亚一带去传教。此后佛教逐渐流传于阿富汗、伊朗北部等广阔的中亚（包括我国新疆维吾尔自治区）各地。由于这些地区后来都成为伊斯兰教的流传区域，所以古代佛教在这儿流传的情况已经不很清楚。不过，在不少佛教典籍及求法高僧的行记中还是保留了大量关于这一地区佛教流传情况的记载。如于阗（今新疆维吾尔自治区和田地区）就是一个重要的佛教中心。从汉到唐，我国都曾有僧人到此地来求访经典。于阗附近的遮句迦国（今新疆维吾尔自治区喀什地区叶城县）更是大乘佛典的保存中心。据《历代三宝记》卷十二载称：该国“王宫自有《摩诃般若》《大集》《华严》二部大经，并十万偈。王躬受持，亲执键钥。……东南二十余里，有山甚险。其内安置《大集》《华严》《方等》《宝积》《楞伽》《方广》《舍利弗陀罗尼》《华聚陀罗尼》《都萨罗藏》《摩诃般若》《八部般若》《大云经》等，凡十二部，皆十万偈。国法相传，防护守视”。唐玄奘的《大唐西域记》也有类似的记述：“此国中大乘经典部数尤多，佛法至处，莫斯为盛也。十万颂为部者，凡有十数。”近代以来，考古学家在中亚地区发现很多驴唇文、婆罗谜文、于阗文、回鹘文等佛教文献，既印证了诸多典籍关于这一地区古代佛教流传、佛典兴盛的记载；也说明当时这一带都采用本地区文字传承佛典。可惜的是，发掘出来的各种古文字佛典大抵均为零部残页，已不足成为完整的大藏经了。虽则如此，由于中亚是汉传佛教经典之一大来源，因此，它们仍是我们研究中亚佛教及汉传佛教的重要资料。

北传汉文大藏经　佛教约于公元前二至一世纪传到我国新疆地区，进而约于两汉之际传入内地。据《三国志·魏志》注引三国时鱼豢所撰《魏略·西戎传》，汉哀帝元寿元年（公元前2年），大月氏使臣伊存向博士弟子景卢口授《浮屠经》。“浮屠”是“佛陀”的异译，所谓“浮屠经”，也就是“佛经”。伊存虽遵印度传统口授，景卢却依中国习惯笔录。据有关材料，这部《浮屠经》主要叙述释迦牟尼的佛传故事，同时也讲述了一些佛教的教理。它是我国第一部成文的佛经。该经在东汉时曾广泛流传，形成一些不同的抄本，后来，约于两晋之际亡佚于战乱之中。

此后，西域僧众东来传教，中国比丘西行求法，大批佛经陆续译出，中华佛教撰著也不断涌现。佛教在中国渐渐走向独立，最终成为中华民族思想文化的有机组成部分。与这一过程相呼应，汉文佛典也逐渐发展、成长，最后成为一部庞大的汉文大藏经，成为中华民族的一大文化宝库。

汉文大藏经的内容包括翻译佛典与中华撰著两大部分。翻译佛典的原语种十分繁杂，因此翻译佛典既包括从印度各俗语、梵文、巴利语翻译的经典，也包括从中亚一带各种语言以及从藏文翻译的经典，近代还有从日文转译的经典。它的内容包括大小乘，显密教，十分丰富。中华撰著是中国人自己撰写的佛教著作，内容有对经、律、论的章疏，史传著作，各种论著、地志、目录、音义等等，广泛宏富。与其他文种大藏经相比，汉文大藏经所收经籍的数量最多，其经籍涉及的时代跨度最大，地区涵盖面最广，所包容的佛教派别也最多。是我们研究汉传佛教以及中国文化的基本资料。

北传藏文大藏经　佛教于公元前七世纪松赞干布统治时期，分由尼泊尔、内地两路传入中国西藏。在其后的流传过程中，印度密教取得了对当地本教以及汉地大乘佛教的胜利，所以藏传佛教大小乘兼容，以大乘为主；显密教兼修，以密教为重。佛教传入中国西藏后，大批佛教经典被翻译成藏文，八世纪时，藏文甘珠尔、丹珠尔已经形成。其后，佛典翻译不断发展，大量的梵文、汉文经典被翻译成藏文，甘珠尔、丹珠尔的规模也不断扩大，并出现许多不同的印本，在藏传佛教流传区域内发挥着广泛而持久的影响。

除了上述各种大藏经以外，在我国历史上还出现过西夏文大藏经、蒙古文大藏经、满文大藏经、傣文大藏经等各种文字的大藏经。这些大藏经虽然只是在一定的时期，在局部地区流传，但在其流传区域内，都曾有过强大的影响。

历史上佛教曾影响了亚洲广大的地区和人民。今天，它进而传播到西欧、北美等世界许多地方，因此，佛教大藏经作为佛教的体现、佛教文化的载体，越来越受到世界各国的重视。作为人类文化的一部分，佛教大藏经将会在今后人类文化的发展过程中显示出璀璨的光辉。

（方广锠）

三　汉文大藏经

汉文大藏经是汉文佛教典籍的总汇。它随着佛教在中国的日益传播而逐渐发展起来，成为中华民族文化宝库的珍贵遗产之一。它又是中外文化交流的结晶，曾对东方世界产生过深远的影响。今天，汉文大藏经仍是我们研究中国文化、东方文化不可或缺的资料。

汉文大藏经最初被称作“众经”“一切经”。后称作“经藏”“藏经”或“大藏”，有时也简称作“藏”。“大藏经”这个词大约产生于唐朝。这个词在梵文中找不到相对应的原词，是一个由中国人创造出来的佛教名词。“大”，在此是一种褒义，它表示佛教的经典穷天地之极致，无所不包。“藏”字梵文原意是盛放东西的箱子、笼子等器皿。古代印度的僧伽们常把他们抄写的贝叶经存放在技类箱子或笼子中，因此，“藏”也就逐渐成为佛典的计量单位乃至代名词。“经”，是梵文修多罗的意译。原意为“贯穿”，古印度佛教徒认为，用一根线绳把花瓣穿起来，这些花瓣就不会再被风吹散。同理，把释迦牟尼的言教搜集总摄在一起，便可永不散失，传之万代，所以称之为修多罗。中文“经”字原意是指织物的纵线，有绵延之意。故引申为“常”，指常存之义理、法则、原则。《尚书·大禹谟》：“与其杀不辜，宁失不经。”《传》：“经，常。”《左传》宣公十二年：“兼弱攻昧，武之善经也。”就是这个意思。为什么要用“经”字来对译印度的修多罗呢？在此，释僧肇的解释可能是有代表性的：“经者，常也。古今虽殊，觉道不改。群邪不能沮，众圣不能异，故曰‘常’也”（《注维摩经》卷一）。意思是说：所谓“经”，是一种永久的东西，尽管时间流逝，古今的情况不同，但释迦牟尼指明的觉悟真理不会发生变化。这种真理是任何群邪所破坏不了的，即使是佛弟子们（众圣）也不能随便改变它，所以称作“常”，也就是“经”。由此看来，中国人用“经”字来对译印度的修多罗，反映出中国佛教徒对释迦牟尼及其言教的无限崇拜与信仰。所以，“大藏经”这个词既吸收了印度佛典管理的内容，又融贯了中国人的思想与情感，本身就是中印文化相结合的产物。

一部大藏经，它的基本组成要素有三项：首先是取舍标准，即哪些典籍应该入藏，哪些典籍应该摒除。其次是结构体系，即以什么样的结构把这么多、这么庞杂的典籍有机地组织起来，使它们成为一个有条不紊的整体；最后是外部标志，即采用什么样的方式能更方便地反映大藏经的结构体系，从而便于人们检索、查阅，便于佛藏本身的管理。在汉文大藏经的形成史中，这三个问题是逐步提出并得到解决的。用这个观点来考察汉文大藏经，可以发现汉文大藏经经历了从两汉之际到晚唐五代约一千年的漫长岁月，才逐渐形成与完善起来。

从形式上讲，汉文大藏经经历了手写本、刻印本这么两大阶段。手写本阶段起自《浮屠经》的翻译，止于《开宝藏》的刊刻。它又可分作四个时期，几乎与汉文大藏经的形成史相始终。刻印本阶段则从刊刻《开宝藏》起，直到现在，其中又可分作木刻本及现代印刷本两大时期。汉文大藏经的每一个阶段都有自己的特点，并且从一个侧面反映了那个时代佛教的基本面貌。

（一）手写本阶段

从汉文大藏经的形成史看，手写本阶段大体可分为四个时期：酝酿时期、形成时期、结构体系化时期和全国统一化时期。

第一，酝酿时期从佛教初传起，到道安撰写《综理众经目录》止。

在这一时期中，虽然也出现了一些优秀的佛教学者，但从总体上看，在意识形态领域中，佛教先是被等同于“黄老之学”，后来又成为玄学的附庸，没有成为一支独立的力量。道安提出废除“格义”问题，可视为一种觉醒。

此时的汉译佛典尚处于一个草创时期、混沌时期。从数量上讲，翻译出的佛典已相当可观；有些传译者并有目的地翻译某些派别的经典；也有个别僧人甚至有目的地西行寻求某种经典。但从总体上看，还是碰上什么经就翻译什么经，遇全出全、遇残出残。从《综理众经目录》中可以看出，当时的中国佛教徒还不懂得，或者说还没有感觉到用大、小乘来区分佛经的必要性；当时佛经的流传还有很大的地区局限性；从全国范围看，当时还没有出现一部统一的或标准的大藏经。这些情况，都与当时佛教的发展水平及中国正处于东晋十六国分立这一政治局面相一致。

值得注意的是，道安在中国佛教史上第一个提出疑伪经问题。虽然他对某些经典的鉴别在今天看来还有问题，但他所提出的鉴别疑伪经的标准与方法一直成为后代的典范。另外，道安的《综理众经目录》接受中国目录学的优秀传统，力图按年代顺序，详细著录每部经的翻译者、翻译时间与地点。这种方法为后世经录开风气之先。它同时又说明，汉文大藏经的形成从早期起就与中国传统的思想文化背景有着十分密切的关系。

道安心目中虽然还没有“大藏经三要素”这种观念，但他提出的疑伪经问题，实际上已涉及大藏经的取舍标准。因此，我们说，汉译佛典的这一混沌时期，也正是汉文大藏经的酝酿时期。道安是中国佛教史上的重要代表人物之一。他的一生，标志着中国佛教开始踏上独立发展的道路。他所撰写的《综理众经目录》也标志着汉文大藏经的酝酿期的结束。

第二，形成时期从鸠摩罗什来华起，到隋费长房撰写《历代三宝记》止。

鸠摩罗什来华，系统地传译了龙树的中观学说，在中国僧人眼前揭开了一个新的世界，使中国僧人了解真正的印度佛教是怎么一回事。中国佛教开始产生清醒的自我意识，踏上独立发展的道路。

随着中国僧众对佛教认识的深化，鸠摩罗什的弟子慧观提出“五时判教”。此后，各种判教学说蜂起，其目的，都是想将传入中国的印度佛教各派思想整理成一个相互包容的有机体系，以利于在中国的传播。判教促进了中国佛教的深入发展，与南北朝佛教学派的出现、进而隋唐时期佛教宗派的形成都有重大关系。因此，判教问题是中国佛教史上的一件大事。同时，判教问题也正涉及了我们前面提到的大藏经的第二个基本要素——结构体系问题。因此对大藏经的形成也具有重大意义。

率先将判教思想引入佛典整理的是佚名之《众经别录》。《众经别录》吸收了慧观“五时判教”的思想，设立了“大乘经录”“三乘通教录”“三乘中大乘录”“小乘经录”“大小乘不判录”等类目来条别佛典，对应以何种结构体系整理佛典作了初步有益的尝试。接着出现的梁僧佑《出三藏记集》，虽在保留资料方面功不可没，但在佛典分类方面却退回到道安《综理众经目录》的水平上，没有建树。这也反映了汉文大藏经在其形成初期确是步履艰难。

其后元魏李廓所撰《众经目录》、梁宝唱所撰《众经目录》、高齐法上所撰《众经目录》、隋法经所撰《众经目录》等众多经录，反映了中国僧众们正努力从各个方面对佛典进行整理、鉴别、安排其组织结构，在这种努力中，我们可以清楚地看出包括判教在内的中国佛教的总体发展水平、印度佛藏的组织形式乃至中国传统目录学的影响。正是这种一代接一代的坚持不懈的努力，使汉文大藏经最终得以形成。

在这一时期中，促使大藏经形成的另一重要，或者说关键性的因素是“三宝”思潮的影响。佛教传统认为，佛、法、僧三宝是组成佛教的必备因素，因而三宝都成为佛教徒的崇拜的对象。佛典作为“法宝”的体现，自然也受到信徒们的顶礼膜拜。在初期已露端倪的中国佛教中义理性佛教与信仰性佛教这两大分野，此时已十分明显。一般民众信佛教以忏悔，作功德为主，传抄、念诵、供养佛典也就成为他们平日宗教活动的重要内容。不少经典中都有的传抄、念诵、供养本经将获得多少多少功德的宣传内容，对这种民众性的佛典崇拜活动自然起到推波助澜的作用。伪经《高王观世音经》正是这一活动的产物与证明。作为中国当时曾有过这么一种佛典崇拜活动的更有力的实物证据，是现存于敦煌遗书中的《大佛名经》。敦煌遗书《大佛名经》反映了元魏菩提流支译出的十二卷本《佛名经》后来怎样逐步演变发展成《高丽藏》中的三十卷本《大佛名经》，保留了各主要发展阶段的具体实物，反映出随着三宝思想的流传，对佛典的崇拜日益为人们所重视，并成为佛教宗教活动的一个重要内容。

一种社会思潮的出现必然会对该社会的各种现象施加巨大的影响，这几乎可以说是一种规律。南北朝晚期“末法”思潮的流行孕育了中国佛教三阶教、净土宗两个宗派，促成了房山石经的刊刻。同理，“三宝”思潮的流行则是汉文大藏经产生的重要因素之一。

导致汉文大藏经形成的另一重要原因是我国悠久而深厚的文化传统。汉民族向来既重武功，又重文治，始终十分重视对古代文化的继承与古代典籍的整理。孔子以下，历代整理典籍的人前赴后继，层出不穷。秦汉大一统的政治格局形成后，历代帝王都把搜求书籍，予以整理、编目当作弘扬文治的一件大事。汉民族的文化气魄也更加恢弘，胸怀更加博大，形成吸收、消化各种外来文化，会融各种不同观点的良好社会条件，上述种种，铸成我国民族文化的深层意识，而汉文大藏经的形成，正是这种民族文化意识的反映。这与佛教的故乡——印度恰成鲜明的对照。印度虽有转轮圣王的思想，但在古代从来没有真正统一过，印度人的宗教意识大于他们的历史意识。与此相适应，印度佛教虽然在理论上有“菩萨藏”“声闻藏”的说法，但在实际上并没有形成网罗所有典籍的，示范性的大藏经，而是各个派别分别传习自己的经典。

作为这一时期结束标志的是隋费长房《历代三宝记》。从书名即可看出，这部著作正是三宝思想直接影响的产物。后人讥评此书不合经录体例，甚至把它归入《史传部》，都是由于没有深究它之所以产生的社会历史环境。这部书纠正了前此各种经录把应入藏的经典同“别生”“疑惑”“伪妄”诸经并列的毛病，首创了“入藏录”，这说明汉文大藏经无论从实际上，还是从理论上，此时均已卓然成形。这种体例以后被《内典录》《大周录》《开元录》《贞元录》等各种有影响的经录所沿袭。

第三，结构体系化时期，从《历代三宝记》编成到“会昌废佛”止。

在这一时期中，编纂经录的历代僧人努力从各个不同角度探讨安排佛藏的结构体系，而智昇在其《开元录》中集前代之大成，创一时之新风，垂千年之典范。智昇在汉文大藏经结构体系及佛教经录方面的工作，体现了我国古代佛教文献学的最高水平。

随着大藏经的不断发展，尤其是由于合帙的出现，藏经的外部标志问题开始提上议事日程。前一时期已经出现的经名标志法此时演化为经名帙号法，这两种方法与定格贮存法相配合，成为这一时期佛藏管理的主要方法。

此时，中国僧人对汉译佛典、佛教思想的研究进一步深入，撰写了大批著述。中国佛教的各宗派也已形成，为阐述宗义，也撰写了大批著作。此外，还出现诸如史传、礼忏、目录、音义、抄集及反映佛教俗信化的大批中华撰著。这些中华撰著有的被收入大藏，但更多的却被编纂经录、大藏的僧人拒之门外，任其自生自灭。此时的汉文大藏经主要收纳翻译典籍。因此，如果说在前两个时期中汉文大藏经的发展水平与中国佛教的发展水平基本持平的话，从这一时期起，正统的汉文大藏经（正藏）趋向凝固化，未能真正地反映出中国佛教发展的进程。为了弥补这一缺陷，此时出现专门汇集中华佛教撰著的“别藏”，而天台宗编有天台教典，律宗则自行编纂出毗尼藏。

第四，全国统一化时期，从“会昌废佛”到北宋刊刻《开宝藏》止。

会昌禁佛使佛教受到沉重打击，全国绝大部分地区的经、像都焚毁殆尽。废佛浪潮过去后，佛教逐渐恢复，各地寺庙陆续都以《开元释教录·入藏录》为标准来恢复本地、本寺的大藏经，这样便在客观上使全国各地的大藏经逐渐趋向统一。全国藏经的这种统一为《开宝藏》《契丹藏》

及南方各藏经的刊刻提供了良好的前提条件，创造了适宜的社会环境。

促使全国藏经趋于统一的另一个重要原因是皇家官藏的出现与流传。皇家官藏本是皇室为积累功德而修造的。由于它抄写认真、校勘精良、用纸精美、修造讲究，也由于它经常包含着从皇家译场新译出的诸多经论，故而成为当时诸种藏经中的上品。皇家常向各地颁赐大藏，各地便据所得到的皇家官藏修造或补充本地藏经，从而使皇家官藏在客观上起到了领袖与规范各地大藏经的作用。

皇家的干预也是我国汉文大藏经形成与统一过程中不可忽视的因素。唐开元（713—741）以前，怎样造藏，造什么样的藏，基本上只是各地佛教教团自己的事，皇家并不干预。即使是皇家官藏，也不过是皇家出资，由僧人修造。皇家对皇家官藏的结构、内容、编撰方式并无多大的影响力。从开元年间起，情况有所变化，唐玄宗开始直接干预一些典籍的入藏。唐玄宗这一做法不但为后代的帝王所承袭，且有日益强化的趋势，乃至僧人们所译的经典，必须经过朝廷的批准方可入藏。从秦汉以来，中国基本上一直处于大一统的政治格局中，皇帝具有至高无上的权威。皇家对大藏的干预，实际上是政权对佛教的一种定向制导。中国的封建统治者为了自己统治的长治久安，绝不赞成一个独立的宗教力量的兴起，一定要把它纳入自己的统治体系中，置于自己的控制之下。干预佛教大藏经的组成，正是政权干预佛教发展，并把它纳入自己统治体系的表现之一。

帝王出面干预大藏经的组成与内容，这在印度是不可想象的，中国前此也罕有这种现象，开元以后却成了惯例。联系起从东晋到初唐一直争论不休的“沙门拜俗”问题到开元年间已经不再成为问题；联系起天宝年间由祠部给僧尼发放度牒（关于度牒的产生年代尚有不同说法，这仅其中之一）以便管理；则以唐玄宗统治为界，王权与佛教势力消长的消息是很值得引起重视的。度牒制度虽有遴选出家人才，防止伪滥之意，但不可否认它还有另一层意义，即限制出家人数，以及便于官方更好地控制与掌握僧团的发展。

在外部标志方面，这一时期出现了有序的韵文帙号，其代表是流传于敦煌地区的偈颂帙号及其后遍传于全国的千字文帙号，千字文帙号因其本身的优点很快取代了经名标志法、经名帙号法等各种其他标志法，并随着全国性的大藏经统一而传播开来，此后为《开宝藏》以下我国历代刻本藏经所沿用，从另一角度讲，千字文帙号的出现，也使全国大藏经统一的进程更为顺利地推进。

北宋起，《开宝藏》《契丹藏》《毗卢藏》《崇宁藏》等刻本大藏经相继问世。起先，写本藏经尚与刻本藏经一起流通，很快，刻本大藏经以它无可辩驳的优势取代了写本大藏经而成为最主要的流通本。从此，写本大藏经逐渐被淘汰，被湮没。除了一些虔诚的信徒为了作功德而抄写的经典，包括金银字大藏经、刺血抄写的经典外，写本佛经已近于绝响。本世纪初在敦煌藏经洞发现的大批古写本佛经为我们研究写本藏经提供了珍贵的第一手实物资料。

（二）刻印本阶段

汉文大藏经的刻印本阶段又可分为古代木刻本与近代印刷本两大时期。

1. 古代木刻本时期

这一时期从宋《开宝藏》起，到民国《毗陵藏》止。

早在唐代，木刻本佛经便开始流传，但当时所刻均为小部零本及陀罗尼，尚未刻印整部大藏经。木刻佛经最早出现在什么时候，学术界尚有不同的说法，现存有确切年款的最早的木刻本佛经，即出于敦煌莫高窟藏经洞的唐咸通九年（868）王阶“为二亲敬造普施”的《金刚般若波罗蜜经》。该经卷首为释迦牟尼说法图，虽然人物众多，构图复杂，但中心突出，层次分明。画面线条流畅，生动传神。正文为端楷，深朴厚重，刀法稳健。可以看出，这是一部相当成熟的雕版印刷品。据此推断，我国雕版印刷的历史，肯定要早于咸通九年。到了五代，我国已经开始大规模地版印儒家经典——五经，故而，北宋刊刻全部佛教大藏经可称是水到渠成、顺理成章。

经过五代十国的战乱后，我国出现宋、辽、西夏、金等政权分立的局面。上述各国都曾雕印过大藏经。其中宋有《开宝藏》《崇宁藏》《毗卢藏》《思溪藏》《碛砂藏》；辽有大字本《契丹藏》与小字本《契丹藏》；西夏有西夏文大藏经；金有《赵城藏》，从而形成我国历史上第一个雕印大藏经的高潮。

上述大藏经，既有官刻的，也有私刻的。在私刻藏经中，既有寺院僧人募刻，也有私人出面募刻，还有某家族发愿刊刻，从渊源体系上讲，上述藏经可分为三大系统：

（1）中原系，以《开宝藏》为代表。《开宝藏》虽然以《开元录·入藏录》为目录基础，但收经情况与智昇原著之《开元录·入藏录》已有不同，例如智昇原著《开元录·入藏录》所收《大集经》为二十卷本，智昇指出："《大集经》亦有六十卷成者，……重重编载，误之甚矣。"（《开元录》卷十一）而《开宝藏》所收的《大集经》却正是智昇指斥的六十卷本。所以出现这种情况，是因为同刻《开宝藏》时所用的底本乃是流传于益州的某一写本藏经，这一写本藏经的编次并未完全遵照《开元录·入藏录》，而是略有变化。这样，《开宝藏》与《开元录·入藏录》自然不可能完全相符了。

《开宝藏》后传入朝鲜，成为《初刻高丽藏》的底本，并对《二刻高丽藏》有着巨大的影响。《赵城藏》的主体部分是依据《开宝藏》覆刻的。因此，《高丽藏》《赵城藏》都属该中原系。

（2）北方系，以《契丹藏》为代表。《契丹藏》的主体部分完全依据《开元录·入藏录》，千字文编号与《开元录·入藏录》一一相符，所收《大集经》自然也是三十卷本。《契丹藏》校勘精良，朝鲜编辑《二刻高丽藏》时曾据以纠正《初刻高丽藏》的不少错处。

（3）南方系，以《崇宁藏》《毗卢藏》为代表。这两部藏经都刻于福州，其目录依据不是智昇原著《开元录·入藏录》，而是后人改编的《开元释教录略出》。《开元释教录略出》是后人在《开元录·入藏录》的基础上，根据本地藏经的情况，斟酌损益而成，与《开元录·入藏录》有着若干差别。以往人们往往忽略《开元释教录略出》与《开元录·入藏录》的差别，把它们当作相同的目录，从而抹杀了南方系藏经的特点。现在可以肯定，《开元释教录略出》产生于南方，是南方系藏经的目录。《思溪藏》《碛砂藏》也都属于这一系统。

早期的刻本藏经都是根据当地流通的写本藏经刊刻的，各地的写本藏经由于种种原因，在流传过程中会出现种种差异（参见拙著《佛教大藏经史》，中国社会科学出版社，1991年3月），从而产生上述不同的传承系统。后代的刻本藏经，则大抵覆刻前代的刻本藏经，故而承袭上述三大系统的佛典而发展。如果探讨这三大系统佛藏对后代的影响，则应该说各个系统对后代的大藏经均有较大的影响。如元代在北方所刻的某些藏经似受到《开宝藏》及《契丹藏》的影响。另外，由于《高丽藏》是近代日本编印的《大正藏》的主要底本，所以《大正藏》与《开宝藏》《契丹藏》也就有着相当深的渊源关系，南方系统之诸藏，对其后我国官私刻经影响较大。入明以后，尤以《碛砂藏》的影响最为巨大。从影响的时间之长、地区之广以及衍出藏经的数量之多来说，应该承认，南方系藏经是我国古代藏经的主流。

元代统治者崇信佛教、支持佛教，促使藏经刊刻的繁荣，形成我国刻本藏经的第二个高潮。据明朝紫柏大师《径山藏·刻藏缘起》称，元代共刻过十几种藏经。可惜大部分都已亡佚。现在可以确证的有《普宁藏》《元官藏》、白莲教的《毗卢藏》，尚在探讨中的有《弘法藏》《铜版藏》。另外，元代还曾补雕过《赵城藏》《碛砂藏》及西夏文大藏经。由于其他藏经本书均有专条介绍，这里仅谈谈白莲教《毗卢藏》《弘法藏》《铜版藏》的情况。

（1）白莲教的《毗卢藏》，元代福建道建宁路建阳县后山报恩万寿堂私刻大藏经。该后山报恩万寿堂属白莲教，故这部藏经是白莲教刊刻的。雕造的起迄年代不详，所存经本有元仁宗延佑二年（1315）的题记，则刊刻时间应在该年之前后。因所存经本有限。故全藏规模不详。有的学者认为当时很可能只刻了四大部，未能刻完全藏。该藏系据《毗卢藏》重刊，故亦属南方系。

（2）《弘法藏》，即弘法寺大藏经，相传是元代初期刊刻的官版藏经。这是一个学术界尚无定论的研究中的问题，在此略微多介绍一点，《弘法藏》的名称，最早见于《至元录》卷二及元至顺三年（1332）吴兴妙严寺刻《大般若经》卷一的题记。相传这部藏经是元世祖至元年间（1264—1294）在大都（今北京）弘法寺刊刻的。二十世纪三十年代，蒋唯心考察了《赵城金藏》后发表《金藏雕印始末考》，认为《金藏》版片输京后贮于弘法寺，曾经补雕，从而形成《弘法藏》。也就是说，所谓《弘法藏》实际是《金藏》的元代递修本。蒋唯心的观点为学术界普遍赞同，但此后又形成两种观点：部分学者认为，《金藏》补雕后改动较大，已卓然独立，形成一部新的藏经，亦即《弘法藏》。它的目录就是元世祖至元年间所编的《至元录》。但我认为，根据《至元录序》所称：“大元天子……万几暇余讨论教典，与帝师语，召诸讲主，以西蕃大教目录对勘东土经藏部帙之有无，卷轴之多寡。……遂乃开大藏金经，损者完之，无者书之，……敬入梓以便披阅，庶广流传”等语，可见元世祖只补雕了《金藏》印本中损毁缺佚部分，刻版流通。所谓《至元录》只是当时编定的一部汉藏佛典对照录，现在没有材料可以证明当时确实依照《至元录》刊刻了一部完整的藏经。弘法寺补雕后的《金藏》与《至元录》并不相符，因此，不能说《金藏》依照《至元录》补雕以后成为《弘法藏》。如果我们今后发现一部藏经可与《至元录》相符，那么我们可以说元世祖时曾按照《至元录》刻了一部《弘法藏》；如果发现不了这样的藏经，那我们只能说《弘法藏》是《金藏》补雕后的别名，本身并非是一部独立的藏经。当然，学术问题，说有容易说无难，上述两种观点到底哪种正确，还有待时间的检验。

1984年，北京智化寺从如来殿佛塑像的腹腔中发现三卷带有千字文编号的元代刻本藏经：《大金色孔雀王咒经》《陀罗尼集经》《大宝积经》。

版式与《赵城金藏》相同，但千字文编次却与之不符。发现者认为，它很可能就是人们寻访已久的《弘法藏》。这部大藏约开雕于至元二十六年（1289）之后；完成于延佑三年（1316）之后，天历元年（1328）之前。但值得注意的是，这三部佛典的千字文编号与《至元录》也不相符。因此，如果说它们就是《弘法藏》的话，则前此关于《至元录》即为《弘法藏》目录的传统观点就应该予以修正。然而，如果真的修正这一传统观点，则《弘法藏》借以立名的依据也就不存在了。反之，如果坚持《弘法藏》是依据《至元录》刊刻的这一传统观点，那么智化寺发现的这三卷佛典就不是《弘法藏》，而是我们目前尚不清楚的另一种藏经。至于《弘法藏》的有无，仍是一个有待证实的问题。

（3）英宗铜版大藏经。据史料记载，元英宗曾经计划雕印铜版大藏经。他征选天下名僧六十人到大都校勘经典，编撰目录，以法祯、湛堂、西谷三僧总领其事。据有关资料记述，校勘、编目等前期准备工作均已完成，英宗赐金襕衣放湛堂等回山。但这部大藏经究竟是否实际刊刻？是否完成？均不清楚。英宗在位三年即被弑，故该铜版大藏经很可能并未实际付雕。即值已经付雕，恐怕也不会完成。

除了上述藏经之外，还有一些问题目前正在研究之中。如前述智化寺发现的三卷元代佛典问题。另外，云南省图书馆藏有元刻《佛说大随求大明王陀罗尼经》卷下，该经扉画附有刻工姓名，谓“攸州谭清叟刀”。攸州，即今湖南省攸县。汉代置县，南朝梁改为攸水县，隋废，唐复置攸县，元为攸州，明复改为县。由此可知，该经乃元代所刻。该经的千字文编次作“松字号”。从种种情况看，该经可能是坊刻零本，但所据应是某一大藏经本，故附有千字文编次。然而，遍查已知诸藏之该经的千字文编次，没有一种藏经能够与此“松字号”相符，则该经所据的底本，是否又是一种前此不为人们所知的藏经呢？

总之，元代所刻大藏经较多，以前我们对它们所知有限。近些年来，新的资料不断出现，丰富了我们对元代大藏经的认识，但同时也带来不少有待进一步研究的问题。

在明朝近三百年中，佛教虽已趋向于衰落，但由于社会比较稳定，经济比较发展，因此被认为作功德对象的刻经事业依然盛而不衰。据现有资料，明代共刻过六部汉文大藏经。其中官版三部，私版三部。官版中以《洪武南藏》为最早，但刻成不久即被焚毁，传世印本极为罕见，故不大为人所知。一般所说的“明南藏”都是指《永乐南藏》。《永乐南藏》是官刻普及本，刻工比较粗糙，但流通量大，现传世印本也较多。《永乐北藏》则是明成祖迁都北京以后刊刻的宫廷本，用于颁赐各名山大刹之用，刻工精良，装帧华美，较为名贵。私刻藏经中首先应该提到的是《武林藏》，据说《武林藏》首开方册式装帧，进一步方便了佛典的流通，对后代佛典装帧形式影响颇大。但人们至今未能发现《武林藏》的印本。前此北京法海寺发现十七卷不知名明代刻经，学术界曾认为这就是传说中的《武林藏》，由于这批佛经是折装本，故而认为传统说《武林藏》是方册本乃属误传。但是现在证明这批佛典应属《碛砂藏》的明代递修本，所以《武林藏》是方册本的说法还不能轻易否定。据有关资料，二十世纪四十年代，山东益都曾发现一批方册本大藏经，千字文帙号与《嘉兴藏》不同，论者认为很可能就是《武林藏》，可惜几十年沧海桑田，那批佛经已经下落不明，所以《武林藏》的问题仍是悬案。私刻明藏中较为著名与常见的是《嘉兴藏》。《嘉兴藏》也是方册式装帧，《嘉兴藏》的《续藏》《又续藏》网罗保存了大批藏外典籍，功勋卓著。

据有关资料，明代曾在淮安刻过一部私家藏经，但至今缺少实物佐证，故不能最后确定。

清代佛教更趋衰落，但清王朝还是刻了一部官藏——《乾隆版大藏经》，俗称《龙藏》。这部大藏主要供颁赐之用，故印本较少，比较稀珍，尤为可贵的是它的版片一直保存到今天。是我国历代大藏经中唯一版片尚存的一部大藏经。前几年文物出版社曾影印出版。

清朝末年到民国初年，由杨文会主持的金陵刻经处曾发心刊刻大藏经，并刻成若干经本。在这一风气的感召下，常州天宁寺成立毗陵刻经处，刊刻了《毗陵大藏经》。由于抗日战争的爆发，这部藏经未能完全，但已经刊刻的经本，达三千卷以上。《毗陵大藏经》与金陵刻经处所刻藏经的关系，还需进一步研究。

如上所述，我们现在掌握实物的古代木刻本大藏经，约有二十种左右。其中既有官版大藏，也有私家大藏。在私家大藏中，有的是某一佛教寺庙主持刊刻的；有的是某一佛教宗派主持刊刻的；有的是某些僧俗信徒合作发愿刊刻的；有的是某一家族为本族祈福刊刻的。形式不一，百花齐放。一部大藏，卷帙浩繁，据载，《开宝藏》的早期刻本，仅版片就有十三万块。其后大藏经的规模越来越大，刊刻工程自是不易。皇家刻经，靠的是国家力量，自然较为方便。私家刻经，则实在非同小可。没有坚强的决心、持久的毅力、刻苦耐劳的献身精神，绝难完成。即使如此，往往还要经过前后好几代人的坚持不懈、前赴后继的努力，方能功德圆满。据说，女子崔法珍为了刊刻《赵城金藏》，自断手臂，四处乞化，感动了大批信徒纷纷捐资，附近百姓施骡、施布、施梨树（供刻版之用）等，不一而足。甚至有倾家破产而应募者。为了未来的善果和精神寄托，贡献了自己所有的一切，这种献身精神，令人赞叹、感佩。又如《嘉兴藏》，从开雕到最后完成，共计一百四十五年，是我国历代大藏经中历时最长的。发起者紫柏大师，后虽因事罹祸，寂于燕都，但其弟子继承遗志，再接再厉、不屈不挠。后继者以弘法为己任，在艰苦卓绝的情况下奋斗不已，哪怕国鼎革新、山陵夷变，仍然孜孜于佛藏的刊印，终于使这一大藏经刊刻完成。中华民族的文化，所以能一代又一代地继承，一代又一代地积累，不正是基于这种精神吗？当然，有些私家藏经因受人力、财力的局限，往往刊刻得比较粗疏。有的藏经因前后时间拖得太长，因而版式、体例有不一致处，后人可以理解。

唐以来，佛教已经成为我国传统文化的有机组成部分。所以，有见识的统治者大抵推行儒释道三教并重的政策。因此，宋代版刻大藏经出现之后，每个朝代几乎都曾刊刻官版大藏经。这样，在我国文化史上，便出现这么一种现象：每一个朝代都要为上一朝修正史，每一个朝代都要编印本朝的佛教大藏经。这几乎已经成为一种惯例。当然，皇家编撰大藏经，除了修积功德之外，还有以此制导佛教发展方向的意思。如北宋译场曾译出一批印度密教经典，因其不合汉地人民的伦理道德思想，未曾流通，就被烧毁。再如清朝皇帝则公然下令从《龙藏》乃至从《嘉兴藏》中撤出不合自己口味的经典，禁止流通，反映出皇家官版大藏的主旨在于体现皇家的立场。

还有一点应予指出的是，在汉文大藏经的写本阶段，皇家官藏虽有官方出资，但具体负责造藏的一般均为僧人。出于对佛法的虔诚心情，当时造藏十分认真。一般均有三校，并有多人详阅。因此，它的抄写质量是比较高的，从而成为诸种佛藏中的上品。但到了汉文大藏经的刻印本阶段，官刻大藏一般是依照现有的手抄本大藏或者前代的版刻大藏覆刻的。往往会出现不少问题。如蜀刻本《开宝藏》中的错讹就相当多。高丽守其曾撰《高丽国新雕大藏校正别录》以指谬。这些错讹后经咸平、天禧、熙宁年间多次修订，才逐渐校补纠正。有的官版大藏经虽然刊雕精美，装帧华贵，但为了保持一函十册之整齐外观，甚至不惜削足适履，任意删砍经文内容。这一方面最突出的是《龙藏》。如，隋费长房撰《历代三宝记》，原书十五卷，搜集了大批资料，是研究南北朝以及隋代佛教的重要典籍，而《龙藏》则砍去其中后十四卷，仅收第一卷。凡此种种，均为我们利用这些藏经时必须加以注意的。

木刻本大藏经因为刻印时代不同、地区不同、主持人不同，所收典籍的数量及种类也各不相同。一般年代越后，收经越多，规模越大。但不少大藏都有一些本藏独有而为其他大藏所不收的若干珍稀典籍。因此，全面、系统地整理历代各种大藏经，校勘、汇总为一部权威的精校、标点汉文大藏经，必将能对保存和弘扬祖国优秀传统文化发挥巨大的作用。

2. 近代印刷本时期

近代以来，铅印、胶印、激光照排等新的印刷技术不断发展，佛教大藏经的刊印也进入一个新的时期。

解放前，我国曾铅印过两部大藏经。一部是由上海频伽精舍主持的《频伽精舍校刊大藏经》，一部是由上海普慧大藏经刊印会主持的《普慧藏》。

上述两部藏经都比较注意吸收国外佛藏的长处。其中，《普慧藏》收入了以往各种藏经均未收入的诸多经典，尤其是从日译《南传大藏经》转译的南传《巴利三藏》的不少典籍，有着较大的资料价值。

现在尚值持于世界、且自成体系的佛教大藏经主要有三种：南传巴利语三藏；汉文大藏经；藏文甘珠尔、丹珠尔。梵文佛典虽仍有留存，且近年来不断有新的梵文佛典被发现，但大抵均为单部残页。虽然它的研究价值不能低估，但毕竟已不足成为完整的大藏。另外，中国还保存有完整的傣文大藏经、蒙文大藏经、满文大藏经、出土不少残缺不全的西夏文大藏经，但这些佛藏基本是从前述三种主要的佛藏转译的。因此，巴利语三藏、汉文大藏经及藏文甘珠尔、丹珠尔等三种佛藏在佛教研究中的意义和价值是不言自明的。

就上述三种主要的佛藏而言，汉文大藏经所收经籍的数量最多，其经籍所涉及的时代跨度最大，地区涵盖面最广，所包容的佛教派别也最多。因此，巴利语及藏文佛藏固然有其不可替代的独特的研究价值，但汉文大藏经的价值显然更值得人们重视。

近代以来，西方的佛教学者大抵沿着巴利语佛典—梵文佛典—藏文佛典这么一条路线来展开佛教研究，从事汉文佛典研究的人相对来说较少，这种情况与汉文佛典本身的价值相比很不相称。所以形成这么一种局面的原因可能是多种多样的，但语言的障碍及对汉文大藏经及其价值不甚了解，大约也是重要因素。现在，有的学者已开始注意到这一问题，中外都有学者在呼吁并从事汉文佛典的英译工作。可以预期，更多的人会越来越认识到汉文佛典的重要价值，从而对它展开深入的研究。汉文佛典研究热迟早会在世界兴起。而汉文大藏经也会在这一过程中，为人类文化的发展做出它应有的贡献。因此，加紧做好汉文佛典的收集、整理、校勘、标点、研究等一系列基础性工作，使后来的使用者能得到一份完整、翔实、可靠、实用、科学的资料，乃是我们这一代人的责任。

近年来，为了赓续中华民族的优秀文化传统，在国家的有力支持下，正在编印一部新的佛教大藏经——《中华大藏经》。《中华大藏经》的汉文部分拟分为两编：前编为正藏，以《赵城金藏》为基础，广泛收集历代各正藏的特有稀珍典籍，校刊、影印。后编为续藏，包括中外续藏、古佚佛典及新编入藏。《中华大藏经》将成为收罗最为宏富的佛教大藏经。为佛教界、学术界提供一部翔实、可信、实用的佛典总汇。目前，上编正在陆续出版；下编的准备工作也正在加紧进行。

近几十年来，我国台湾地区也在从事新的佛教大藏经的编集工作。已经完成的有《佛教大藏经》《中华大藏经》，正在进行的有《佛光大藏经》。

附：国外刊刻的汉文大藏经

佛教从印度传入中国，在中国孕育、发展成为中国佛教，进而传入朝鲜、日本等周边国家，对这些国家的文化产生巨大的影响。这些国家的佛教徒与中国佛教徒一样，把修造佛教大藏经当作一件大事，刊刻了好几部汉文佛教大藏经。在此简介如下：

1. 朝鲜刻印的汉文大藏经

朝鲜先后刻印过两部汉文大藏经，一般称作《初刻高丽藏》与《二刻高丽藏》。都是朝鲜高丽王朝的官刻大藏经。

《初刻高丽藏》开雕于显宗二年（1011），完成于文宗末年（1082），是以北宋端拱年间传入高丽的《开宝藏》初刻本为底本覆刻的，但也收入若干民间的流通本。版式同《开宝藏》，系卷轴装，每版二十二行，行十四字，共收经五千九百二十四卷。宣宗七年（1090），又据《开宝藏》天禧、熙宁两个修订本、《契丹藏》、从日本得到的经本及沙门义天撰写的《新编诸宗教藏总录》所收的各类章疏，在兴王寺雕板刻成《高丽续藏经》，约四千余卷。初刻《高丽藏》及《高丽续藏经》的板片均放在符仁寺。高宗十九年（1232）被毁于蒙古兵焚。现传世印本较为稀珍。

《二刻高丽藏》刊刻于高宗二十三年（1236）至三十八年（1251），系以《开宝藏》《契丹藏》及初刻《高丽藏》三本互校后重刻。该藏共收经一千五百二十一部，六千五百八十九卷，分作六百三十九帙。千字文帙号自“天”到“洞”。卷轴装，每版二十三行，行十四字。主持僧人有守其等。此藏板片原藏禅源寺，1398年迁到支天寺，1399年又迁到海印寺，保存至今。1957年，日本曾将该藏缩印为书册式精装影印出版，后台湾也据此出影印本。本藏吸收并保留了《开宝藏》《契丹藏》诸藏的优点，有较大的校勘、研究与史料价值。日本《大正藏》即以此藏为主要的底本依据。

2. 日本编印的汉文大藏经

据现有材料，日本历代共编印过六部汉文大藏经。其中木刻本一部：《黄檗藏》；木活字本一部：《天海藏》；铅印本四部：《弘教藏》《万字藏》《万字续藏》《大正藏》。上述六种大藏经中，《天海藏》是现知唯一用木活字刷印的汉文大藏经。《弘教藏》曾被用作我国《频伽藏》的底本。《万字续藏》搜集保存了大批在我国已失传的藏外典籍；《大正藏》体例新颖、使用方便，故均为学术界所重视。

现将这六部藏经简单介绍如下：

（1）《天海藏》，又名《宽永寺藏》《东山藏》或《倭藏》。日本江户时代在江户东山宽永寺所刻的汉文大藏经。由天海及征夷大将军、左大臣德川家光发起，雕刻于宽永十四年（1637）至庆安元年（1648）。全藏共收经一千四百五十三部，六千三百二十三卷，分作六百六十五函。丁字文函号从“天”至“税”（新刊目录作一千四百四十九部，五百九十九函，千字文函号从“天”到“最”）。本藏用木活字印刷，折装本。主要依据我国宋代《思溪藏》作底本，兼补以元《普宁藏》。印藏所用的木活字至今仍藏于乾王寺。经板藏于武藏以越喜多院、相模慈思寺等。

（2）《黄檗藏》，又名《铁眼藏》。日本江户时代所刻汉文大藏经。由铁眼道光发愿募劝，刊雕于宽文九年（1669）至延宝六年（1678）。经板刻于山城州宇治黄檗山宝藏院，印经房设在京都。这部大藏共收经一千六百十八部，七千三百七十四卷，分作七百三十四函，是据明《嘉兴藏》本覆刻的，但略有增补。字体、版式也与《嘉兴藏》本相同。当时资助此事的有隐元、妙宇等。刻成后曾进呈后西院上皇及将军纲吉等，因刻本颇有错漏，故曾于宝永三年（1706）至七年（1710）由京都法然院文澄；文政九年（1828）至天保七年（1836）由越前之顺艺两次据《高丽藏》校勘修订。现该藏板片尚存，藏于宇治黄檗山万福寺。印本在日本较为普遍。

（3）《弘教藏》，又名《大日本校订缩刷大藏经》《缩刷藏经》。日本东京弘教书院编印的汉文大藏经。由福田行诫等人主持。开始于明治十三年（1880），完成于明治十八年（1885）。共收经一千九百十六部，八千五百三十四卷（按另一种计算法为一千九百十八部，八千五百三十九卷。装订为四百十八册，分装成四十函。千字文函号自“天”到“霜”。用五号铅字排印）。

该藏采用我国明智旭在《阅藏知津》中所倡导的分类法，把全部大藏经分作经、律、论、秘密、杂藏等五大类，各类又立若干门。此外新设“日本撰述部”以收日本僧人的佛教著作。这部藏经的主体以《高丽藏》为底本，不足者以《普宁藏》补充，然后以《资福藏》《普宁藏》《嘉兴藏》等诸藏为校本。秘密部经轨则以日本旧传古本为底本，以《高丽藏》《资福藏》《普宁藏》《嘉兴藏》为校本。全文都加句逗。因印本有若干错漏，故此后来曾计划编印《大日本校订大藏经正误》，但因故中辍。该《正误》稿本现仍藏于日本大正大学图书馆。

（4）《万字藏》，全称《大日本校订训点大藏经》，又称《日本藏经书院大藏经》《万字大藏经》《训点大藏经》等。日本京都藏经书院编印的汉文大藏经。由滨田竹坡、米田无静等人发起并主持，开始于明治三十五年

（1902），完成于明治三十八年（1905），全藏共收经典一千六百二十五部，七千零八十二卷。用四号铅字排印，每页四十行，折为二个半页，每半页二十行，行二十二字。线装书册本，共计三百五十七册，分装三十七函。经文原有千字文函号，后因修订而失序，故此该函号实际并不起作用。本藏经主要汇集印度及中国的佛教著作，分经、律、论、西土中土撰集等四大部分。校勘较精，并且全文加断句，故使用尚称方便。全藏印完后不久，藏经书院失火，存书被焚殆尽，故流传之印本不多。近年来有影印本出版流行。

（5）《卍字续藏》，全称《大日本续藏经》，又名《卍字续大藏经》《日本藏经书院续藏经》《续藏》。日本京都藏经书院编印的汉文大藏经。由前田慧云、中野达慧等人发起。开始于明治三十八年（1905），完成于大正元年（1912）。该藏广泛搜集了中国与日本历代未入藏的佛教典籍，内容上至六朝遗编、唐宋章疏、下至清代学者的著述，还包括部分疑伪经典。但有关禅宗语录则收录得不多。全藏共收经典一千六百六十部，六千九百五十七卷。四号铅字排印，每页三十六行，折为二个半页，每半页十八行，行二十字，并设有校勘记栏。装订为二十四开线装本。全藏分三编，共七百五十一册，一百五十一函，每函五册（目录一函一册）。每编均自立门类，合计共分作经部、律部、论集部、密经轨部、大小乘释经部、大小乘释律部、大小乘释论部、诸宗著述部、礼忏部、史传部等十门六十三类。该藏编印时正值日俄战争，故每卷还载有战争中死亡的人员名单。全书印成后不久，存书同《卍字藏》一同被焚，故流传的印本不多。近年有影印本出版流传。

（6）《大正藏》，全称《大正新修大藏经》。日本大正一切经刊行会编印的汉文大藏经。开始于大正十三年（1924），完成于昭和九年（1934）。由高楠顺次郎、渡边海旭、小野玄妙等人主持。全藏共收各种经典、图像等三千三百六十部，一万三千五百二十卷，可分为三大部分：第一部分五十五册，收入印度、中国的佛教著作。第二部分三十册，其中二十九册收人日本的佛教著作，一册系古逸部、疑伪部，收入敦煌及日本古传的古逸、疑伪著作。第三部分十五册，其中十二册为图像，三册为《昭和法宝总目录》，网罗各种佛经目录。全藏总计一百册，每册约一千页上下，每页分上、中、下三栏，每栏二十九行，行十七字。全藏有断句。该藏以《高丽藏》为主要底本，在《弘教藏》校勘的基础上参校了《资福藏》《普宁藏》《嘉兴藏》（校记中称宋、元、明三藏），并对勘了日本古抄本藏经、巴利语、梵文经典。校勘记一律作脚注附于当页。本藏还改变了传统大藏经按大小乘分类的方法，改为按经典的基本内容分类。由于此藏使用方便、体例新颖，校勘精良，成为目前世界上影响最大，最为常用的汉文大藏经。1960年该藏曾再版，再版时个别内容略有修订。《大正藏》的主要缺点是断句多有不当；分类不尽合适；个别经典甚至有错乱经板，颠倒文义之处，修订时亦未能予以改正，影响了它的学术质量。

为了便于研究者更好地利用《大正藏》，由日本大谷大学等单位组成的“大藏经学术用语研究会”，依据该《大正藏》编印了《大正新修大正藏索引》，共四十八册，逐步将大藏经中的专用名词、法数、术语编为索引，为佛学研究提供了极大的方便。

近年来，中国台湾地区法鼓山中华佛教研究所已经将《大正藏》数字化并制作为光盘。

（方广锠）

四 写经

写经即手写本佛经。在刻本佛经，尤其是刻本大藏经产生之前，写经是我国佛典流通的主要形式。北宋以后，刻本大藏经取代了写经的地位，但写经仍因修福、供养而流传不绝，直至今日。

印度写经概述

古印度的经典最早是靠暗记默诵、口口相传来传承的。释迦牟尼传教四十五年，都是口头说法，没有留下书面的著作。释迦牟尼涅槃后，弟子们在灵鹫山举行第一结集，会诵释迦牟尼的遗教，也是口口相传，暗记默诵。

不过，古印度也有文字，最古老的文字甚至可以追溯到公元前三千年的印度河文明时代。由于印度没有纸张，于是便用其他东西作书写材料。如现在发现的印度河文明的文字就是刻写在各种质料的印章上的。在以后的生活实践中，古印度人民发明了用多罗树（一种棕榈树）的树叶作为书写载体以记录文书、经典。玄奘的《大唐西域记》提到多罗树，称："其叶长广，其色光润。诸国书写，莫不采用。"梵语称树叶为贝多罗，在中国则是把梵语字音的"贝"与汉文字义的"叶"组合在一起，称为"贝叶"，并且把用贝叶书写的经典称为"贝叶经"。由于印度的气候炎热潮湿，这种贝叶经很不便于长久保存，这也许就是古印度各宗教哲学派别宁肯暗记默诵而不愿意把经典书写在贝叶上的原因。

然而，一个人的记忆力再强，总有一定的局限。随着各宗教经典的增多，单凭记忆背诵全部经典就是一件十分困难的事了。于是，一些派别开始用贝叶书写自己的经典。

佛教最早从什么时候开始出现写经，这个问题现在已经很难考证。据《根本说一切有部毗奈耶》卷四十八，甘容夫人夜读佛经，还用桦皮、贝叶、笔墨、灯明来抄写佛经。可见在这部经典出现时，印度已经流行写经。在《般若》《法华》《宝积》《大集》等经典中，都有劝说写经和写经功德的内容。这说明当时人们已经把写经当作一项重要的宗教活动。如果说上面的材料还缺乏明确的年代，则据斯里兰卡《岛史》《大史》等经典记载，公元前一世纪，当地佛教长老便将三藏经典全部笔录下来。据《大唐西域记》卷三，公元二世纪，迦腻色迦王在迦湿弥罗举行一切有部的结集时，曾令胁尊者等把结集的《大毗婆沙论》刻写在铜牒上。从汉译佛教的情况也可以推知印度写经的概貌。东汉灵帝光和二年（179），支娄迦谶在洛阳译出的《道行般若经》《般舟三昧经》等，都有叙述写经功德的内容，说明在这以前，写经在印度已经相当普遍。综合上述材料，我们可以肯定，最迟到公元以前，写经已经在印度流行了。

写经在印度虽然已经流行，但不同的派别对写经的态度互有不同。一般来讲，小乘的许多派别仍然遵循古代口口相传的传统，反对将经典书写下来。如，《分别功德论》说："外国法，师徒相传，以口授相付，不听载文。"东晋法显到印度游历取经，发现当时北印度诸国"皆师师口传，无本可写"。正因为这样，当时来华的印度僧人，有不少是口诵自己记忆的经典，然后译出。如，《出三藏记集》卷十四载，佛陀耶舍十九岁时，就能背诵经典二百余万言。后到长安诵出《昙无德律》，姚兴恐怕他背诵的经典有错漏，令他背诵一般的书籍及药方各四十余纸，然后复校，结果一字不错。这说明口口相传这一传统在印度是如何根深蒂固。

但大乘各派则基本倾向于用文字书写、传承经典。如167年，印度沙门竺佛朔来华时，就带有《道行般若经》的梵文贝叶经。魏景元元年

（260），朱士行到于阗国，得到《放光般若经》的经本九十章六十余万言。随后敦煌菩萨竺法护到西域，求得各种大乘经典一百四十九部带回内地。这些情况都说明，大乘各派别的经典很早就以文字的形式传承。

总之，由于地域与派别的不同，佛典或口传，或书写，各有侧重，互不相同。当然，早期小乘长老虽然不将佛典载文，但随着时代的前进，后来一般均随同潮流开始把本派传承的三藏用文字记录下来。这只要看玄奘把许多小乘派别的三藏经典带回中国一事，就可以明了。

中国历代写经概述

中国是一个文明古国，中国人从来有着强烈的历史意识。中国古老的文献《尚书》称："惟殷先人，有册有典。"册是简牍，典是龟甲。说明早在殷商时期，我国已经有了书面文献。不但如此，历代的统治者还特别重视收集与整理各种文献资料，把它当作经世治国的一件大事。在这种文化氛围的笼罩下，传入中国的佛教，也特别重视佛经的传写与整理。另外，佛教自来认为，抄写佛经，以广流传是一件有大功德的事。所以，写经也是中国佛教徒修持的一件大事，僧俗人等都孜孜从事写经，以表达自己对佛教的无限崇敬，以及对自己内心的净化。

西汉末年佛教传入中国，第一部汉译佛经《浮屠经》译出，就以抄本形式流传开来。东汉永平年间《四十二章经》译出，即为许多人所重视，汉襄楷给皇帝的奏疏中还引用了《四十二章经》的内容。其后，安世高、支谦等人的译经也都是以各种写本的形式流传下来。据《出三藏记集》载，东晋道安见到的各种佛经已有五百八十五部，八百五十七卷。而梁僧祐所见的佛经又远多于道安，由此可见当时写经之盛。

当时从事写经的人，既有出家的僧人，也有在家的信士。信士中既有普通百姓，也有将相帝王。例如，北齐慧思、竟陵王萧子良、魏安丰王延明、中山王熙、宋武帝、南齐高帝、梁简文帝等均曾抄写佛经。

南北朝时，我国的大藏经已经形成，因此，人们更把传抄大藏经作为做功德的一个重要途径。一部大藏，其时至少已有三千卷，但僧俗人等以极大的毅力修造大藏，几乎每一个朝代都修造多部。例如梁僧祐曾聚集了各种写经，在金陵定林上寺和建初寺建立经藏二所。陈尚书徐陵曾写经一藏。江总也写经一藏计三千七百五十二卷。南齐明帝敕写一切经。陈武帝敕写一切经十二藏。陈文帝敕写五十藏。陈宣帝敕写十二藏。北魏武帝也曾令人传写一切经。魏司徒北海王祥与司牧高阳王雍也书写一切经十二藏。北齐孝昭帝为先帝写一切经十二藏，合三万八千零四十七卷。齐广宁王孝衍写一切经三千余卷。现在流传下来的梁宝唱《众经目录》、魏李廓《众经目录》、北齐法上《众经目录》，还有保存在《广弘明集》中的《齐三部一切经愿文》《周经藏愿文》等就是当时传写大藏经盛况的明证。

隋代帝王崇信佛教，写经事业更为兴盛。据《隋书·经籍志》载："开皇元年（581），普诏天下营造经像。京师及并州、洛州诸大都邑之处，并官写一切经置于寺内。而又别写，藏于秘阁。至于民间写经，多于六经数十百倍。"

炀帝还建宝台四藏，收藏写本佛典十万轴，自撰《宝台经愿文》以记其事。《隋书·经籍志》又载，大业中，炀帝命沙门智果在东都（洛阳）内道场修造皇家大藏，分别条贯，立为三部十一类，共收经一千九百五十部，六千一百九十八卷。当时的高僧也纷纷从事修造大藏。如天台智𫖮曾领导徒众书写一切经十五藏。宝室寺法藏于大业五年（609）也在洛交县韦川城寺以及隋京旧月爱寺修造大藏。

入唐以后，佛教更盛，写经修福，蔚为风尚。贞观五年（631），太宗令苑内德业寺、延兴寺为回向皇后书写大藏经。贞观九年（635），"奉敕苑内写一切经。大总持寺僧智通共使人秘书郎褚遂良等，附新译校定申奏，奉教施行"（《众经目录》卷一）。贞观十六年（642），又敕为太穆太后写佛教大藏经，"敕选法师十人校正"（《释氏稽古略》卷三）。不仅唐太宗热心造藏，太子也是如此。贞观十一年（637）四月，"皇太子（即李承乾——方按）于延兴寺造一切经”（《众经目录》卷一）。唐高宗李治登基后，显庆年间，下令在西明寺御造藏经，该藏由著名高僧道宣负责编目监护，其目录即已佚之《西明寺录》。龙朔三年（663）正月，又在敬爱寺写一切经，沙门惠概、明玉、神察、道英、昙邃等十人参加校勘三年，写得新旧经共八百十六部，四千零六十六卷入藏。其目录即沙门静泰所编的《众经目录》，录内详述了这次造藏的始末。此外，为了奖掖玄奘译经的功绩，高宗还特意为玄奘造藏。事见玄奘《谢得一切经表》：“前降明敕，遣造一切经。欲使载金言于素叠，非止鹤林；启玉宇於霜螺，宁惟鹿苑。香檀别轴，掩瞻卜之芳；乡组裁帙，夺彩霞之鲜。”（《大慈恩寺三藏法师传》）此后，武则天、唐玄宗、肃宗、德宗、懿宗诸帝，几乎都曾修造过大藏。现存的《大周刊定众经目录》《贞元新定释教目录》就是武则天及唐德宗时所造大藏经的目录。除了抄写整部大藏经之外，唐代官方也曾抄写某一部或某几部经典，颁赐各地，广为散发。

当时民间抄经造藏的风气也十分盛行。首先，各大寺院纷纷书写大藏经，如著名的《大唐内典录》《开元释教录》就是当时写经入藏的实录。其次，很多私人也纷纷修造藏经。在佛教的史传著作中，有关的记载数不胜数。

抄经造藏之所以成为当时佛教活动的一个重要内容，这一方面是由于不少僧人出于各种原因重视读经转藏，故此必须具足经本、藏经。另一方面也是由于佛典崇拜思想的流行。因为佛典是佛教的代表，抄写、受持有莫大的功德，可由此得到解脱。甚至可以因为造藏而得以成佛。《全唐文》卷五百三十顾况撰《虎邱西寺经藏碑》称：“譬如无根，安得有华？故觉华长者得定光如来授记、鹿仙长者得释迦如来授记、宝手菩萨得空王如来授记，皆因造藏而得作佛。”在这种思想的指导下，虔诚的四部弟子们穷年累月，竭尽心力以修造藏经，其毅力，其精神都足以令后人敬佩。

一部大藏，五千余卷，在当时条件下要修造完具，的确不是一件容易的事。故有时人们往往抄写某一部或某几部功德最大的经，以代表整部大藏。这一类记载在僧传、正史以及敦煌遗书中甚多，如仅抄《金刚经》，视它作“经中之王”；仅抄《般若心经》，认为“功德无穷”；又有仅抄《大般若》《法华经》；等等。《全唐文》卷七百三十，李肇《东林寺藏经碑铭并序》谈及当时写经造藏情况时说：“历代精舍，能者藏之。方之兰台秘阁，而不系之官府也。五都之市，十室之邑，必设书写之肆。惟王公达于众庶，靡不求之。以至邀福佑，防患难。严之堂室，载之车舟。此其所以浩瀚于九流也。”对唐代的民间写经，做了生动而全面的描写。

唐末五代佛教虽然渐趋衰微，但帝王及民间写经造藏之风仍不减当年。“会昌废佛”时，虽然全国的佛经受到极大的破坏，但大中年间佛教复兴，一时间天下大动，大藏经又纷纷被恢复起来。五代十国时，各地都曾修造过大藏经，不少藏经豪华精致，至今为人们称颂。

由于雕版印刷术的发展，北宋初年出现了版刻的《开宝藏》。此后，各种刻本大藏经陆续涌现。刻本藏经逐渐替代了写本藏经，各地的写本藏经便日渐减少。虽然如此，不少人为了修建功德仍然热衷于写本藏经的修造。如宋太祖、宋太宗曾诏令成都书写金银字大藏经好几藏。有的藏于大内，请高僧转经以修功德；有的颁赐给周边诸国，成为与诸国友好往来的信物。元祐三年（1088），高丽义天曾以金写晋、唐译三种《华严经》一百八十卷供养于杭州慧因寺。元世祖至元三十一年（1294），也曾敕命沙门与儒生共写金字大藏经一藏。至治三年（1323），元英宗又诏僧、儒书写金字大藏经。此外，元代在至正年间、后至元年间，都曾书写过金字大藏经。由于此时的写经主要已经不是用来阅读，而是修积功德，由此，它们一般都修造得十分华贵精致，具有较高的艺术价值。直至今日，各地的佛教信徒间或仍有用纸墨写经、金银写经乃至用血写经以供养三宝的。

写经形态种种

由于各自的目的不同，所以古来写经的形态也呈现出百花齐放的局面。

首先，古代写经最初、最重要的目的是为了流传阅读，所以是随着佛经的翻译而随译随写。关于这一点，许多经典的序、跋交代得非常清楚。如，《阿惟越致遮经·出经后记》称："太康五年（284）十月十四日，菩萨沙门法护於敦煌从龟兹副使美子侯得此梵书《不退转法轮经》，口敷晋言，授沙门法乘，使流布。一切咸悉闻知。"（《出三藏记集》卷七）又如《魔逆经·出经后记》称："太康十年（289）十二月二日，月氏菩萨法护手执梵书，口宣晋言，聂道真笔受，于洛阳城西白马寺中始出，折显元写，使功德流布，一切蒙福度脱。"（《出三藏记集》卷七）贞观二十二年（648），唐太宗敕写玄奘新译的诸经论，颁赐全国，这都是译后即写的实例。

其次是为了供养或祈愿而写经。自从佛经被人作为法宝崇奉以来，这一类写经为数最多。这类经，一般来讲，修造均较考究、精致。《法华传记》卷八载，南齐高帝曾用香汁和墨，手写《法华经》八部，又写金字《法华经》二部。写后均以五香厨供养。《华严经传记》卷五称，唐朝僧人修德发愿手写《华严经》，为此在庭院植楮树三年，灌以香水。楮树成材后，洁净造纸，召善书人恭敬斋戒、沐浴、净衣、焚香、礼忏书写。民间写经，大多是为自己或亲友回向作福，希望离苦得乐，往生净土，或自他成佛等。帝王写经造藏，则大多为"愿国祚遐长，民臣休庆，四方内附，万国现前，六趣怨亲，同登正觉"（北周王褒《周藏经愿文》）。后世刻本藏经流通之后继续出现的写经，大抵属于这一类。

再次是为了讲习、诵持而写经。讲习、诵持是寺庙宗教活动的重要方面。为此，必须要有相应的经典，这些经典，主要靠寺庙僧人自己抄写。如南齐僧人慧进誓诵《法华经》，聚众信施写成《法华经》一百部。隋吉藏曾书写《法华经》二千部，讲习二百遍。北魏安丰王延明、中山王熙建立道场，斋讲相续，用香汁与墨书写《华严经》一百部。敦煌遗书中现在保存的一大批《瑜伽师地论》，不少都有朱笔科分，这是吐蕃时期敦煌高僧法成给弟子们讲述该论时用的。另外，因为大部经典篇幅浩繁，为了化繁为简，便于受持，古时还出现不少摘录大经而成的抄经。如南齐竟陵王萧子良写有《抄华严经》《抄方等大集经》《抄菩萨地经》等十几种。也有些抄经则是把不同经典中论述同一个主题的内容抄集在一起，以便于阅读、受持，如《经律异相》《法苑珠林》等。

又次是为了修造经藏而抄集一切经。关于这一点，上面已经有所叙述。“会昌废佛”以前，由于修造经藏的有帝王、官宦、僧人，所以修造藏经的情况也不尽相同。加之各地佛教的发展并不平衡，经典的收存情况也不相同，所以各地的藏经有很大的差别。同一个地区，不同时代、不同寺庙所造的藏经也互有不同。以京师而言，隋代的经藏与唐代的经藏便大不相同。而唐代不同帝王修造经藏也互不相同。即使同一个帝王，如唐高宗前后修造几部藏经，也互有差别。各地所修造的经藏，有的主要是供阅读的；有的主要是供供养的。所以它们的质量也有很大的差异。“会昌废佛”以后，全国的经藏逐渐统一到《开元录・入藏录》的基础上，这为刻本藏经的产生创造了有利条件。

最后是为刻经而写经。历代雕版印刷大藏经，在刻板以前都要先写好底稿，然后照着刊刻。如《开宝藏》《契丹藏》等都是这样刻成的。现在不少藏经的卷面上还附有某某书写的字样。为了刻造大藏经而与经，一般都要找那些字写得好的，对佛教十分虔诚的书手，沐浴敬香，正意诚写。当然，也有的大藏经不是依据手写佛经刊刻，而是用前代的藏经覆刻而成，比如《赵城金藏》就是这样刻成的。

应该说明，就大部分佛教高僧来讲，抄写佛经是为了阅读，钻研佛理，以求涅槃解脱。但对于一般的佛教信徒来讲，抄写佛经则主要是为了做功德。由于是出于做功德这么一种心理，所以他们抄写的佛经都特别考究，精美。不少人用金银磨成粉，调和为墨，书写佛经乃至整部大藏经。如日本到中国求法高僧圆仁在《入唐求法巡礼行记》卷三提到，在五台山金阁寺普贤道场经藏阁内，供养着金银字写经六千余卷，都用白檀玉牙轴装潢着。在敦煌莫高窟藏经洞，也发现不少用金银写的佛经。此外，在释迦牟尼舍身求法精神的感召之下，也有僧人剥肤为纸，刺血写经。用这种常人难以忍受的苦行，表达自己对佛教的无比虔敬，实践布施波罗蜜多之最上菩萨行。《宋高僧传·文纲传》载：文纲曾“刺血书经，向六百卷”。《金石萃编》卷一百零四谓：僧楚金曾以“顶中之血，刺写经王”。《全唐文》卷七百八十二载，洛阳龙兴寺镇国般舟道场均上人写“经千卷，经以皮为纸，以血为墨。书写经戒，亦菩萨之行也”。

上面是事物的一个方面。另一方面，有些僧人认为抄经造像乃本末倒置，并非解脱之通衢。《金石萃编》卷七十一《大唐净域寺故大德法藏禅师塔铭并序》叙述，法藏认为：“熔金为象，非本也；裂素抄经，是末也。”他主张“贱末贵本，背伪归真，求诸如来，取诸佛性”。禅宗自称“教外别传”，主张以心传心的离文字学，对大藏经的态度比较消极。他们认为：“经论是纸墨文字。纸墨文字者，俱是空设于声上，建立名句等法，无非是空。”（《五灯会元》）不过，这只是当时禅宗的总体倾向，其实当时乃至后代都有不少禅宗僧人参与转藏、造藏、写经等活动。

写本藏经的类型

我国的刻本大藏经，除了《嘉兴藏》之《续藏》《又续藏》专收中华佛教撰著以外，一般均以收域外译典为主。但写本藏经的情况却完全不同。古代的写本藏经，既有以收域外译典为主的传统的正藏，也有专收中华佛教撰著的别藏，还有宗派性、专题性的文汇，如天台教典、毗尼藏、禅藏等。

1. 正藏

所谓“正藏”，系指依据流通的正式藏经目录编纂的大藏经，它的标准形态即诸朝之皇家官藏。这种藏经一般均由历代翻译的佛经组成，有的酌量收入部分中华撰述。《法经录》《仁寿录》《大周录》《开元录》《贞元录》等诸经录及经录中的《入藏录》就是标准的正藏目录。

正藏的规模随着时代的不同而变化。

隋《法经录》共收经五千三百一十卷，但其中的别生、疑惑、伪妄诸经是不入藏的，故实际入藏数为四千一百七十卷。其中，中华撰述七百七十八卷，翻译经典三千三百九十二卷。

《历代三宝记·入藏录》收经三千三百二十五卷，全部是西土翻译经典。

《仁寿录》共收经五千零五十九卷，其中单本、重翻、贤圣集传三录共收经二千五百三十三卷，为见入藏录。全部是西土翻译经典。

智果所编皇家大藏共收经六千一百九十八卷。其中，中华撰述约一千一百二十七卷，西土翻译五千余卷。

上面是隋代藏经的大致情况。其中《仁寿录》总收经数与《法经录》差不多，但见入藏数却差八百五十九卷，但如考虑到《仁寿录》著录有阙本经七百七十四卷，加之别生、疑惑等目均较严格，故两录的相差是可以理解的。《智果录》数字大大超出前述三录，原因何在？由于《智果录》已佚，故无从臆测。要之，隋代西土翻译经典已在三千三百卷以上，这是可以信从的。

入唐以后，仅唐玄奘就译出七十五部，一千三百三十五卷。这样，到高宗朝，译经总数已达五千卷左右，故道宣《内典录·序》称："今译从于方言，大约五千余卷。"同时代的道世也几次提到这个数字，"前后宝轴，几向五千"。"总有一十八代所出众经五千余卷气"时经六百，翻译方言，卷数五千"（《法苑珠林》卷一百）。

据《开元录》著录统计，自玄奘后至玄宗开元十八年前这几十年中，共译经一百九十二部，六百五十二卷。如加上《开元录》未载的义净译经四十六部，一百八十九卷，总数则达二百三十六部，八百四十一卷。也就是说，此时的翻译典籍已近六千卷。又，据《开元录》，其《有译有本录》著录五千零四十八卷，《有译无本录》著录一千九百八十卷，总数合计七千零二十八卷。考虑到《有译无本录》所著录的经典不少其时已亡佚，另外，在五千四十八卷中还包括了部分中国人撰述。故当时翻译经典在五千至六千卷之间，还是可以相信的。

圆照《续开元录》共著录开元十八年之后到《贞元录》止，四朝应制所翻经论及念诵法并修疏记碑表录集等，总三百四十五卷。其中，二百零一卷是翻译著作。这样，到贞元年间，我国所译的佛典总数大约是六千卷。

我们知道，《开元录·入藏录》共收经一千零七十六部，五千零四十八卷，分作四百八十帙。《贞元录·入藏录》共收经一千二百五十六部，五千三百七十八卷，分作五百零九帙。它们都未能把所有的翻译佛典搜罗齐全。当然，在古代条件下，那几乎是不可能的。

从各种史传、金石材料可知，“会昌废佛”之前，我国的正藏因时、因地、因修造者之不同而不同，没有一个统一的标准。如天宝年间，杨国忠施人五台山清凉寺的大藏经是五千零四十八卷，鉴真写一切经三部，各一万一千卷。元和、长兴年间，内侍梁守谦所造大藏经为五千三百二十七卷。白居易在苏州南禅寺所造的大藏经为五千零五十八卷，而在香山寺所造藏经则为五千二百七十卷。圆仁在五台山看到的大藏经则为六千余卷。“会昌废佛”后，全国佛教受到沉重的打击，经像毁损严重。废佛浪潮过去以后，全国各地陆续以《开元录·入藏录》为标准来恢复、检点本地的大藏经，从而在客观上使全国各地的大藏经得以统一，以数使“五千零四十八卷”这一数字成为大藏经一藏的代名词。

2. 别藏

“别藏”与“正藏”相对，主要收正藏未载的中华撰述。有的别藏也兼收一些正藏未及收入的翻译典籍。

中国人的撰述，反映了中国人对印度佛教的理解与发展，体现了中国佛教的特点。隋唐以来，中国人撰述的各类佛教著作，包括对经律论的疏释、各类论著、纂集、史地、编著、目录、音义、礼忏等，汗牛充栋。由于历代编纂经录的僧人未充分注意这些著作，没有收集整理编目，使它们绝大多数已亡佚无存，这是十分可惜的。尤其中唐以后，中国佛教各派林立，各派僧人为阐述本派教义，多所撰述。有学者称这一时代为“宗释时期”，这一时期的中华撰述对我们研究中国佛教尤其具有重要意义。

梁僧祐《出三藏记集》已经著录了若干中华佛教撰著，隋费长房《历代三宝记》则著录得更为详细。但他们仅把这些著作著录下来，并没有把它们专门汇为一集。最早把中华撰著汇集在一起的，据目前资料，是隋智果所编的藏经。据《隋书·经籍志》，它共收经律论疏书及记一千一百二十七卷。后来，唐高宗敕编的西明寺大藏曾设有杂藏，专收法苑、法集、僧史之类的中华撰著。可惜西明寺大藏的目录没有能够留存下来。不过，西明寺大藏是道宣主持编纂的，《法苑珠林》的作者道世与道宣同时，均在西明寺，且同为一时人望。道世在《法苑珠林》卷一百中列举了一批中华佛教撰著的名称，说：“古今道俗英贤博学，依傍佛经，所出百家诸子，向有三千多卷。”又称：“英俊道俗，依傍圣宗，所出文记三千余卷，庄严佛法，显扬圣教，文华旨奥，殊妙可观。历代隐显，部帙散落，虽有大数，不足者多。寻访长安，减向千卷。”这个数字与智果录相符，这些经籍想必收藏在长安某寺院的大藏中。西明寺的皇家敕造大藏所收之中华撰述或者就是这个规模。

到了玄宗年间，长安的中国撰述数目显著增加。《全唐文》卷二百六十四，李邕撰《五台山清凉寺碑》称：“天宝七载，贵妃兄银青光禄大夫宏农县开国男上柱国鸿胪卿杨銛奉为圣主写一切经五千四十八卷。般若四教大台论疏二千卷，俾镇寺焉。”杨銛即杨国忠，是个贵族，不可能到处去访逸搜缺，这二千卷中华撰著想必保存在长安某寺的大藏中。

上面是长安的情况。外地的情况大致相同。

《全唐文》卷九百一十八，《唐湖州大云寺故禅师禹公碑铭并序》载，禹公“前后写经二藏，凡一万六千卷。不以皮为纸，不以血为墨，是身臭秽，靡洁书写，非难舍哉”。禹公，俗姓沈，吴兴人，卒于天宝十三载，年岁不详。他写经二藏，一万六千卷，平均每藏八千卷，其时大藏经中西土翻译五千余卷，则中土的撰述有二千余卷，与杨国忠抄经的年代，经数均大体相符。

道世《法苑珠林》卷一百在谈到长安有一千余卷中华撰述后，接着说：“唯闻卢山东林之寺，即是晋时慧远法师所造伽兰，纲维住持一切诸经以及杂集，各造别藏安置并足。知事守固，禁掌极牢，更相替代，传授领致。虑后法灭，知教全焉。”道世没有讲卢山所收中华撰述到底有多少，但从上下文看，道世认为卢山东林寺的别藏应超出长安的一千卷这一致字。

《全唐文》卷七百二十一李肇撰《东林寺经藏碑铭并序》谈到这个问题。文内称：“庐山，山岳之神秀，而东西林为海内名刹，有慧远、道安之遗风。四百余年，钟磬之音不绝，然而三藏经论阙面无补。”该文写于唐宣宗元和年间，据此，从唐高宗到唐宣宗的一百余年间，东林寺所存别藏亦颇有亡佚。文章接着叙述了元和四年（809）云门僧灵彻至此，得到江南西道观察使武阳公韦丹资助，并请浮槎寺僧义彤主持重修大藏的经过。“初，彤公受具于庐山浮槎寺，尝讨大藏，恶其部帙繁乱，将理之不可。遂发私誓，四十余夏，果得志焉。于是搜远近之逸函坠卷，目在辞亡者得之，互文合部者兼之，断品独行者类之，本同名异者存之，以伪乱真者标之。又病前贤编次不以注疏入藏，非尊师之意。并开元庚午之后，洎德宗神武孝文皇帝之季年，相继新译，大凡七目，四千九百余卷，立为别藏。著杂录七卷以条贯之。命《开元崇福旧录》。总一万卷。举藏以志函，随函以命轴。”

从上述五台山清凉寺、庐山东林寺的情况看，这些中国人的撰述，都是在正藏之外另行庋藏。东林寺的情况比较典型，分有七目，每目有录一卷，合编为《开元崇福旧录》。五台山清凉寺别藏，文内虽没有提及，想必也另有目录。《法苑珠林》所述长安的一千卷撰述，依据道世的叙述及我们对长安佛藏的了解，想必既有纳于正藏内，也有藏外别存的。湖州大云寺将两部大藏合在一起计算，情况就不太清楚了。

综上所述，这一阶段，在长安及其他地区的一些寺庙中，收有不少中国人的撰述，唐高宗时，它被称作杂藏，作为正藏的一个部分。此后一般都把它们作为别藏，另立于正藏之外。后《嘉兴续藏》《又续藏》之所以能搜集不少古代的撰疏，大约与这类别藏有直接关系。可惜注意收集，整理中国撰著而立别藏的有心人不是很多，这类别藏只在少数地方才有，所编目录也未能推广流传，致使大量典籍湮没无闻。

应该指出的是，虽然立有别藏的寺院是少数，但在大部分寺院中，多少都保存有一些中国人的撰述。例如《全唐文》卷二百三十五，《法华寺戒坛院碑》提到，玄俨律师“名动京师……浚还江左，偏宏《四分》。因著《辅篇记》十卷，《羯磨述章》三篇，至今僧徒，远近传写”。又称，玄俨“采摭旧学，撰《金刚义疏》七卷，古德所不解，先达所不详，咸皆发挥光明，如指诸掌”。又如《续高僧传》卷二十《法融传》载：“又往丹阳南牛头山佛窟寺，现有辟支佛窟，因得名焉。有七藏经画：一佛经，二道书，三佛经史，四俗经史，五医方图符。昔宋初有刘司空造寺，其家巨富，用仿写之。永镇山寺，相传守护。”这虽是初唐的事，亦可作此时寺院藏书之参考。类似的记载，在僧史、关于僧人的碑铭中俯拾皆是。这些著作，自然都保存在这些僧人所在的寺庙及流通所及的寺庙中。由于数量有限，无人专门整理；因此未被专立为别藏。根据敦煌龙兴寺的情况（参见拙著《佛教大藏经史》第二章、第二节），可能是与正藏存放在一起，但未列入正藏目录之内。根据本节前述正藏的情况，有的也可能被纳入正藏，编入本寺的寺藏目录。当时不少寺院都有自己的藏经目录，上面所载的经典常有正藏所不收者。如敦煌遗书《金光明经传》，谈到张居道据某寺藏经目录访经。又，有些私人亦收藏有藏经目录。敦煌遗书北八二九〇号载黄仕强向彭慧通借经目，该经目上载有正藏不收之《证明经》，并注明何处有此经。

3. 天台教典

天台教典是由天台宗编纂，以阐述、弘扬本宗宗义的典籍集成。它最初由灌顶编纂而成，内容大体包悟慧思、智顗、灌顶等人的著作。其后，随着天台宗的日益发展，天台教典的内容也进一步增益丰富，“会昌废佛”之前，它被称作“疏论”“论疏”“教迹”。“会昌废佛”之后，则称作“教迹”“教典”“教籍”“教文”“教卷”“教乘”。北宋时，还有称作“教部”或“台宗典籍”的。

天台教典的规模依时代之不同而有差异。据贞元年间入唐求法的日本僧人最澄之《传教大师将来台州录》，贞元年间的天台教典约为十八帙，九十二部，二百四十二卷，计六千七百五十九纸。如依标准的写经格式，则大约有三百二十万字。共分作法华部、止观部、禅门部、维摩部、涅槃部、杂疏部等六部。经会昌灭法以及唐末农民战争，天台教典曾有毁损。五代时在吴越王的支持下，遣使从朝鲜、日本访回亡坠经文，基本恢复了天台教典的原貌。北宋天圣年间，天台教典获准入藏，从此失去独立存在的地位。

4. 毗尼藏

其时，律宗还别立有毗尼藏。

《柳河东集》卷七，《南岳大明寺律和尚碑并序》载，“广德二年（764），始立大明寺于衡山，诏选居寺僧二十一人，师（指僧惠闻，开元二十一年生，贞元十三年卒——方按）为之首。乾元元年（758）又命衡山立毗尼藏。诏选讲律僧七人，师应其数”。惠闻，僧史无传。《宋高僧传》卷二十一有《慧闻传》，系另一同名僧人，上文中两年号前后颠倒，有误，但原文如此。这条材料说明毗尼藏的存在已引起人们的重视，故皇帝下敕令造。据此，毗尼藏的出现应在这以前。事情确实如此：

《宋高僧传·文纲传》载，“释文纲，姓孔氏，会稽人。……寻诣京兆沙门道成律师禀毗尼藏”。文纲历中宗、睿宗、则天、玄宗四代，被称为“一时法主，四朝帝师”。是当时著名的律宗僧人。寂于开元十五年（727），终年九十二岁。

《宋高僧传·昙一传》载，“释昙一，姓张氏，盖韩人也。……开元五年（717）西游长安，依观音寺大亮律师传毗尼藏”。他寂于大历六年

（771），终年八十岁。《宋高僧传》称他“声振京华，道高吴会”，也是著名的律宗僧人。

上两条材料说明，早在初唐、中唐时，毗尼藏已经出现。

《全唐文》卷六百八十九，符载元和二年（807）撰《梵阁寺常准上人精院记》谓：“毗尼大藏，启其关锁。”是说该精院藏有毗尼藏。这是“会昌废佛”之前的事。

综合上述材料，可知律宗形成后不久，便产生了毗尼藏，在社会上有一定的影响。

由于没有目录流传，毗尼藏的结构形式已无从探索。但顾名思义，它将所有关于戒律的典籍会聚在一起而形成：其中想必既包括西土的翻译，也包括中华的撰述。例如道宣、怀素的不少著作，均未被当时的正藏所收，很可能就是通过毗尼藏这种形式而保存下来。另一点可以肯定的是，毗尼藏独立于正藏、别藏之外，另成体系。佛教向来有经、律、论三藏的说法。因此，毗尼藏的出现，从佛藏理论的角度来说，是完全可以被时人所接受的。南宋时，毗尼藏所收典籍被纳入正藏。

5. 禅藏

《金石萃编》卷一百一十四，《全唐文》卷七百四十三载裴休撰《唐故圭峰定慧禅师传法碑并序》称“圭峰禅师，号宗密，姓何氏，果州西充县人。……初在蜀，因斋次受经，得《圆觉》十三章，深游义趣，遂传《圆觉》。在汉上，因病僧付《花严句义》，未尝听受，遂讲《花严》。自后乃著《圆觉》《花严》及《涅槃》《金刚》《起信》《唯识》《盂兰》《法界观》《行愿经》等疏钞，及法义、类例、礼忏、修证、图传（《全唐文》作‘图书’——方按）、纂略。又集诸宗禅言为禅藏，总而叙之。并酬答、书、偈、议论等，凡九十余卷”。《宋高僧传·宗密传》文字大同小异。唯称著述二百许卷。

《释氏稽古略》中也有关于该禅藏的记叙：“终南山圭峰禅师宗密……以禅教学者互相非毁，遂著《禅源诸诠》，写录诸家所述诠表禅门根源道理文字句偈，集为一藏，以贻后代。”（《大正藏》，第四十九卷，第八百二十一页下）裴休在《释宗密禅源谱诠序》中，对宗密编集这一禅藏的原因做了说明，并对禅藏做了高度评价。他说“圭峰禅师集禅源诸诠为禅藏而都序之，河东裴休曰：‘未曾有也！’……（圭峰大师）以如来三种教义印禅宗三种法门，融瓶、盘、钗、钏为一金；搅酥、酪、醍醐为一味。振纲领而举者皆顺；据会要而来者同趋”。他盛赞宗密，将其与释迦牟尼并提，“世尊为阐教之主，吾师为会教之人”。并称禅藏“本末相扶，远近相照，可谓毕一代时教之能事矣”（《全唐文》卷七百四十三）。很显然，在裴休看来，这部禅藏完全可以与释迦牟尼的一代教法——大藏经——相比美。据《新唐书·艺文志》，宗密的这部《禅源诸诠集》共一百零一卷，但据敦煌遗书台北“中央”图书馆藏一百三十三号，则该禅藏为一百三十卷。与汉文大藏经相比，篇幅实不足道，然而径直称之为“藏”，可见时人对它十分重视。

该禅藏现不存，亦未见目录传世。但宗密为该藏所著总序《禅源诸诠集都序》四卷尚存，据此可以大体了解禅藏的结构与内容。

写经的装帧写格式

在折装本佛经出现以前，我国的书籍大多为卷轴式，佛教写经也不例外。当时的书写方式是：抄写时，第一张纸起首空二行，先写书名，另起一行写正文。正文写完后，末尾另起一行再写书名，卷数。有时还写上抄写人姓名、抄写时间、用纸数、字数甚至校书人、审阅人的姓名等。不少还附有抄写人的题记。在此，敦煌遗书为我们提供了研究古代抄号格式的实物资料。内容较长的书，一张纸抄不完，可换一张纸接着抄，有时也接抄在背面。一部用多张纸抄写的书，抄完之后，便按顺序把它们粘接起来，成一横幅。横幅的长短视内容多少不等，短卷有两三张纸，长卷有十几张，甚至几十张的。为保护纸张不致皱折、损毁，在最后一张纸的左端粘裹一根木棍，称作“轴”。然后从左向右卷起，成为一束，称为“一卷”。书籍的这种装帧形式也就称为“卷轴式”。轴的长度一般比纸的宽度略长，卷起后，两端露出轴头。轴一般用竹、木制成，考究的则用象牙、玉石、琉璃、玳瑁、紫檀另制轴头，镶嵌在轴的两端。陆士衡《要览》云：“二王暮年，书胜于少。其缣素以珊瑚为轴；纸书以金为轴，次玳瑁、旃檀为轴。”《隋书·经籍志》称：“炀帝即位，秘阁之书，限写五十副本，分为三品：上品红琉璃轴，中品绀琉璃轴；下品漆轴。”讲的就是这种情况。为了保护书的内容不受污损，在第一张纸前还加粘一张空白纸，考究者可用绢、绫等丝织品，称作“护首”“包头”。然后系上带，把卷子捆扎起来。为便于书卷的保存，每五或十卷左右合为一帙，用帙皮包卷起来，帙皮义称“书衣”，有用竹、布做的，考究的则用帛、锦等做成。另外，也有将卷轴装于囊中的。卷轴的存放方法是平放在书架上，把轴的一端向外，取阅时抽出，归还时插入。《全唐文》卷四百四十三，吕牧《书轴赋》称“饰以金玉，交以丹漆。乍骈首于青案，或周身于帙”，做了生动的描绘。

卷轴本的书籍，书名一般写在卷首，一打开就能看见。为方便起见，有的写在卷首的背面，称为“书签”，这样一抽出卷轴，不用打开就能看见。在敦煌遗书中常可见到这类书签，但是，如果书籍积累得多了，堆放在书架上，书签就被压住，无法一目了然。为此，古人便在轴头上用丝线悬挂上一个牌子标明该卷的书名，卷次等，也叫“书签”。这种书签考究者用象牙等珍贵质料做成。韩愈《送诸葛觉往随州读书诗》说：“邺侯家多书，插架三万轴，一一悬牙签，新若手未触。”说的就是这种情况。

采用牙签，固然方便得多，但如从大批藏书中检索所需书籍，放眼望去，一片丝悬牙签，牵牵挂挂，仍颇烦琐困难。故古人便设想新的方法。如前述炀帝时以红琉璃轴、绀琉璃轴、漆轴来区分上、中、下三品。又，《大唐六典》载：唐代内府藏书，“其经库书，钿白牙轴，黄带，红牙签；史库书，钿青牙轴，缥带，绿牙签；子库书，紫檀轴，紫带，碧牙签；集库书，绿牙轴，朱带，白牙签”。这是以轴、带、牙签颜色的区别来标志其内容的不同，以为检索之提示。

佛教典籍最初采用什么方法做标志？现缺乏文字资料来说明。但从敦煌写经所显示的形态，则可以想见，大约与社会上流通的一般方法并无二致。较迟的《大唐内典录》称："帙、轴、签、榜，标显名目。"（《大正藏》，第五十五卷，第三百零二页中）既然道宣时尚是如此，则前此的情况亦可以由此推得。

除了卷轴装之外，在敦煌遗书中还存有梵夹装、经折装、粘叶装、缝缋装、混合装等各种装帧形式的佛教经典。梵夹装系受印度贝叶经的影响，自不待言。其他各种装帧形式的出现，预示我国书籍装帧史的一场革命正要到来。不过，在当时，占主导地位的仍是卷轴装。

古代写经起先并无一定的规则。每张纸写多少行，每行写多少字无定式，完全由抄写者自己掌握。但后来形成一定的格式。从敦煌写经看，唐代最标准的格式是每张纸抄二十八行，每行抄十七字。如果是七言偈颂，则每行抄二句。如果是五言偈颂，则每行抄四句。这种抄写方式与宋知礼在《金光明经文句记》卷三中的记载完全一致。由于写经的抄写规格统一，因此不少经录都在每部经下注明该经所用纸数，凭借这些纸数的记载，就可以知道该经的大体篇幅。这样，既利于抄经，也利于据此辨别真伪正误，防止同名异经的窜入。唐代僧尼试经，均规定以多少纸为度，这也是建立在抄经格式统一的基础之上的。

当然，上面讲的是标准的写经格式，这种格式不一定人人都遵守。敦煌写经中就存在许多率意而无规范的写经。另外，纸张的产地很多，不同地区生产的纸张的规格不同。也就不能不影响到写经的格式。例如唐玄逸撰《大唐开元释教录广品历章》就记录了用供城纸、蒲州纸两种不同的纸，抄写佛经时，每部经的两种不同用纸数，以供人们参考。

（方广锠）

（附注：本文参用了高观如先生的旧稿，特此说明。）

五　摩崖石经

摩崖刻经是佛教石经的一种。其本意与其他石经一样，一是为了修积功德，更重要的则是为了防止未来法灭时佛典毁逸，佛法无传，故想以此将释迦教法传之永远。

所谓摩崖刻经，是将山崖之露出地面上的岩石部分，加以人工，刊刻经文，故都是擘窠大字。现知最早的摩崖石刻是北魏刻《金刚经》，可见清孙星衍著《寰宇访碑录》。该书收有《金刚经》一石，定为北魏。因为《金刚经》的通行本，都是根据鸠摩罗什的译本。此本则为菩提流支在胡相国文宣公第译。文宣公是北魏灵太后的父亲胡国珍，故定为魏刻。不过，学术界对上述结论是否可靠尚有怀疑。有的研究者认为北魏、东魏均未出现摩崖石刻。摩崖石刻最早始于北齐。这是一个有待进一步研究的问题。

下面把现存可考的摩崖刻经做一简单介绍。

（一）东魏镌刻的经典，可考知的计有三种：1. 历城《大涅槃经》，赵氏《补寰宇访碑录》，收入东魏末期。2. 是龙门山《心经》，在河南洛阳。3.《心经》残刻，亦在洛阳。后二者皆正书，无年月，金石家说：“玩其笔意，俱似魏人。”

（二）北齐时代摩崖上镌刻的经典，实呈空前的钜观，分布在山东、山西及河南一带，计不下十种：1. 屋骒嶝石经，在山西省辽州。高齐初年，镌刻屋骒嶝山腹，写一切释典于此。清季发现《华严经成就品》，乃摩崖巨幅，纵横寻丈。经文方经寸许，极其险劲。2. 太原平定山某处崖谷，石经林列，与风峪相等，有北齐天保年号，朱竹垞曾经目验。3.鼓山石经。北齐都邺，名臣唐邕于河南省武安县鼓山石窟外壁镌刻石经，始于天统四年（568），终于武平三年（572），其愿文记载所刻的经典，有《维摩经》《胜鬘经》《孛经》《弥勒成佛经》等。4.南响堂山石经。磁州南响堂山如镜磨的石壁上，刻经甚多；第一华严洞，洞内西壁中央以下刻《般若经》，南壁刻《般若经》《华严经》。第二般若洞，北壁左右有一龛外刻《大品般若经》，南壁刻《文殊般若经》。诸经中，此经字径四五寸，以楷法作隶，间以篆意，书法最美。5.泰山经石峪《金刚经》。在泰山中腹，经石峪溪流的东崖，字刻花岗岩溪床上。字方一尺五六寸乃至二尺余。字的完整可读者，计一千余字。因为历时太久，为流水风日蠹蚀者半，为石工摧毁者半。书体如隶如楷，雄浑古穆，行余宽绰。但缺书者姓名及雕镂年月，学者定为北齐，以拟唐邕、韦子深、王子椿等，纷无定说。其书风殊与郑道昭的雪峰山摩崖属同族。《金刚经》可拓的字，计得九百十六，大约四十一行（蒋叔南氏调查）。上述的摩崖外，徂徕山、映佛岩、尖山、水牛山为北齐的四山摩崖。徂徕山距州约三十里，摩崖的形势，巍若列屏。东南的映佛岩南面，刻有《大般若经》文，存文殊师利白佛言以下九十八字。乃齐武平中王子椿所刻。刻主为僧侣大众，慧达实当经营之任。映佛岩位于徂徕山东南六七里，有刻经二处：一为四佛名，一为十八空。皆王子椿笔，武平元年中正胡宾刻。尖山在山东邹县，有武平元年中的刻经十种。就中“《文殊般若》摩崖”与“《波罗蜜》摩崖”最知名。水牛山佛经摩崖，在山东省宁阳县城西三十里水牛山下。今存《文殊般若经》碑。孙星衍《寰字访碑录》载于北齐的末期，包世臣则臆定为西晋。其书特点，是以钟王笔作北派体，茂密俊逸，教厚雄浑，其风格视徂徕写经尚犹过之。

（三）北周时代的刻经，以冈山、葛山、小铁山最知名。冈山在邹县，有大象二年正书的到经四种，就中鸡爪石写经三段最知名。镌在山坡上，下临涧谷，字刻三面：如是我闻一段向东，（合）掌恭敬一段向南，大象二年一段向北。惟掌恭敬五横卧书之东首。石顶累一立石，望如鸡卷爪形，故俗称为鸡爪石。葛山写经摩崖，八分书，在邹县城东四十里葛山石壁上，隶书十行，共二百七十余字，字多破坏，不能属读。小铁山亦在邹县，匡诘刻经颂与摩崖佛经铭，皆在大象元年。又摩崖残字八种，无年月。

（四）隋代的摩崖，今可考知者，只有数种。一类是刻在摩崖上的，如开皇十三年正书《教戒经》，在今山西省大同市灵丘县东南千佛堂。经文约二百八十行，行三十二字，又佛名八十七行。河北省磁县“鏖山大字佛经”，八分书，开皇年间刻，后有唐僧永度题名。“佛说出家功德经”，“洪福院佛经”皆正书无年月，在山东嘉祥。一类是刻在石窟外壁上的，如河南省安阳宝山大经圣窟是。石窟的进口：右方刻《大集经月藏分》中五百年之文，《摩诃摩耶经》首之文。上方镌《法华经》。窟外二神王上方，刻叹三宝偈、及《法华经》自我偈。石窟外壁镌刻《胜鬘经》一乘中赞叹如来之文；《大集经月藏分》中《法灭尽品》初之文；《涅槃经》中雪山童子舍身求法的无常偈等；及《法华分别功德品》中之文。

（五）唐以后迄元代的摩崖。唐以后碑版发达，摩崖骤减，即有少数摩崖，亦不逮北朝的庄严雄伟。唐代摩崖的代表，仅有马壁峪佛经及石佛崖《心经》。前者在山西省乡宁县南七十五里。峪有观音堂，在陡壁下，刻有《观音经》。后者在吉州宽静河村北崖上。五代仅后晋白云洞摩崖佛经一处，在绛县东二十里。宋代无闻。元人崛兴，于各地携刻各体摩崖。今可考见的，计有龙洞、莫高窟二处。龙洞距山东省济南市东南方约三十里，大龙洞的外壁上，镌有元延祐五年（1318）的蒙古文摩崖。莫高窟为速来蛮西宁王及其妃子屈求所倡修，成于元至正八年。窟上刻有五体文字的六字大明咒。窟壁中心为阿弥陀像，像周镌刻文字六行，为唵嘛呢叭咪吽六字，其上横列二行，为西藏文及女真文。左边竖列者，一为回纥土耳其文，一为八思巴所创的蒙古文。右边竖立者，一为汉文，一为蒙古忒文。

摩崖石刻工程浩大，反映了古代僧俗弘扬佛法的坚毅决心。对研究书法之流变亦有较大价值。

（戴蕃豫）

六　碑版石经

碑版刻经，即刻于碑版，镶嵌于寺院墙壁或贮藏于山间石洞的石经。早在南北朝，碑版石经即已出现。由于碑版刻经比摩崖刻经机动方便，故隋唐以后，摩崖渐减，而碑版大兴。

碑版刻经形态较多：有的仅刻一面，以便镶嵌于寺院墙壁，今北京柏林寺存《八大人觉经》即属此类。有的两面均刻，如《房山石经》碑版大抵如此。有的刻于碑版的阴侧，（如齐隽修罗碑，其阴为《维摩经》）。唐李弼徽（在金乡）、丁思礼（在沛县）造像，其阴皆刻《心经》是。有的是四面碑，即碑的四面，都镌刻经文。远起齐周，如“韦子深等造像四面碑”（山东邹县）、“圣母寺四面象铭”（保定四年九月，陕西蒲城）、“王瓮生四面造像铭”（保定四年，陕西长安）、“习□知等造四面佛像记”（常山封崇寺）等。四面镌刻佛经或偈赞的，以唐代的唐县寿圣寺四面石刻及宋代的滄县观音寺碑龛为代表。前者高丈余，凡五石，前后并峙，俱四面刻字。明一统志定为唐上元二年（675）。计第一石《金刚般若波罗蜜经》，第二石《妙法莲华经序》，第三石《莲华经》，第四石《佛说观无量寿经》，第五石《大方广佛华严经》。后者宋淳化三年镌，龛左右及下层镌释迦等五赞。计：释迦赞、观音赞、文殊赞、普贤赞、罗睺赞，皆七言八句。

经碑镌刻一面的，远起北朝，兹依经典类别，叙述如次。

（一）《心经》。《心经》辞约义丰，讽诵者众，历唐宋各代，相继镌刻，具如下表：

朝代	名称	书体	年代	所在及记事
唐	淤泥禅寺心经	正	贞观廿二年三月	京城秀峰寺（金石文字记卷二）
	三藏圣教序记并心经		贞观廿二年八月	弘福寺沙门怀仁集王羲之书
	心经	正	显庆二年	今江苏省苏州
	心经		总章元年六月	杜延基造
	心经	正	永隆三年五月四日	雍州好畤县强三娘造
	心经	正	大足元年	僧有晦建，今北京市大兴区
	心经	正	长安二年二月	今山东省金乡县
	心经残刻	正	唐隆元年	今浙江省会稽市，经古郗大娘
	雷音洞心经	正	天宝元年四月	今北京市房山区
	般若心经碑		天宝元年四月	陈令望造凡十五行
	造像并心经	正	天宝八载七月	今江苏省沛县崇圣寺
	郑预心经	正	天宝九载四月	
	波罗蜜多心经	正	天宝十一年	在绛州，正书心经，其阴草书释迦牟尼阿弥陀佛等赞，一刻天宝十一载七月十五日，一刻太子宾客高子珍书
	石登庵心经		广德二年八月	今北京市大兴区，赵偃正书
	心经	正	元和五年正月一日刊	今陕西省西安市，石裂为三，分上下三层，每层凡十行
	阙名心经	正	元和五年正月	
	心经	正	元和十四年三月	山西省宁武县杨氏家藏
	心经	正	长庆二年十一月	出长安县西北汉故长安城中，李常晖书
	般若心经		大中三年五月	窦巩正书
	金刚经并心经	正	无年月	徐璋篆
	阙名心经	正	无年月	有武后制字，河南省洛阳市
	心经	草	无年月	今山东省兖州市
	心经			今陕西省西安市，张旭草书
	心经	草	无年号	僧讷老书刻旧宗岩上，福建省宁府《天下金石志》
	般若心经	篆		异僧所书，在常州府
	郑预法心经			江陵府
	神宝寺碑侧心经	行		同州
	心经残石	正	无年月	今山东省济南市长青区
	唐心经	正		今山东省兖州市
宋	般若多心经序	正	大中祥符二年四月	僧省言书，浙江仁和
	新德般若心经	正	元丰七年	沙门妙空法，今在浙江省宁波市鄞州区
	长明寺心经并大士像	正	淳祐十二年八月	今浙江省杭州市钱塘区
	心经			杨友直女篆（“天下金石志”）
	灵隐莲华峰心经	正	无年月	高宗御书
	心经残字			在焦山松寥阁所左壁间，为寺僧明湛所嵌
	心经序			在报恩寺壁间，唐南阳国师述，宋九华山僧省言书（《石墨镌华》卷四）

续表

朝代	名称	书体	年代	所在及记事
金	晋阳山大张翟村心经造像	正	皇统六年十月	今山东省济宁市

（二）《金刚经》。《金刚经》的碑版镌刻，远起北朝。存世最古的，有房山雷音洞隋静琬法师所刻的《金刚般若波罗蜜经》碑二，（大洞之左）及《金刚经》卧碑一。唐后，此经传诵甚广，各地镌刻碑文，以祈福佑。综计有唐一代所镌刻的《金刚经》碑版，至少发现二十六种。为省竹帛的浮辞，列表如次：

朝代	名称	书体	年代	所在及记事
唐	金刚般若经	正	龙朔三年四月	常才造，在河南洛阳
	少林寺金刚经	正	咸亨三年十月	今河南省登封市少林寺壁，王知敬书，字多剥落
	金刚经	正	咸亨四年七月	
	金刚经上下	正	仪凤三年四月	
	金刚经碑	正	开元七年四月八日	
	金刚经赞序	正	开元七年九月十七日	林嘉旭书，河北省元氏县
				孙嘉口书
	唐明皇法金刚经上、中、下	八分		
	唐金刚经	行		
	唐金刚经上下	正		邬彤书
	本愿寺金刚经	正		
	二圣金刚碑	八分	元和三年正月	今河北省石家庄市获鹿区
	六译金刚经上下		大和六年春	瞿参撰
	金刚经碑		大中五年季夏	唐玄度集王右军书
	西明寺金刚经	正	大中十三年六月	杨向书，在随州普安寺中
	六译金刚经	八分	咸通四年六月	柳公权书，长安
	石壁金刚经			蓋巨源书
	金刚经	行	无年月	释幽灵从濠州钟离寺石碑上转写，加添句读（《高僧传》三集卷廿五）
	六和塔金刚经	行楷	无年月	僧怀仁集王右军行书，今浙江省嘉兴市
	金字般若经	正		释智昙刻，今浙江省杭州市余杭区
	金刚经			（《金石录》十）
	集金刚经			在易州，岌多译（《畿辅待访碑目》）
	西明寺古本金刚经			唐、元序，京兆府（《金石略卷》下）
				京兆府（《金石略卷》下）

五代年历虽促，《金刚经》的镌刻，各地仍陆续举行，今可考知的，计三事：一是楚金刚经碑，乃马赍建所镌，在临桂县万寿寺，刻于天成初。南唐所刻的二种，一是“寿州开元寺新建金刚经之碑”，乃道颙上人在桂岭集众力所为，雕刻《金刚经大云义疏》一部六卷，及《金刚般若波罗蜜经》金文。其后宋淳熙十九年（1192），全州湘山寺寺僧守诜，重刊《寿州开元寺新建金刚经之碑》，另一种是马赍建在天成间镌刻，在浙江仁和（今浙江省杭州市余杭区）。宋代所镌刻的《金刚经》现存四种：1. 河南祥符县（今河南省开封市祥符区）繁台塔内的《金刚般若波罗蜜经》，是赵安仁书。2. 同地相国寺的《金刚经》并《心经》，亦赵安仁书，在太平兴国二年（977）十月。赵氏河南洛阳人，是宋初的著名书家，《宋史》有传。3. 宝方山平西洞口的隶书《金刚经》存四十字，凡八行。乃开禧三年（1207）刻。4. 是焦山《金刚经》，宝祐二年（1254），张即之行书，在江苏省丹徒。元明两代此经镌刻渐少，今可考知的，元代仅赵孟頫正书的《金刚般若波罗蜜经》二本，同是至大四年（1311），一在浙江仁和，一在河北省大名县内成文穆公祠。明代所镌刻的，一在少林寺殿壁，乃董其昌所书。一在江西省清江县，乃就苏轼行书的《金刚经》重刻，时在万历年间。

（三）各种大小乘诸经，流行最广的近三十种。列举重要的叙述：1. 风峪《华严经》。距太原县的西方约五里，有山名曰风峪。风峪口部有穴，是石经所在。洞内环列所刻佛经，凡石柱一百二十有六，是依据晋天竺三藏佛驮跋陀罗所译六十卷《华严经》镌刻，顾炎武定为北齐天保二年（551），据搨本卷四十七的末行题识，知此经的功德主是许智通妻宋十娘、许五娘、许三娘等。经文书格不一，大别为秀整与流动二种风格，为初唐虞、褚诸家的先导。经中杂以简笔字，如四十作卌，星作〇，天作天。次有北齐乾明元年（559）镌刻的《华严经偈谠》八分书，在河南安阳。五代时有吴越王钱俶黄妃塔内的《华严经》当时围绕塔内八面镌刻，清代中叶，从西湖雷峰塔下掘出残石，正书，凡二列，共三十五行，高一尺四寸，广一尺。经文存贤首菩萨以颂答曰以下一偈颂。宋代因雕板发达，石刻渐减。所以，《华严经》不见有镌刻全经的。据现存遗物考察，仅有崇宁五年（1106）正书的《华严经会序》和《横涧华严经会》两种。2.《无量义经》。正书大字，凡二石，无年月，在河南鼓山，推定为北齐时代镌刻。3.《法华经》的镌刻，综计历代，计四五种。隋代有三，一是鼍山《法华经》开皇□年镌，八分书，在河北省磁县。二、三是房山石经山隋代所刻的，经版分为大小字两体，雷音洞《法华经》，小字，隋静琬刻；第七洞《法华经》，大字，唐列济刻。此二经字迹完好，锋颖如新，笔法圆健，与纪国陆妃等慈与昭陵诸碑相出入，为初唐书法所导源。其次是唐代所镌刻的《法华经》，见于实物及文献的有三种：一是武德六年（623）四月八日，吕国公士洛等所镌的《贤劫千佛法华经》一部。二是长安禅定寺明准在贞元十四年（789）所领导而镌成的石壁《法华经》。此事由准师发愿，得到博陵崔公的协助。崔公激劝幕府叅佐，各书一品，从“序”至“劝发”凡二十八石，圜廊挺立，至元和元年（806）八月中告成。三是杭州永福州释惠皎所镌刻的石壁《法华经》石。经始于元和十二年严休复为刺史时，告成于长庆四年（824）白居易为刺史时。4.《法华经·普门品》的别行。观音信仰溥及后，《法华经·普门品》畅行于世。综计自北齐至宋，可考的得九种：（1）北齐所刻的，在磁州（今河北省磁县）响堂寺，八分书，凡六石，尚完好无泐，字经寸，瘦劲类太公吕望表，而整齐过之。（2）隋代所刻的二种，一题《妙法莲华经·观世音普门品》，开皇十三年（593）立，在河北省曲阳县少客山，刻在碑阴，仅五百余字，当非全文。一题《行唐邑龛观世音普门品经》，载金石分域编。（3）唐代所刻一种，题《观音十大愿品经》，正书，无书人名，在仪凤三年（678）四月。（4）宋代所刻的计五种，题名各异，实系一经。曰：《八蜡庙观音经》，正书，皇祐六年（1054）二月，山东省济宁市。《虎邱山观世音普门品经》，曾公亮等书，江苏省吴县（今江苏省苏州市吴中区）。《六和塔观世音经像碑》，绍兴二年（1132）七月，浙江仁和（今浙江省杭州市余杭区）。《观音经》，行书，淳祐十年（1250），江苏吴县。《观世音经》，虎邱，应梦殿石壁刻经，九十二行。5.《大涅槃经》。这一部类的经典，既镌刻而可考的，计得八种。最早的是山东历城（今山东省济南市历城区）的《大涅槃经偈》，无刻经年月，金石家以拟东魏。次是隋代的两刻：山东省汶上县辛家村的“章仇禹等造经像碑”，首行标题佛在金棺上云云，当是《涅槃经》。时在开皇九年（589）。次是隋江都安乐寺释慧海所镌的纪念经，师一生讲《涅槃经》三十遍，讲《法华经》五十遍，在他的示寂前，将此二经琢石于寺，镌为巨室。唐、宋以后，涅槃宗虽已消失，此经镌行，仍然兴盛。可考见的，有洛阳“香山洞壁《涅槃经》”、陕西扶风法门寺千佛像碑阴及碑侧的《涅槃经》（以上唐）及山东长清灵岩寺《涅槃经偈》。（宋蔡卞行书，崇宁元年刻石）6.《维摩诘经》。此经碑版可考者三：河北省磁县刻石唐邕写经碑所载“大齐鄉𣪊举孝义隽脩罗之碑”，碑阴所载《维摩经·见阿闳佛品》第十二，及原存河南省登封市的造像碑（现藏于美国纽约市麦特诺波里顿美术馆）。后者尤为重要，经文与造像在第二层。内容以《维摩经》第五问疾品为主体，益以第六《不思议品》、第七《观众生品》、第八《佛道品》、第九《入不二法门品》、第十《香积品》所说，刻镂为一，庄严构图。7.《阿弥陀经》。伴随着持名灭罪思想的发达，而《阿弥陀经》流布甚广，隋唐时代镌刻此经，可考者四：隋时陈仁稜所书于襄阳石刻《阿弥陀经》，不惟笔画清婉，且较世传本增多二十一字，有助于校勘。宋时尚在龙兴寺。次为开皇三年（581）及唐哥舒翰、畅整等所造的《阿弥陀经》碑。8.《无量寿经》。此经与《弥陀经》属同一部类，所以净土思想隆盛期间，此经的流传也很发达。计唐一代所镌刻的有：建中三年（782）十月比丘道秀正书的《观无量寿佛经》，贞元八年（792）八月沙门法昭行书的《无量寿经》，在《遗教经》阴。纪王造的《无量寿佛经》。此外安乐寺石刻《观无量寿佛经》，相传系欧阳公（询？）所书，现存唐山市。仅存前面四十一行，每行七十四字，殊多残缺。9.《弥勒下生成佛经》。仅存熙宁五年（1072）山东滋阳（今山东省兖州市）龙兴寺一刻。10.《首楞严经》，唐宋各存一种，唐刻大中十一年（857）四月凌渭行书，在浙江归安县天宁寺。宋刻乃建中靖国元年（1101）十一月蔡卞行书，在山东长清，仅镌经偈。11.《教诫经》与《遗教经》。前者有后魏顺思王及唐代某氏所书。后者有传为“小王书”（京兆府）及长安佛寺中无名人所书的佛《遗教经》残字。12.《梵网经》。此经在唐时有镌刻全经的，如无名氏正书：“唐《梵网经》上、下”是。有镌刻一品的，如嵩山会善寺后，大历十三年（778）高坚正书的《梵网经心地戒品》是。13.《十善业通经要略》，唐裴休撰，宋代两度镌刻：一是太平兴国二年（977）正书，在河南祥符。一是某氏所书，具如《金石略》卷中。14.《四十二章经》，凡三刻，两在宋世：一是沈该等四十二人行楷书者，时为绍兴五年（1135）十一月，在浙江仁和。一是绍兴二十九年十一月所镌，在杭州六和塔。洪迈等四十二人各书一章，或行或楷，字体大小疏密不等。其年五月书写，仲冬勒石。明世，歙处士王寅，与善慧光处士闻风兴起，于南京摄山栖霞寺中般若堂筑说经台，觅求遗经善本，谒诸名士书各一章，勒石四面，以继宋贤的余韵。15.《父母恩重经》，五代乾祐三年（950）立，孟知进造，在宁阳县东十八里石碣集。16.《佛说菩萨呵色欲经》，正书，唐延载元年（694），在洛阳龙门。17.《度人经》，有唐、元两刻，唐刻在天宝七载（748）。元刻，赵孟頫书，在镇江府丹徒县学。18.《清净智慧观身经》，凡三刻，唐刻二，其一大历六年（771），在富平。另一题《清净智慧观身经铭》，田名德撰，在浙江仁和。五代刻一，即后梁贞明二年（916）镌的开元寺《常清净经》，在山东淄川（今山东省淄博市淄川区）。19.《佛说宝梁经》，隋代所镌，关中赵乾生家藏。清光绪初年出于长安城南的韦曲，仅存第一石，为“沙门品”第一，“比丘品”第二，凡三千余字。20.《佛说生天经》，宋大观二年（1109）五月镌，后有刘球跋，在山东长清（今山东省济南市长清区）。（廿一）《佛说灌顶经》宋镌，在正定县开元寺。21.东塔寺《八大人觉经》，元至元三十一年（1294）十二月镌，僧溥光正书，在浙江嘉兴。22.《施灯功德经》，与《然灯经》，皆唐刻，前者一在西安府城南香积寺，天宝十三载（754）正月。一是乾元二年（759）二月，后附尊胜咒，亦在长安（今陕西省西安市）。后者旧在汾州（今山西省汾阳市）衙土地庙中。23.《造塔功德经》，行书，端拱二年（989）镌，在四川简州（今四川省简阳县）。24.《温室洗浴众僧经》，唐、宋各一刻，唐刻为咸亨二年（671），字体秀逸方整，在邠州大佛寺。宋刻为建隆二年（961），在河南洛阳。25.《摩利支天经》，乾德六年镌，袁正己书，在陕西长安。余经尚多，有《孔雀洞佛本行集经》，在房山、刘总造。《唯识论三十颂》，宋刻，在河南巩县（今河南省郑州市巩义市）。《杂阿含经》卷四十六，金章宗时，皇伯汉王造。《鬱单越经》残石等，兹不详述。

（四）密典·密典刻石，自唐代始。宋元两代亦有，但数量不多。综为七类：1.陀罗尼经及咒，计得十一种。曰《佛顶尊胜陀罗尼经》有二，一在西安府儒学，元和八年（813）净信女那罗延建，据不空译本。一为元载书，在凤翔（今陕西省宝鸡市凤翔区）。曰《佛顶尊胜陀罗尼经序》有二：皆唐僧叡川撰，一为僧无可正书，太和六年（832），今在西安百塔寺。一为余代所刻，在朝阳县南五十家子废城内塔上（详下）。曰《大悲心陀罗尼》及《咒》，前者咸通二年（861）孟春立，在咸宁卧龙寺；后者题《大悲心陀罗尼咒》，正书，元定宗元年（1246）镌，在浙江钱塘（今浙江省杭州市钱塘区）。曰《佛顶心陀罗尼经》，王之奂书，一本牛僧孺分书，在润州（今江苏省镇江市润州区）。曰《江干陀罗尼经》，正书无年月，镌刻当在宋代，现存浙江仁和。曰《佛顶尊胜陀罗尼咒》，在嵩山，刻于灵运禅师碑阴，嵩山隐士高岭书，无年月。至余代始将陀罗尼经义及序咒，刻于石，如朝阳县南五十家子废城内塔上的《尊胜陀罗尼碑》是，共四石。先列《陀罗尼经序》，次《陀罗尼经》，次《陀罗尼咒》。字体端整，为诸种陀罗尼的白眉。2.《石鼓经咒》，《尊胜经咒》，刻于石鼓周边，故名。书法遒健，在醴泉县（今内蒙古自治区礼泉县）赵村广济寺，唐镌。3.《一切如来心真言》，大历十三年（778），明觉寺比丘尼所刻，在陕西长安。4.《咒水真言》石刻，宋淳化五年（994）镌，乾隆乙卯（1795），历城旱井中出，阴刻。5.《尊胜经》上、下，井唐镌，沈洽撰序，郘彤行书，井乾元元年（758）八月。余代虽盛镌密典，此经可考的仅有二种：《瑜伽金刚性海曼殊室利千臂千钵大教王经》第六及《□经转不转品》。

密咒镌行，远起隋世。历城千佛岩有摩崖唵摩尼巴哩吽六字，无年月，审为隋时刻。次为梵书唵字，宋熙宁有一本，在咸宁卧龙寺。金正大有一本，在登封少林寺。

牌版石经，除雕造零部单本外，还有雕造整部大藏的。这类牌版石经，首推我国之牌版石经中历时最久，规模最大，保存最为完好者即著名的房山云居寺石经（详见《房山石经》条）。之所以雕造整部大藏，如云居寺石经发起人静琬题记所示，他发愿刊刻这部石经，不是为了一时的传播佛经，而是为了供未来法难后充经本之用。

一部大藏，五千余卷，部帙浩繁，雕造不易。故也有人从大藏中抽出若干有代表性的经典，作为整部大藏的代表而雕造之。属于这一类的有白居易所造苏州重玄寺法华院八部牌版石经。《白居易集》卷六十九《苏州重玄寺法华院石壁经牌文》详述此事，称：

“夫开士悟入诸佛知见，以了义度无边，以圆教垂无穷，莫尊於《妙法莲花经》，凡六万九千五百五言。证无生忍，造不二门，住不可思议解脱，莫极于《维摩经》，凡二万七千九十二言。摄四生九类，入无余涅槃，实无得度者，莫先于《金刚般若波罗蜜经》，凡五千二百八十七言。坏罪集福，净一切恶道，莫急于《佛顶尊胜陀罗尼经》，凡三千二百言。应念顺愿，愿（疑衍——方按）生极乐天，莫疾于《阿弥陀经》，凡一千八百言。用正见观真相，莫出于《观音普贤菩萨法行经》，凡六千九百九十言。诠自性，认本觉，莫深于《实相法密经》，凡三千一百五言。空法尘，依佛智，莫过于《般若波罗蜜多心经》，凡二百五十八言。是八种经，具十二部，合一十一万六千八百九十七言，三乘之要旨，万佛之秘藏，尽矣。是石壁积四重，高三寻，长十有五常，厚尺有咫。有石莲敷覆其上下，有石神国护其前后。火水不能烧漂，风日不能摇消，所谓施无上法，尽未来际者也。”

“十二部”，原是印度早期佛典的一种分类法，又称“十二品经”，流入中国后成为大藏经的别称。白居易《香山寺新修经藏堂记》称：“十二部经，次弟讽颂，俾夫经梵之音，昼夜相续。”《苏州南俾寺千佛堂转轮经藏室记》又说：“师又日与苾蒭众升堂焚香，合十指，礼千佛，然后启藏发画，鸣犍椎，唱伽陀，授持读讽十二部经，经声洋洋，充满虚空。”在《白居易集》中以“十二部经”指代大藏经的地方不少。故上文说重玄寺法华院所刻之“是八种经，具十二部”确实体现了他以这八种碑版石经代表大藏而予以供养的心理。

我国古代所刻碑版石经为数甚多，无法统计。不少碑版石经至今仍沉埋而有待发现。

（戴蕃豫）

七　经幢石经

经幢亦称宝幢，是雕刻佛经（主要是《尊胜陀罗尼经》）的一种多角形石柱，中国中世以来在佛教建筑中常见之。

经幢的形制，系从古代印度的幢柱演变而来。幢的梵语驮缚若，义为旗帜。而佛教胜迹或塔婆、支提之前所建的具有标帜性质的石柱，佛徒亦称之为驮缚若，名与幢同而所指各异。今蒙藏佛徒所称胜幢皆指圆柱形之物，即其继续沿用的一例。幢柱原为圆柱形，后亦有作多角形的。中国经幢则一般多是八角形（俗称八楞碑，个别有作六角形或四角形的），而且都成为上有宝盖，下有台座的形式。这是为保存久远计，作为严饰而加上去的。惟它既专为刻经而设，早已失去原来的标帜作用与意义，而转向消灾祈福等方面发展了。

中国经幢是在唐代《佛顶尊胜陀罗尼经》译出以后才出现的。现存的遗物多刻此经咒，故又称之为尊胜幢。唐代初期由于义净西游法意密乘，与善无畏等之东来，密教在中国渐次盛传，引起了佛教徒对于陀罗尼经的尊崇。至于经幢何以特选《佛顶尊胜陀罗尼经》，则由该经内说道：书写《陀罗尼经》安置幢上，及余高处，若人或见或与（幢）相近，或幢影沾身，或风吹幢上尘飘落身上，一切业障咸悉消灭，不堕恶趣，亦不为罪垢染污等功德。又关于该经弘传的因缘，据定觉寺沙门志静的经序和开元录卷九《佛陀波利传》所载，北印度罽宾国沙门佛陀波利，于唐仪凤元年（676）来到中国，上五台山欲瞻礼文殊菩萨，途中遇一老人，劝他先回西国取《佛顶尊胜陀罗尼经》流传此土，广利群生，再见文殊。佛陀波利遂还本国取得此经，于永淳二年（683）重至长安，具以前事奏闻于高宗。高宗乃勅鸿胪寺典客令杜行顗与沙门地婆诃罗共译此经。译毕经本留在禁内不出，经佛陀波利恳求，遂留翻译之经，而以梵本还之。佛陀波利乃于西明寺与顺贞共译，名《佛顶尊胜陀罗尼经》，因此，本经这一译本弘布特盛。本经传入中国，据《开元录》著录有五种译本：1. 杜行顗译本，679年出；2. 地婆诃罗译本，682年出；3. 佛陀波利译本，683年出；4. 地婆诃罗再译本；5. 义净译本，710年出。另据慧琳《一切经音义》卷三十九附记，说有八种译本，杜译前曾有阇那耶舍译本，564年出；净译以后还有善无畏译本，722年出；不空译本，764年出。这三种译本现都失传，又据《大中祥符法宝录》记载，宋代还有法天译本，980年出。这就大大鼓励了当时佛教徒建造尊胜经幢的热情。本来佛经中是最赞叹造塔功德的，经幢的形制既小，费用不大，且容易把书写的陀罗尼经刻在幢上，使人接近蒙益。故多在寺院中或通衢等处造立经幢。唐代造幢之风，遍于十三道，精兰名刹，觚稜（即多角形经幢）相望。远至云南大理，多有此类经幢。（见鞠孝铭《大理喜洲访古记》）后代建造益多，历辽、宋、金、元至于明清各代，凡是佛教寺院所在，几乎都可以看到经幢。《金石萃编》卷六十六、六十七两卷所收唐幢铭文六十六种，所列造幢时代，自武周至唐末为止。《语石》卷四所收经幢拓本，多至六百多种。陕西是中国古代全国佛教中心地区，密教曾经盛行一时，所以建造经幢的风气特盛。1958年，陕西省文物管理委员会普查文物时，曾查获历代经幢一百四十二座。据幢身所刻纪年，初步确定有唐幢八十二座，宋幢八座，金幢三座，元幢八座，明幢六座，清幢五座，时代不明者三十座。清光绪七年（1881），河北保定发现辽、金、元三代经幢六座，内有元幢三座（见黄彭年《云幢亭记》。可知造幢风气至元犹盛。今云南昆明市古幢公园所保存的经幢，亦系元代所造。

经幢的形制，初期的身高三四公尺，造型简洁雄健；如在陕西所发现的永昌元年（689）幢，开元十六年（728）幢都是如此。后来，竞相建造，踵事增华，逐渐趋于华美和绢丽。如现存的五台山佛光寺的大中十一年（857）经幢，立于佛殿阶前的中线上。幢高3.24公尺。最下是正方形的土衬石，其上是八角形台座。座有束腰，每面各刻一狮子蜷伏其中，面向其角，两足前伸，顶承托着素仰莲瓣三重，刻工极精。仰莲之上立幢身，平面作八角形，上镌《尊胜陀罗尼经》及立幢人的姓名等。幢身之上有八角形宝盖，每面刻璎珞下垂。宝盖之上是八角矮柱，四正面各镌佛像一龛。更上为莲瓣及宝珠（梁思成《记五台山佛光寺的建筑》）。这是现存经幢中最具有代表性的一个范例。其形式特异的，如浙江省海宁市硖石镇惠力寺唐咸通十五年（874）造的双幢，大小形制相同，幢高4.95公尺，上下分十四段。最下为八边形须弥座。第一层束腰雕蟠龙，第二层束腰有狮子四个承托仰莲。仰莲上部勾栏镌华纹。幢身八面，遍刻《佛顶尊胜陀罗尼经》。上部宝盖装饰，每遇转角，皆饰以兽面，口衔璎珞带。上有圆石一，四面刻海棠形图案。再上有八棱顶，顶下刻有飞仙。幢顶结构原来似有宝珠，但现在仅存一圆石（陈从周《硖石惠力寺的唐咸通经幢》）。此外，1958年发现的陕西铜川唐长庆元年（821）造的经幢，其构造也极为奇特。幢现高3.64公尺，台座埋入土中。幢身刻《佛顶尊胜陀罗尼经序》及建幢年月。上有八角形宝盖，每角各出一狮头。宝盖之上立圆形矮柱，其上有方形城郭，每面雕有城楼三座。城外浮雕着游四门事迹等。城郭之上立分形矮柱，上托圆形仰莲座，莲座上又立方形短柱，每面凿龛，佛雕一佛二胁侍。短柱之上复以宝盖，盖上又立圆形矮柱，周围刻飞天。上置八角攒尖屋顶，顶下刻飞天，各角上并刻出兽首（《陕西所见的唐代经幢》）。这都是现存的唐代建造很为华丽的经幢。

北宋以后，经幢的规模愈造愈大，而以景祐五年（1038）所建河北赵县经幢为唯一巨制，行唐县封崇寺经幢次之。辽、金、元三代经幢，体例转杂。元代以后，经幢渐成尾声。明永乐十年（1412）四川新都宝光寺所建经幢，形状颇与唐幢接近。北京西山碧云寺的两座明幢，也很雄浑华美。清代经幢，以乾隆十七年（1752）建于北京颐和园后山经堂的两座，及二十四年（1759）建于北海公园天王殿前的两座为代表作品。这些经幢形式优美，都是汉白玉造的八角形石幢，形制大体相同，高各约八公尺。下部须弥座有三层束腰，其上为幢身，幢上为一稍大的天盖。再上为三层佛龛，间以仰莲，每面各雕坐佛一尊。最上为三层天盖而冠以宝珠。所不同的是颐和园的幢身，左幢刻《佛顶尊胜陀罗尼经》，右幢刻《金刚本性清净不灭不坏经》；而北海公园天王殿的东幢刻《金刚经》，西幢刻《药师经》而已。

经幢除石造之外，还有用铁铸造的铁幢。现存的实物有四川阆中铁塔寺和湖南常德乾明寺的两座铁幢。四川铁塔寺的铁幢，建于唐天宝四载（745），下部仅饰仰莲一周，即立八稜幢身，铸《尊胜陀罗尼经》文。上部以叠涩曲线向外排出，再向内收进，冠以宝珠，形制简洁雄浑。湖南乾明寺的铁幢，建立于高约一公尺的八角形石台上，石台边缘雕有仰莲纹饰。幢身全用生铁铸成，作圆柱形，下大上小，高约五公尺（米）。全幢共分七层：第一层周围铸有半身力士像八尊，双手上举与肩平齐，作用力擎托姿势，其空隙处铸有金刚杵状华纹。第二层下部有互相间隔的龙虎各四，中部铸佛坐像十尊。三、四层柱身有连珠、仰莲等纹饰。第五层三个空孔相通，孔旁铸《般若心经》，上部出檐作八面挑角。第六层有重叠复莲纹饰，中铸一门，双扇紧闭，中有凸起门钉。第七层由五个铁轮组成幢顶，形状似塔非塔，可视为一种变形的制作，是研究唐代佛教建筑的重要资料（《常德市乾明寺的唐代铁幢》）。

经幢既以刻经为目的，为了便利读诵，常分其面为两段或三段写刻。经文之前，一般刻《佛顶尊胜陀罗尼经幢》九字。有时加赞颂本经利益的文字，如《佛顶尊胜陀罗尼妙法增寿益福之宝幢》，或《佛顶尊胜陀罗尼微妙救危济难之宝幢》；有的特题“奉为开元圣文神武皇帝太子诸王百官师僧父母法界苍生造幢”等回向的文字。可见当时造幢的动机与造像相同，具有回向祝愿的用意。

又唐幢往往于《尊胜经》之后，附刻《金刚经》，或附刻《金刚经》

和《心经》。此外还有刻《弥勒上生经》《父母恩重经》《大佛顶首楞严经》，及《白伞盖陀罗尼》《大悲心陀罗尼》《大隋求即得大自在陀罗尼》《大吉祥大兴一切顺陀罗尼》等经咒的经幢。

唐代经幢的书写方式，天宝以前，多画棋子方格，雕写极精。《尊胜经》前有序，经中有咒，当时多兼刻经序与咒。不刻序者不过十之三，单刻咒者不过十之一。到了五代宋初，刻经文者已寥寥无几；辽金时代，刻经文者遂十无一二。或于咒之前后，节书咒下经文首尾而已。至于书法，唐代多华梵并书，西安慈恩、开元两寺有唐梵二体真言幢（即一行汉字一行梵字），保定六幢亭所存辽、金、元三代经幢，亦属华梵并书之例（马衡《保定莲花池六幢考跋》）。经幢书体，真书最多，行书次之，分书较少，篆书最难得。历代经幢，间有出于名家手笔者，常为书法家所珍视。

现存佛顶尊胜陀罗尼经幢，以陕西省富平县莲湖小学内保存的唐永昌元年（689）造一幢为最古。其次为山东省莱芜市的景龙三年（709）造的中州宁陵县令贾思玄造尊胜陀罗尼幢（北京大学藏有拓本）及山东淄川龙兴寺的开元九年（721）造的分书经幢等。分散在陕西富平、陇县、蓝田、临潼等县的唐代经幢，很多是开元十三年至二十八年间（725—740）造的（见王玉清《陕西所见的唐代经幢》）。近年，河南省滑县亦发现有唐太和六年（832）造的经幢。

经幢出现以后，形制和性质逐渐有了变化，有建幢于墓域的，称为坟幢或墓铭幢。如唐长安三阶教墓地的湛大师经幢，辽京西戒坛寺法均塔前的经幢（见《金石萃编》卷六十六）及近年西安东郊高克从墓中清出的唐大中二年（848）经幢，即属于这一类。其他如寺额的敕牒，寺院四至的界标，以至造像记铭及刊经记等，都有刻之于石幢的。这都和立碑具有同样的意义，是经幢变形的第一种。其次，唐代还有灯幢，亦曰灯台，也是八角形的石柱，高不踰一公尺（米）。其文有铭、有颂、有赞，前后多刻《尊胜陀罗尼》，或刻《施灯功德经》。到了宋代，更有香幢出现，亦称为石香炉，即琢石为炉，而以八角形石柱承之，每面只刻助缘人的姓名乡贯。这是经幢的第二种变形。近代佛殿前的施食台，也是仿照经幢的形式造的。只是它在幢身的八面仅刻七如来名号面已。这是经幢的第三种变形。此外还有石鼓经幢，这是为了保存旧的已折断的经幢把刻着《尊胜陀罗尼经》的一段磨去棱角，破瓠为圆成为鼓形，称之为石鼓尊胜幢，则是一种自然的变形。

（林子青）

八　房山石经

房山石经，亦称房山云居寺石经。云居寺位于今北京西南房山区白带山，离北京城区约七十五公里。这里珍藏着一部举世闻名的房山石经。房山石经是我国碑版石经的典型代表，也是世界文化宝库的一大奇观。它从隋代起开始刊刻，直到明代，绵延一千多年，是研究我国古代文化、艺术，特别是佛教历史与典籍的重要文物。房山石经在文化史上的价值，已引起国内外学者的高度重视，被誉为是“北京的敦煌”。

佛教主张，世界万事万物既有生，必有灭。同样，释迦牟尼创立的这一代佛法，也有灭亡的那一天。佛教认为，释迦牟尼创立的这一代佛法在世界上的存在历史可分为正法、像法、末法等三个时期。正法五百年，像法一千年，末法一万年。

南北朝是我国佛教大发展的时期，佛教的飞速发展引起了与中国社会传统的儒、道势力，以及同国家财政税收等发生矛盾。这些矛盾长期积累，以至于产生了两次禁佛事件。一次发生在北魏太武帝时（424—452），当时下诏诛长安沙门，并废除全国佛教，称“诸有佛图形象及胡经，尽皆击破焚烧，沙门无少长悉坑之”，使北魏的佛教受到很大的打击。另一次发生在北周武帝统治时（566—578），佛道二教俱被禁止，经像悉毁，沙门、道士还俗。禁佛后，北方寺像几乎扫地以尽，僧众多逃奔江南。

这两次禁佛事件给佛教徒以沉痛的教训和深邃的忧患。加之，在我国当时还流行有释尊生于周昭王二十四年（前977）的说法，照此推算，则末法时代已经来临，佛法将有灭亡的危险，于是想方设法来保存佛教经典。房山石经就是在这样的背景下刊刻的。

房山石经的刊刻发起人是隋僧静琬。他是南岳慧思的弟子。现房山云居寺还留有好几块静琬当年留下的刻经题记。其中年代最早的是1989年3月发现的武德八年（625）题记。该题记碑阳共存12行，行10字：

“□□□□□□□□□□”

正法五百岁像□一□□

至后汉永平十年戊□□

八年岁次乙酉凡迳一千

正像复沦众生垢重信心

恐一朝磨灭纸叶难固长

此涕流悲感琬为护正法

石经一十二部余十一部

此室□天地之有穷望正

逾明就使山开七日三□

流通万代利益无穷庶使

者脱令得究竟无上菩提”

碑阴存10行，行10字（包括空格）：

“总作六行　北头第一行

行廿石　第三行十八石

行十二石　第六行三石

第一行如是我闻为始次

弟番背读之还至第一石

南五行例皆同尔　其石

注畔即是经文　并行次

上题头具显分明　若后

取传写讫愿还次弟安置

经本愿勿出之”

文字虽有残缺，但文意大致可通。该碑碑文证明静琬从隋大业年间开始刊刻石经，到武德八年，已经完成了《大涅槃经》一部。过去不少载述认为《大涅槃经》完成于贞观年间，现应据以改正。

云居寺还留有静琬贞观二年（628）刻经题记：“（释迦如来正法像法）凡（千五百余岁），至今贞观二年，（既浸末法）七十五载，佛日既没，（冥夜）方深，瞽目群生，众兹失导。静琬为护正（法），率己门徒知识及好（施檀）越，就此山顶刊《华严经》等一十二部，冀于旷劫，（济度）苍生一切道俗。（下缺）”（原碑缺文据元代贾志道撰《重修华严堂经本记》补）贞观八年（634）《华严经题记》：“（静）琬敬白未来之世一切道俗：法幢将没，六趣昏冥，人无惠眼，出离难期。每寻斯事，悲恨伤心。今于此山，镌凿《华严经》一部，永留石室，劫火不焚。使千载之下，惠灯常照；万代之后，法炬□（永?）明。咸闻正道，□□□□（俱得正果?）乃至余刚，更□□□（加护持?）。此经为未来佛（法）难时，拟充经本。世若有经，愿勿辄开。贞观八年岁次甲午□月乙卯十五日己。（下缺）”又有不知年月《涅槃经堂题记》：“此堂内唯有石《涅槃经》一部，更无余物，本为未来悬远无佛法时，留为经本，开生（慧）日，静琬叩头，愿□□（尽未）来……（下缺）”

从上述题记可以知道，静琬因防备法难而镌刻石经，以留为将来作经本用的。最初计划刻《涅槃经》《华严经》等十二部经。所以如此，想必静琬自忖穷毕生之力，不可能刻完一部大藏，故拟选十二部有代表的经典，刻而藏之，以表达自己弘扬佛法，愿佛法世世长存这一番心愿。所以刻十二部，当然是因为当时“十二部经”可作大藏经的代名词，故而刻十二部经，也就可示代表一部大藏。唐道宣谓：“观夫大圣乘机敷说声教，离恼为本，不在曲繁。故半颂八字，号称开空法道；一四句偈，喻以全如意珠。广读多诵，未免于生源；常不说法，乃闻于具足。”（《大正藏》，第五十五卷第三百十二页下）其精神是一致的。静琬当年计划镌刻的是哪十二部经，在他有生之前是否刻完，尚需考证。

但静琬开创的事业，由他的弟子们继承并发扬光大。辽清宁四年（1058）赵遵仁《续镌成四大部经记》载："静琬以贞观十三年（638）奄化归真，门人导公继焉。导公没，有仪公继焉；仪公没，有暹公继焉。暹公没，有法公继焉。自琬至法，凡五代焉，不绝其志。"暹公、法公即僧惠暹、玄法。他们主持刊刻的时期，正当盛唐开元、天宝年间。据王守秦《山顶石浮图后记》载："大唐开元十八年（730），金仙长公主为奏圣上，赐大唐新旧译经四千余卷，充幽府范阳县为石经本。"著名的《开元释教录》作者智昇，就是当时奉命护送经本到云居寺的三位僧人之一。这一时期的刻经，底本为唐宫廷写本，校勘精良，价值极高。所刻经典亦甚多，可说是房山石经的全盛时期。天宝末，虽逢安史之乱，但云居寺的刻经事业并未停顿。会昌废佛，云居寺也受到影响，但很快又复兴起来。不过，晚唐所刻的大部分是小部头经，且有许多是重复的。可见此时刻经并无一定计划，只是为了供养祈福而已。五代战乱，云居寺刻经亦告停顿。

房山石经的第二个刻经高潮是辽代。辽代统治者崇信佛教，敬奉三宝，除刊刻《契丹藏》外，大力支持房山石经的刊刻。从圣宗起，到兴宗、道宗，直至天祚帝时，一直维持不断。尤其是兴宗、道宗，对刊刻石经更为热心。辽赵遵仁撰《续镌成四大部经记》载："我朝太平七年，会故枢密直学士韩公讳绍芳知牧是州。……乃知自唐以降，不闻继造。……以具上事，奏于天朝。我圣宗皇帝，锐志武功，留心释典。既闻来奏，深快宸衷。乃委故瑜伽大师法讳可元提点镌修，勘讹刊谬，补缺续新。释文坠而复兴，梵匠废而复作。琬师之志，因此继焉。洎及我兴宗皇帝之绍位也，……常念经碑数广，匠役程遥，藉檀施则岁久难为，费常住则力乏焉办。重熙七年，于是出御府钱，委官吏贮之，岁析轻利，俾供书经镌碑之价，仍委郡牧相承提点。"天庆八年（1118）志才所撰《续秘藏石经塔记》载："至大辽留公法师奏闻圣宗皇帝，赐普度坛利钱，续而又造。次兴家皇帝，赐钱又造。相国杨公遵勖、梁公颖奏闻道宗皇帝，赐钱造经四十七帙，通前上石，共一百八十七帙。”

除皇室之外，当地居民也对刊刻石经灌注了极大的热情，从各种刊刻题记可知，布施者来自四乡八方。不少人不但以个人身份布施，还结社共助刊刻。如应历十五年（965）王正所撰《重修云居寺壹千人邑会之碑》载：“传如来心成众生性者，莫大于经；勒灵篇儆来劫者，莫坚于石，石经之义远矣哉！……寺主谦讽和尚……见风雨之坏者，及兵火之残者，请以经金，遂有次序。……谦讽等同德经营，协力唱和，结一千人之社，合一千人之心。……无贫富后先，贵贱老少，施有定例，纳有常期。……故寺不坏于平地，经不坠于东峰。”除谦讽外，辽代主持刻经的僧人还有沙门留公、顺公、名僧通理、通理的弟子善伏，还有玄英等。

金代可谓房山石经刊刻的第三个时期。金灭辽后，房山石经仍得到朝野的维护，故刻经事业赖以不坠。当时热心续刻石经的有两个僧人：一个是燕京圆福寺见嵩，一个是山西奉圣州（今河北省涿鹿县）保宁寺玄英。见嵩于金太宗天会十四年（1136）游石经山，发心续刻石经一帙，名《大教王经》（见《入道沙门见嵩续造石经之记》残碑）。次年，玄英即与俗弟子史君庆续刻大唐贞元新译《十地经》（书帙）九卷（天会十五年六月刻成）。到了熙宗天眷三年（1140），他把自己所刻和辽天祚帝乾统至保大间（1101—1125）所刻未藏的石经共二十七帙（一十七帙最初的“覆器欲难量墨悲丝染”等九帙为辽天祚帝时代陈国别胥所施刻，诗帙《楞严经》通理已刻），埋藏于压经塔下的地穴，并刻一碑记名“镌葬藏经总经题字号目录”，列记经名帙号。最后附记说：“已上计二十七个字号。此经碑有长有短，高下不平，当来出时，宜慎护之。”其后皇统至明昌之间（1141—1195），都有续刻。这时所刻的石经，有《长阿含经》、《中阿含经》、《增一阿含经》、《杂阿含经》（履至息、十八帙）、《人本欲生经》（取帙）、《坚意经》等五经（定帙）及唐不空、善无畏、宋法天、天息灾、施护及契丹国师慈贤等新译密宗经典等（刻——多三十九帙）

共计五十九帙。这些金代后期所刻的石经，由于地面石刻毫无记载，一直未为金石文献所著录。

金末，石经事业又陷于停顿。元初归源云公，藏山行泽等相继住持云居寺，对于石经已无力顾及（见元法祯《石经山云居寺藏经记》）。顺宗至正元年（1341），石经山濒于荒废。其时高丽僧慧月自五台来游，见华严堂（即雷音洞）石户摧毁，经石残缺，追思静琬之功，深致慨惜，遂向朝野道俗募化净财，把石户修好，又请其本国天台宗沙门达牧补写了残缺的经板五片，重新镌刻补上（见元贾志道《重修华严堂经本记》）。

明初洪武二十一年（1388），姚广孝奉旨前往石经山视察。他见历代石经碑碣森列，惊叹静琬愿力之宏大，题了一诗刻于华严堂之壁面去（《白带山志》卷十）。过了几年，明朝拨款修理了一次，但未见续刻石经。宣德三年（1428）全真派道教徒陈风便和正一派王至玄等募刻《玉皇经》等四种道经，派人送人石室（在今第七洞）。这是明代中叶石经山唯一的道经刻石事件（见《玉皇经》石刻跋文）。明末万历崇祯间（1573—1643），吴兴沙门真程劝募在京缁素葛一龙、冯检、赵琦美、李腾芳、董其昌、黄汝亨等，在北京石镫庵镌刻了《四十华严经》、《梵网经》、《宝云经》（辽刻赖帙所缺）、《四十二章经》、六祖《法宝坛经》等，送往石经山贮藏，这是房山石经最后的事业。现在的第六洞就是这时所开凿的。

房山石经的刊刻，经历了从隋到明共一千余年。各时代刊刻的石经亦各有特点。如静琬初刻以《涅槃》《华严》等经为主；盛唐时刻了《大般若经》等一大批重要典籍。辽代刻经则在验明前朝所刻经本存缺的基础上，主要依《契丹藏》编次刊刻。辽金之际所刻以密教经典为主，而金代所刻除四部《阿含》外，其余都是密教经典。各代碑版形制亦有区别。这些石经，分别庋藏于石经山上九洞及云居寺西南压经塔地穴内，据有关记载，山上还有一个藏经洞，山下还有两个地穴，但至今尚未发现。

云居寺石经早就引起中外学者的注目。明大书法家董其昌曾为书“宝藏”二字题词。国外收藏家曾想方设法搜罗之，加之各种自然原因，经版颇有散损流失等情。1956年起，中国佛教协会与有关部门一起，对房山石经进行了全面的调查、发掘与整理工作。当时将九个石洞中的经版全部搬出编号拓印，再如数送回原洞封锢。脱落、破碎而散置的碎块，则尽量拼合恢复之。地穴内的经板，经过编号拓印后，则存放于新修的房屋内。近年更新修地宫，永久宝藏。

在其后的几十年中，中国佛教协会组织人力物力，对房山石经拓片进行了全面的整理研究，并已正式出版。仅就现在发掘拓印的经碑，经整理、查对、拼接、分类编目，初步统计，总刻一千一百二十五部，三千四百八十余卷，一万四千五百一十余块经碑（根据已拼搜成张的实数计，未拼接成张的残碑、题记和碑记等除外。关于部、卷数与碑石数，可能还有少景出入，待后详查），并已正式出版。

房山石经具有珍贵的历史文物价值与学术价值。它的隋唐时期刻本是依据当时的手写佛经刊刻的，尤其包括了一批以宫廷写本为底本的刻经，总数达三百五十余部，一千二百余卷，对于校勘现存的大藏，是极其珍贵的资料。它的辽余时期刻本是依据已经亡佚的《契丹藏》为底本刊刻的。《契丹藏》是我国北方系版刻大藏之祖，它收集资料广泛，校勘精良，且直接继承了唐代皇家官藏的传统，在当时是一部质量最好的木刻大藏。它曾对《再刻高丽藏》的刊校有着直接影响，从而影响了今天学术界最为流行的《大正藏》。由于辽代不许书籍外流及其他一些原因，今天《契丹藏》存世甚少，是学术界、佛教界的一大损失。房山石经中辽全部分刻经，为我们保留了二百二十九帙关于《契丹藏》的原始资料，是一件十分值得庆幸的事。在房山石经中还保存了一批历代诸藏都没有收入的绝世孤本经，约五十卷，可补历代诸藏之不足。另外，房山石经还存有若干不同时期刻的疑伪经，也为我们研究中国佛教之流传提供了不少新资料。至于房山石经对研究中国文化史，研究北京地区各时期的历史、经济、文化、书法、雕刻、文字、聊官、石刻艺术及佛教史，都是极其珍贵的资料，已为世界各国学者所公认。

1961年3月4日，国务院公布的第一批全国重点文物保护单位名单中，已将房山云居寺塔和石经列为全国或点文物保护单位。一千多年来各民族佛教僧侣艰苦卓绝、团结奋斗而留下的这一份稀世瑰宝，将世世代代保存下去。

（林子青　方广锠）

九　宋刻蜀版藏经

中国汉译佛教典籍以一大藏经数千卷的规模来刻版印行，开始于北宋初。开宝四年（971），宋太祖命高品内侍张从信去益州（今四川省成都市）计划刻藏，经过十二年，到太宗太平兴国八年（983）全部刻成，运到汴京（据说有十三万板），就在新创的译经院西边建筑了印经院。藏版印刷，初印的本子恰好可供译经的参考。这一刻版因为刻在益州，所以通称为“蜀版”；又因它是朝廷所刻，也称作“北宋官版”。

蜀版藏经的印本现存的极少，国内外仅有公私收藏的十数卷。照现存的印本看，是卷子式，每版（即印纸每幅）二十三行，每行十四字。板首另刻经题、板号、帙号小字一行。这些大概是参酌写本款式而定的。

蜀版的内容，从金代的复刻本即“金刻藏经”上，可见它最初刻成的部分以《开元录》入藏写经为基础，约四百八十帙（千字文编号为天字到英字），五千零四十余卷。它的印本于淳化二年（991）传到高丽，后来丽僧守其等用它校勘新刻藏经（即“高丽再雕版”），称为“宋本”，举出其中有缺卷、错间、脱文、衍字、误收、重出等错误。

唐代写经本来还有《贞元录》继续入藏的一部分；但在五代时候，大概这类写经流行的区域只局限于关右一带（见恒安集《续贞元释教录》序文），所以蜀版没有将它收入。

蜀版收藏于印经院之后，译场学僧校勘，有过几次改订。同时，来代新译入藏的经，《贞元录》入藏的经，还有一些新入藏的著述，都陆续刻版附带流通，因之蜀版后来印出的本子，随时不同。其中，比较重要的，凡有三本：

第一，“咸平本”。这是蜀版在咸平初（998—?）校订以后的印本，也可谓之“蜀版初校本”。校订是由译场证义字学沙门文胜主持，从端拱二年（989）起，到咸平初完成，文句上改正错误不少（文胜还著成《大藏经随函索隐》六百六十余卷），缺经也大部分补上了。宋代新译从太平兴国七年到咸平二年（982—999）共二百七十九卷，这时刻成三十帙（继续《开元录》入藏经，编号为千字文的杜字到毂字），还有太宗所著《莲华心轮回文偈颂》等四种五十七卷也刻成五帙，一并印行，所以这一“咸平本”包含《开元录》入藏经、宋代新译经、新入藏著述三部分。徽宗崇宁初（1102—?）惟白禅师在婺州余华山智者禅寺所见的旧藏（依《大藏经纲目指要录》的记载）以及王古《大藏圣教法宝标目》所据的印经院本，都是这个本子。

第二，“天禧本”。这是蜀版在天禧初（1017—?）经过再一次校订以后的印本，也可谓之“蜀版再校本”。所用以对勘的有天寿、皇建两院的写经，刻版上的缺点大都得到订正，并且依据唐玄逸《开元释教广品历章》改动一些卷帙、品次。例如改《放光般若经》二十卷为三十卷，《大集经》六十卷为三十卷（分出《日藏经》，《月藏经》单行），又变动《摩诃般若经》，《思益梵天经》，《法华经》等品目，又用《苏悉地羯啰经》代替了《苏悉地供养法》等。随同流通的除了宋代新译和入藏著述而外，还有咸平以来访得《贞元录》未入藏的一些典籍（如《千臂千钵曼殊室利经》《法苑珠林》《宝林传》等，都是散刻，没有编号）。这一印本于乾兴元年（1022）分别传到当时中国北方的契丹和国外高丽。

第三，“熙宁本”。熙宁四年（1071）即经院停办，蜀版全部移送京城显圣寺圣寿禅院，从此再无校改，所以印出的本子可以谓之“蜀版校定本”。这是《贞元录》入藏经二百四十二卷连同《广品历章》三十卷、《贞元续开元释教录》三卷，陆续刻成二十七帙（仍未编号，其中各出的次第大体和《天圣释教总录》所载相同），另外还有咸平二年（999）以后新译

《法印经》等以及入藏著述《景德传灯录》等刻本，这些都随着藏经印本流通。此本因归寺院经理，印造较易，所以流布稍广，元丰六年（1083）此本传到高丽。

熙宁以后，蜀版的内容还不断有增加。因为当时译经断断续续地一直进行到政和初年（1111），新版就随着陆续添刻。此外，天圣四年（1026），诏许天台、慈恩两宗章疏一百九十三卷联编入藏；景祐二年（1035）新修经录，又有著述约二百卷编入。这些典籍或者搜集旧版，或者另刻新版，格式种种不同（有卷子、有书册，行格疏密、字迹大小更不一律），数量也相当庞大。蜀版最后的内容究竟如何，这可从它的翻版即《金刻藏经》上看出一个轮廓，大概有这样八部分：

1.《开元录》入藏经，五千零四十余卷，四百八十帙（千字文编号天字到英字）。

2.宋代新译一，从太平兴国七年（982）到咸平二年（999），所译一百八十七部，二百七十九卷，三十帙（编号杜字到毂字。天禧后删去《频那夜迦经》四卷）。

3.入藏著述一，《太宗文集》四部，五十七卷，五帙（从此以下都未编号）。

4.《贞元录》续入藏经，连目录等一百二十七部，二百七十五卷，二十七帙。

5.宋代新译二，从咸平三年（1000）到熙宁六年（1073）所译九十部，四百二十三卷，四十三帙。

6.入藏著述二，《法苑珠林》《景德传灯录》《天圣广灯录》《景祐天竺字源》《祥符法宝录》《大圣释教录》《景祐法宝录》《宝林传》《宋真宗注四十二章经》等约共二十四部，三百十余卷，四十二帙。

7.宋代新译三，从元丰元年（1078）到政和二年（1112）所译十部，四十余卷，四帙。

8.入藏著述三，天台、慈恩二宗章疏四十二部，一百九十三卷，二十二帙。

由上列数字，可见蜀版到北宋末年已积累到六千六百二十余卷，六百五十三帙，规模可谓宏大。但不久随着汴京为金兵攻陷，大概就被兵火毁灭，一无所存了。

（吕澂）

十　福州版藏经

中国宋刻大藏经版接着蜀版而开雕的是福州版（一称闽本）。此版有两付：一付是东禅等觉禅院本（略称东禅院本）。另一付是开元禅寺本（略称开元寺本）。蜀版的性质为官刻；福州版则属于私刻，通过寺院募缘来雕造。东禅院本现存印本上刻版年代的题记，最早是元丰三年（1080），那时由东禅院住持慧空大师冲真以祝皇帝诞辰和祈祷国泰民安的名义募刻了《光赞般若经》《法苑珠林》《景德传灯录》等书（在《光赞般若经》以前的《大般若经》现存印本无年代的题记，或许是更早几年由住持惠荣募刻）。起初，刻版计划似乎还未明确，只准备刻成大藏经版一付，范围并未确定。从元丰八年（1085）以后，刻事大规模进行，这才计划刻五百余函，每函十卷，即在《开元录》入藏的一切经而外，附加一些著述；至于宋代新译等经仍未决定计入。这一计划，历经三十余年，东禅院里更换了六代住持，即惠荣、冲真、智华、智贤、道芳、普明并有元绛（参知政事，《宋史》有传）、刘瑾、许懋、柯述、王祖道等入分任请主或劝首，以一万家结缘为目的，劝募财物，以资助刊。到宋徽宗崇宁二年（1103）冬才基本完成（实际刻齐是崇宁三年九月），并建筑了藏版的经院。那一年，就劝缘的首倡者陈旸（礼部员外郎）向政府请求给予这一刻版以“崇宁万寿大藏”的名号，这很适合那时准备分发大藏经于各地新建祝贺皇帝生辰用的“崇宁寿”的需要，因而马上就被批准了。从此，东禅院僧更用印经板头钱的收入，续刻宋代新译，《贞元录》续入藏经和入藏著述，但未及刻全，便于政和二年（1112）宣告结束。总计所刻共得六千一百七十一卷，五百六十四函。

就在东禅院本刻成的同一年，同地人士蔡俊臣、陈询、陈靖、刘渐又发起就开元寺另刻“毗卢大藏经”印版一付。蔡等为会首，开元寺住持本明为证会，寺僧本悟为劝缘。所刻内容完全依照东禅院本，从徽宗政和二年到高宗绍兴初（1112—1131）刻成四百函。大约是由于劝缘困难，其后更远募到开封，并用了“上祝今上皇帝早迎二圣，齐享万年”的愿语来号召（这原来刻在版本前面，时代稍晚的印本便只留空白，避而不印了）。这样历经四十年，证会的住持也更迭了五代即本明、法超、惟冲、必强、了一，到绍兴二十一年（1151）才照东禅院本的成规刻齐五百六十四函而结束。

这两付藏经刻版完工之后，都有一些补刻。东禅院本（该院在南宋时改名“东禅报恩光孝禅寺”），在宋孝宗乾道七年到淳熙二年（1171—1175）补刻了当时陆续入藏的《大慧语录》《首楞严义海》和早已入藏的天台三大部著述共十六函；开元寺本，则在孝宗隆兴二年（1164）补刻宋仁宗时入藏而版片散失的《传法正宗记》《辅教篇》（这两种开元寺本印本里即编入时、阿两函，代替了原刻的《注入楞伽经》和《楞伽经纂》，但在东禅、开元两版混合本里编于天台三大部之后）。东禅院本在绍兴二十六年（1156）即因印刷过多而字画漫灭，经过彻底修补（见印本《阿育王经》卷八末题记）；一直保存到元代至治年间（1321—1323），又经寺僧祖意募缘雕换了一万版（见元印本《瑜伽师地论》卷四十九刊记）；以后于何时散失，便不详细了，或谓印经活动直至泰定年（1324—1328）间止。福州版的印本，山西太原崇善寺收藏较多，此外还有少数零本藏在北京、南京等地图书馆和一些私人手里。其整部现存于日本的尚有七部（据日人小野氏调查），但都是东禅和开元的混合本。这大概是因两版同式，为了适应急需就方便配搭的（东禅版印本卷尾常有印造者阴刻印记，又卷背有“东禅大藏”长方墨印）。

福州版两本的内容，除了补刻各种外，几乎完全相同，这可区别为五部分：

1.《开元录》入藏经　约一千八十七部。基本上照《开元释教录略出》编次，只在养字函加了《阿弥陀不思议神力传》蚩字函增加《观弥勒下生经》，羔字函增加《咒时气病经》《檀特罗麻油述经》《辟除贼害咒经》《咒小儿经》《咒齿经》《咒目经》，辞字函增加《奈女耆婆经》，英字函（东禅院本）或升字函（开元寺本）增加《贞元新定目录》一共九种，约五千六十二卷，四百八十函（千字文编号从天字到英字）。

2. 入藏著述一　《法苑珠林》一百卷，十函（编号从杜字到罗字）。

3. 宋代新译一　从太平兴国七年（982）到咸平二年（999），所刻一百八十一部，二百七十一卷，二十函（编号从将字到毂字；这一部分相当于蜀版从杜字到毂字三十帙的内容，但部数有遗漏，卷数也作了适当的合并）。

4. 入藏著述二　《景德传灯录》《宗镜录》《黄檗传心法要》《天圣广灯录》《建中靖国续灯录》《大藏纲目指要录》和宋太宗著述五种，另外东禅院本有《注入楞伽经》《楞伽经纂》《圆觉经略疏》三种，开元寺本有《传法正宗记》《辅教篇》《菩萨名经》三种，两本都是十四部，这里面有些并非正式入藏的书共二百六十一卷（东禅院本）或二百六十卷（开元寺本），二十六函（编号从振字到衡字）。

5. 宋代新译二　咸平二年以后所译和《贞元录》续入藏经共一百四十三部，三百三十六卷，二十八函（编号从奄字到勿字）。

以上是东禅、开元两本共同的部分，五百六十四函，约六千三十卷。后来东禅院本补刻部分是十一部，一百四十一卷，十六函（编号从多字到虢字）。在它和开元寺版的混合本里，更加入散刻本《华严合论》《华严修行次第决疑论》《法界观门》《十明论》《金师子章》《华严感应传》《普贤行愿品》《李长者事迹》八神，一百三十卷，十三函。这些原是东禅院于绍圣二、三年间（1095—1096）所刻，大概在绍兴十五年（1145）贤首华严著述得到朝廷许可入藏并镂版流通之后，来不及新雕，便将这些用来充数。

福州版的版式，两本相同，大体上仿照蜀版而行格加密，每版（印纸每幅）三十行，每行十七字，天台三大部著述一共十函，每行更增加到十九字。版心上下有界线，中缝（在摺叠处行间）刻经名、函号、卷数、纸数和刻工姓名，有时还略记施主姓名（仅刻一两版的）。在每卷头一版还于经题前空出三行，刻愿语和年月；这是福州版特点之一，从而可以了解刻版的全盘经过。版心尺寸一般都是高二十四公分（旧制长度单位，一公分=一厘米）余，宽五十八公分。另外，在装帧上也改卷子为摺本，即每版折成六页，每页六行；以后南方各种藏经刻版便以此为定式。

福州版以蜀版校定后的印本为据，因而蜀版初刻的一些错误，大都得到订正，文字也校改了不少；它在大藏经的校勘上有其相当的价值，只是关于宋代新译经和《贞元录》续入藏经两部分，在蜀版的补刻里本已齐备且随藏流通。而东禅院本急于结束，竟未及全收，以致影响到以后各种刻版都成残缺，这是很可惜的。此外，福州版在全藏的编辑上曾作了一些改进，像宋代新译的紧缩卷帙，入藏著述得打破限制等，也给续刻的版本以很好的启发，特别是在开元寺本未曾完工时即已开刻的思溪版上面可以看出来。思溪版的主要部分，像开元、贞元两录各经和宋代新译都依照福州版，而于入藏著述也大加精简，另成一格。

（吕澂）

十一 思溪版藏经

思溪版藏经是中国宋代刻藏事业中紧接着福州东禅院本而在南方开雕的私刻大藏之一。因为刻版的地点在浙西湖州的思溪，所以叫作思溪版，也称湖州本或者浙本。此种版本藏经现存有《湖州思溪圆觉禅院新雕大藏经律论等目录》和《安吉州思溪法宝资福禅寺大藏经目录》（安吉州是宋宝庆元年（1225）以后湖州的改称）两种目录，在印本上也盖有“圆觉藏司”或者“法宝大藏”两种印记，但一般收藏的整部大藏却都是两寺印刷的混合本；因而此版究竟是一付还是两付，成为向来难解的问题。现在依据已有的资料看，仍以只有一付刻版而先后改变名称为合于事实。

思溪版印本上题记极少，所以曾经被人误认为官刻本。但已经发现的题记有背字函《解脱道论》卷一尾记靖康元年（1126）二月王冲元写经开版，又有槐字函《菩提行经》卷一尾记靖康元年七月王永从写刻。这两部都是论典，依千字文的编号已到了三百四十五函和四百九十五函，全藏开版当然不会从此刻起。由此上推，最初开刻至少要在更早十年，即当宋政和的末年（1117）。那时东禅院本刻成（1112）不久，开元寺本又接着重雕，思溪版大概即是受着这些事实的影响而开版的。到了南宋绍兴二年（1132），全藏大体完成将近五百五十函，故有印造流通的总题记，刻为单版，附粘在一些刻本的前后（像现存本《长阿含经》卷二十二、《观所缘缘论》等）。从这一题记上可见思溪版是湖州归安县乡居致仕前密州观察使王永从一家捐款所刻（上面提到的王冲元即系王永从的长子）、劝缘为平江府大悲院住持净梵（据《释门正统》卷六，净梵早于建炎二年（1128）

去世，题记是后来追记的），都劝缘是圆觉禅院住持怀深。刻版就存在圆觉禅院，经过十余年，版片一部分为虫蚁所侵蚀，所以淳祐八年（1248）、十年（1250）迭有补修（见盘字函《贤愚经》卷三，又可字函《圆觉经》题记）。

就在淳祐以后，圆觉禅院所刻的藏经版片移藏于法宝资福禅寺；这中间的原委现在不明了，也许法宝寺即是圆觉禅院的改名。当时检点旧目，和刻版有些出入，所以另编了法宝寺藏经的目录。其中，羊字函较圆觉藏目多出《佛垂涅槃略说教诫经》一卷，思字函多出《佛说舍利弗目建连游衢经》一卷。藏经的末后又补目五十一函。这将原有阜字函的两种改编在补目里的用字函，而于阜字函另收《药师本愿经》三种，重出《理门论》等五种。又将原有微字函的《中观释论》九卷分成十八卷，改编在补目里的弊、烦两函。此外，伏字函《佛华严入如来智德不思议境界经》原刻以第一纸至第七纸作上卷，第八纸以下作下卷，旧目即记载为两卷。但勘《开元录》卷七，此经本来只有一卷，因此新目加以改正（实际刻版还是原有的一种），并在经版上加刻了题记。思溪版移藏法宝寺为时也不太长，到了宋末，便为兵火所毁灭。

思溪版的印本，从景定以后（1260—？）陆续流入日本，现存的还有八九部，都是圆觉、法宝两处印刷的混合本。其中还有王永从题记本加盖了“法宝大藏”印记的，可见原版只有王氏一刻，不过前后编目改变了名称而已。同时，这些印本里都未见有补目五十一函的经，又可见补目基本上只是一种存目。日本天安寺旧藏思溪版经一部（原缺六百余卷），清末由杨守敬购回中国，今藏北京图书馆。

思溪版藏经圆觉院本原为五百四十八函，约五千八百七十三卷（从前日僧据圆觉本目录粗计为五千八百二十四卷）。内容依照福州版改编，并略去一般入藏著述。其全体可分六个部分：

一、《开元录》入藏经，一千八十五部，约五千六十卷，四百八十函（这一部分圆觉旧目遗漏两种，已如上述，另英字函福州版有《贞元新定目录》一卷，今从删；千字文编号从天字到英字，和福州版全同）。

二、入藏著述一，《法苑珠林》一百卷，十函（编号从杜到罗，和福州版相同）。

三、宋代新译一，从太平兴国七年（982）到咸平二年（999）所刻一百八十一部，二百七十一卷，二十函（编号从将到毂，和福州版相同）。

四、入藏著述二，宋太宗著述五种，三十八卷，三函（编号振、缨、世，和福州版伊、尹、佐三函相同）。

五、宋代新译二及《贞元录》续入藏经，宋代新译系咸平三年（1000）以后所译，连《贞元录》续入依圆觉本计算共一百四十二部，约三百三十八卷，二十八两（编号从禄到微，这和福州版从奄到勿各函相同；但详细比较，其中不无出入，像伊字函缺少《千手千眼观音大悲心陀罗尼咒本》《普遍智藏般若心经》《千手千眼观自在真言释》三种三卷，佐字函增《仁王护国经》一种二卷、衡字函增《密严经》一种三卷）。

六、入藏著述三和补遗，《宋高僧传》《南本大般涅槃经》共两部六十六卷，七函（编号从旦到合，都是福州版所无）。

法宝寺本目录在以上各通而外，还补充了五十一函（编号从济到最）。这里面有二十函仍出于福州版，即《宗镜录》和天台三大部六种，又有三函以原有之籍改编，即阜字函所收的《海意所向经》，《观自在陀罗尼经》及上述微字函所收的《中观释论》。此外有《大藏一览集》二函、《大乘藏止法经》四函、《大乘集菩萨学论》二函、《福盖正行所集经》一函、《父子合集经》二函、《莲华心轮回文偈颂》二函、《施设论》《开觉自性般若经》合函、《金色童子因缘经》《守护国界主陀罗尼经》《大宗地玄文本论》各一函、《四十华严》四函、《国清百录》《大藏目录》各一函。这些书大都也收在高丽新雕大藏经里，可能是当时见到了丽藏目录或者印本而计划补充，但实际除《宗镜录》一百卷外，并未刻出（法宝寺本有《宗镜录》）合成五百五十八函，见元《大普宁寺藏经目录序》文）。

思溪版藏经也系摺本，版式仿照福州本，每版三十行，每行十七字，上下有界线。版心高二十四公分余，宽五十四公分、五折、每折宽约十一公分（一版三十行即以每六行为一组，组间略留空白，以便折叠）。每卷题前有时也空白数行，大概原有题记未经印出。题缝（即是刻函号、经题、卷数、版号和刻工姓名的一行）的刻法很不一律，有些刻在每版六七行之间，即当第一摺口处（或者在第十二三行间当第二摺口处），文字较略，这是摺本式的原样；但也有很多的刻在版末、文字较详仿佛卷子式。这两式的不同，表面似乎由于刻版的各异，实际在同一卷版片里也每每杂着两式，可见只是刻版时的随便采用而已。

思溪版以福州版为底本，而校勘时仍用未经校定的蜀版作参照，所以大藏经各种版本上有它独立的价值。又因为它刻在湖州，靠近当时的首都临安，流通便利，后来且直接发展为碛砂版，元普宁寺版等；它的一些特征，如对于著述的精简，宋代新译的拾遗等，也给各版以相当大的影响。

（吕澂）

十二　碛砂版藏经

《碛砂版藏经》是中国南宋时代民间雕刻大藏经最后的一种。刻版地点在平江府陈湖中碛砂洲延圣院（今江苏省苏州市吴中区境内），后来改名碛砂禅寺（见清代康熙《苏州府志》卷三十九），因而通称这部藏经为碛砂版。它开雕的缘起现还不甚明了。但端平元年（1234）所刻的全藏目录完全依照思溪版藏经；而全藏开头《大般若经》六百卷由都劝缘官僚赵安国刻成，这又和思溪版之为官僚王永从一家所刻的事实相类。就从这两点看，碛砂藏的刊刻显然是受了思溪藏的影响而发起的。

碛砂藏始刻的年代，也没有记载。现在《大般若经》印本中残存一些原刻本，间有保义郎赵安国刻经的刊记。在绍定六年（1233）所刻的《法苑珠林》卷一的刊记上，赵安国已由保义郎升级成忠郎。依着宋代官制这类官职至少五年一转推算，碛砂版开头的《大般若经》大概在《法苑珠林》刻版以前几年就已开刻了（参照《影印宋碛砂藏·刊刻年代表》）。不过，从《大般若经》的刊记还看不出筹刻全藏的企图，绍定五年（1232）刻《无量寿经》（卷上）才有延圣院雕造的题识，跟着端平元年（1234）刻出《平江府碛砂延圣院新雕大藏经律论等目录》，备载藏主法忠，都劝缘大檀越赵安国等名字，全藏的计划刻版似乎是在这个时候。

从端平元年起，刻藏事业逐渐展开，宝祐元年（1253）延圣院大藏经坊更扩建了西廊一带房舍（见书字函《法苑珠林》卷五十二题记），可说是达到极盛时期。但没过多久，宝祐六年（1258）延圣院大火（见元僧圆至《延圣院观音殿记》），刻事受到了影响，其后所刻却不甚多。咸淳八年

（1272）以后，宋代垂亡，兵祸日烈，全藏未及刻成便中断了。

经过二十余年，到了元代大德元年（1297），延圣院刻经重新继续（见国字函《大集经》卷二十一题记），次年，恢复了大藏经局（见让字函《大集经》卷十五题记），组织比宋代还要完备，有功德主、对经、点样、管局、提调等职（见大德三年刻虞字函《日藏经》卷四题记）。不久，大德五年（1301）朱文清施刻经版一千卷（见使字函《华手经》卷七题记），大德十年（1306）管主八又施资并募刻经版千余卷（见是字函《般若灯论》卷十五等题记），同时还有劝缘都功德主张闾等施刻的一些经卷，这时是元代续刻的最盛时期。后来延祐二年（1315），比丘明了施刻宋代新译经和《宗镜录》等，也补充了经版不少。现存碛砂版刻本上的年代题记，到至治二年（1322）为止，全藏刻成大概即在此时。要是从最初刻《大般若经》的假定年代1229年算起，前后经过了九十多年。

在现存的《碛砂版藏经》里，夹杂着一些别种版本。首先是《大般若经》部分。这部分的原刻可能毁于宋末兵火，后来大体上改用元代吴兴妙严寺刻本。妙严寺本始刻于泰定三年（1326，见天字函《大般若经》卷十题记），刻成于至正九年（1349，见奈字函《大般若经》卷六百题记）。它是用碛砂、福州、思溪等多种版本校刻的。其次，在全藏最后部分，从武字到遵字共二十八函，乃是管主八于大德十、十一年（1306—1307）间在杭州路募刻（见遵字函《法宝标目》卷九题记），所收的都是南方各版藏经中缺版的秘密经等（这些原来收载在元代大都弘法寺藏经版内）。这一付版片于至正二十三年（1363）由管主八的儿子管辇真吃剌捐赠给延圣院，作为全藏的补充部分印刷流通（见多字函《六波罗蜜经》卷七题记）。其后更翻刻了普宁寺版《传法正宗记》等和《中峰广录》（原版为元统三年［1335］刻）共五函，附在全藏末尾。这样组成的全藏版片，保存到明初。现在陕西省图书馆里还收藏有洪武二十三、四年（1390—1391）间印刷的这部全藏。1931—1936年，曾在上海影印出版，称为“影印宋碛砂藏经”。

《碛砂版藏经》的内容，大体同于思溪版。因为刻版曾中断了一次，后来续刻对于各经的次第略有改动，并历经补充，因而刻成之后和原定的目录（端平元年所刻）不尽相符。现存全藏印本五百九十一函，比原目增加四十三函。全部可以区分为九个部分：

1.《开元录》入藏经约一千八十七部，五千零六十四卷，四百八十函（千字文编号从天到英）。最后一函（英字函）收《开元释教录略出》和《绍兴重雕大藏音》。

2. 入藏著述一，《法苑珠林》一百卷，十函（编号从杜到罗）。

3. 宋代新译经一，从太平兴国七年（982）到成平二年（999）所刻一百八十部，二百七十卷，二十函（编号从将到毂；以上三部分编次和思溪版相同）。

4. 入藏著述二，《景德传灯录》三十卷，三函（编号振、缨、世）。

5. 宋代新译经二，从咸平三年到熙宁年（1000—1077）间所译及《贞元录》续入藏经，一百四十二部，约三百三十八卷，二十八函（编号从禄到微，在这中间刻字函杂入唐般若译《本生心地观经》一部，从伊到衡六函收《贞元录》经，曲字函收唐宋译密典，这些都和思溪版相同）。

6. 入藏著述三，《宋高僧传》和补遗一《南本大涅槃经》六十六卷，七函（编号从旦至合，和思溪版全同）。

7. 入藏著述四，《宗镜录》一百卷，十函（编号从济至感）。碛砂版全藏原刻即至此为止，一共五百十八函。

8. 补遗二（管主八补刻版），约九十七部，三百十五卷，二十八函（编号从武至遵）。这一部分本来另有目录，现已遗失，印本也不完全，但是后来翻刻碛砂版的明代《南藏》（初刻本）保存了它的面目，上列的部数和卷数即是参酌《南藏》（初刻本）来约计的。

9. 补遗三，《传法正宗记》《传法正宗定祖图》《传法正宗论》《补教篇》《天目中峰和尚广录》等五部，四十五卷，五函（编号从约至烦）。这些书都是重翻元代普宁寺刻本补入的。

以上九部分总计，约一千五百十七部，六千三百二十八卷（现行影印本总计为一千五百三十二部，六千三百六十二卷，其中有重复计算以及将合卷本分开计算等情形）。

《碛砂版藏经》的版式和思溪版大致相同，也是每版五页，每页六行，每行十七字。在各版第一或第二页折缝处刻有函号和版号，有时还刻有刻工姓名（全藏刻工题名者孙仁等四百二十三人）；卷末有时刻写经人姓名（令藏写经人比丘清满等五十三人）。

《碛砂版藏经》开始是准备依照思溪圆觉禅院本写刻的，中间一度停顿后，又参照元代普宁寺版大藏经续刻，因此，它和这两种刻版有密切关系。在全藏里又配用了妙严寺版《大般若经》和《宝积经》另本，补充了管主八募刻的秘密经版，所以又和这些刻本的母版有渊源关系，妙严寺刻《般若》等四大部是参照福州、思溪、普宁、碛砂和弘法五版的。管版从弘法寺藏经选出则又渊源于辽金刻藏。在宋元各种大藏经刻版中再没有像碛砂版这样关系复杂的了。元末，经过了兵乱，南方各种大藏经版都损失了，只剩碛砂版比较完全，明初洪武年间（1397年前后）刻成的《南藏》（初刻本），就纯粹用它为底本增订而重刻。这样，碛砂版有些特点就又通过《南藏》而影响于以后各版藏经了。

（吕澂）

十三　契丹刻藏经

《契丹藏》是辽代的官刻大藏经，又称为《辽藏》。

辽朝君臣崇信佛教，国中佛教甚为流行。约景宗（970—983在位）晚年、圣宗（983一1031在位）初年，由著名僧人无碍大师诠明（后改名诠晓）主持，曾经校订整理过一部写本藏经。根据希麟的《续一切经音义》（统和五年［987］成书），可知当时的这部藏经，主体部分根据《开元录入藏录》编纂，为四百八十帙；其后续编部分即《续一切经音义》所载经典，自《大乘理趣六波罗蜜多经》至《续开元释教录》，共二十五帙；全藏总计五百零五帙。其后行均的《龙龛手镜》（统和十五年［997］成书）就是对包括这部写本藏经在内的，当时各种写本藏经中诸多俗字、异体字的一个总结，学者称便。当时虽无大规模的刊刻藏经之举，但信徒施刻单部佛经已较多见。由于有些单部佛经的底本乃从写本藏经中取出，故此单刻本亦保留有千字文帙号。前些年在应县木塔中发现的统和二十一年沙门道撰施刻《称赞大乘功德经》（女字号），就是一例。

约在圣宗太平元年（1021），辽朝得到宋朝赠送的《开宝藏》。圣宗曾因此命工雕造《大般若经》等经典。但尚无大规模刻藏地记载。根据有关文献，参照近年发现的实物，《契丹藏》应在辽兴宗重熙年间（1032—1055）开雕，清宁年间（1055—1064）尚在续刻。最迟到咸雍四年（1068）已经完成。

《契丹藏》分小字本、大字本两种。

大字本《契丹藏》，在《大同府志》卷六，段子卿撰《大金国西京大华严寺重修薄伽藏经记》中有所载述。该文谓：“及有辽重熙间，复加校正，通制为五百七十九帙，则有太保大师《入藏录》具载云云。……其卷轴式样，新旧不殊；字号诠题，后先如此不亦艰哉！”从上文所述“卷轴式样，新旧不殊”云云，可知这种版本是卷轴装。

1974年，从山西应县佛宫寺释迦塔之佛像中发现一批刻本、写本佛经。刻本佛经中有十二卷附有千字文帙号，其中属于《契丹藏》者七卷，其余为单刻本。这批《契丹藏》正为卷轴装，每版正文二十七行，行字十七字。个别晚期刻本行款有参差。每版有小字所刻经题、卷数、版号、千字文编次等。书写工整遒劲，行格疏朗。与房山石经中辽金所刻诸经核对，千字文编次一一相符。证实确为《契丹藏》。

小字本《契丹藏》，在朝鲜《东文选》卷一百十二所载释宓庵《丹本大藏庆赞疏》中有所载述。该文称：“念兹大宝，来自异邦。帙简部轻，函末盈于二百；纸薄字密，册不满于一千。殆非人巧所成，似借神巧而就。”介绍了这种版本的基本简况。

1987年，为抢险加固因1976年唐山大地震时值到损坏的丰润县天宫寺塔，在塔心室内发现一批珍贵文物，包括方册装辽代刻经7种，其中有：

（一）《大方广佛花严经》，千字文编次自“平”至“伏”。蝶装后加包背，蓝绫封皮，左右双边，每半叶十二行，行三十字，版心空白。该经共八十卷，分装为八册，每十卷一册。

（二）《大乘本生心地观经》，千字文编次为“壁”。蝶装，四周双边，半叶十行，行二十字，版心有经名、卷次、版码。该经共十卷，分装为二册。第一、第二册为三卷，第三册为四卷。

（三）《一切佛菩萨名集》，无千字文帙号，蝶装，左右双边，半叶十一行，行最多达三十二字。版心有经名、卷次、版码。该经共二十二卷，分装为六册。

上述《大方广佛华严经》卷十、二十、五十、六十末有重熙十一年燕国长公主题记，称“敬心雕造小字《大花严经》一部”。《大乘本生心地观经》之千字文编次与《房山石经》辽代刻本完全相同。而《一切佛菩萨名集》则是辽思孝所集，清宁九年收入《契丹藏》。《房山石经》中亦有收入，千字文帙号为“勿”。上述诸经本身虽然是零刻单经，但它们“帙简部轻”“纸薄字密”，题记中有“小字”云云，可以肯定为小字本《契丹藏》的复刻或仿刻本，从而证实了小字本《契丹藏》的存在。

由于《房山石经》中辽、金刻本的底本是《契丹藏》，加之《再刻高丽藏》刊印时曾参校《契丹藏》，加上近年新发现的关于《契丹藏》的实物，我们可由此考知《契丹藏》的基本内容。

其主体部分完全按照《开元录入藏录》编排，成为北方系藏经的代表。与中原系的《开宝藏》相比，它所收《大集经》为三十卷本，《开宝藏》则为六十卷本，相互不同。与南方系的依《开元释教录略出》为依据的《崇宁藏》《毗卢藏》等相比，它所收的《摩诃般若波罗蜜经》为四十卷本，《略出》则为三十卷本，亦不相同。此外，北方系的《契丹藏》与中原系的《开宝藏》、南方系的诸种藏经还有多处差异，形成这些差异的主要原因，在于各地均按照本地流通的写本藏经刻藏。各地的写本藏经虽然已基本统一到《开元录入藏录》的基础上，但相互间仍有若干差异与分化。

主体部分之后收入希麟《续一切经音义》诸经，但有增补。其后收入宋代新译经、补遗入藏、辽代译撰的佛教典籍等。总五百七十九帙，千字文编次自“天”至“灭”。

《契丹藏》校勘较为精良，还收入了一批出于辽地的经论，故有较大的史料价值。它是北方系藏经的代表，故而在佛教大藏经史上有重大价值。《契丹藏》刊刻后，虽无传入宋朝的记载，但曾通过颁赐传入高丽，对再刻《高丽藏》产生重大影响。

（方广锠）

十四　金刻藏经

“金刻藏经”（简称“金藏”）是金代河东南路（今山西省南部）民间集资刻成的一种版本。河东一带地方在北宋末沦陷于金，大概就在金熙宗皇统年间（1141—1148），潞州崔进的女儿法珍（这或者是她出家以后的名字）便发起刻大藏经版来做功德。相传她还砍断手臂表示坚决的愿心，因而感动了一般信徒的热烈响应（现在所刻的经卷里还可以见到一些人捐出他们所有的牲口、木材、布匹等实物的记载）。刻版事业的中心在解州，组织有“开雕大藏经版会”，设于天宁寺（大概就是解州静林的天宁寺）。解州距离当时刻版手工业中心的平阳地区不太远，刻藏会设立在那里，显然是为了事业上的便利。刻版年代记在版片上的，最早是皇统九年（1149），最迟的是大定十三年（1173）。实际刻版的起讫和此相去不远，即是先后经历了三十年（约1148—1177）。到了大定十八年（1178），崔法珍就已印刷了一部全藏，亲自送到燕京（今北京市），金世宗予以奖励，特为在圣安寺设坛，给她传授比丘尼大戒。其后不久，崔法珍适应需要，将全副刻版输送到京，收藏于弘法寺。因此，她又在大定二十三年（1183）获得赐紫，并加了“弘教大师”的称号（关于这些事实，金章宗明昌四年［1193］曾由赵沨撰文记载，立碑于弘法寺。可惜到了明代正统年间便被毁坏而难得其详了，现在只能见到赵沨的《济州普照寺照公塔铭》说及大定二十九年［1189］京师弘法寺早已有了大藏经版这一事实而已）。

金藏刻版在元初就因兵火损坏了一半。太宗八年（1236）顷，大臣耶律楚材注意到它，以半官半私的性质发动了当时中书省所辖地区（山东、山西、河北）长官帮助劝募，并召集了各地寺院里会刻字的僧人到弘法寺补雕缺版。由于刻工拙劣，补版未免草率。此版补刻完成后的一部印本（中统初约1260年所印），连同少数的原刻印本，收藏在山西赵城县霍山广胜寺，一向未被人注意，以至逐渐散失。直到1933年，它才重被发现，经过详细考订而明白了雕版的原委。现在这部印本很好地收藏在北京图书馆。

从现存印本看，金藏原来编号由千字文的天字到几字，共有六百八十二帙，六千九百余卷（现存补刻后的印本四千九百五十七卷，原刻原印本十卷），可算是那一时代各种藏经刻版里内容最丰富的一种。所收典籍，依照性质区分，有以下七部分：

一、《开元录》入藏经，五千四十余卷，四百八十帙（编号从天字到英字）。

二、宋代新译经一，从太平兴国七年（982）到咸平二年（999）所译一百八十七部，二百七十九卷，三十帙（编号从杜字到轂字）。

三、《贞元录》续入藏经，连同目录等一百二十七部，二百七十五卷，二十七帙（编号从振字到奄字）。

四、宋代新译经二，从咸平三年（1000）到熙宁六年（1073）所译九十部，四百二十三卷，四十三帙（编号从宅字到虢字）。

五、入藏著述一，《华严合论》《法苑珠林》《传灯玉英集》《景祐天竺字源》《天圣释教录》《圆觉道场修证仪》《天圣广灯录》《祥符法宝录》《景祐法宝录》《宝林传》《秘藏诠》等约共二十部，四百五十余卷，四十四帙（编号从践字到亭字）。

六、宋代新译三，从元丰元年（1078）到政和二年（1112）所译十部，四十余卷，四帙（编号从雁字到塞字）。

七、入藏著述二，《华严清凉疏》等三种贤首宗著述，《金刚经疏宣演》等，《法华玄义》等二十九种天台宗著述，《成唯识论述记》等十种慈恩宗著述，《万善同归集》共五十余部，四百三十余卷，五十四帙（编号从鸡字到几字）。

在这七部分里，前四和第六部分都是宋刻蜀版的翻刻；但比较其余版本看来，所收宋代新译经最为完全，可说是一无遗漏。至于第五、第七两部入藏著述，因为金藏是私刻性质，不受任何限制，所以在蜀版已有的各种而外，还收入一些当时北方流行的书。这像贤首宗的《合论》《清凉疏》等，慈恩宗的《百法义忠疏》《瑜伽义演》《瑜伽论记》等，都是珍本。其中，《瑜伽论记》依据底本，还是高丽义天入宋搜罗章疏时发现的草稿，到宣和四年（1121）才校定付刊的初刻。此外又保存了几种向来仅见著录的宋代经录，如《祥符法宝录》和《景祐法宝录》以当时传法院的实录为依据而编纂，不但记载翻译，并还涉及求法、贡经、译场职事更迭以及著述入藏等，当然都是很好的佛教史料。

金藏的版式，在《开元》《贞元》两录入藏经和宋代新译部分都是蜀版原式，每版二十三行，每行十四字，版首另有一行刻经名、卷次、版号、帙号等（印本通作卷子式，但仍可摺成梵册我以便翻阅）。版心尺寸也同于蜀版，高二十二公分，宽四十七公分。著述部分，形式比较复杂，版心大小不一，行格也从二十二行到三十行，每行十五字到二十七字，种种疏密不同。偶然还夹入册页式（如《天圣释教录》《传灯玉英集》等），具有行线、中缝。这些大都是从单行本收入，即照原式翻刻，所以形式上很参差。版心尺寸不一，但一般都较其余各部分的尺寸为大。

金藏基本上可说是整个宋刻蜀版的翻刻（连同绝大部分的著述在内），所以它和蜀版的关系最深。它保存着蜀版原来很多的特点，又有天禧以前未被禁止流行的《频那夜迦经》，可见它依据的蜀版是接近于初印本的。现在蜀版和从它翻刻的高丽初雕版印本都已散失殆尽，那么，有这部金藏印本保存它数千卷原来的面目，在版本上、校勘上，实在有其宝贵无比的价值。至于它对其后版本的关系，最密切的莫过于元代的弘法寺版藏经（简称“弘法藏”）。因为金藏刻版原藏于弘法寺，元初经过彻底补雕，比较完整，元世祖至元初迁都燕京之后，便将它重加整理，收入一些契丹藏经中特有的本子像慧琳《一切经音义》等（契丹统治着中国北方时，它的势力没有扩及河东南路，所以在金藏的刻版上丝毫未受契丹藏的影响；元代注意到此，才加以补充）。同时又删去宋代皇帝一些著述，像太宗的《法音前集》等。这样构成了元代的“弘法藏”、实际只是金藏的蜕化而已（弘法藏内容，从现存《至元法宝勘同总录》里所引的《弘法入藏录》可以完全了解）。

（吕澂）

十五　元刻普宁寺版藏经

普宁寺版藏经是中国元代私刻的大藏经。刻版地点在杭州路余杭县南山大普宁寺（今浙江省杭州市余杭区境内）。普宁寺的前身普安寺，原为白云宗创立者北宋清觉逝世后所建白云塔院的遗址（清嘉庆《余杭县志》卷十五，引明万历《杭州府志》说，绍兴间改为传灯院，又改称普安寺，淳熙七年［1180］改称普宁寺）。白云宗在宋元之间颇为盛行，普宁寺之设局刻藏，当和白云宗的兴起有关。

普宁寺大藏开雕时曾设立有大藏经局（见《大般若经》《大宝积经》刊记），同时并刻有《般若》《华严》《宝积》《大集》四大部（见至元十九年［1282］《大般若经》卷一百八十六刊记）。现存《大般若经》刊记最早的年代是戊寅年（南宋祥兴元年［1278］，见卷四百二十九刊记），实际开雕年代还要早几年，在南宋景炎年间（1276—1278），当时缁素们有鉴于碛砂延圣院刻藏事业于咸淳八年（1272）以后中断，因而就继续来发起重刻。

元至元十六年（1279）普宁寺大藏刻到微字函（见《中观释论》卷四刊记），大约不久，照思溪圆觉禅院版格式终于合字函《南本大般涅槃经》就已全部完成，这距开雕之时，已经十几年了。

大德三年（1299）普宁寺比丘如莹从编排庋藏的便利上，曾将各经次第和分卷、分函等做了一番整理，另编了《杭州路余杭县白云宗南山大普宁寺大藏经目录》。在合字函以下，从济到感十函，还有《宗镜录》一百卷，当是仿照思溪法宝寺本补刻的（日本现存普宁寺版藏经都止于《宗镜录》）。另有从武到遵二十八函，是元代松江僧录管主八就大都弘法寺版藏经内，选取江南各版藏经所缺少的秘密经等数百卷，在杭州路募刻，作为江南各版藏经的补充部分。到大德十年（1306）才刻成（见碛砂藏遵字函《法宝标目》卷九题记。这部分经版后于至正二十三年［1363］由管的儿子管辇真吃剌转施给碛砂延圣院），即随同普宁寺大藏流通，所以如莹《目录》后来也就补列进去。最后还补入约字函。收元沙啰巴译秘密经轨五种《白云和尚初学记》《正行集》等，但刻版年代无可考。

还有，在延祐四年到泰定元年（1317—1324）之间补刻有《景德传灯录》，这部分改编入振、缨、世三函。元统三年（1335）又补刻有新入藏的《天目中峰广录》，编为韩、弊、烦三函（见明永乐版翻刻本卷首题记）。这些都是普宁寺大藏刻成以后的变动。

此版印本，从前康有为曾藏有多卷，后归浙江王氏。日本东京增上寺、浅草寺等处有较为完整的全藏。

普宁寺版藏经的基本内容，同于思溪版。后来补充和改刻的部分，则和碛砂版互有影响。全藏依千字文编号计算，共五百九十一函，可区分为如次的十个部分：

一、《开元录》入藏经，约一千一百二部，四千七百三十二卷，四百八十函（千字文编号从天到英）。最后一函（英字函）收有《开元释教录略出》和《绍兴重雕大藏音》。

二、入藏著述一，《法苑珠林》一百卷，十函（编号从杜到罗）。

三、宋代新译经一，从太平兴国七年（982）到咸平二年（999）所译一百八十一部，二百七十卷，二十函（编号从将到毂）。

四、入藏著述二，《景德传灯录》三十卷，三函（编号振、缨、世）。

五、宋代新译经二，从咸平三年至熙宁年（1000—1077）间所译及《贞元录》续入藏经一百四十二部，约三百三十八卷，二十八函（编号从禄到微；在这中间，刻字函杂入唐般若译《本生心地观经》一部，从伊到衡六函收《贞元录》入藏经，曲字函收唐、宋、译密典）。

六、入藏著述三，《宋高僧传》和补遗一《南本大般涅槃经》六十六卷，七函（编号从旦到合。以上六部分都和思溪圆觉禅院本相同）。

七、入藏著述四，《宗镜录》一百卷，十函（编号从济到感，这和思溪法宝寺本及碛砂版相同）。

八、补遗二，秘密经等约九十七部，三百十五卷，二十八函（编号从武到遵）。这一部分是江南闽浙各版藏经以前未曾收刻的密典等，本来没有详细目录，碛砂藏现存这一部分的印本也不完全，兹据后来依碛砂藏翻版的明代南藏初刻本约计。

九、补遗三，《传法正宗记》《传法正宗定祖图》《传法正宗论》《辅教篇》四部，十五卷，二函（编号约、法）。

十、补遗四，《天目中峰广录》三十卷，三函（编号韩、弊、烦）。

以上十部分总计约一千五百三十二部，五千九百九十六卷。

普宁寺藏经的版式和思溪版大致相同，每版五页，每页六行，行十七字。在各版的第一页折缝处刻有函号和板号。

普宁寺版藏经原是仿照思溪版写刻的，但经如莹整理过的刻版，就和思溪原式有好多不同，后来碛砂藏依据它来完刻，因而也对原订的《端平目录》时有出入。从这些方面，可见出普宁寺版藏经和思溪、碛砂两版的关系。

（吕澂　游侠）

十六　元官藏

《元官藏》，全称《元代官刻本大藏经》。是元朝晚期雕刊的官版藏经。约开雕于元文宗天历三年（1330），完成于元顺帝至元二年（1336）。全藏至少收经六千五百卷，分作六百五十一函，是当时规模最大的一部汉文藏经。千字文函号自“天”到“於”。本藏也是折装本，但版式是已知历代所有藏经中最大的：每版四十二行，折为七个半页，每半页六行，行十七字。气魄宏大，行格疏朗，上下双栏，外粗内细。卷末附硬黄纸书壳。本藏由元文宗皇后卜答失里发起，徽政院主持，当时的权臣伯颜、孛罗、撒迪等均参与其事，并从全国各地征选僧人参加校对。此经以往未见著录，1982年发现于云南省图书馆，现存三十二卷。近年在中国、日本发现若干零本。

该藏附有元顺帝至元二年（1336）太皇太后（即卜答失里）原文一份。字体为秀丽飘逸的赵体。还附有参与校刊的僧人、居士名录一份，按北方少数民族文字行文习惯，由左向右直行按僧职大小顺序排列。共列僧人、居士二十三人。除未注明地址的八人外，其余十五人的分布如下：

大法藏寺（今北京），三人，

大普庆寺（今北京），二人，

弘法寺（今北京），四人，

晋宁路（今山西），二人，

东昌路（今山西），一人，

真定路（今河北），一人，

袁州路（今江西），一人，

宁夏路（今宁夏），一人。

其中除袁州路外，均在北方。尤其是在京师大都（今北京）的法藏寺等诸寺均不冠地名，说明该藏的刊刻地点应在大都。

该藏又附有参与其事的有关官员职名录一份，亦按官衔之大小，从左向右书写，共列三十八人。值得注意的是，云南发现的职名录与日本镰仓发现的职名录虽均列三十八人，但其中有四人的官衔、排列位次发生变化，还有九人的姓名、官衔完全不同。这对我们研究元顺帝执政初年元朝宫廷斗争提供了新的资料，并由此说明了《元官藏》的刊刻背景。详情参见方广锠《元史考证两篇》（载《文史》第二九期）。

（方广锠）

十七　洪武南藏

洪武南藏，是中国明初在当时的京城应天府（今江苏省南京市）刻成的官版大藏经，通称为南藏。南藏实际刻过两次，初刻于洪武年间，再刻于永乐年间。初刻完成不久就遭火灾毁灭，印本流通既少，文献记载又不分明，因而后人都只将永乐刻本认为南藏，而不知道有两次刻本的事。真正的洪武初刻，直到1934年才在四川崇庆的上古寺重新发现。

初刻南藏开雕的年代很早，洪武五年（1372）四方名僧集合于蒋山点校藏经，就已做刻版准备（参照《释鉴稽古略续集》卷二）。刻事进行到洪武二十四年（1391）全藏大体完成，又续将各宗乘的要籍编入（见居顶《续传灯录序》）。最后有禅籍数种，都是洪武二十七年（1394）以后由净戒重校，所以刻事的结束大概即在洪武末年（1398）。经版收藏于京城南关天禧寺。永乐元年（1403），开放流通（见《释鉴稽古略续集》卷三）。次年，寺僧对禅宗语录等缺版进行了修补（见《古尊宿语录》卷十七尾跋）。但到永乐六年（1408）僧人本性纵火烧了全寺，经版就随着毁灭无存（参照《金陵梵刹志》卷三十一）。全藏的印本，曾于永乐十四年（1416）由蜀献王印送于四川崇庆上古寺（全部略有残缺，并有少数复本），现在收藏于四川人民图书馆。

初刻南藏全部六百七十八函、七千余卷。其基本部分五百九十一函（千字文编号从天到烦），纯系碛砂版藏经的翻刻，大体区分为《开元录》入藏经、入藏著述、宋代新译、补遗等。所收典籍一千五百余种、六千三百余卷（参照本书“碛砂版藏经”条）。但从五百函以下，也稍有补充。如兵字函九补《救度母二十一种礼赞经》一卷，轻字函八补藏文《药师功德经》一卷，曲字函补《番大悲神咒》一卷，法字函八、九补义忠《百法论疏》二卷等。这些书都是在北方流行，而为碛砂藏所未及收入的。

此外，初刻南藏的补充部分共八十七函（编号从刑到鱼）所收著述八十余种，七百三十余卷，大致如下：

刑、起、翦三函，《四十华严》，四十卷。

颇、牧二函，《净土十疑论》等十七种，二十三卷（这些和再刻南藏起、翦二函所收者相同）。

用、军二函，《六祖坛经》《万善同归集》《明觉语录》等，约二十卷。

最、精二函，《圆悟语录》，二十卷。

宣、威二函，《宗门统要续集》，二十卷。

沙、漠、驰三函，《大慧语录》，三十卷。

誉到九，四函，《古尊宿语录》，四十八卷。

州到碣二十六函，天台三大部等三十六种，二百六十六卷（这些和再刻南藏从实到刑各函所收者相同）。

石到熟三十函，《华严清凉疏》等十六种，一百十二卷（这些和再刻南藏从烦到禹各函所收者相同）。

贡、新、劝三函，《颂古联珠集》，四十卷。

赏到孟，四函，《佛祖统纪》，五十四卷。

轲、敦二函，《翻译名义集》，二十卷。

素、史、鱼三函，《嘉泰普灯录》，三十三卷。

在这些书里，绝大部分都是当时南方流行的本子。初刻南藏翻刻碛砂藏的部分，即用碛砂版式，每版五页，每页六行，每行十七字，其补充部分也大都沿用此式。碛砂藏各经常刻有写经人名字，翻刻本刊落未尽，即时存原样。惟有《般若》等大部经的品题，碛砂藏比较简单，南藏翻刻则多数加上经名作某经某品，这便成为辨别两版印本的一种标准。

但是，从大体上说，初刻南藏还是保存着碛砂藏的原来面目的。现存的碛砂藏印本不算完全，有了明刻南藏的参校，很多缺略或差错的地方都可得到增订。像碛砂从武到遵的二十八函秘密等经，原来目录散失了，现存印本函号不齐，究竟缺些什么书，这本是个难以猜测的问题，但一对勘初刻南藏，也就基本解决了。至于从校勘方面看，初刻南藏是对碛砂藏原木点勘过的，并还在《般若》等大部经里更多用一些精校的妙严寺刻本，所以它的优点要比碛砂藏为多。另外，初刻南藏收入禅宗语录一类的书较多，启发了后来的刻藏向这一方面大大的发展，这也是值得注意的。

（吕澂）

十八　永乐南藏

永乐南藏是中国明永乐年间在南京再刻的官版藏经。明代南藏初刻版毁于永乐六年（1408），次年（1409）明成祖就准备重刻，召集名僧善启等校勘底本（参照《大明高僧传》卷三）。此版开雕的确实年代，未见记载。但雕版地点所在的南京大报恩寺，是永乐十年（1412）就天禧寺旧址上动工重建的，而永乐十五年（1417）文琇作《增集续传灯录凡例》已有报恩寺重刊大藏的说法，大概刻藏就在其前数年间。刻到永乐十七年（1419）似已全部完成（参照《金陵梵刹志》卷二）。

永乐南藏全部函数有过几次变动。最初计划刻版似乎只有六百二十八函（从天字号到塞字号为止，未收大藏目录）。但刻完时即追加七函，成为六百三十五函（到碣字号为止，其未尾四函《佛祖统记》还是管藏经僧募缘刊入的）。万历年间补刻三函（石、钜、野三字号），最后又经调整定为六百三十六函（到石字号为止），六千三百三十一卷。它受了元代《至元法宝录》的启发，在全部编次方面作了一大改革。其前各版藏经都以《开元录》为据，先分大小乘，再各别细分经律论，并将宋代陆续入藏各译典和著述交互夹杂地附在后面，显得凌乱无序。再刻南藏改变了这一编法，先分经律论，再各分大小乘，而将宋元续入各书分别附在三藏之末，这就清楚得多了。不过，它于大小乘经之后紧接着就是西土撰集，其中又附带有唐译秘密经轨，这还不能说完全合理。

永乐南藏的全部内容，可分析如次：

大乘五大部经，一百三十四函（千字文编号天至驹）。

五部外重单译经，七十函（食至贤）。

小乘经，四十六函（克至当）。

宋元入藏诸大小乘经，三十七函（竭至安）。

西土圣贤撰集，十九函（定至伏）。

大小乘律及续入诸律，五十五函（登至交）。

大小乘论，一百二十四函（友至漆）。

续入藏诸论，五函（书至罗）。

此土撰述，一百四十六函（将至石）。

此藏全部编次对初刻本说来是有很大出入的，只有一些内容相当的各函，所收各书次第还大体相同。此土撰述部分则据初刻本一再增减。像初刻中的《百法论疏》《嘉泰普灯录》等都删去了，另外增加《密咒圆因往生集》《护法论》《大明三藏圣教目录》、后来续增《圆觉经略疏之钞》《维摩经注》《翻译名义集》（见寂晓《大明释教汇门标目录》），最后又将此三种归入续藏，而另增《圆觉经略疏注》《心经集注》。因此这一部分的函数也屡经变动，末后才定为一百四十六函。

永乐南藏的版式依照其前各版作梵箧本，每版三十行，折成五页，每页六行，每行十七字。字体仍用欧书，但没有初刻本那样工整。初刻残留的碛砂藏题记，大都给划除了，只留少数有关校勘的说明（像《传法正宗记》首卷题记说明用开元寺本重刊等）。

再刻版完工后即藏于报恩寺供应各地的请印，这比后来藏版于宫中的北藏印刷便利得多了，因而现在各处保存它的印本也较多。明万历十二年（1584）北藏续刻著述四十一函（千字文编号从钜至史），南方无版，后经南京礼部郎中葛寅亮代为计划，利用印藏的版头钱、陆续补刻（改用宋体字），在万历三十四年（1606）时已刻成十四函，全部何时刻齐，还不明了。

这部藏经刻版是在初刻南藏的基础上加以改编的，即成为后来各种刻藏的依据，而和它关系最密切的，要算明刻北藏。

（吕澂）

十九　永乐北藏

永乐北藏是中国明代在首都北京所刻的官版大藏经。当永乐十七年（1419）南藏再刻完成之时，明成祖就又计划在北京另行刻版，这大概是适应当时决定迁都之后连带而来的需要。它开始以一年功夫写成刻样，准备在很短时期内刻成，但从永乐十九年（1421）刻起，直至正统五年（1440）、经过二十个年头才刻齐。正统十年（1445）曾将此版大批印刷一次，送给全国各大寺院。万历十二年（1584）补刻一些继续入藏之书为“续藏”。万历二十七年（1599）连同正藏印施各大寺院一次。现在各地还藏有此藏的印本者颇多。

北藏的主要部分是依照再刻南藏改编的，共有六百三十六函，六千三百六十一卷，所收翻译、著述一千六百五十七部。其全部组织如次：

1. 大乘五大部经，一百三十五函（千字文编号天至食）。
2. 五大部外重单译经，七十一函（场至念）。
3. 小乘经，四十四函半（作至竭）。
4. 宋元入藏诸大小乘经，三十四函（竭至言）。
5. 大小乘律及续入诸律，五十三函（言至受）。
6. 大小乘论，一百二十三函半（受至弁）。
7. 续入藏诸论，五函（转至通）。
8. 西土圣贤撰集，十九函（广至漆）。
9. 此土著述，一百五十一函（书至石）。

以上编次将西土圣贤撰集改放在论藏之后，这是比再刻南藏更为合理的。在五大部重单译经内，删去了《梦感功德经》二卷，加入《观音普门品》一卷。其他各经的次第也不尽同，以致函号参差，这在后来所刻方册本《大明三藏圣教目录》里都对照注出。还有改动卷数的很多，也在《目录》内注明，至于此土著述部分，删去再刻南藏中《联珠颂古》二十一卷、《古尊宿语录》四十八卷、《续传灯录》三十六卷、《佛祖统记》五十四卷、《大明重刻三藏圣教目录》三卷，增入《楞伽阿跋多罗宝经注解》八卷、《心经注解》四纸、《金刚经注解》二十八纸（这三种是明太祖叫如玘、宗泐等撰述的），《明太宗制序赞文》一卷（其中大部分是从永乐八年到十三年，即公元1410—1415年所作关于刻版藏文甘珠尔及零本经典的序跋）、《诸佛世尊如来菩萨尊者神僧名经》四十卷、又《名称歌曲》五十卷、《感应歌曲》一卷、《神僧传》九卷、《大明三藏法数》四十卷。

此藏在万历十二年（1595）补刻续入藏的部分，共有书三十六种，四百一十卷，四十一函，千字文编号从钜至史。在这些书里有贤首、天台宗的重要著述，如《华严悬谈会玄记》四十卷、《华严疏钞》三十卷、《法华要解》七卷、《四教仪集注》十卷等，也有禅宗、净土要典，如《禅宗正脉》二十卷、《百丈清规》八卷、《莲宗宝鉴》十卷等。最末仍将永乐时删去的伪书《梦感功德经》重行补入。

北藏的版式因为要和同时的南藏有所区别，改成每版二十五行，折成五页，即每页五行，每行十七字。字体亦改用赵书。

南藏再刻版的校勘较差，北藏要一矫其弊，集中僧众一百二十人，在一年内反复校了底本好几次，但时间太匆促了，仍不十分精练。后来清藏刻版时，就曾批评了它，以为愈加详细考校就愈发现它讹舛。对于北藏和南藏文字上有些异同，径山方册藏经中曾对勘注出，可以参考。

经北藏改动过的编次以及它的扩大入藏著述的范围，这些都直接影响到其后刻版的方册藏经和清藏。它们都在北藏的基础上有进一步的发展。还有北藏的目录，在1882年经日人南条文雄逐书编号补加说明，在英国牛津出版。其后即称为《南条录》而广为西方人士研究汉译佛典者所采用。

（吕澂）

二十　嘉兴藏

嘉兴藏，又名径山方册大藏经，中国晚明开雕的私版藏经。因该藏先在各处分刻，最后把版片集中贮存于径山（今浙江省杭州市余杭区境内）化城寺；且该藏采用轻便的方册装，亦即一般的书本式；故称为径山方册藏。又因该藏后由嘉兴楞严寺经坊印造流通，所以也称为嘉兴藏。

该藏刻版发起于明万历七年（1579）。先是，袁了凡向幻余法本谈到明代官版南藏岁久腐朽，北藏请印不易，不如改印方册本，易印也易保存。幻余同意此议而未实行。这时，紫柏真可听说其事，就力促幻余发起刻藏。其后，紫柏的侍者密藏道开一同参加，专任其事。先修建嘉兴楞严寺，并历访江、浙诸山，选择刻场。又得陆光祖、陈瓒、冯梦祯等赞助，万历十二年（1584），陆光祖撰《募刻大藏经序》进行募款。同时，组织定期点勘经本的“检经会约”，订出校经凡例，为藏经的开雕做好准备。如是经过十年的准备，到万历十七年（1589）正式开始大规模刊刻藏经。准备期间，也试刻了若干经典。如现存于正藏第四十四函中的《寒山子诗集》刻于万历七年，前有万历乙卯王宗沐序。现存于续藏第三十一函中的《楞伽阿跋多罗宝经会释》刻于万历八年（1580），前有万历八年冯梦祯刻经序。不过，现存《嘉兴藏》中属于万历十七年以前的刻本只有六种。

关于刻藏的筹备经过以及如何于万历十七年大规模刊刻藏经的事，密藏道开在所撰的《刻大藏愿文》中有较详细的记述。略谓他于万历十年（1582）赴武林，在绍兴途中因见古寺残碑有感，立誓“愿毕此生身，募刻方册版，广作流通。”遂至嘉兴寻紫柏并晤冯梦祯等人，得知他们已经

“先发是愿，即共订盟从事。然遑遑三载，莫得其绪”。密藏道开便于万历十四年（1586）去长安，与傅光宅等居士反复思究，深知“善建事者必先植本”的重要，便决定“以善信十人，岁各捐资”，先行刊刻。并于同年发起“募刻大藏文”，决心负笈九州乞金刻藏。此举博得陆光祖等人的赞誉与支持。在于光凯撰《密藏禅师遗稿序》中称：“万历丙戌（十四年），师弟同入京师，慈圣皇太后（万历皇帝生母）知有刻藏之举，欲发帑金命刻。尊者（指紫柏）谓‘宜令率土沾恩’。师愿以一身任事，遂撰文广募，随立条规。”经过紫柏真可、密藏道开、幻予法本等人的积极筹措，于万历十七年“奉慈圣皇太后旨”，再行开雕于山西五台山妙德庵。

此后，居士中同盟发愿愿意担任募款的有曾乾亨、傅光宅、瞿汝稷、唐文献、曾凤仪、徐琰、于玉立、吴惟明、王宇泰、袁了凡十人。紫柏与密藏到北方劝募，又与德清订盟。这样，刻藏的影响便扩大到南北僧俗中，得到许多人的支持拥护，使得该藏终于刻完。

万历十七年，《嘉兴藏》正式在五台山紫霞谷妙德庵刊刻，连续四年，刻成正续藏共五百二十余卷。由于五台山气候太冷，刊刻藏经诸多不便，所以于万历二十年（1592）冬南迁到径山寂照庵。其后密藏隐去，刻经事宜由幻余、如奇等继续主持。万历二十九年（1601）编刻募刻大藏经各序为《刻藏缘起》，并订立刻藏经费划一办法。

万历三十一年（1603），紫柏寂于北京，当时一些有力的资助者也大多没落，藏经刊刻事业进展困难，不能集中在径山。于是，在嘉兴、吴江、金坛等地因施款而就地散刻。再把刻好的经版送到嘉兴楞严寺经坊印刷流通。散刻的地方有嘉兴漏泽寺、吴江接待寺、吴郡寒山化城庵、姑苏兜率阁、虞山华严阁、金坛雇龙山等。万历三十七年（1609），楞严寺经坊再定《藏版经值画一目录》，刻藏事至此告一段落。此后又采用包世杰、吴用先的建议，用印经流通的余资续刻经版。像楞严寺般若堂用印经流通余资刻成五部律等，即是一例。万历三十八年（1610），复修建径山东麓的旧化城接待寺为径山下院，专门贮藏方册大藏经版。

崇祯十五年（1642），僧人利根看到方册大藏经已经刻了五十多年，刻完了十之八九，而且各地散刻的许多经版没有全部送到径山楞严寺，因而发愿要完成这一事业。他奔走各地，募款续刻，又疏请政府协助，催各地尽快把已经刻好的经版送到楞严寺。这样，直到清康熙年间，才将正续藏余部刻完。现据《嘉兴藏》正续藏各经典的刊刻题记可以知道，正藏最早的经本刊刻于明万历十八年（1590），完成于清康熙十六年（1677）。续藏最早的经本刊刻于明万历七年（1579），完成于清康熙三十八年（1699）。正续两藏共历时一百二十一年。至于《嘉兴藏》的又续藏则最早开雕于明万历十九年（1591），完成于清康熙四十六年（1707）。如果加上又续藏，则《嘉兴藏》的刊刻时间共为一百二十九年。

由于《嘉兴藏》刊刻时间较长，早期的刻本有的已经损坏，所以清代曾经递修。根据现存经本版心下所刻的递修时间以及主持人姓名，可以知道正藏的递修是在清顺治十七年（1660）至雍正元年（1723）完成的。续藏的递修则是在康熙四年（1665）至四十七年（1708）之间完成的。又续藏的递修是在康熙十七年（1678）至二十三年（1684）完成的。全部递修工作时间共长达六十四年。主持递修的人有恒瑞、契祥、契颖、灵藏、灵意、李馥等人。除李馥系雍正元年主持递修外，其余诸人主持递修的时间互有重叠。

由于《嘉兴藏》的刊刻时间长达一百二十九年，如果再加上递修时间，则从明万历七年开始刊刻到清雍正元年递修结束，全藏的刊刻时间竟长达一百四十五年。因此，《嘉兴藏》各个时期的印本的数量多少各有不同，并形成不同的目录。据现有材料，《嘉兴藏》的目录共有六种。

一、明万历二十九年（1601）刻《大明三藏圣教目录》，系根据《永乐北藏》为目录依据而有所增减。

二、清顺治年间重刻之《大明三藏圣教目录》，较万历刻本又有所增减。

三、清雍正元年刻《嘉兴藏》目录。

四、清乾隆年间内府抄本“续藏”“又续藏”目录。

五、民国九年（1920）北京刻经处刻《嘉兴藏目录》。该目录避“玄”“弘”讳，故其底本应是乾嘉朝本。

六、二十世纪八十年代故宫博物院编《故宫藏嘉兴藏目录》。

上述诸目录内容互有参差，加上统计方法的差异，所以历来对于《嘉兴藏》的部卷帙说法互有不同。但上述诸目录中，雍正元年的目录是李馥最后依次递修之后编撰的，应当比较完备。根据这个目录，《嘉兴藏》的正藏、续藏、又续藏三个部分，共计三百五十三函，约一万二千六百卷。其中正藏部分基本依照《永乐北藏》编成，大体即为大乘五大部等九个门类，一千六百五十四种，二百一十函，约七千九百三十卷。续藏部分收藏外典籍二百四十八种，九十五函，约三千八百卷。又续藏部分收藏外典籍三百一十八种，四十七函，约一千八百八十卷。又，今故宫博物院所藏《嘉兴藏》之正藏，实存一千六百六十五部，七千八百二十九卷，二百一十一函。千字文编次从“天”到“史”。其中第二百零六函到二百一十一函为《永乐北藏》所缺，系据《永乐南藏》排字用号。另有首函，内容是《刻经缘起》《三藏圣教目录》《划一》等三部六卷。续藏有二百五十二部，一千八百一十卷，九十函。又续藏有二百一十七部，一千一百五十九卷，四十三函。总计为二千一百三十七部，一万零八百一十四卷，三百四十五部。比较雍正元年的目录，故宫藏本的数量略有减少。估计是奉旨撤出以及后代散逸的缘故。总之，《嘉兴藏》收经的正确数目，还要分别阶段，逐一详细统计。

据故宫所藏《嘉兴藏》的整理者介绍，《嘉兴藏》的文字书写风格各有不同，明万历初年多为拳刀笔法，笔锋生动，富有楷书帖意。明万历末年趋于横轻竖重的宋体字，亦即所谓“板字”。崇祯年虞山华严阁刻本，字体大多扁宽，行格疏朗，写刻精良，代表了毛晋刻书的风格。清顺治、康熙年间，刻本的字体较前期略小并趋瘦长、呆板。全部藏经刷印比较精致，题色漆黑，看去悦目醒神。每函首册首叶大都附有绘刻的释迦牟尼像或少量的高僧像赞。该藏的版框不尽相同。一般为四周双边，栏线外粗内细，白口，半页十行，行二十字。但早期刊刻者亦有四周单边，或左右双边，线黑口，单鱼尾，七行十七字，八行十八字，九行十九字，十行十九字，或十一行二十字不等。还有无边栏、行格的手写体。版框高二十三厘米，宽十五点四厘米，或高二十四点五厘米，宽十六点四厘米不等。书口上刻“中国撰述”或“经”“律”“论”等字样。也有刻上语录、杂著之书名或墨钉者。书口下刻有千字文编次或重修人姓名、年代或墨钉。也有个别撰著的版心刻有“高木堂”，下刻刻工姓名。

《嘉兴藏》的刊刻者们，从紫柏以及密藏起，都十分重视藏外著作的收集与刊刻。从开版起，就陆续刻出大批藏外典籍，从而逐渐汇成庞大的续藏、又续藏。藏外著作的内容，有疏释、诸宗著述、忏仪、语录以及融通、护教等著作。大都是明清人的著作。语录部分种类特别多，这也反映了这一时期佛教发展的特点。

《嘉兴藏》以《永乐北藏》为底本，并以《永乐南藏》以及少数宋元本藏经来对校，按照比较合理的文字加以改定。遇有疑难，在检经会上讨论决定。这种校勘方法保证了校勘的质量。所以，万历三十一年以前所刻的经典，校勘质量均较好。后来刻场分散到各个地方，校勘质量也就难以保证了。

《嘉兴藏》在我国历代版刻大藏经中首创续藏又续藏，收入大批中华佛教撰著，对后代万历藏有相当大的影响。清末金陵刻经处刻经，就明显继承了《嘉兴藏》的许多优良传统。

（方广锠）

二十一　清藏

清刻藏经，一称龙藏，是中国清代雕刻的官版大藏经。雍正十一年（1733），清世宗命王公大臣汉蒙族僧一百三十余人，广集经本，校勘编稿。十三年（1735）开刻，至乾隆三年（1738）完成。仅仅费了四年功夫。版片现还完全保存，国内各寺院所藏印本也较多。

清藏全部分正藏和续藏两类。正藏共四百八十五函，以千字文编号，从天至漆，内容编次和明刻北藏完全相同，也分（1）大乘五大部经，（2）五大部外重单译经，（3）小乘《阿含经》及重单译经，（4）宋元人藏诸大小乘经，（5）大小乘律和续入藏诸律，（6）大小乘论，（7）宋元续入藏诸论，（8）西土圣贤撰集八个部类。续藏共二百三十九函，编号从书至机，内容依照北藏加以增减。据雍正《重刊藏经序》说；“历代名僧所制义疏及机缘语录，各就其时所崇信者陆续人藏，未经明眼辨别淄渑，今亦不无删汰，俾归严净。”这样，就删去史传类的《释迦谱》等，目录类的《出三藏记集》等，音义类的《一切经音义》等，义疏类的《观音经疏阐文钞》等，著述类的《止观辅行传弘决》等，语录类的《宗门统要续集》等，一共三十六种；加入雍正十三年入藏的有关《华严》的著述《会本悬谈》《会本疏钞》（这些即是所删《华严疏钞》重新整理过的本子）等四种。乾隆二年以清人著述为主，续入《楞严正脉》《成唯识论音响补遗》《梵网经直解》《毗尼止持会集》《作持续释》《毗尼关要》《紫柏全集》《憨山全集》、各家语录以及雍正自选的各书等五十四种，并重新编次。

以上正续藏总计七百二十四函，七千二百四十卷，收书一千六百七十种（外有《全藏目录》五卷）。随后又抽去《开元录略出》《辨伪录》《梦感功德经》《明太宗制序赞文》《楞严蒙钞》五部，七十三卷的版片不予流通。从所收各书数量上看，这一版藏经总算是内容丰富的，但其续藏“此土著述”部分，随意取舍，以致经录割裂不全（《出三藏记集》是重要典籍，不应删去，其余《历代三宝记》《译经图记》《武周刊定目录》等也是有关文史研究必备的参考书，而一律淘汰，未免失当），音义成为空白（北藏仅有的《绍兴重雕大藏音》《一切经音义》《华严经音义》三种，全数删除），台宗典要多数残缺（如台宗三大部加了《法华玄义释签》、却删去《摩诃止观辅行弘传决》，又《国清百录》为台宗历史文献汇编，亦从删），如此漫无标准的编纂，比起以前各版藏经来，未免减色了。

清藏版式即仿照明刻北藏，每版二十五行，折成五页，每页五行，每行十七字。在校勘方面，它原来不满意北藏的疏漏，很想做到较胜一筹，但当时旧版藏经所存无几，版本的辨别不甚分明（如误认方册本为南藏等），又极端轻视音义的价值，因而校勘的成绩实不足道。

（吕澂）

二十二　频伽藏

《频伽藏》，全名《频伽精舍校刊大藏经》，是清末民初上海频伽精舍私版大藏经。因该精舍由英籍犹太人哈同出资资助，故也有人将这部大藏经称为《哈同大藏经》。它出版于清宣统元年（1909年）至民国二年（1913年）。全藏共收经一千九百十六部，八千四百十六卷，线装为四百十三册。另附目录一册，分装成四十函。每函用千字文编次，从“天”到“霜”。经文用四号铅字排印，每页四十行折为两个半页，每半页二十行，行四十五。有书口及边框，无行线。书口印经名、页码等。该藏基本上以日本的《弘教藏》为底本排印，但删去了其中部分日本著述，故内容略有变动。主持与参与其事的有罗迦陵、宗仰、余愿船等。《频伽藏》校勘比较粗疏，错误较多。但目录上附有《资福藏》《普宁藏》《嘉兴藏》《龙藏》《高丽藏》等五藏的千字文编次，较便于检索。

（方广锠）

二十三　普慧藏

《普慧藏》，上海普慧大藏经刊印会编印的私版大藏经。该会最初由盛普慧出资，不久改由国内外善信捐助，成立于1943年。原计划网罗南传、北传所有经典，校正前代印本之漏误，订正历代翻译名义之异同，并广事汇搜集各藏之遗佚为目的。负责编辑工作的有黄幼希、吴致觉、范古农等。但后来只出了一百册，未能按计划全部完成。已出版的内容包括部分其他各版藏经未曾收入之经、论、疏释及由日译本转译的南传巴利三藏的《长部尼伽耶》二十三经，《中部尼伽耶》五十经，《小部尼伽耶》中的《本生经》一百五十个故事等。本藏系线装本，小二十四开，四号铅字排印，校勘尚称精良，资料价值也很高，但因印本较少，所以不大为人所知。中华人民共和国成立后，纸型转藏于南京金陵刻经处，现仍保存完好。但大批手稿，包括已编辑好尚未付印的稿子，均毁于“十年动乱”中，十分可惜。近年金陵刻经处已将该藏重印。

（方广锠）

二十四　藏文大藏经

藏文大藏经是藏传佛教经、律、论等典籍的总集。因用藏文传写，故名。与汉文大藏经、巴利语系大藏经并列，是现存三种主要佛教大藏经之一。它分作甘珠尔、丹珠尔两部分。

甘珠尔原文意为“佛语部”，主要搜罗相传为佛所宣说的训诫，相当于汉文大藏经的经、律、秘密藏等三部分。最初形成于八世纪赤松德赞时期，先后编成的目录有《丹迦目录》（其中包括丹珠尔）、《青浦目录》、《旁圹目录》等。后刻板流通，各种版本的甘珠尔的分类及收经内容互有不同。如德格版甘珠尔分成律部、般若部、华严部、宝积部、经部、秘密部、涅槃部等七部分，总计一百函，七百余部。那塘新版分成因乘般若部、果乘秘密部两部分，共计一百零三函，六百余部。北京版分成秘密部、般若部、宝积部、华严部、诸经部、戒律部等六部分共计一百零六函，一千部。

丹珠尔原文意为“祖师部”，主要搜集历代佛教著作的撰述，包括论、经疏、律疏、论疏、史传等，其中还包括了部分五明杂著。最初形成于八世纪赤松德赞时期，被编入《丹迦目录》（其中包括甘珠尔部）。后刻板流通。各种版本的丹珠尔的分类及收经互有不同。如德格版丹珠尔分成赞颂部、秘密部、般若部、中观部、经疏部、唯识部、俱舍部、律部、佛传部、书翰部、因明部、声明部、医明部、工巧明部、西藏撰述部、补遗经论部等十六部分，共计二百十三函，三千四百余部。那塘新版丹珠尔则分成赞颂部、秘密部、经释部、声明部等四部分，共计二百二十四函。北京版丹珠尔分成赞颂部、秘经疏部、经疏部等三部分，另附补遗及西藏撰述，共计二百二十四函，五千一百余部。

佛教于七世纪传入西藏后迅速发展。松赞干布时期，藏族学者吞米桑布扎仿照梵文创制了藏文，佛典翻译也从此开始发展起来。公元八世纪赤松德赞时期，兴建了桑鸢寺，正式创办译场，翻译出大量的经典。译师嘎哇百栽与昆·路意旺波松等编成了《丹迦目录》，包括从梵文、汉文译出的佛典六百余种，分为二十七门，并把它们分作甘珠尔、丹珠尔两大部分，基本上奠定了藏文大藏经的基础。其后，佛典翻译不断发展，内容并包括若干从于阗文翻译的经典。十三世纪以前，藏文大藏经一直以手写本的形式流传。十三世纪以后，出现了刻本藏经。先后雕刻的刻本藏经有：

（一）那塘古版，元仁宗皇庆二年（1313）至延祐七年（1320）由江河尕布主持雕印，是第一部木刻本藏文大藏经。由于至今没有发现该藏的板片与印本，所以也有人怀疑当初是否真的刻过这一部藏经。

（二）永乐版，明成祖永乐八年（1410）在南京刻成，甘珠尔是全刊，丹珠尔只刻了六部。印本用朱砂刷印，故亦称“赤字板”。现板片已佚，印本传世者已不多。

（三）万历版，明神宗万历三十三年（1605）刻于北京。万历版的甘珠尔是永乐版的翻刻本，另刻了四十二函丹珠尔，共计一百四十七函。现板片也已亡佚，但有若干印本传世。

（四）理塘版，十七世纪初由云南丽江纳西族土司木增赞助，仅刻了甘珠尔。十七世纪末因战乱迁往理塘寺，故世称“理塘版”。现有印本传世，板片于1908年毁于兵火。

（五）北京版，又名“嵩祝寺板”。清圣祖康熙二十二年（1683）雕于北京嵩祝寺，系依西藏霞卢寺写本为底本。先刻了甘珠尔。清世宗雍正二年（1724）又续刻了丹珠尔。有藏、蒙、满、汉四种文字的总目。并将《宗喀巴全集》《二世章嘉全集》续刻补于丹珠尔中，这是其他版藏文大藏经所没有的。早期印本大都为硃砂刷印，故也称“赤字板”。现有印本传世，板片则毁于1900年庚子之役。

本版是清王朝官刻本，刻造精良，装帧豪华，版型较一般藏文大藏经大。每箧扉画都是手工绘制，色调鲜丽，大都出自藏、蒙宗教画家之手。二十世纪五十年代初，日本曾据以编为一百五十一册（内含目录一册），影印出版。

（六）卓尼版，清圣祖康熙六十年（1721）至高宗乾隆十八年（1753）在甘肃临潭县卓尼寺雕造。其中甘珠尔部据永乐板、理塘板和西藏写本覆刻，丹珠尔部据德格版覆刻。现有印本传世，板片已于1929年毁于回藏战乱。

（七）德格版，清世宗雍正八年（1730）至高宗乾隆九年（1744）在西康德格县雕造。甘珠尔部据理塘版和五世达赖在洛隆宗造的写本覆刻；丹珠尔部则据霞卢寺写本并增补布顿目录所收典籍。现有印本传世，板片亦完好，藏于德格寺。

（八）那塘新版，七世达赖主持刻造。甘珠尔部刻成于清雍正八年（1730）；丹珠尔部刻成于清高宗乾隆七年（1742）。现有印本传世，板片已佚。

（九）拉萨版，由十三世达赖主持于1933年在拉萨雕造，只有甘珠尔。现有印本传世，板片亦完好保存在拉萨。

（十）昌都版，本世纪据拉萨版覆刻于昌都，只有甘珠尔，现版片已佚。

除上述国内刻本外，国外有刻本藏文大藏经两种，它们是：

（一）普拉卡版，刻于不丹的普拉卡，仅刻甘珠尔，今板片已佚。

（二）库伦版，1908年开始陆续刻印于今蒙古人民共和国乌兰巴托。仅刻甘珠尔，为德格版的覆刻本。

据统计，藏文大藏经（德格版）共收佛教典籍四千五百六十九种，北京版共收五千九百六十二种，除佛教经、律、论外，还收有文法、诗歌、逻辑、天文、历算、医药、工艺等。其中保存了一大批印度佛教的后期著作，如密教的轨仪等，大多数是汉文大藏经所没有的。因此，藏文大藏经的价值，受到国内外学术界的高度评价。

藏文大藏经一般均采用贝叶经形式，长条散叶，两面刷印。每部或数卷以夹板束为一箧，即通常所称的“梵箧装”。

现在，中华大藏经（藏文部分）正在陆续出版。这部大藏经集中了以往各种版本藏文大藏经的优点，将成为研究藏文佛典的最好版本。

（方广锠）

二十五　蒙文大藏经

蒙文大藏经，即以蒙文传写的佛教大藏经。最早的蒙文佛教典籍是元代依据藏文、梵文、汉文佛典译出，以写本形式流传。元朝灭亡后，蒙古地区的佛教也趋于衰落。十六世纪末，随着藏传佛教格鲁派的传入，蒙古地区的佛教得到复兴，佛典的翻译事业也再次兴盛起来，并于十七世纪前期完成甘珠尔的翻译与结集，于1628—1629年完成著名的《林丹汗金字甘珠尔》。蒙文刻本甘珠尔，是清康熙五十七年（1717）至康熙五十九年（1720），依据北京版藏文甘珠尔校对补译后，在北京雕版印刷。汉文资料称之为《如来大藏经》或《番藏经》。蒙文刻本丹珠尔则于乾隆六年（1741）至十四年（1749），根据北京版藏文丹珠尔翻译刊刻。汉文资料称之为《续番藏经》或《续藏经》。至此，蒙文大藏经全藏完备。由于蒙文大藏经主要据藏文大藏经翻译刊刻，所以它的结构分类也仿照藏文大藏经。现有印本传世。近年出版了《蒙文甘珠尔丹珠尔目录》。

（方广锠）

二十六　满文大藏经

满文大藏经，即以满文传写的佛教大藏经，又名《国语译汉全藏经》或《国语译大藏经》。这部藏经是清高宗乾隆三十八年（1773）根据汉文大藏经译为满文的。乾隆皇帝在本藏的序中说，译刻满文大藏经的目的，并不是溺于祈福求功德，而是因为当时已经有了汉、藏、蒙等三种文字的大藏经，独缺满文，似不妥当。另外，刻印满文大藏经，还可以供中外学习满文之用。所以，这部藏经只收入汉文大藏经的般若、宝积、大集、华严、涅槃五大部，五大部外诸重单译经、密部经轨仪法陀罗尼、小乘经与集传、小乘律等，共计六百九十九种，一百零八函，二千五百三十五卷。大乘律、论及小乘论等均未译出。该藏完成于乾隆五十五年（1790），是在北京雕板印刷的。朱印。现拉萨布达拉宫藏有完整的全藏一部。承德原亦有收藏，现下落不明。

（方广锠）

二十七　傣文大藏经

傣文大藏经即用我国西双版纳傣文传写的佛教大藏经。生活在我国西双版纳地区的傣族、佤族、景颇族、德昂族、阿昌族、布朗族等少数民族信奉的是南传上座部佛教。故傣文大藏经也属南传巴利语系大藏经这一系统。

傣文大藏经有三种不同的方言文字写刻本，即西双版纳傣文、德宏傣文和傣绷文。其内容可分为两部分：一部分经典与南传大藏经一致，分作律、经、论三藏及藏外典籍等四大部分，它们是用傣文字母转写的巴利语原典（参见《佛教大藏经》条中对巴利三藏的介绍）。另一部分经典则是用傣文意译南传大藏经的典籍，其中还包括本民族僧人所作的有关经论疏释，同时还包括一批天文、历算、医药、历史、语言、诗歌、佛教故事等著作，混同于佛典中在民间一起流传。傣文大藏经的装帧形式有两种：贝叶刻写本与构皮纸抄写本。抄写本又可分为摺装本与书册式两种。

（方广锠）

二十八　西夏文大藏经

西夏文大藏经，又名《河西字大藏经》，是用西夏文传写的佛教大藏经。

根据现藏于国家图书馆的西夏文《过去庄严劫千佛名经》卷末的一篇愿文。早在西夏方国之初，西夏便开始有计划地把汉文大藏经译作夏文。从第一代皇帝景宗天授礼法延祚元年（1038）起，到崇宗天祐民安元年（1090），前后五十三年，由国师白法信及智光等三十余人参与，共译出经典八百十二部，三千五百七十九卷，分作三百六十二帙。翻译所用的底本是北宋赠赐的《开宝藏》。后来，在西夏仁宗大庆元年（1140）到乾祐二十四年（1193），又据《开宝藏》《契丹藏》重校了一次。校后是否刻板雕印，尚不清楚。另外，西夏后期也翻译了不少佛经。从现有资料看，当时译经的规模不如前期那样大，但这一阶段译经有一个显著的特点，就是随着藏传佛教的传入，所译经典很多都来自藏文大藏经。特别是仁宗时期，更是如此。

元世祖至元七年（1270），曾由化身一行国师主持重新校勘并增补未译之经籍。至元三十年（1293），忽必烈敕令在杭州万寿寺开板雕印，于元成宗大德六年（1302）竣工。据载，该藏竣工后的十余年间，曾刷印过一百四十余部。故该藏当时流传相当普遍。另外，据史料记载，元代还曾雕印过木活字的西夏文大藏经。

随着西夏的亡国和党项族流散各地，与各地民族日渐融合，西夏文大藏经也日渐湮没。直到现代才在西夏故地陆续发现。

1909年，俄国探险家科兹洛夫率领的探险队在我国黑水城遗址（今内蒙古自治区额济纳旗）掘到了大批西夏文文献，运回俄国后共编了八千多号，其中大部分是西夏文佛经。据苏联已发表的目录，有三百多种，近二千卷。

1914年，英国人斯坦因也来到黑水城，获得不少西夏文佛教文献，然而大都为零篇散页，现藏于大英图书馆，总计三千余号。

1917年，在宁夏灵武县发现两大箱西夏文佛经。后来这批佛经辗转传藏，现分别保存在北京国家图书馆和甘肃、宁夏等地。日本京都大学亦藏有若干，系活字版西夏文《大方广佛华严经》。

新中国成立前后，在宁夏、甘肃一带陆续又有发现，分藏于国内各机构及私人收藏家手中。

（方广锠）

石窟

一　莫高窟

（一）莫高窟的建造历史

1.莫高窟名称的由来

莫高窟在敦煌城东南二十六七公里的鸣沙山下。由南山流出的一道溪水，到莫高窟附近，把戈壁冲刷成为高约四十米的断崖。断崖前面，有一块冲积地，土地肥腴，可任耕种。莫高窟窟龛，就是沿断崖凿成的。

“莫高”是唐以来，在敦煌城南沙漠附近流行的坊里和山的名称。据《后唐河西归义军节度内亲从都头守常乐县令阴善雄墓志铭》，阴善雄死于后唐清泰四年（清泰四年即后晋天福二年——937，边疆地区不知内地改元，沿用旧朝年号），“……葬于州东南漠高里之原也”。

《晋故河西应管内外诸司马步军都指挥使银青光禄大夫检校工部尚书兼御史大夫上柱国豫章郡罗府君墓志铭并序》中记，罗盈达死于天福八年（943），“……葬于莫高里杨开河北原之里也”。

“莫高里”，一定是敦煌城东南的一个村名，而这个村又应是在沙漠附近。由敦煌至莫高窟，途经佛爷庙，庙东即是戈壁，地势比佛爷庙高出许多，故“莫高”即是“漠高”；戈壁上荒冢累累，应该就是“漠高里之原”。

《大番故敦煌郡莫高窟阴处士公修功德记》曾记：“将就莫高山为当今圣主及七代凿窟、龛一所，远垂不朽，用记将来。”

既然在“莫高山”中雕凿窟龛，那么把窟龛的处所叫作“莫高窟”便是顺理成章的事。

在《敦煌录》中，已有“莫高窟”之名称，该《录》说：

“州（沙州）南有莫高窟，去州二十五里，……”

唐以前是不是也称作莫高窟呢？今一五六号窟唐人墨书《莫高窟记》中有“晋司空索靖题壁号仙岩寺”的记载，那么，这窟群在唐以前，一定有“仙岩寺”的称呼无疑。

2.莫高窟的创建年代

关于莫高窟创建年代，目前有三种材料：

①《大周李君莫高窟佛龛碑记》（徐松《西域水道记》卷三；罗振玉《西陲石刻录》）：

“莫高窟者，厥载秦建元二年（366），有沙门乐僔，戒行清虚，执心恬静。尝杖锡林，野行至此山……造窟一龛。次有法良禅师，从东届此，又于僔师龛侧，更即营建，伽蓝之起，滥觞于二僧。”

②《莫高窟记》（P.3720号）也记述了上述史实，又说：

“晋司空索靖题壁号仙岩寺。自兹以后，镌造不绝，可有五百余龛。……从初□窟至大历三年（768）戊申，即四百四年。又至今大唐庚辰，即四百九十六年，时咸通六年（865）正月十五日记。”

莫高窟一五六号窟前室北壁上方有墨书《莫高窟记》十行文句，与此卷记录全同，仅字迹多缺。

③《沙州城土镜》残文（P.2691号）记：

“今时窟宇，并已矗新，永和八年癸丑创建窟，至今大汉乾祐己酉岁，恰得五佰玖拾陆年记。”

按，永和（东晋穆帝司马明纪年）癸丑是九年（353），而不是八年。如果从九年下推596年，恰是乾祐二年（949）。文中“窟宇”二字，推想是指莫高窟。

这三种记载，如以《莫高窟佛龛碑》所记建元二年（366）为标准，则《莫高窟记》中的前一说（由大历三年［768］上溯404年）要早上二年，后一说（由大唐庚午［850］上溯496年）要早上十二年；《沙州城土镜》所记永和九年，正是前秦皇始三年（353），即早十三年。

总之，这些都是唐人的追记，而凿窟造像，非短时可成，记载的出入是难免的。不过，“西晋索靖题壁号仙岩寺”之说，是重要资料，索靖约死于东晋惠帝太安二年（303），可证太安以前就有石窟开凿人，而且据《晋书·索靖传》，索靖以“善草书知名”，可以推想，莫高窟在当时应已颇具规模，才会有索靖题号之事。

莫高窟二七五号窟的壁画风格，与拜城克孜尔一七号窟（二世纪末三世纪初）相接近，早于炳灵寺西秦建弘元年（420）的壁画。

所以，可以判定莫高窟的创建年代，当在三世纪末或四世纪初。

3.莫高窟的建造简史

（1）唐代以前

莫高窟开凿的历史，除上面提到的最早的乐僔、法良二人外，武周时《李怀让修佛龛碑》中说：

“复有刺史建平公东阳王等……”

建平公东阳王，当然是《魏书·孝庄帝纪》所记“永安二年（529）八月丁卯封瓜州刺史元太荣为东阳王”的元太荣。据《周书·申徽传》，元太荣死于西魏大统十年（544）以前。莫高窟二八五号窟中有“大统四年”“大统五年”的题记，应是元太荣统治时期开凿的。

隋代统一南北，结束了多年分裂的局面，时间虽不长，但由于统治者特别信仰佛教，以致莫高窟的隋代窟龛，几乎占了全窟群的五分之一。其中，如三〇号窟中“开皇五年（585）正月”和“大业元年八月十二日”的发愿文，以及二八二号窟“大业□年七月十五日造讫”的发愿文，都反映了隋代莫高窟开窟的情况。

（2）初唐至盛唐

从初唐起，莫高窟的凿窟事业，进入新的阶段。二二〇号翟家窟内门楣上的发愿文记有：

“弟子昭武校尉柏堡镇将……玄迈敬造释迦……贞观十有六年（642）敬造。”

武周以后，莫高窟的开凿更为活跃。三三五号窟窟门上，有垂拱二年（686）优婆夷高敬造的“阿弥陀二菩萨兼阿难、迦叶像一铺”的发愿文。《莫高窟记》中又记：“延载二年（按：应为证圣元年，695）禅师灵隐共居士阴祖等造北大像高一百四十尺（即今九六号窟）。”圣历元年（698）的《李怀让莫高窟佛龛碑》记：“又开元年（713—741）中僧处谚与乡人马思忠等造南大像高一百二十尺”，即今一三〇号窟中的大像。一三〇号窟甬道供养人画像上，有“……晋昌郡太守……乐庭瓌”的题名〔按，据《旧唐书·地理志》“瓜州……天宝元年（742）为晋昌郡，乾元元年（758）复为瓜州”，故前述当为天宝年事〕。一八〇号窟和一八五号窟则分别有“天宝七载（748）”和“天宝八载（749）”的题记。

李氏是敦煌的望族，以武周圣历年起，李怀让就在莫高窟开窟造像，到大历十一年（776）李怀让的侄孙李大宾又大事开窟造像、绘壁画（见《大周李君莫高窟佛龛碑》）。《大唐陇西李府君修功德碑记》中云：

“遂千金贸工，百堵兴役，奋锤聋壑，揭石聒山，塑涅槃像一铺，如意轮菩萨，不空罥索菩萨各一铺。画报恩、天请问、普贤菩萨、文殊师利菩萨、东方药师、西方净土、千手千眼观音菩萨、弥勒上生下生、如意轮、不空罥索菩萨等变各一铺、贤劫千佛一千躯。”（按，碑一四八号窟外。）

这些均表明，盛唐之时，生产力发达，莫高窟不仅开凿了南、北大像，而且还开凿出一批极为精美的石窟。

（3）吐蕃时代

自建中二年（781）起，吐蕃王朝在沙州的统治正式开始。石室本《沙州残地志》记：“建中初陷吐蕃，大中二年（848）张议潮收得。”吐蕃统治者也是信仰佛教的，当时大兴佛事、广度僧尼。据《吴僧统碑》：

“上命举其贤德，遂使知释门都法律，……又承诏命迁知释门都教授，……竖四弘之心，凿七佛之窟，钻金画彩，不可记之。”又《大番故敦煌郡莫高窟阴处士公修功德记》（罗振玉编《沙州文录》）中记：

“龛内塑释迦牟尼像，并声闻菩萨神等共七躯、帐门两面，画文殊普贤菩萨……”又一五八号窟窟门北壁的供养沙门，有“大蕃管内三学法师持钵僧官”的题名。以及一五五号窟、三五九号窟等石窟内的吐蕃供养人和降蕃汉族供养人的群像。

由此可知，吐蕃统治时期，佛教得到空前发展，开窟造像也在继续发展着。

（4）晚唐

唐宣宗大中二、三年（848、849）内，在州人张议潮的率领下，驱逐了吐蕃（《旧唐书》卷十八下、《新唐书》卷二百十六下），使河西地区重又回归唐帝国统治，唐王朝因命张议潮为河西十一州节度使（《旧唐书·室宗记》大中五年条、《新唐书》卷六十七、卷二百十二下）。

咸通八年（867），张议潮入京敕赐为石神武统军（《新唐书》卷二百十二下）后，张淮深、索勋、张承奉先后执节度使之权，张承奉后又自封西汉金山国皇帝，直到后梁贞明五、六年（919、920）死去。从大中年初至贞明年中凡七十年，在瓜、沙地区，除有很短时期的军事政变外，形势还是比较安定的，因而瓜、沙地方统治集团的人们，在莫高窟开凿和修缮了许多的窟龛。

张议潮入京后，张淮深为议潮及其夫人宋氏造窟一所（一五六号窟），又为其父议潭及叔议潮造窟一所。并修复北大像窟檐（P.2762《张淮深修功德记》）。一三八号窟供养人中“河西节度使张公夫人后敕授武威郡太夫人阴氏一心供养”的题名，既可能是淮深为议潮的另一夫人所造，也可能是张承奉为淮深的夫人所造。

据一七号窟（藏经洞）中发现大中五年（851）五月“河西都僧统摄沙洲僧政法律之学教主洪䛒”的敕牒以及一六号大窟的窟形，可能是洪䛒开凿了这个大窟。二一七号窟窟门“洪认”的题名，也可能是这个高僧。

索勋任节度使时，与张承奉、李弘定等合开九号窟，索勋父子开凿了一九六号窟（见该窟窟门北壁供养人第一身题名），李弘愿等又为其父李明振等重新妆奁了一四八号窟（据《李氏再修功德记》碑及一四八号窟佛坛下供养人题记），“大梁贞明五年（919）十月十五日”又开凿了八四号窟（向达《罗叔言补唐书张议潮传补正》引P.2913号卷子）。

西汉金山国的时间很短，还无从知道在莫高窟开凿了哪些窟。

（5）五代至西夏

自后梁贞明末年（920）曹议金统治瓜、沙之后，曹氏统治历经五世共一百多年。在此期间内，曹氏家族开凿和修缮了许多窟，根据题记、题名和石室卷子的记载，计有：

第一阶段（曹议金、曹元德、曹元深时代）

①曹议金于后梁龙德二年（922）修缮过四〇一号隋窟（见该窟窟门甬道南壁第一身男供养人题名）。

②曹元德为其父议金开凿的一〇〇、一〇八、二四四号窟（见该三窟窟门题名）。

③可能由曹元德、元深等为其父母议金夫妇开凿的二二、二五、二〇五号窟（见此三号窟内供养人题名）。

④由曹元德或元深为其国母圣天公主及阖宅娘子、郎君等造大龛一所（见S.4245号卷子）。

第二阶段（曹元忠时代）

①曹元忠开凿的五五号窟（见此窟内供养人题名）。

②由曹议金的女婿于阗国王和皇后曹氏为议金等开凿的九八号窟（见该窟东壁供养人题名）。

③由曹元忠时所改建的七九、四二七、四三七号窟（见四二七号窟窟檐题记）。

第三阶段（曹延恭时代）

①由曹延恭改建和于阗太子画的四四四号窟（见该窟窟檐题记）。

第四阶段（曹延禄时代）

①由曹元忠夫人浔阳郡夫人翟氏出资开凿的六一号窟（见该窟南壁供养人题名）。

②由曹元恭夫人慕容氏出资开凿的四五四号窟（见该窟窟主题名）。

③由曹延禄和紫亭县令阎员清建造开凿的四三一号窟（见该窟窟檐题记）。

第五阶段（曹宗寿时代）

此阶段曹氏无创建。

这一时期，不属于曹氏家族开凿的，有杜彦思、杜彦弘兄弟开凿的五号窟（见该窟西壁供养人题名）；曹延禄时代有慕容言长开凿的二五六号窟（见该窟东壁供养人第二身题名）；三八七号初唐窟龛下又有大唐清泰甲午（元年，934）“府主大王曹公”的发愿文，四一二号隋窟正龛下又有后晋“天福□年”的发愿文，其中有“府主司空”文字。七八号盛唐窟东壁南侧有“乾祐叁年庚戌（950）十月廿五日”题记；一二四号盛唐窟门楣上，又有大周广顺三年（953）的功德记。这些纪年都是对旧窟重加修整时的题记。

晚唐、五代、宋以来，多有民间结社造窟。

三七〇号晚唐窟，有“社长武海清一心□养”“社户五□进一心□□”的题记。三七九号唐窟，有“社长折冲都尉上柱国冯光秀”的题记。二六二号晚唐窟又有宋代“社团头、社户、社子”等供养人的题记。

宋仁宗景祐二年（1035），西夏占领了瓜沙，结束了割据敦煌的曹氏小王朝的统治（《宋史》卷四百八十五《夏国传》）。西夏统治时期，对莫高窟也有较多修建。四〇九号窟内的西夏供养人像，便是明证。其他如四四四号窟柱上的西夏文、五五窟窟门甬道诸僧尼的西夏文与汉文对照的题名等。

（6）元代以后

元取瓜州以后，对莫高窟也有所开凿与修建。至正八年（1348），守郎立的刻有梵、藏、西夏、八思巴、回鹘、汉六体文字的密宗六字真言残石，便是西宁王速来蛮在莫高窟作功德的证明。在沙州路儒学教授刘奇撰于至正十一年（1351）的《重修皇庆寺记》中说：

“速来蛮西宁王崇尚释教……命工匠重修之……佛像壁画栋宇焕然一新……”

窟群最北端四六五号窟前室北壁有至正二十八年（1368）五月的题记，虽不是开窟的记录，但从窟室壁画中，可证这窟确是元代藏传佛教所开凿的典型窟。

在莫高窟历史上的一件大事，是清代末年于一七号窟内，发现了写本卷子、印本和绢画等二万多件。关于发现这批文物的年代，有四种记载：

①光绪二十五年（1899，王道士墓志）。

②光绪二十六年（1900）：

甲、光绪三十三年（1907）《重修千佛洞三层楼功德碑》，

乙、1944年秋，敦煌艺术研究所在下寺木柜中发现的《王道士催募经款草丹》，其中记：“至本朝光绪帝年内，因贫道游方至敦，参拜佛宇，……至贰拾陆年（1900）五月二十六日清晨，忽有天炮震响，忽然山裂一缝，贫道同二人用锄挖之，掀出闪佛洞一所。内有石碑一个，上刻大中五年（851）国号，上载大德悟真名讳，系三教之尊大法师，内藏古经万卷……”

③光绪二十七年（1901，见民国二年［1913］，敦煌县政府档案）。

④光绪二十九年（1903，见宣统元年［1909］，《甘肃新通志》卷九十二）。

在上述材料中，①、③、④条均为追记，不足凭信。《千佛洞三层楼功德碑》是王道士住持莫高窟时的刻石，而《王道士草丹》当然是王道士亲手写出，因而对藏经洞启封年代的记载，不至于会有错误。所以，藏经洞启封的年代，还是以光绪二十六年（1900）一说较为可靠。

1943年在莫高窟设立了敦煌艺术研究所，1951年，改为敦煌文物研究所，开始整理窟檐及栈道，并整理窟内、摹绘壁画。1958年以来，更大事

修整洞窟、栈道，并开展石窟艺术的考古研究。从此，这座世界闻名的佛教艺术宝库——莫高窟，焕发出灿烂的光彩。

（二）莫高窟的分期、形制和艺术题材

1. 莫高窟的分期

莫高窟石窟群全长一千多米，在一千多米长的断崖上，据敦煌文物研究所的统计，今天仍保存有壁画、塑像的石窟四六九个。因石窟开凿于砾岩堆积的戈壁上，由于石质的关系，无法雕刻出石像，而只能在石窟内另行塑像；并在不甚平整的窟壁上，涂抹白灰，绘出壁画。在从晋代到元代将近千年的漫长岁月里，经过历代无名艺术家的辛勤劳动，终于建造出这样一座举世闻名的佛教艺术宝库。

这四六九个石窟，根据窟形构造、壁画、塑像的题材与风格的特征，可分作十二期，列表如下：

期别	时代	数目	窟龛号	说明
一	晋、十六国、北朝一期（太和十年前后）	十	二七五 二七二 二七三 二六五 二七四 二五一 二五四 二五七 二五九 二六〇	
二	北朝二期（太和十年～正始前后）	八	二四八 二四七 二六三 四三一 四三五 四三七 四三八 四三九	
三	北朝三期（永平前后～魏亡）	六	二四九 三八五 二八八 四二八 四三〇 二八六	
四	北周	八	二五〇 二九〇 二九四 二九六 二九九 三〇四 三〇四 四三二 四四二	

续表

期别	时代	数目	窟龛号	说明
五	隋	九十九	五六 五九 六〇 六二 六三 六四 二〇四 二三五 二四四 二五三 二五五 二六二 二六六 二六七 二六九 二七〇 二七一 二七六 二七七 二七八 二七九 二八〇 二八二 二八三 二八四 二九二 二九三 二九五 二九八 三〇一 三〇二 三〇三 三〇五 三一一 三一二 三一三 三一四 三一五 三一六 三一七 三一八 三七九 三八〇 三八一 三八三 三八八 三八九 三九〇 三九二 三九三 三九四 三九六 三九七 三九八 四〇一 四〇二 四〇三 四〇四 四〇五 四〇六 四〇七 四一〇 四一一 四一二 四一三 四一四 四一六 四一七 四一九 四二〇 四二一 四二二 四二三 四二四 四二五 四二六 四二七 四二九 四三三 四三四 四三六 四五一 四五七 四六二 二八七 四五五 二八一 二八九 三九一 三〇九 三一〇 三九九 三七六 三七八 四〇〇 四〇八 四〇九 四一八 四五六 （以上十三个窟，宋、西夏时曾作改建）	
六	初唐	三十九	二八 五一 五七 七七 二〇六 二〇八 二〇九 二一〇 二一一 二一二 二二〇 二二五 三二一 三二二 三二三 三二九 三三一 三三二 三三三 三三四 三三八 三三九 三四〇 三四一 三七一 三七二 三七三 三七五 三八七 三二四 三二五 三四四 三四五 三四六 三四七 三四八 三四九 三五一 二〇七 （以上十窟，宋、西夏时曾改建）	

续表

期别	时代	数目	窟龛号	说明
七	盛唐	七十二	三 二六 三一 三二 三三 三九 四一 四二 四四 四五 四六 四八 四九 五二 六六 六八 七一 七四 七五 七九 八〇 九六 一〇三 一〇九 一一三 一一五 一一九 一二〇 一二一 一二二 一三〇 一六二 一六六 一七一 一七二 一七五 一八〇 一八二 一八五 一九九 九 二〇一 二一三 二一四 二一五 二一六 二一七 二一八 二一九 二〇五 三一九 三二〇 三三五 三七四 三八四 四四四 四四五 四四六 四四八 四五八 四八〇 六五 七八 八三 一六四 一六五 一七〇 三五三 （以上七窟，宋、西夏时曾改建）	
八	中唐	三十一	三六 四三 五〇 五四 九一 九二 一一二 一一六 一四八 一五八 一五九 一七六 一七九 一八六 一八八 一九四 一九七 二〇二 二五八 三八六 二三一 二三七 一一七 三五九 三六〇 三六一 四五九 四七八 八一 一六九 三六五 （以上三窟，宋、西夏时曾改建）	
九	晚唐	九十一	八 九 一〇 一二 一三 一四 一五 一七 一八 一九 二〇 四七 七二 七三 八二 九三 一〇一 一〇二 一〇四 一〇五 一〇六 一〇七 一一一 一一四 一二七 一二八 一三二 一三三 一三四 一三五 一三八 一三九 一四一 一四四 一四五 一四七 一五〇 一五四 一五五 一五六 一五七 一六〇 一六一 一六三 一六七 一六八 一七三 一七七 一八一 一八三 一八四 一九〇 一九一 一九二 一九三 一九六	

续表

期别	时代	数目	窟龛号	说明
九	晚唐	九十一	一九八 二○○ 二二一 二二二 二二六 二二七 二三二 二三六 二三八 三三九 三五七 三五八 三六九 三七○ 四四七 四七○ 四七一 四七二 四七三 四七四 四七五 四七九 四六八 一六 九四 一三六 一四○ 一四二 二三四 三六三 三六七 （以上八窟，宋、西夏时曾修改）	
十	五代	四十	四 五 六 二一 二四 二五 四○ 五三 九○ 九八 九九 一○○ 一○八 一三七 一五二 一七八 一八七 一九五 二四二 二四三 二六一 三○○ 三四二 三四三 三五六 三六二 三六四 三八五 三九一 四五三 四六六 四六九 四七六 二二 八五 三八 八四 八七 二三三 三三○ （以上五窟，宋、西夏时曾改修）	（一）曹氏创建或改建的窟号 （1）期一○○ 一○八 一五二 二五 八五 二四四（改隋）四二八（改魏） （2）期五 五三 五五 九八 一四六 七九（改盛唐）二○五（改盛唐）四三七（改魏） （3）期四五四 四四四（改盛唐） （4）期六一 四三一（改魏） （5）期天王堂
十一	宋、西夏	五十九	七 二七 二九 三○ 三四 三五 三七 三八 五五 五八 六一 六七 六九 七○ 七六 八六 八八 八九 一一八 一四六 一五一 一五三 一七四 一八九二二三 二二四 二三○ 二四五 二四六 二五二 二五六 二六四 三○六 三○七 三○八 三二六 三二七 三二八 三五○ 三五二 三五四 三五五 三六六 三六八 三七七 三八二 四一五 四四○ 四四一 四四三 四四九 四五○ 西五二 四五四 四六○ 四六七 二二九 九七 二六五（改魏窟）	（二）与曹氏窟同一风格窟六 七 七六 二五六 四四三 四五二等六十三窟 （三）非曹氏所开之窟，都属于西夏时创建或改修

续表

期别	时代	数目	窟龛号	说明
十二	元	十	二 三 九五 一四九 三九五 四六一 四六三 四六四 四六五 一	
十三	明代	六	一一 一一〇 一三一 一四三 二二八 四七七	

2. 莫高窟石窟形制

莫高窟是玉门关以东第一处石窟群，因而其早期石窟在窟形、造像题材和艺术风格等方面，具有承袭新疆地区石窟艺术的现象。此后，则逐渐向民族化形式转变。

（1）隋唐以前的石窟形制（589以前）

Ⅰ. 平面作方形，纵长式盝形顶，顶中凿平棊，两壁上层凿阙形龛。窟形与天山以南早期石窟长方形平面、纵券顶的形制相似。而阙形龛则为汉民族风格。

Ⅱ. 平面作方形，有中心塔柱，柱前凿出人字坡。即塔庙，或叫“支提”。与拜城克孜尔二七号窟形制相似。

Ⅲ. 平面作方形，盝形顶，后壁开大龛。与克孜尔一六七号窟相似。

（2）隋唐以后的石窟形制

①隋和初唐（589—664）

Ⅰ. 平面作方形，有须弥山式中心柱。如三〇二、三〇三号窟。

Ⅱ. 平面作方形，盝形顶或人字坡顶，西壁开较深的大龛。四二四、三九八、六〇七号等窟。

Ⅲ. 平面作方形，三壁前作低坛、上塑三铺大像，盝形顶。二二四号窟等。

②盛唐（664—781）

Ⅰ. 平面作方形，盝形顶，西壁开较深大龛，盝形龛顶。如七九、一一五、一二九、一二六号等。

Ⅱ. 平面作方形，盝形顶，窟正中设方坛，坛上塑像。如二〇五号窟。

Ⅲ. 摩崖塑大像，在大像的座后凿隧道，像前造层楼式的窟檐如九六号窟。与克孜尔四七号窟、森木塞姆一一号窟、云冈五号窟形制相似。

③中唐（781—848）

Ⅰ. 平面作方形，盝形顶，西壁开大龛，三壁作低坛，坛边塑壶门。如三六、一五九号窟。

Ⅱ. 平面作横长方形，后壁有横长高坛基，坛上塑涅槃像。南、北壁不开龛。如一五八号窟。

④晚唐（848—907）

Ⅰ. 平面作方形，盝形顶，窟正中砌坛基，坛基后有背屏，直达窟顶。如一六、一三八、一九六号等窟。

⑤五代、宋（907—1034）

Ⅰ. 平面作方形，盝形顶，顶四角凹入作三角形。西壁开大龛，龛顶作横长盝形。

⑥元代（1280—1368）

Ⅰ. 窟分前、后室，平面略作长方形，盝形顶。后室正中作逐层缩小的层圆坛，此圆坛与藏传佛教的道场——坛城形制相同。窟壁绘藏传佛教题材壁画。如四六五号窟等。

3. 莫高窟石窟艺术的题材

佛教初入中国，译出的经典，都是以小乘为主，在石窟艺术上的反映，即如新疆石窟，全看不到大乘经中的故事造像，而主要是释迦和菩萨等单独的形象，以及佛本生、佛本行。

佛教东入玉门关后，仍有这种情况。自魏晋玄学盛行以后，始有变化。玄学以无形无象的精神实体为“本”而以物质世界为“末”。这就易于接受以“空”为最高境界的“般若”和与此相辅而行的《法华经》《维摩诘经》等大乘经典，所以，在石窟艺术中，以大乘经义为根据创作的塑像和壁画便逐渐增多，并占据了主位。

另一方面，敦煌是佛教艺术东传入关的第一处，所以晋、十六国、北朝早期的造像，均是依据外来的粉本，很少渗入汉民族的传统习惯与礼制。北朝中期以后，则逐渐融合了汉民族的习惯，并在题材组合上加入中国的封建礼制，以帝王为中心，左辅右弼。即以佛比拟转轮圣王，其辅弼人物，不仅有夹侍菩萨，而且有夹侍的罗汉；并把八部中人物，放在佛的左右，成为护卫；甚至把狮子座中的狮子，另行雕造出来，成为佛的保卫者。

（1）隋以前塑像、壁画的题材

塑像的题材

晋、十六国、北朝早期

①一佛或一菩萨像（二七五、二七二号窟）。

②一佛二夹侍菩萨像（二五七号窟）。

③莲花跏趺坐菩萨像，左右上角画出散花式的供养天像（二七五号窟）。

④释迦牟尼苦行像（二五七号窟）。

⑤阎浮树龛内的菩萨思维像（二七五号窟）。毕波罗树龛内的佛成道像（二五四号窟）。

⑥释迦牟尼佛与多宝佛并坐说法像（二五九号窟）。

北朝中晚期

⑦一佛、二力士像（四三五号窟中心柱东面龛）。

⑧一佛、二僧、四菩萨像（二六三号窟中心柱南面龛）。

⑨塑绘结合的一铺像：龛内塑一佛二菩萨，龛外画摩醯首罗天、鸠摩罗天、阿修罗王、四天王天和诋那钵底等，充作佛的护卫（二八五号窟西壁正中龛）。

壁画的题材

莫高窟早期壁画的题材，除了以佛、菩萨为主的一铺画像外，大多是佛本行与佛本生的故事。

①以佛、菩萨为主：

三立佛、二夹侍菩萨像（二六三号窟南壁）。一佛，夹侍一罗汉、一天王像（二六三号窟南壁）。

②以佛本行故事为题材，以佛为中心、围绕佛像配以各种变相，或采用连环画形式：

降魔变（二五四、二六三号窟南壁）。

转法轮变（二六三号窟北壁）。

摩耶夫人入梦至释尊成道（二九〇号窟中心柱前人字坡上），采用连环画形式：

③佛本生故事变：

毗楞竭梨王斫千铁钉故事变（二七五号窟）。九色鹿救人得祸故事变（二五七号窟）。慧灯王好施舍身血肉故事变（二五七、二五四号窟北壁。按：这两幅，过去都认为是尸毘王割肉代鸽故事，其实画面中，都无鸽与鹰的形象，只是一人用刀割菩萨的股肉）。

阿恕迦王弟本缘故事变。由阿恕王弟宿大哆，见婆罗门五热炙身，到宿大哆潜坐御床，七日为王，百千妓女围绕取乐，至信佛剃度出家（二五七号窟南壁，见《阿育王经》卷二）。

摩诃萨埵以身施虎故事变（二五四号窟南壁，四二八号窟东壁门南中层）。

须大拏太子施舍故事变（四二八号窟东壁门北中层）。

在有西魏大统四、五年（538—539）题记的二八五号窟中，还有“施身闻谒”“昙摩绀太子为法烧身”“功德庄严王请像得道”“五百强盗称佛得眼”故事变等。

④保卫佛的诸护法像

北朝末期西魏、周的诸窟中，画出了许多护法像：

四天王天、摩醯首罗天、诚那钵底等，见二八五号窟。

乘龙、鸟车的图像，见二四九号窟。在许多佛经中也都记载有诸天乘骑龙、象（《大楼炭经·忉利天品》《佛本行经·降魔品》）。

人身蛇尾，持矩、索两身怪像。见二八五号窟窟顶。根据四川广元皇泽寺第八号窟隋代八部护法人形化的图像比较，持矩的可能是阿修罗，持索的可能是摩睺罗伽。

三界诸天外，其他自然界的地、水、火、风、云、雷、电、雨等神，也应是佛的护法。在二八五号窟，还有连鼓绕身的雷神、鹿形、狗形、人首豺身有翼等等怪兽形的风、雨神（王逸注《离骚》飞廉条）；人首鸟身的千秋像（《经律异相一千秋》）；以及各形怪样的鬼神等（《法苑珠林·六道篇·鬼神部》）。

（2）隋唐及以后塑像、壁画的题材

塑像的题材

①一佛、二僧、四菩萨像（四二〇号窟）；又有在龛壁上画出八身僧像，配成十大弟子（二二〇号窟）。

②一佛、二僧、二菩萨，龛外塑二力士像（二〇六号窟）。

③一佛、二僧、二菩萨、二天王像；龛内壁上画出八大弟子，与塑像配成十大弟子像（三二二号窟）。

④窟内方坛上塑一佛、二僧、二菩萨，对面又塑二身跪状的供养菩萨像（二〇五号窟）。

总之，隋唐及以后的一铺塑像中，数量增多。除僧、菩萨外，又添上护法天王与力士，其意义与唐陵墓前立左右多身文武大臣像相同。

壁画的题材

隋代到宋代，是莫高窟开窟、造像、壁画最繁荣的阶段，因面壁画的题材，也更为复杂。

隋代：

①东方药师变，龛前平顶画药师佛，佛前画灯树及十二药叉大将（四一七、四三三号窟）。

②长者子流水救千鱼故事变（三〇二号窟人字坡）。

③乘六牙象投胎与出家逾城变（二七八、二八三号窟）。

④文殊问疾品故事变（二〇三、二七六、三二九号窟）。

⑤法华经变（四一九、四二〇号窟）。

⑥西方净土变（二〇三号窟北壁正中，二〇四号窟南北壁正中的佛说法图，座下有莲花图）。

初唐：

①三佛像（三〇三号窟门楣，正中的榜题为“南无南方宝相佛”，左右的榜题分别为：“南无东方不动佛”“南无西方无量寿佛”）。

②七佛像（二〇三号窟，三七三号窟门楣）。

③药师七佛变（二二〇号窟北壁）。

④十方佛像（三二一号窟南壁《法华经》变上层）。

⑤骑狮的文殊菩萨与骑象的普贤菩萨像（三三一号窟西壁大龛外左右上层）。

⑥十一面观世音菩萨像（三二一号窟东壁门北）。

⑦三面八臂夹侍菩萨像（三四一号窟门楣上正中）。

⑧《法华经》变（三二一号窟南壁，以《序品》变为中心，西半为《普门品》变，东半为《安乐行品》变）。

⑨《弥勒经》变（二〇八号窟北壁、三三一号窟南壁）。

⑩《观无量寿经》变（二〇八号窟南壁）。

⑪西方净土变（三四一号窟南、北壁）。

⑫佛本行中涅槃故事变（三三二号窟南壁），包括：树下为阿难等讲“修四神足”图、双树下涅槃图、弟子举哀图、置遗体于金棺内图、从金棺内再起辞别图、阿难和难陀与诸天抬棺图、焚棺图、争舍利图等诸画面。

⑬三宝感通图变（三二三号窟南壁），包括：汉武帝得祭天金人，使张骞通西域图，康僧会说服吴王感应图，佛图澄灭幽州四门火图，吴郡石像浮江感应图，东晋扬郡金象出渚感应图，隋文帝敬法感应降雨图等。

⑭佛说法像、伎乐人群、伎乐人像。

盛唐：

①三佛像（一六六号窟东壁门北，题记为：南无阿弥陀佛、南无药师佛、南无多宝佛）。

②观世音菩萨像（一六六、一八九、一七五号窟，一八〇号窟题记为：“观世音菩萨……奉为慈亲蓄中隔别敬造”）。

③复杂多品的维摩变（三三五号窟北壁），以《问疾品》为中心，画出《佛国品》《佛道品》《香积品》《见阿闳佛品》等。

④以观世音菩萨为中心的《观世音经》变（四五、二〇三、二〇六、四四四号窟）。

⑤加入未生怨故事的《观无量寿经》变（一一三号窟南壁、一七二号窟北壁）。

⑥西方净土变中的伎乐人。

⑦从盛唐开始画出等身的供养人像，一般画于甬道两壁上（如一三〇号窟晋昌郡太守乐庭瓌及其夫人太原王氏像）。

中唐：

①十方佛会图像（二〇二号窟北壁，中央释迦牟尼佛、夹侍二僧二菩萨。在三五九号窟中，尚有十方佛的题名）。

②千手千眼观世音菩萨像（一七六号窟门楣上、三六一号窟东壁门北、三八六号窟门上正中）。

③千臂千钵文殊像（五四号窟，三六〇号窟北壁，三六一号窟门南）。

④双身佛（二三七号窟大龛盝顶西坡）。

⑤如意轮观自在菩萨像（一一六、一二九、一五八、一七六、一九七号窟等）。

⑥《华严经》变（一五九号窟北壁）。

⑦《金光明经》变（一五八号窟东壁门北）。

⑧《报恩经》变（一一二号窟北壁）。

⑨《金刚经》变（一一二、三五九、三六一号等窟）。

⑩《天请问经》变（一五八、一五九、二三七、三五八、三六〇号等窟）。

⑪《思益梵天请问经》变（一五九号窟北壁）。

⑫维摩居士变（一八六号窟南壁）。

⑬瑞像图（二三七号窟大龛盖顶，题名有："于阗故城瑞像""像在毗耶离城行化紫檀瑞像""观世音菩萨于蒲特山放光成道瑞像""槃和都督府御谷山番禾县北圣容瑞像"）。

⑭地狱变（三六一号窟西壁大龛，有牛头鬼、火床、饿鬼引人等）。

⑮以文殊菩萨、普贤菩萨为中心的众菩萨像（一五九号窟）。

晚唐：

①不空罥索观世音菩萨像（一二九、四六八号窟）。

②毗沙门天王礼佛图（九号窟）。

③以千手千眼观世音菩萨为中心的诸神王像（一四四号窟东壁，诸神王题名有：孔雀王、金翅鸟王、地神大王、水神、婆臾仙等）。

④佛在欲界六天说法图（九号窟窟顶）。

⑤劳度叉与舍利弗斗圣变（九号窟南壁、一九六号窟西壁背屏后）。

⑥宣扬地方统治威德的出行图（一五六号密南、北壁，张议潮及夫人出行图）。

五代、宋初曹氏统治时期：

①地藏菩萨与十王图（二〇二号窟甬道顶）。

②三界诸天图（二六一号窟顶）。

③水月观世音菩萨像（六号窟甬道顶）。

④《密严经》变（八五、五五、六一、一五四号窟）。

⑤《佛顶尊胜陀罗尼经》变（五五、四五四号窟）。

⑥五台山图（六一号窟西壁）。

⑦《法华经》变（七六号窟南壁，每卷画八幅故事画）。

宋、西夏、元：

①金轮炽盛光佛及诸星宿像（六一号窟甬道北壁）。

②十六罗汉像（九七号窟）。

③白衣观世音菩萨像（三〇六、三〇八号窟东、西壁）。

④孔雀明王像（一六九号窟窟门甬道顶）。

⑤龛顶平棊所绘莲花中，以泥金写藏文六字真言（九五号窟，中心柱内大龛龛顶）。

⑥西藏密宗的各种画像（四六五号窟内室的四壁）。

综上所述，在塑像方面，由一佛、二菩萨，发展为配以二僧、二天王、二力士等的组合。在壁画方面，由初期沿袭新疆石窟小乘佛教的佛本行和佛本生的故事变相及八大护法，发展为依据玉门关内所流行的大乘佛教的《法华经》《弥勒大成佛经》《阿弥陀经》《维摩诘经》等而创作的释迦和多宝像、弥勒菩萨像、阿弥陀佛等。不过，莫高窟早期的窟中没有看到根据《维摩诘经》中《文殊师利问疾品》而创作的文殊与维摩诘对坐论道像，这或者是因为早期洞窟多有崩塌的缘故。

盛唐以后，由于佛教各宗派的形成和发展，而出现华严宗所主的《华严经》变，禅宗所主的《楞伽经》《金刚经》《思益梵天请问经》等变相，天台宗所主的《法华》《维摩诘》等经变外的《金光明经》变，以及密宗所主的《佛顶尊胜陀罗尼经》变、《密严经》变和其他奇形怪状的造像。宋元以来，禅宗得到特殊的发展，但不像其他各宗那样重视造像，所以宋元以来所遗留的造像，多是密宗供养的对象，甚至出现了藏传佛教的造像。

（三）莫高窟的艺术特征与风格

莫高窟的石窟艺术，直接受到新疆地区石窟艺术的影响。不论塑像还是壁画，其早期者都接近于拜城克孜尔、库车森木塞姆、库木土拉，尤其是银山以东吐峪沟的早期石窟艺术。在莫高窟石窟艺术的发展过程中，又大量地融入了中国民族风格的成分，使其总体面貌上发生了很大变化。并且，虽然有隋唐以来地方割据的影响，莫高窟与中原地区的石窟艺术，仍有极密切的关联。

莫高窟与新疆各地的石窟艺术，有一共同的特点，即塑绘结合的手法。其一是在佛或菩萨的塑像上，以彩绘描画出细节；其二是以壁画形象配合主要的塑像，构成完整的一个单元。这是中国雕塑艺术的重要特点之一，而莫高窟则是出色的范例。

1. 晋、十六国、北朝

从晋到北周这一百多年的时间内，莫高窟建造了许多洞窟，虽然保存至今的只有三十二个，但其中的壁画与塑像，却相当完整，使我们可以由此窥见那个时代石窟艺术特征与风格之一斑。

（1）晋、十六国、北朝早期的塑像

佛像，着通肩大衣或右臂半披肩的大衣，高肉髻，面形并不瘦削（二五七号窟）。

菩萨像，头着花鬘冠，发下垂，上身着短瓔珞或蛇形饰物，下着羊肠大裙（二七五、二五四号窟）。

衣纹的表现技法有三种：

Ⅰ. 凸起的宽线条中，刻阴线一道。

Ⅱ. 凸起的宽线条中，刻阴线三道。

Ⅲ. 完全用阴线（三五九号窟佛像），或是凸起圆线条。

这几种手法，都是沿袭中国汉代并吸收犍陀罗艺术发展而成的，已不是单纯的犍陀罗艺术风格。

（2）晋、十六国、北朝早期的壁画

莫高窟的壁画，一直是以人物画为主。这一阶段在表现形式上，采用简化内容、突出主题的方法，与新疆各石窟早期的本生故事画变的表现形式，大致相同。

在画风上，以粗放的线条勾勒轮廓，以大笔平涂上色，较为粗糙原始，十分接近克孜尔一七号窟、森木塞姆一一号窟、库木吐拉四六号窟的本生故事画，也接近于中原汉墓壁画（二七五号窟）。

稍晚一些，虽然人物画的轮廓线条依然粗放，但已出现有细铁盘丝的细线条，以及初期的烘染上色笔法。画面上也不再像以前那样单调，而配上了群山与宫室。这与二七五号窟相比，显然是有了发展与进步（二五七号窟西壁，九色鹿王本生故事变）。

2. 北朝中、晚期

北部中国，经过魏太武帝的统一、太武帝禁止佛教、文成帝自兴安元年（452）恢复佛教、孝文帝太和十年（486）实行汉化政策，几经波折，使中国的佛教艺术，显露出新的面貌，全国诸多石窟这时都创造出具有汉民族形式的佛教艺术，在莫高窟也是如此。

（1）北朝中、晚期的塑像

①佛像　出现了内着僧祇支、外着方领褒衣博带式的大衣，由大衣内引出双带、在胸前作小结下垂；下身着裙，裙的下裾作较密的衣褶（四三八号窟）。

正始、永平以后（504—511），在面型上，中原各石窟开始有了变化，正如张彦远《历代名画记》中所说顾恺之、陆探微的人物画：

“面如恨刻、削为容仪。”

“秀骨清像、令人凛凛若对神明。”

又如戴颙造像：

“像成而恨面瘦……既减臂胛，像乃相称。”

但莫高窟的北朝中、晚期的塑像，只是面相略瘦、臂胛略削而已，与中原不同。

②菩萨像　头戴花鬘冠；上身内着襦衫，外披帔巾，由两肩下垂交叉于胸腹之际，然后上卷，交叉处或有穿环者、或作绞结状；有的压于肘下不交叉。这些都属于民族形式的衣饰。间有斜披络腋，袒上身。下着大裙（四三二、二四九号窟）。

③声闻像 着敷搭双肩的汉式袈裟，有的甚至穿着长靿的毡靴（二九〇号窟）。

④力士像 深目高鼻，颈筋突出；袒上身，披帔巾；下着大裙，赤足，或穿长靿毡靴（四三五号窟）。

衣纹的表现技法：

Ⅰ.较深、直平阶梯式的衣纹。在前期基础上发展而成。并成为全国石窟中普遍使用的一种技法。

Ⅱ.匀称、细密、凸起。像上有如贴附着一道道细泥条。近似印度、抹菟罗式衣纹。

（2）北朝中、晚期的壁画

壁画中人物画的风格，正如张彦远评陆探微时所云：

“参灵酌妙，动与神会。”

在用笔上，多是以劲健纤细的铁丝描，表现轮廓与细部，可谓“紧劲联绵、循环超忽”（《历代名画记》卷二）。

在布局安排上，不仅有作为主体的人物，而且还配以自然景色；虽然是“人大于山”，比例不称，但正如张彦远所说：

“详古人之意，专在显其所长，而不守于俗变也。”（同上书卷一）

至于山中的树木，也像张彦远所说：

“列植之状，则若伸臂布指。”

在排列方式上，每组故事画，或采取连环式、或采取横披连列式。如二五七号窟“鹿王本生”、二八五号窟“五百强盗称佛得眼”，都采用连环画式。四二八号窟“须大拏太子施舍”“萨埵太子舍身饲虎”等，则采用横披连列式。这两种都是汉画像石的形式。

3.隋、初唐、盛唐

隋朝虽在政治、文化上承袭北齐、北周与南朝的梁陈，但也有非常明显的发展变化。在佛教造像上，就已不再是“秀骨清像”，而一变成丰腴方颐的形态。

唐代自武则天起，大倡佛教，所以使石窟艺术也进入了辉煌的阶段。

（1）塑像

①佛像

由低平的肉髻发展为高形的螺髻。

隋代的佛像，外着敷搭双肩的大衣，上绘方格，下垂至方座前成为疏稀的皱褶（四一九号窟）。

初唐时，不再见方格的袈裟，而且下裾裹进结跏趺坐的双膝内。束腰六角座上，垫一块“劫波育”（氍布）（三二二号窟）。同时也有细束腰的仰覆莲座（二一七号窟）。

②菩萨像

隋代，头上着较低的花鬘冠，宝缯下垂于两肩，帔巾不交叉于腹际而是横于胸腹之间两道，下裙紧贴于腿上（四一九号窟）。有的颈上挂细璎珞，下垂至胸交叉于一花饼中，再下穿入“回”形饰物内，分垂及胫，然后上卷（二四四号窟）。

初唐的菩萨像，已有高发髻，斜披络腹，下裙紧贴在腿上。

盛唐，多作高发髻，胸前着复杂而细的短璎珞，袒胸斜披珞腋，下着紧贴于腿上的羊肠裙；上身作欹斜玉立曲线。

③声闻像

隋和初唐沿袭北朝末期的风格，外着汉式袈裟，下部做出水的样式。盛唐时几乎都是交领的内衣；开始略有欹斜曲线。

④天王像

初唐以来，头戴遮避耳颈的头盔，上身着覆膊、护胸；下身着下裙，脚踏长鞠靴；靴下无夜叉（三二二号窟）。

盛唐，头戴搭耳帽或作高髻，上身着覆膊、护胸、半截甲，略露战裙，脚下踏夜叉。

从造型上看，隋代已进入丰腴方颐的阶段；初唐时在丰腴中仍略遗清秀之意（同上书卷八）；到盛唐，则更为肥腴而丰满，成为被当时所欣赏的“丰厚为体”的形态，如七九号窟菩萨，便是代表。

在雕造技法上，直平阶梯式的线条，仍是隋、初唐的主要创作手法，但也发展了凸起的、活泼流畅的圆线条，并创造了中间凹、两边高的线条（三二二号窟佛像）以及反直平阶梯式的圆线条（五七号窟佛像）。到盛唐，不仅对上述新技法有所发展，而且在有的作品中，衣纹表现固定程式的约束，按真实的衣裙，屈伸自如地表达出来。这样手法，应是“勾绰纵掣”的先声，是雕塑技法的又一进步。

（2）壁画

①人物

在隋和初唐，无论是经变画中的优婆夷与优婆塞，还是供养人像，其形态都是“气韵标举，风格遒俊”。男像多是“其体稠叠、而衣服紧窄”（郭若虚《图画见闻志》），“得威仪之樽节”；女像则“柔姿绰态，尽幽闲之雅容”（《历代名画记》卷九，三三一、三三四号窟供养人）。

不同类型的人物，则具有不同的表现形态和用笔风格，或劲健，或柔和。

至盛唐，士女形象变为丰厚的体态，与郭若虚所说“士女宜富秀色婑媠之态”（《图画见闻志》卷一）相合。最具代表性的是一三〇号窟中乐廷环夫人等供养人像，大髻宽衣，丰厚富贵。

从初唐到盛唐各样大乘经变，虽无吴道玄“地狱变”那样“笔力劲怒、变状阴怪，睹之不觉毛竦”，或“执炉天女，窃眸欲语”（《酉阳杂俎·续集·常乐坊赵景公寺》）的高妙笔法，但在许多经变画中的各品故事画，也确恰当地表达出每一故事的中心内容，体现出喜、怒、哀、乐各样不同的情感。

②山水

山水树石的画法，初唐时虽未全脱“人大于山、水不容泛”的水准，但三二三号窟中“三宝感通图像”中的迎佛图，已能画出“远山近水”之效果。盛唐时候的二一七号窟《法华经》变中《化城喻品》一部分，在景物比例上，已近于“丈山尺树、寸马豆人”的规则。而且，山石景物已成为画中的重要内容，而不仅是点缀。

第二〇一号窟南壁《观无量寿经》变西方净土莲池中的水，已达“有一摆之波，三折之浪，布之字之势，分虎爪之形，汤汤若动”（《图画见闻志》卷一）的境界。

在用色上，在丹青石绿之中，添加辉耀的堆金点染，从而产生了金碧辉煌的效果。这是设色技法上的创新。

③布局

初唐的《观经》变，以佛说法为重点，放在中心位置，把莲池、流水、宫殿、舞蹈等，布置在佛说法的四周，再把“十六观”的形象，配在整幅壁画的两侧。

盛唐的《维摩诘经》变，以《文殊问疾品》为主题，以维摩诘、文殊居于中心显著位置，其他各品故事画则环绕于四周。

这种方式，极好地体现了一经各品内容的主次关系。

4. 唐以后

自从八世纪下半叶，由于社会矛盾的加深，造成经济的衰退，石窟艺术已不如盛唐时那样繁荣了。敦煌虽被吐蕃占领而与中原隔绝，但石窟艺术并未中断，并在旧的基础上有一定的发展。

（1）塑像

菩萨像　上身已不再有繁缛的璎珞，如一五九号窟的菩萨像，只有简单的项圈，却突出地表现了衫、裙、帔巾等汉民族形式的服饰。此像的帔巾，宽大而且高出躯体。一九六号窟的菩萨像，袒胸、斜披络腋，强调了肥腴的肌肉，连腹部也有了微胖的曲线。这些雕像是莫高窟雕塑中的出色作品，也是中国民族化雕塑艺术的成功范例。

六角束腰座上的劫波育，那种勾绰屈曲的纹样，是前代所没有的。

天王像　四五九号窟着长甲的天王像，与一五九号窟着过膝战裙的天王像，与大足龙岗山晚唐所创作毗沙门天王过膝长甲的形象，基本上是一致的。其他如搭耳帽的卷起，则是莫高窟盛唐以来很少见的装束。

（2）壁画

这一期的壁画，主要承袭前期，以大乘经变中佛说法为主，配以各品中的故事画。在布局方式上新出现了“屏障式”连环画，布置在佛龛内或经变画的下面。

①用色　不再有浓厚的色彩，而以石绿、赭红为主，使人觉得恬静调和、清新明快。

②人物　画风上形成精细雅致的风格，能够更细腻地表现出人物的特性和精神。

一五八号窟内，为配合佛涅槃大像而绘制了“四众举哀图”，南壁描绘了一群悲痛欲绝的比丘形象；北壁画的是参加吊唁的各国使者，或割耳、或割鼻，一片痛不欲生的气氛。

“劳度叉斗圣变”壁画，描绘了外道劳度叉与舍利弗斗法的故事。劳度叉的丑陋与舍利弗的庄严、劳度叉的惶恐与舍利弗的安详等，都表现得惟妙惟肖。

张议潮、曹议金的出行图，完全是现实生活的反映，为了颂扬河西十一州的两位统治者，绘制了宏大的场面：仪仗、男女侍从、文武群僚以至歌舞、百戏、伎乐等。

③山水在《报恩经》变、《金刚经》变等壁画中，已把讲经的法会，置于幽远空旷的自然景色之中。山水成为表现主题的重要部分。

六一号窟的“五台山图”，把东起镇州、西讫太原如此广阔的空间，容于一幅画内，并绘出众多的寺院、数百位人物。在技法上已达到“主峰最宜高耸，客峰须是奔趋”的水平，这说明当时的山水画已很发达了。

④西夏时期的变化

这时开窟较少，多是在旧窟上妆銮彩画。题材多是佛说法图、简单的西方净土变、千佛像、菩萨行列等。

窟顶多绘莲花，或在藻井中画出金刚杵、三爪龙、倒卷莲、回文、连珠等纹饰（二九一、二七、一六九号窟）。

供养人像的服饰，具有与汉民族不同的特征（四〇九、一四八号窟）。

用色以石绿为主，勾勒用土红色，染色用银朱调粉，时间一久，便觉画面灰暗。

⑤元代

四六五号窟内的壁画，一望而知是元代西藏密宗的典型壁画。而三三二号窟窟门甬道两壁的男女供养人像，也可清楚地看出是元代蒙古人的衣冠服饰。

（阎文儒）

二　云冈石窟

云冈石窟是中国三大石窟之一，位于山西省大同市城西十六公里武州川峡谷北岸，东西绵延一公里。在这一公里内，开凿出大小不同的各样窟龛。窟群之西，上溯约三公里，河的北岸还有吴官屯石窟；再西约十五公里高山镇附近武州川的北岸，又有焦山石窟。

云冈石窟现存洞窟，可分三个区域：

东区：一～四号窟

中区：五～一三号窟

西区：一四～五二号窟（二一号窟以后，上、中、下三层的窟很多，因而有许多窟龛附入这些窟内。）

在五、六号窟的上层，有造像的八个窟；一一～一三号窟的上层，又有五十三个窟龛。总计是一百多个窟龛（根据笔者1962年4月的调查）。

（一）云冈石窟的名称和开创历史

1. 云冈的名称

云冈这个地方，在很早的文献中就有记载，不过并不称作云冈，而是称“武州塞”或“武周山”。因为武州川流由西而东，经两山中、东出山口，是古代汉与匈奴交界线，汉匈往来必经的道路。《史记》卷一百一十《匈奴列传》中说：

“匈奴自单于以下皆亲汉，往来长城下。汉使马邑下人聂翁壹，出物与匈奴交详卖马邑城，以诱单于。单于信之，而贪马邑财物，乃以十万骑入武州塞。”

北魏迁都平城后，明元帝未即位以前，就到过武周山祈福。即位后，又每年到这里祭祀一次。《魏书·礼志》中记：

“太宗永兴三年（411）三月帝祷于武周、车轮二山，初清河王绍，有宠于太祖，性凶悍，帝每以义责之，弗从。帝惧其变，乃于山上祈福于天地神祇。及即位坛兆，后因以为常祀，岁一祭，牲用牛，帝皆亲之。”

由于武周山是皇帝祈福的神山，因而开凿石窟时，就选择在这里。《魏书·释老志》中说：

“昙曜白帝于京城西武州塞，凿山石壁，开窟五所，镌建佛像各一，高者七十尺，次六十尺，雕饰奇伟，冠于一世。”

直到辽金时期，这里仍叫武州山石窟寺，而没有云冈的名称。那么云冈之名始于何时呢？

在云冈石窟中，出现“云冈”之名的题记有；

明嘉靖四十三年（1564）七月的《重修云冈堡记》

清顺治二年（1645）八月十五日的《重修云冈堡昊天庙碑记》

清顺治八年（1651）四月的《重修云冈大石佛阁碑记》

康熙三十七年（1698）九月的《重修云冈寺记》

顺治九年（1652）编纂的《云中郡志》卷一《疆域志》的“云中郡总图”和“云中郡属图”内，在郡城西面，都有新云冈堡与旧云冈堡。雍正九年（1731）编纂的《朔平府志》卷之三左云县《石佛寺》条又有“在县东九十里云冈堡”的记载。

由此看来，云冈的名称可能是从明代开始的。

2.云冈石窟开创的历史

云冈石窟始创于文成帝和平初（460）。《魏书·释老志》载：

“和平初，（道人统）师贤卒。昙曜代之，更名沙门统。……昙曜白帝，于京城西武州塞，凿山石壁，开窟五所，镌建佛像各一。高者七十尺，次六十尺，雕饰奇伟，冠于一世。”

最早的洞窟是一六号～二〇号窟。平面为马蹄形，穹窿顶；主像以三世佛为主。其雕刻风格，尚可看到犍陀罗艺术之影响。在这五窟之中，以一九号窟为中心的一八、一九、二〇号三窟的开凿，要早于一六、一七号窟。

第二期石窟开凿的时间在文成帝死后到孝文帝迁都洛阳之前（465—494），包括第七～一三号等窟。造像题材突出释迦，大像减少，主像有二世佛和佛装交脚弥勒等，并出现世俗供养人行列，出现中国传统建筑形式的仿木构窟檐和屋形龛，以及褒衣博带式的服饰，石窟艺术向汉民族化转变。

第三期石窟，开凿于孝文帝迁都洛阳之后，即494—524年。这一时期大窟减少，中小窟龛从东向西布满崖面。题材多为释迦、多宝、维摩、文殊，佛传故事也很多。佛像面相瘦削，佛装全部为褒衣博带式。

唐以后的开凿较少，第三号窟内之一佛二菩萨，可能是唐初所雕造。

辽代在云冈有大规模的修建工程。在《大金西京武州山重修大石窟寺碑》中说，云冈有“十寺”之称。通过对窟前进行考古发掘，确有辽代建筑遗迹，在崖壁上还可看到方形梁孔。后面是窟室，前面是木构的窟前建筑，这就是佛寺。“十寺”之称也由此而来，并且各寺各有其名。

金代曾继续辽代的工程，后毁于战火。第五、六号窟前的楼阁为清初顺治八年（1651）重修。

（二）云冈石窟第一期石窟造像的题材与特征

云冈第一期前段共五个窟，即一六、一七、一八、一九、二〇号窟，其造像的风格和创作的技法，都是全窟群中最早的。学术界公认这五个窟是昙曜时开凿的。

1.第一六号窟

全窟四壁只有南壁有几处较大型龛，上部刻有十三行千佛像。在门口的东西两侧一些小龛，正面的大佛像、上面第八号龛中莲花跏趺坐的菩萨，为第二期造像。门拱内西侧有第三期菩萨披帛交叉穿环的造像（已残）。之外，均为第一期造像。

（1）在门楣上正中的尖拱龛，龛中刻一佛二夹侍菩萨像，佛像的面形方中带圆，磨光高肉髻、短颈、鼻梁高、准头小、颊瘦、眼角长、薄唇，两肩齐亭；内着僧祇支（掩腋衣），外着袈裟，右臂半披、由左肩斜披下垂至胸腹间，衣领作折带纹。半跏趺坐，右掌向外置胸间，左手扶左膝上，作“施无畏印”。菩萨头戴高宝冠，斜披络腋，环绕下身，下着羊肠大裙。尖拱中刻七佛，龛两端作龙头状，佛座下刻束腰莲花座，可惜下层莲花已大多风化。

此龛左右两侧各有一龛，均作盝顶形，顶上加屋形龛，龛内刻一高宝冠莲花跏趺坐菩萨，左右各一思维式菩萨，下面左右各刻一狮子像。座下正中刻一摩尼宝珠式物，左右刻供养人。西龛最外还有夜叉像。这样的菩萨像、弥勒菩萨像可能是根据《大智度论》卷九“放光释论之余”中的故事塑的。而顶上加屋形龛所表现的则是兜率天宫，龛内的菩萨应是弥勒菩萨。

（2）第四号天幕尖拱大龛，龛内刻半跏趺坐佛像，东西二夹侍菩萨，西菩萨还可看出手中提净瓶，下面刻束腰莲花狮子座。座下正中刻一夜叉托摩尼宝珠，左右有供养人行列。天幕下有八部护法、手中持各种乐器的乾闼婆乐神以及作舞蹈状的紧那罗歌舞神像。

此龛佛卒为莲花跏趺坐，其一夹侍菩萨手侍净瓶，故应系阿弥陀佛与观世音。另一夹侍菩萨则应为大势至。云冈早期石窟雕造西方二圣的形象，说明当时弥陀净土信仰非常盛行。天幕下手执横笛、细腰鼓、曲颈琵琶、钹、排箫、箜篌等乐器的乾闼婆乐神以及舞神（紧那罗）等造像，所反映的就是弥陀净土中的快乐生活。

（3）窟顶十三行千佛造像，所表现的也是造像得福的思想。佛教经典之中，有《过去庄严劫千佛名经》《现在贤劫千佛名经》和《未来星宿劫千佛名经》，即在三劫之中，都有千人成佛住世。

2.第一七号窟

（1）全窟的主像，是后壁十五米六高的弥勒菩萨像，面形长圆，虽已大部分风化，但仍可看出头戴高宝冠，及两肩下垂的龙头形饰物和短璎珞。右臂袒、左肩斜披络腋，边作折带纹，臂戴钏，下着羊肠大裙，莲花跏趺坐，佛座为狮子座（已残）。

弥勒是云冈造像中主要题材之一。《法苑珠林》卷十六《弥勒部》引玄奘所译《赞弥勒四礼文》：

“况今现处兜率殿，师子床上结跏坐；身如檀金更无比，相好宝光曜光辉。”

继释迦牟尼之后成佛的弥勒菩萨，今日尚未成佛，故作菩萨装，头戴宝冠、坐狮子座。

（2）东西两壁各刻盝顶天幕式大龛。西壁龛内刻立佛像，面颊较瘦、鼻筋高、嘴唇薄，高肉髻，着通肩式大衣。

东壁龛内佛像，面形、衣着与西龛佛像相同，呈结跏趺坐。大佛两侧刻夹侍菩萨像，北侧菩萨像，头戴高宝冠，冠正中有化佛；南侧菩萨的宝冠，正中刻宝瓶。这组造像是西方净土的阿弥陀佛与观世音、大势至菩萨。

关于观世音、大势至菩萨，唐僧铠所译《佛说无量寿经》卷下云：

“佛告阿难，彼国菩萨，皆当究竟一生补处，除其本愿为众生故，以弘誓功德而自庄严，普欲度脱一切众生……阿难白佛：彼二菩萨，其号云何？佛言：一名观世音；二名大势至。二菩萨于国土修菩萨行，命终转化，生彼佛国。”

至于这两位菩萨的特征，是畺良耶舍所译《佛说观无量寿经》中作如下描述：

观世音“顶上毗楞伽摩尼妙宝以为天冠，其天冠中有一立化佛”。大势至“顶上肉髻如钵头摩华，于肉髻上有一宝瓶，盛诸光明，普现佛事”。

在阿弥陀佛像的座下，正中刻摩尼宝珠，北半部刻比丘尼与女供养人像，南半部刻比丘与男供养人像。

在雕刻技法上，东壁的这尊阿弥陀佛，其衣纹是宽扁线条中刻阴线两道至四道，雄浑有力。虽然印度出土的半跏趺坐佛像，表现衣纹也是在较宽线条中刻阴线一道，但那种线条较圆浑，并不是“减地平钑”的刻风。这尊大像衣纹的刻法，完全是在汉画像石“减地平钑”的基础上，吸收抹菟罗佛教造像的刻风而创造出的新技法。

（3）窟门顶东、西两侧各有一较大型龛。两龛开凿的时代是相同的。龛作尖拱形，龛内是半跏趺坐的佛像。佛像面形长圆、双颊较瘦，有劲健之风；内着僧祇支，上面画出方格式的花纹，与麦积山西秦时代佛像的僧祇支纹样相同；外着袈裟，右肩半披，左肩斜披至胸腹间，边作折带纹。左右刻夹侍菩萨像，面形较为丰腴。座下刻摩尼宝珠，左右刻男女供养人行列。

（4）明窗两侧，均有第一期造像。在东侧还保留有造像题记：

“大代太和十三年，岁在己巳九月壬寅朔十九日庚申，比丘尼惠定□身愚（按，即遇字）重患，发愿造释迦、多宝，弥勒像三区。愿患消除，愿现世安稳，戒行猛利，道心日增，誓不退转。以此造像功德，逮及七世父母，累劫诸佛，无边众生，咸同斯庆。”

这两龛和窟门顶两龛的造像，就面形待征来看，比正中的大像，要稍晚一点。

3.第一八号窟

该窟后壁造像有：佛、十大声闻弟子、菩萨等像，是云冈早期五大窟中造像最复杂的一个窟。

（1）正中释迦牟尼大像高十五米五，遍身刻千佛，内着僧祇支，由左肩斜披绕右肋下，边刻连珠纹；外披袈裟，缠绕全身，再刻作折带纹；胸、腹及肩袖部位，均刻出千佛。大佛两侧雕出夹侍二菩萨像，西侧菩萨像风化严重，仅可看出高宝冠、短璎珞及龙头形饰物；东侧菩萨像保存较完整，高宝冠中刻莲花式三法轮，中间法轮内刻坐佛像。

这组造像的雕刻技法，全部用浅直平阶梯式衣纹，这与印度舍卫城出土的、带有迦腻色迦王纪年铭文、露足结跏趺坐于狮子座的佛像，手法大致相同。这三身大像的粉本，有可能来自印度或犍陀罗。但是汉民族文化的成分在造像上也明显地表现了出来。

在佛与菩萨之间，左右各刻五声闻像，着方格百衲式袈裟。东侧一比丘，深目高鼻、面容苍老，应是大迦叶或目犍连。

这十身声闻像，是舍利弗、目犍连、大迦叶、阿那律、须菩提、富楼那、迦旃延、优波离、罗睺罗、阿难陀。

声闻即佛的弟子，又可称为阿罗汉、应真等。但这十位声闻是指佛的近侍弟子，不是一般的声闻。

除后壁的这一组造像外，东、西壁上又各造有大立佛一身，外着通肩大衣，作施无畏印，上顶刻出完整的伞盖，足下踏莲花。衣饰特征与大佛相同。

这三身佛像同时造出，是有怎样的含义呢？

大同下华严寺辽塑三佛，像前题额分别是，正中为释迦牟尼佛，左右为药师佛、阿弥陀佛（1950年，笔者随雁北文物考察团到大同下华严寺时，像前题额尚在）。此是代表北方、东方、西方三个世界的三世佛。云冈第一八号窟三大佛像是否相同下华严的三世佛呢？还是代表过去、现在、未来的三世佛，不得而知。

（2）该窟中还有一个特殊的造像题材，即明窗下西部第二四号龛的立佛像。佛右手托钵，其下有三个孩童，挤在一起作攀登状。这一形象，应是《阿输迦（阿育）王施土》的故事。这种因果报应的本生故事，在此后雕造得更多。

（3）明窗两侧的各龛、窟门两侧及南壁部分小龛，有的菩萨外着帔巾、在胸腹间交叉的形式，以及面形和衣饰的特征，应晚于其他各龛，已进入第三期。

4.第一九号窟

这是昙曜五窟中最大的一个窟，窟外又开有东、西两个耳洞。1940年日本人水野清一所率领的云冈调查团，曾在该窟前开东西向探沟、南北向探沟各一条，发现有北魏时期的瓦当，在大坐佛前面，又发现有辽代的铺地砖，可证北魏时昙曜五窟前有窟檐建筑，辽代又有所修建。

（1）在窟的后壁，雕出高十七米、半跏趺坐的大佛像，这是云冈石窟中最大的一身佛像。右手当胸、掌向外举，左手施无畏印。衣饰上的其他特征与前二窟大像相同。

（2）在南壁西上角，雕出一半圆雕着通肩式大衣的立佛像，悬于石壁的中间，右手上扬，左手下伸摩抚一合掌胡跪状的人像。

（3）在第一九号窟中还有两种题材：

①在窟门东边雕出一尖拱天幕龛，内刻半跏趺坐佛像，但夹侍不是二菩萨像，而是龛内为二菩萨、龛外为夹侍二比丘。这是早期造像中所少见的。

②西壁雕刻虽风化严重，但尚能辨识出三座顶上有刹柱相轮、山花蕉叶形七层楼阁式塔，造塔与塑佛像意义是相同的，都被认为是可以获功德的。

（4）第一九号窟东耳，窟形与第一九号大窟相同。窟顶刻出半个伞盖形状，四周刻交角帐，正中刻紧那罗舞神。

窟的后壁正中雕出结跏趺坐、高十米的佛像。北侧夹侍菩萨，左手提净瓶，宝冠飘带不飘起，天带绕颈后作半圆形由肘后压下，与其他早期菩萨像特征稍有不同。南侧夹侍菩萨面部残毁，右手捧花蕾。两壁其余部分完全刻千佛。

窟门与天窗之南有九个龛，北有七个龛，大多是释迦牟尼像，释迦、多宝佛对坐说法像，莲花跏趺坐的弥勒菩萨像等。此外就是千佛像。以上各种造像特征，都属于第一期。

窟内南壁满刻佛龛，其中有一盝顶华绳天幕龛，龛内刻莲花跏趺坐菩萨像，座下一坚牢地神托菩萨脚。夹侍左、右二思惟菩萨，龛外左、右各一结跏趺坐佛像。

下层尖拱龛所刻夹侍菩萨像，外着帔帛交叉上卷而面形又不过长，应是云冈第三期的创作。

(5) 大窟两耳洞的大佛，从造型和服饰上分析，应属于第二期。但第一九号窟应是统一设计、雕凿的，估计这西耳洞是拖延到后来才完成的。

5. 第二〇号窟

第二〇号窟是第一期的典型洞窟。由于窟顶崩圮，后壁正面的半跏趺坐释迦牟尼像便裸露于外，其实这个窟的形制与一六～一九号窟完全相同。只是在夹侍菩萨身后，开出一个东西相通的隧道，与第九、一〇号窟后壁的隧道形制相同，与新疆克孜尔早期第一七号窟后壁隧道形制也相同。

1940年，水野清一率领的云冈调查团，在第二〇号窟大佛前也进行了发掘，在大佛半圆形莲花座东侧发现北魏五铢钱一枚。窟前五米处发现木炭及黑褐色土层，北魏时期的瓦和重瓣莲花纹圆瓦当等。在大佛前还发现辽代铺地方砖、长方砖，并在东侧发现一有“□统四年”刻字残石（推测可能足“乾统四年”四个字，即辽天祚帝耶律延禧的纪年）。现在第二〇号窟的东北上角，还有辽代砌起的沟纹砖。由此可见，第二〇号窟前有木建筑，辽代续有修建。

曹衍《大金西京武州山重修大石窟寺碑记》云：

“先是亡辽季世，盗贼群起，寺遭焚劫，灵岩栋宇，扫地无遗。”

所以，第二〇号窟前的木建筑，可能是辽末金军陷云中时焚毁。

(1) 大佛高十三米七，高肉髻，面形丰瘦适宜，额骨不高，鼻筋隆起，而准头较小，眉眼细长，薄唇有八字须，仍具有雅利安人面形的特征。颈有两道文，内着僧祇支，绕右肋下，衣边刻连珠纹；外着袈裟，右肩半披，左肩斜披至胸腹前，衣边作折带纹。两手作禅定印。佛座几乎全部风化。

项光内层作莲瓣纹，中层刻敷搭双肩袈裟的小坐佛；最外层刻火焰纹，身光内层刻许多袒右肩作胡跪状的供养菩萨像，中层刻结跏趺坐的小佛像。背光外左右上角刻袒右肩的供养菩萨像和比丘等四众像。

大佛夹侍二菩萨像，已全部残毁，西菩萨像仅可看出胸部佩戴宽项圈，圈下系铃，上部斜披络腋，下部赤足。东菩萨像只能看到足下雕出一坚牢地神作托扛姿势。在《金光明经》中有《坚牢地神品》，造像中出现这一题材，说明该经也是当时流行的一种大乘经典。

（2）东、西两壁各有一身立佛像，东壁的大立佛还完整，尚可看出全部面貌，通肩大衣，作施无畏手印。衣饰特征与第一八号窟两壁的大佛完全相同。

西壁的立佛，几乎全部风化，只能看出最下部的赤足及莲花座而已。

（3）在大立佛项光火焰纹之上，北壁大坐佛外层背光火焰纹之西，供养天人及四众供养人像下刻释迦、多宝佛说法像。在东壁大立佛项光上面，还刻出两个小尖拱龛，一龛内是半披肩的释迦牟尼佛像，一龛内是释迦、多宝对坐说法像。开凿时间，较大像要稍晚一些。

（4）昙曜五窟窟型是基本相同的。因为第一六、一七、一八号三窟窟顶均雕有华盖，所以第一九号窟（窟顶风化）、第二〇号窟（窟顶塌落）也应雕有华盖。据《菩萨本行经》，雕造华盖，也是供养佛的一种形式。

（三）云冈石窟第二期石窟造像的题材与特征

云冈第二期石窟开凿的时间，自文成帝死后到孝文帝迁都洛阳之前（465—494），延续了二十余年。云冈石窟的许多重要窟龛，都开凿于这一阶段。

云冈第二期洞窟，包括中区部的七号和八号，九号和一〇号，五号和六号，一一、一二、一三号窟，及东区的一、二、三号窟。

孝文帝在北魏延兴元年（471）继位，他和祖母文明太皇太后冯氏都大力扶持佛教的发展，这一时期所开凿的云冈石窟，无论在规模上还是在内容上都超过前一期。并且，开窟者除皇室外，还扩大到上层官吏以及诸多僧尼和其他信徒。这表明在北魏都平城时，云冈石窟已成为全国北方最大的佛教中心和宗教活动场所。此外，孝文帝的汉化改革，对云冈石窟也具有重大影响。太和十年（486）的服装改革，皇帝推行褒衣博带式服装，这清楚地反映在太和十三年（489）以来的造像上。而且，云冈第二期石窟在形制上出现仿木构形式的汉式楼阁、殿堂和佛寺，即屋形龛或屋形窟。

1. 第七、八号窟

这是一组双窟。平面作长方形，分前、后二室，前室现已裸露。后室北壁开上下二层大龛，东、西壁各开四层整齐的中型龛。窟顶作平棊凹入，刻夜叉与紧那罗像。窟前左右各立一塔，外壁间立一大碑。

后壁上下龛主像是三世佛，窟内是释迦多宝对坐说法像，七号窟前后室壁面还分段分层大面积布置了佛传、本生故事浮雕，现存一些残迹。还有表现佛传的佛传龛，如阿育王施土缘。还出现了佛装的交脚弥勒菩萨以及护法诸天和大型供养人行列。

第七、八号窟应为孝文帝初期开凿的石窟。

2. 第九、一〇号窟

这也是一组双窟。形制与七、八号窟相同，各分前、后二室。前室作横长方形，前面凿出四根石柱，即三间开的屋形窟面。中间两根是六面柱，柱础刻出坐斗的形状，柱顶刻摩尼珠及狮子。左右边柱下部风化，上部刻须弥山形并有缠绕二龙及山中的鸟兽等，山顶又造出忉利天宫、佛在善法堂内说法的形象。窟顶刻平棊藻井，东西壁开屋形龛或尖拱龛。后壁刻一佛二菩萨，壁后有诵经道，窟顶后半刻伞盖、前半刻一列斗四平棊。窟前开券形门，门上有明窗。

九号窟后室的主像是释迦，十号窟的主像是弥勒。两窟壁面布置了比较多的释迦、多宝对坐说法像。两窟的装饰性花纹具有多种变化，出现了缠枝环形忍冬、套圭忍冬、波状忍冬。

九、一〇号窟的开凿时间应晚于七、八号窟，大致在太和八年到太和十三年（484—489）。据《大金西京武州山重修大石窟寺碑》，这是孝文帝时期，钳耳庆时（毛遇）为孝文帝开凿的一组石窟。后来辽代以九、一〇号窟为主体，在窟前修建了木构建筑，称崇福寺。

3. 第五、六号窟

这也是一组双窟。

五号窟平面基本是方形。后壁造大像，像后开诵经道，四壁开多层龛，门上有大明窗，窟前雕塔柱。

六号窟，六形平面，正中作塔柱，后壁开盝形天幕式大龛，龛前正中刻二石柱，左右壁开二重佛龛。门上开明窗。窟前雕塔柱。两窟窟外正中雕高大石碑。

（1）两窟的主像都是三世佛。在造像题材方面最引人注目的是第六窟雕出大面积连续的佛传故事浮雕，这些浮雕从中心柱下层四面龛龛楣两侧开始，先是南面、然后是西面、北面、东面，浮雕内容次序如下：

①树神现身。

②净饭王与摩耶夫人。

③摩耶夫人树下诞生太子。

④太子出生后自行七步，作狮子吼。

⑤九龙灌顶。

⑥骑象入城。

⑦阿私陀仙人占相。

⑧姨母养育。

⑨王建宫殿。

⑩太子乘象。

⑪父子对话。

⑫建三时殿。

⑬商人奉宝。

之后，接东、西、南三面窟壁，自东壁北端起：

①太子较艺射铁鼓。

②太子宫中嬉戏。

③净饭王与太子对话。

④出游东门遇老人。

⑤出游南门遇病人。

⑥出游西门遇死人（以上东壁）。

⑦出游北门遇比丘。

⑧耶输陀罗入梦。

⑨太子踰城出家四天神王捧马足（以上南壁门东侧）。

⑩太子入山学道。

⑪太子在山中问讯仙人（以上南壁门西侧）。

其余已难以识别。最后以东、西两壁中层佛传龛结束（降魔和初转法轮）。

中心柱四面龛内分别刻结跏趺坐佛（南）、莲花跏趺坐菩萨（西）、释迦、多宝佛（北）、结跏趺坐佛（东）；胁侍有二僧、二夜叉、二力士、六菩萨等十二身，或四夜叉四菩萨等八身（北龛）。

（2）佛像面相丰圆适中，秀丽中又蕴含着庄严。大型佛像全部是褒衣博带式的衣饰，菩萨装也变成上披帔帛下着裙的样式。

（3）第五、六号窟从总体布局到造像组合手法，都显示了比较浓厚的民族传统艺术特点，所以推测第六窟完成时间应该在孝文帝迁都洛阳以前不久。

第五号窟东西壁布置比较杂乱，并没有按原计划完成，说明第五窟并没有完工，估计同迁都洛阳有关。

4. 第一、二号窟

这是一组塔庙窟。长方形平面，窟内中部雕塔柱，窟门上方雕明窗，两窟似共一前庭。

一号窟主像为弥勒菩萨。塔柱下层龛多是坐佛，上层龛多是弥勒菩萨。

二号窟主像为释迦坐像。塔柱下南面为释迦、多宝，其他三面皆为端坐佛像。中层南、西两面为正坐佛像，东面为弥勒菩萨，北面为倚坐佛像。上层南北两面为弥勒菩萨，东西两面为正坐佛像。

题材上的另一特点是两窟都雕出了维摩、文殊造像。另外还有较多的释迦、多宝对坐像。释迦、多宝对坐像这一题材见于《法华经》，文殊问疾见于《维摩诘经》。这两部经在北魏流行时间，正是孝文帝迁都洛阳前后。所以，这两窟基本上是根据这两部经的主要内容开凿的。由此推测两窟开凿时间也在迁都洛阳前，孝文帝都平城后期。

这两窟造像的面相渐趋方圆。一号窟主像弥勒帔帛交叉，佛像着通肩衣，有的着褒衣博带。二号窟主像坐佛着褒衣博带。塔柱佛像右袒，弥勒斜披络腋。

5.第一一、一二、一三号窟

这组洞窟单独构成，中心窟是一二号窟。

在形制上，一一号窟方形平面，平顶，窟内中部雕塔柱。一三号窟椭圆形平面，穹窿顶。两窟窟口上方雕明窗。一二号窟长方形平面，具前后室，后室穹窿顶，前壁窟口上方凿明窗。前室抹角叠砌平棊顶。前室前方列楹柱，上方崖面雕有设斗拱的仿木构窟檐。这三窟似共一前庭。

一一号窟壁面皆分层布龛。方形塔柱分两层，下层四面像似为本窟主像，皆为站立佛像。上层南面为弥勒菩萨，其他三面为倚坐佛像。

一二号窟主像位于后室后壁上下两层龛中，下层为释迦、多宝，上层龛中为弥勒菩萨。壁面分层布龛。前室有交脚坐的佛像龛。

一三号窟主像为弥勒菩萨。

在一一号窟东壁有“太和七年（483）邑义信士女等造九十五躯石庙像”铭，是云冈现存最早的造像题记。

值得注意的是大势至、观世音、文殊菩萨组合的造型。这是这种组合较早的形象和记载。

这三个窟，除一二号窟基本按原定计划完工外，一一、一三号窟都未最后完工，壁龛布置杂乱、时代早晚不同，如一一号窟东壁有太和七年（483）造像，西壁有太和二十年（496）造像。

6. 第三号窟

这是云冈最大的一个窟。从现存遗迹看，这是一座大型的塔庙窟。从该窟前室上层所雕造的双塔和中间弥勒窟造型看，它的雕凿也在第二期，但没有最后完工。

前室，横长方形平面，分上下两层。上层左右各雕一方塔，中间开一方形小窟，内雕决疑的交脚弥勒像。下层左右各开一窟口，窟口两侧各凿一明窗。左右窟口内各一前室，两前室之后共一后室。

后室，仅仅雕出了地面，并未完工。现存西侧大龛像应是唐初开凿。

前室上层主像为弥勒菩萨，两塔柱下层主龛为释迦多宝像。

（四）云冈石窟第三期石窟造像的题材与特征

孝文帝迁都洛阳后，尽管政治、文化中心南移，平城作为北都，仍是佛教重地。大窟虽开凿很少，却开凿了数量众多的中、小型方形平面窟，或是大龛。

第三期中小窟室，主要集中在第二〇号窟以西，以及第一四、一五、四号窟，此外第一一至一三、四（一三A）窟窟外崖面及其迤西一带，第五、六号窟上方与迤东一带和第一至四号窟附近，也都分布有第三期开凿的中小窟室。第三期中小窟室总数在一百五十座以上。许多第一期、第二期开凿的窟室内、窟口两侧也多有第三期补凿的小龛，其数量不下二百个。

1. 第三期石窟形制特点

这一期洞窟大多以单窟形式出现，不再有成组的形式。内部更为方整、规制。

基本可分四种类型：

（1）塔庙窟。主要有第四号窟，四、五号窟之间的一个塔洞，及三九号窟（原编号为五一）。三九号窟是此类塔窟的代表。这类塔庙窟同前期有所不同，中间有塔柱、四壁满雕千佛。

（2）千佛窟。有一四、一五号窟。以一五号窟为典型代表，四壁满雕千佛，该窟的主像是弥勒。

（3）四壁三龛式窟。这类窟型数量较多，共有二十多个。典型代表是三三和二五号窟。窟均为方形，平顶。窟室后壁和左右壁各雕一个大龛，所以叫四壁三龛式。后壁的主像多是释迦、多宝。三五号窟的窟口有北魏延昌五年（516）题记。

（4）四壁重龛式窟。即正壁和左右壁有多层龛。这种窟型共有十余座，代表为二六、二八号窟。重龛为上、下两层龛或多层龛。如果以后壁主龛做主像，则上龛多为弥勒、下龛多为释迦。

2. 造像题材的变化

这一期的造像题材，多是承袭前期，但也出现了一些新创作。

释迦慈慰阿难像。魔王波旬化为雕鹫，拟啄龛内比丘，佛以右手摩抚比丘头顶状。（五〇号窟南壁门东下层龛）。

三道宝阶。龛前有三道宝阶，阶上一莲花跏趺坐菩萨，座前有一龙头（五〇号窟南壁降魔变下层）。

“六牙象投胎”（菩萨乘象手中抱一小孩），“摩耶夫人入梦”（四八号窟北壁大龛南上角）。

“掷象成坑”（四八号窟西壁大龛北上角）。

萨埵那太子舍身饲虎本生故事（一大虎、四虎子共食一人）（四五号窟东壁大龛北上角）。

在各窟窟顶的方格平棊中，只刻乾闼婆与紧那罗而无夜叉，就是在其他各壁上也不见夜叉的形象。

3. 造像的特征

佛像，与前期面形相同，虽稍瘦削但双颊尚丰圆；外衣垂于座前有密褶，似菩提叶式而不是大面积下垂。到后一段则面相瘦削、长颈，完全有秀骨清像之风；衣饰密褶加多、繁褥，下垂座前全面展开；立像的大衣下裙，更是向外飘扬。

菩萨，面形变化与佛像相同；衣饰上，帔中下垂交叉处穿过圆璧。

乾闼婆与紧那罗像，面形瘦削秀丽，高发髻、短衫、长裙，不露足，完全是当时的时世妆，飞舞姿态，十分生动美丽。

在雕造技法上，更为普遍地应用了直平阶梯式的衣纹。

（五）北魏以后的造像

云冈石窟北魏以后的造像，虽寥寥无几，但这为数不多的造像，其雕凿时代，也是有讨论必要的。

1. 一一号窟中心柱南面下层龛的胁侍二菩萨像

这中心柱的上层，完全是云冈第二期的造像，而下层因岩石风化，各像均已经明代改妆，看不出原貌，只有二菩萨像，还是原来雕造的。

这两身菩萨面相，是椭圆秀丽的样子，是后代风格。至于上身着僧祇支，帔巾由肩部下垂压肘下、大裙衣褶疏稀有致、裙带如绅、下垂作蝴蝶结的风格，与益都云门隋代菩萨像相当接近。而晚唐至辽的衣纹雕刻，都是屈曲自如的样子，与此二菩萨也不相同。所以，这两身菩萨像，应是周、隋时期雕造的。

2. 第三号窟后室三大像

这三身大像，中间是近十米高的倚坐佛，左右两尊菩萨立像，高约六米。三身像面相丰圆，鼻筋不高、准头较大、唇厚，颈有三道纹。两菩萨高发髻，额上戴宝冠，一宝冠正中雕小坐佛；一宝冠正中雕宝瓶，说明这三身像是西方三圣（阿弥陀佛、观音、大势至）。

根据这三尊像的雕刻风格和表现手法看，很可能与贞观十四年（640）守臣重建和俨禅师修理孝文石窟故像的史实有关，就是说三尊像可能是初唐遗物。

3. 大阁上层九号窟东壁菩萨像

这尊像尚未完全风化，可以看出面形方圆，高发髻，低花鬘冠，胸前有宽颈圈，粗璎珞由两肩斜下胸腹前交叉，然后上卷，下者大裙、紧贴腿上有密褶，衣纹作圆线条。这与天龙山五代时雕造的大菩萨像风格相同，推测该窟开凿的时间，可能在晚唐、五代时期。

辽金时期，云冈虽也颇为兴盛，辽代在此修建了大量窟前建筑，后来也续有修整妆銮，但没有开窟造像的遗迹。

魏晋南北朝时代，石窟的开凿遍布全国各地，敦煌、麦积山、炳灵寺，多是塑造诸像，只有云冈全部石刻造像。而且，在全国石窟群中，开凿的规模，以云冈为最大。

这与北魏统治集团居住平城有关，也与当时社会制度有关。当时大贵族们都分得被俘的民户，因而有了大批的劳动力，可以开凿出大规模的石窟。

云冈石窟在艺术创造上是多种多样的，不仅有连环式的故事形象，而且有以佛为中心配以简单人物故事的创作。在各种龛形的雕造中，应用了许多优美的图案。

总之，云冈、莫高窟、龙门是我国最大的三处石窟群，而云冈造像以风格雄健见称于世。

（阎文儒）

三　龙门石窟

（一）龙门石窟的名称

龙门石窟，在洛阳城南十二点五公里、龙门镇南、穿龙门山而过的伊水东西两岸山上，大部分石窟在西岸。据最近的编号，共分为五区，其中第一至四区在西岸，第五区在东岸。

西岸窟群南北长约八百多米，从北向南依次编出：

一区，六十一个窟龛。其中主要有：潜溪寺、宾阳三洞等。

二区，九十七个窟龛。主要有敬善寺、摩崖三佛等。

三区，三百八十六个窟龛。主要有双洞、万佛洞、狮子洞、老龙洞、莲花洞、赵客师洞、破洞、魏字洞、唐字洞等。

四区，三百九十九个窟龛。主要有奉先寺、药方洞、王祥洞、古阳洞、火烧洞、龙华寺、大好也洞、极南洞等。

五区，在伊水东岸。由南向北依次编出七十八个窟龛，主要有擂鼓三洞、看经寺及万佛沟内各窟龛。

五区总计一千零二十一个窟龛。此外，残破的、空的，以及没有价值而未编号的还有一些。窟龛数目是全国石窟中最多的一处。

伊水所经龙门山口，两岸对峙如阙，古人因而称为“伊阙”。《左传》昭公二十六年（516）载：

“晋知躒赵鞅帅师纳王，使女宽守阙塞。”（杜解：阙塞洛阳西南伊阙口也）

战国以来，伊阙是兵家必争之地。在《战国策·西周策》中记：

“秦攻魏将军犀武于伊阙。”

北魏郦道元注《水经》时，也称作伊阙，并记有“斩岸开石”的铭文。在《魏书·释老志》中又记：

“于洛阳南伊阙山为高祖文昭皇太后营石窟三所。”

同书卷九《肃宗纪》“熙平二年”条纪：

“三月乙卯皇太后幸伊阙石窟寺。”

可见，隋唐以前都把这里叫作伊阙。把伊阙称作龙门，最早是隋炀帝。《元和郡县图志》卷中“河南府”条记：

“初炀帝尝登邙山，观伊阙，顾曰：此非龙门耶？自古何因不建都于此？仆射苏威对曰：自古非不知，以俟陛下。帝大悦，遂议都焉。”

于是，隋朝建东都于洛阳，宫城一端门、外城廓的定鼎门，正对伊阙，并将伊阙改称龙门。但初唐时，仍习惯称伊阙，贞观十五年（641）岑文本为魏王泰所撰碑文，仍称作《伊阙佛龛之碑》。贞观二十年（646）韩父稚的造像题记（一至二十九号窟北壁五十一号龛）也说：

“……于伊阙寺敬造石一龛（按，石字下缺一‘像’字）并二菩萨……”

直到唐高宗时，在石刻中才正式称龙门。如：

“清信女常泰为过去二亲于龙门之岩，敬造阿弥陀像一铺。”（三至九〇号窟，显庆三年［658］题记）

“大周故朝大夫行梓州司户卢公龙门由石像赞”（四至三九八号窟）。

“河洛上都龙门之阳，大卢舍那像龛记。”（奉先寺大佛座北面，上元二年［675］题记）

龙门的名称，始于隋，经唐宋，沿袭至元明清各代。

（二）龙门石窟的建造历史

龙门石窟最大的特点是历代都有造像题记，因而对造像年代的判定，就有了可靠的依据。

1. 龙门石窟最早的造像题记，是四至五三号窟（古阳洞）南壁四七号龛中所记：

“大代大和七年（483）新城县功曹孙秋生、新城县功□刘起祖二百人等敬造石像一区……”

稍晚的有古阳洞北壁四〇号龛题：

“太和十九年（495）十一月使持节司空公长乐王近穆陵充夫人尉迟为亡息牛橛、请工镂石，造此弥勒像一区……”

可见龙门石窟的开凿，始于正式迁都洛阳前后。

2. 在北魏迁都以前，地方官僚已开始在龙门造像，如前文所说新城县功曹孙秋生等，及“中散大夫荥阳太守孙道务”等。

迁都前后，北魏王朝的上层人物，继续在这里造像，如：太和二十年（496）步辇郎张元祖妻一弗的造像（古阳洞北壁三六号龛）。太和二十二年（498）九月十四日洛州刺史始平公的儿子比丘慧成为始平公的造像（古阳洞北壁二〇号龛）。太和二十二年（498）九月三日侍中护军将军北海王元详的造像（古阳洞北壁四三号龛）。景明二年（501）太守护军长史云阳伯郑长猷的造像（古阳洞南壁五十六号龛）。景明三年（502）八月十八日广川王祖母太妃为亡夫侍中使持节征北大将军广川王贺兰汗的造像（古阳洞南壁五五号龛）。景明四年（503）十二月一日比丘法生为孝文皇帝并北海王母子的造像（古阳洞南壁四七号龛）。

3. 迁都以后，北魏皇帝使龙门开窟的规模迅速扩大了。据《魏书·释老志》载，世宗宣武帝命大长秋卿白整，仿平城武周山灵岩寺石窟，于伊阙山为高祖文昭皇后造石窟二所。这两座石窟“去地一百尺，南北一百四十尺”。遗存至今的宾阳三洞（北洞，从窟形到造像都不是北魏的样式，应是初唐的创作）。窟外平地近一百四十尺，下距伊水的河床，也约在百尺，所以宾阳中、南两洞，可能就是宣武帝时开出的两所大窟。

此后，“永平中（508—511）中尹刘腾奏为世宗复造石窟一”，这所石窟是现存石窟中的哪一个呢？在宾阳中、南洞之间，曾凿有造像碑一幢，后被唐魏王泰磨去，改刻《伊阙佛龛碑》；而莲花洞中南壁东端亦曾有一造像碑，且为唐人磨平改刻许多小佛龛，依此相类似的情况看，既然宾阳中、南二洞，有可能是宣武帝为皇太后营造的，那莲花洞则可能是刘腾为宣武帝开凿的。

在此时期，身居高位的杨大眼曾为孝文皇帝造像一躯（古阳洞北壁二七号龛《……杨大眼为孝文皇帝造像记》）。此外，由古阳洞的题记看，当时集体造像的也为数不少。如：

“景明四年（503）八月五日，邑主马振邦，唯那张□成、唯那许兴族三十四人为皇帝造石像一区。”（古阳洞南壁五〇号龛、北壁三七号龛和一二号龛）

还有正始二年（505）征虏将军泾州刺史造出的弥勒菩萨和夹侍二菩萨像（古阳洞北壁二三号龛）。永平三年比丘尼惠智造的释迦及夹侍二菩萨像等（古阳洞北壁八号龛）。

宣武帝时代，之所以能在龙门大事开凿，固然由于宣武帝的崇奉佛教，但更重要的是在孝文帝的经营之下，到宣武帝时，社会较为平稳，政治上没有大的变动。从而使龙门最大的石窟，如宾阳（二至二三、二至二九号）、莲花（三至一二二号）、火烧（四至一一二号）、魏字（三至三三五号）等洞，都在这时开凿出来了。

4.孝明帝时由于胡灵太后的信佛，不只在城内亲造永宁寺，而且又在熙平二年（517）三月、孝昌二年（526）八月两幸伊阙南石窟寺（《魏书》卷九），这样更促进了龙门石窟的繁荣。于是神龟（518—519）以后，龙门造像不仅限于在已开出的古阳、莲花、魏字、火烧各洞中开龛造像，并开凿了石窟寺（四至一七一号）以及其他的小窟龛。

在古阳洞中，孝明帝以来的造像有：熙平二年（517）七月二十日齐郡王祐造弥勒菩萨及夹侍二菩萨（古阳洞南壁五二号龛），同年四月十五日比丘惠荣造弥勒菩萨像（古阳洞南壁一二号龛），神龟元年（518）六月十五日杜迁等造释迦及二僧二菩萨像（古阳洞南壁九号龛），二年（519）邑师惠感等造一佛二僧二菩萨二力士像等等（古阳洞南壁二六号龛）。

在莲花洞（三至二二号）中，南、北两壁小龛中造像，有正光、孝昌、武泰、永熙等年题记。

在火烧洞中的小龛，有正光三、四、五年和普泰年的造像题记。

与莲花、火烧二窟大致同时开凿的魏字洞（三至三三五号）南北两壁小龛，也有许多正光、孝昌年代的造像题记，从题名中可以看到大多是清信女、比丘尼等女性人物的造像题名，或者是由比丘尼主持开凿的窟龛。

孝明帝孝昌年间（525—527）中所开凿的大窟，应以石窟寺（四至一七一号）最为突出，据窟外南侧孝昌三年（527）九月二十日刻的《太尉公皇甫公石窟碑》题额看，此窟很可能是孝明帝时皇甫度开凿的（《魏书》卷九）。

药方洞（四至四一号），与十四窟（三至二八七号），都有废帝广陵王时代普泰元年（531）、二年的造像题记，药方洞门内北侧还有孝武帝元修永熙三年（534）的造像记。

大好也洞（四至三七二号）又有东魏孝静帝武定七年（549）内洛阳城南报德寺（见《洛阳伽蓝记》）比丘法相造像题记，以及北齐武平三年（572）义州皂服从事和比丘昙山的造像记。

唐字洞（三至三三六号）中，不只有东魏天平四年（537）比丘惠相等州人的造像记（门外北壁十号龛），而且有西魏大统元年（535）始平县开国伯韩道人的造像记（门外南壁二五号龛），还有大统七年（541）正月十五日龙门灵岩寺沙门僧璨的造像记（门内楣上南上角的屋形龛）。

以上各窟的造像题记，以宣武、孝明两朝（500—528）为最多，武泰以后由于河阴之变（《魏书》卷十《孝庄纪》）造成空前的大残杀，使伊阙造像大为减少。

5.（1）自隋炀帝大业元年（605）营建东都以后，隋、唐帝国的政治中心，在很大程度上又移到了洛阳；在皇亲贵族及官宦阶层普遍信佛的情况下，使龙门石窟开凿更为扩大起来，从而隋唐造像成为龙门石窟的主要部分。

在宾阳南洞（一至二九号）北壁五五号龛，有隋大业十二年（616）七月十五日河南郡兴泰县梁佩仁造像题记，从正面的一佛、二罗汉、二菩萨特征与风格看，这铺大像应是隋代早期造出的。而开皇十年（590）裴慈明（伊阙佛复碑北）和大业十一年（615）成都李子议（中洞北力士南第二层小龛）造像，则属小规模雕造。

（2）在龙门初唐时期的造像者，以太宗儿子魏王泰为巨擘。据岑文本为魏王泰所撰《伊阙佛龛碑》记载，魏王泰在龙门，既修旧像又创造新像。宾阳北洞的一佛、二罗汉、二菩萨像，以及潜溪寺的造像，可能是贞观十五年（641）前后魏王泰或其他皇室成员出钱作功德而修造的。

宾阳南洞四壁雕造的小龛极多，有贞观题记的十九条，高宗永徽、麟德、乾封造像题记近十条。

初唐的窟龛，还有依自然石洞开出来的老龙洞（三至九〇号）、破洞（三至三〇三号），破洞中最早题记是贞观十一年（637），老龙洞中最早题记是贞观二十一年（647）。

（3）唐高宗自麟德以后，政权掌握在武则天手中（《通鉴》卷二百零一《高祖纪》），而武则天是最为信奉佛教的。由于她的大力提倡，从她当皇后以后的显庆起，到开元初（656—713）的五十余年，成为龙门石窟造像的最繁荣阶段。

从造像纪年看，在龙门二区九十五个窟龛中，除一二号窟有永徽纪年外，其余都是显庆以后的，如显庆、龙朔、麟德、总章、垂拱等年号。

奉先寺，是全龙门石窟造像中最高大的一处，在《大卢舍那像龛记》中云：

“粤以咸亨三年（672）壬申之岁四月一日，皇后武氏助脂粉钱二万贯。……至上元二年乙亥十二月三十日毕功。”

调露元年（679）又在大像前建奉先寺。

万佛洞（三至三五号）南面，有咸亨四年（673）为皇帝皇后太子造像的题记，万佛洞是调露二年（永隆元年）开凿的。

在万佛洞南北上下各窟龛，多数是武则天时期（680）开凿的，如万佛洞的双洞（三至○○三、○○四号）。

东山五至○○一、五至○○四、五至○○五号三个大窟，即擂鼓三洞，在五至○○四号窟二十五身罗汉题名中，有武则天时造的新字，如臣——恧、正——缶、天——兲、圣——壁等，可见应开凿于武则天时期。五至○○一、五至○○五二窟造像特征与风格，与五至○○四窟相同，故应属同时。

唐玄宗开元（713—741）间所开凿的窟，主要在奉先寺前北崖上，据现存造像碑，主要有：

开元十三年至二十三年（725—735）虢国公杨思勗为其母造窟记。

开元十八年（730）二月七日《大唐内侍省功德之碑》。

开元八年（720）以前，张九龄撰的《唐赠陇西县君牛氏像龛碑》。

（4）随着唐代封建经济的发展，手工业向专业化演进，又加之经济利益的作用，形成了“行”的组织，这在龙门造像题记中也有反映。主要有：

“北市丝行像龛”（四至一○五号），窟内北壁刻有社老、平正、录事等该行领导者的题名。

四至六八号窟，东北壁有永昌元年（689）三月八日北市香行的造像题名。

莲花洞门南侧，又有五代大梁乾化五年（915）乙亥岁六月三日李悰造的观世音菩萨像。

奉先寺石阶道的北边，又有宋代的造像龛。

龙门石窟的造像题记有近二千余种，是全国石窟群中文字记录最多的一处。这为我们给石窟造像断代提供了重要的依据。

（三）龙门石窟中主要石窟的创建年代与艺术风格

1. 古阳洞

古阳洞是龙门开凿最早的一处，是依自然石洞雕凿而成的。

（1）南北两壁第三层及第三层以上各龛，都是北魏迁都前后造出的。

北壁第三层的题记有：

太和二十二年（498）比丘慧成为其父始平公造像（二五号龛）。

陆浑县功曹魏灵藏等造释迦像（二六号龛）。

梁州大中正安戎县开国子仇池杨大眼为孝文皇帝造像（二七号龛）。

北壁第三层以上又有：

太和二十年（496）步辇郎张元祖妻一弗造像（三六号龛）。

太和十九年（495）长乐王丘穆陵亮为亡息牛橛造弥勒像（四〇号龛）。

太和二十二年（498）侍中护军将军北海王元详造弥勒像（四三号龛）。

景明三年（502）五月六日比丘慧感为亡父母造弥勒像（二九号龛）。

景明四年（503）二月一日比丘惠□……为司徒录尚书事造弥勒像（四一号龛）。

南壁第三层：

太和二十二年（498）二月十日高楚造弥勒佛像（莲花跏趺坐菩萨及夹侍二菩萨，四六号龛）。

景明四年（503）十月十七日广川王祖母太妃侯为孙息延年造弥勒像（五四号龛）。

景明四年（503）十二月一日比丘法生为孝文皇帝并北海王母子造一佛二菩萨像（四七号龛）。

景明三年（502）八月十八日广川王祖母太妃侯，为亡夫侍中使持节征北大将军广川王贺兰汗造弥勒像（五五号龛）。

景明二年（501）九月三日前太守护军长史云阳伯郑猷为亡父母、亡儿，郑南阳妾陈玉女为亡母徐，各造弥勒像（五六号龛）。

景明四年（503）八月五日邑主马振邦等三十四人为皇帝造像（五八号龛）。

造像特征：面型都较瘦削。佛的右臂半披着袈裟，僧祇支由左臂斜披，边作折带纹。菩萨大多是帔巾交叉于胸腹前，下裾外扬，也有斜披络腋而不披帔巾的（四〇号龛，大乐王为亡息造像），这后者正是一种过渡类型，与云冈五、六号窟造像风格演变的情形相同。所以，该窟第二层龛的造像，晚于第三层。

（2）南北壁第二层龛的造像题记

正始二年（505）四月十五日钩楯令王史、平吴共合曹人兴愿，为今王造弥勒像（莲花跏趺坐菩萨夹侍四罗汉二菩萨像，北壁一二号龛）。

永平三年（510）七月九日比丘尼惠智为七世父母、所生父母造释迦像（北壁八号龛）。

延昌二年（513）八月二日比丘尼法兴因患（病）发愿造释迦像（南壁三三号龛）。

熙平二年（517）七月二十日持节督泾州诸军事征虏将军泾州刺史齐郡王祐造弥勒及夹侍二菩萨像（南壁五二号窟）。

造型特征：大多是盝形方格华绳天幕式龛。佛像的衣饰全部是方领下垂、褒衣博带式的大衣，胸前有带扎作小结下垂。菩萨所披帔巾，交叉于腹际穿环后再上卷或不穿环交叉后上卷。乾闼婆与紧那罗的歌舞天人，皆上衫下裙的汉装，长裙掩脚。在衣饰上已完全进入汉民族形式。衣纹采用直平阶梯式的雕凿手法。

西壁正中的一铺一佛二菩萨大像，其造像风格及衣饰特征与此层龛像相同，故应为同期造像。

南壁三七号释迦、多宝佛龛，龛楣上刻有较为精细的佛本行故事浮雕：摩耶夫人入梦、六牙象投胎、摩耶夫人入兰毗尼园、树下诞生、太子步步莲花、九龙吐水浴太子、太子回宫、阿私陀仙人占相、太子观耕、树下成道等连环画面。这是龙门造像中唯一的新体例。

（3）第一层的造像龛

南壁一、三、六、七号大龛，都是北魏末期雕造的。可龛内造像，如：三号龛内的优填王像，是唐高宗前后凿出的；六号龛内佛像以及千佛像，也都是唐代雕造的；在龛楣中又雕出许多小龛，有永徽、咸亨、长安等纪年的题记；七号龛也是初唐造像。

北壁第一层东部各小龛，有神龟、正光、孝昌、天平等纪年的造像题记，一三、二一号两大龛与造像是北齐时开凿的，而其他大龛中造像是唐代的。

由此可知，古阳洞乃是依自然山洞修凿而成，并于太和年（477—499）前后，开出最上一层龛，之后又向下开出第二层龛，同时凿出正面大像，最后开出下面一层龛。直至唐代，仍在原有龛中雕凿佛像。

2. 宾阳三洞与潜溪寺

宾阳三洞

（1）中洞，是三洞中最大的一个。西壁正面造一佛、二罗汉、二菩萨像，佛座前有二狮子侍立；南北壁各造一佛二菩萨像。

窟顶正中刻莲房，由此向外依次是：两重较瘦的莲瓣、乾闼婆与供养天人、莲花摩尼珠、连珠纹，又是双重莲瓣，最外是流苏，构成一个大的圆形宝盖。

东壁门南北，各有四层浮雕造像，自上而下依次是：

第一层十神王像，即山神王、珠玉神王、火神王、象神王、鸟神王（南侧）、风神王、龙神王、河神王、树神王、狮子神王（北侧）。

第二层为皇帝（北侧）、后妃（南侧）及男女侍从等礼佛图。

第三层为萨埵那太子饲虎（北侧）和须大拏太子施舍（南侧）二本生故事图。

第四层为文殊师利（北侧）与维摩诘（南侧）相对说法图。民国年间，二、三、四层造像，被美国人凿下掠走。

明窗上还刻有捧薰炉的供养人像和宾头卢以神力取树提钵像。门外南北侧刻力士像。

由造像的特征和风格看，相当于太和以后转入汉民族形式的阶段。但还没有到“秀骨清像”的程度。

（2）南洞，就其形制论，与中洞非常接近。窟顶正中刻莲瓣，与其外围五层图案所构成的宝盖，与中洞大致相同，只是莲瓣略肥硕些，故其应略晚于中洞。而窟顶的紧那罗大带飘拂，长裙掩脚，则可证明仍是北魏时开窟。

但正面一铺大像，其面相已完全由瘦削转入方圆，其下身呈“曹衣出水”式，并有圆线条衣纹；菩萨帔巾上卷处厚重，又有较粗大的璎珞。所以，这一铺大像，应雕于隋代初年。

南洞中有贞观纪年题记的造像龛，共十九处，是全国石窟造像中有贞观纪年题记最多的一所。从贞观十五年（641）至贞观二十三年（649），依造像特征与风格，可分两个阶段：

贞观二十年（646）以前：

如贞观十五年（641）六月五日岑文本造像龛，佛的面相方圆，外衣下垂至方形座前，衣纹疏稀厚重而不规则。菩萨袒上身，裙带下垂如绅（南壁四八号龛），同时也有菩萨外着粗璎珞，斜披在右腿上（南壁五七号龛）。

贞观二十年（646）以后：

如贞观二十二年（648）洛南县思顺坊老幼等造弥勒像已是螺髻，颈部有三道纹，足下莲花的莲瓣翘起。菩萨刻有极复杂的细颈圈，帔巾横于胸腹之际两道，细长璎珞交叉于环饰之内，再向上翻卷（北壁五四号龛）。贞观二十三年（649）赵才所造佛像，刻出束腰八角莲座，座上另设一劫波育（毡布）（北壁二二号龛）；二十三年（649）崔贵本造像龛内，又是束腰六角仰覆莲座，座上设劫波育（北壁一五号龛），开创了高宗以后的新风格。

（3）北洞，其形制与中、南两洞大致相同，惟正面一铺大像的位置，向里凹入，估计是凿掉原像、向里掘进、再雕出新像。佛、声闻、菩萨的特征，完全是初唐的。窟顶无宝盖，推想大概是初唐魏王泰时的造像。

（4）中、南洞之间的《伊阙佛龛之碑》，此碑形制不同于唐代特征，而与北魏一致。如杨大眼、始平公、孙秋生等造像碑，碑首呈横长方形，蟠螭纹纤细精巧。从东魏时起，碑首逐渐加大，蟠螭纹也渐成粗壮雄伟之态，如东魏兴和三年（541）兖州刺史李仲璇的《重修鲁孔子庙碑》。至初唐昭陵各陪臣的神道碑、九成宫醴泉铭等碑，碑首是半圆形的。而“蟠螭之形，有如犇马，四足驰骤……”（叶昌炽《语石》卷三《碑额》），而且中洞门南侧的力士像长裙下裾飘到碑的北侧，也可证明碑身与力士是同时雕出的。

那么可以推测，碑上原有北魏宣武帝时的碑文，到初唐魏王泰时磨去原文，重刻岑文本的《伊阙佛龛之碑》。

（5）宾阳中、北河之间，突出一块岩石，三面刻像，南面偏东一至一七号龛内，有一佛、二声闻、二菩萨像，其下有一小碑，题额曰：

“洛州乡城老人像碑”

正文完全剥落不可辨识，末行有“大”字可辨，王昶《金石萃编》收入此碑，末有“大齐□□十□年正月廿一日功讫”的纪年（王昶《金石萃编》卷二十七《洛州乡城老人造像碑》），因而一般人们便以为是大齐的造像了。可是碑额上的“洛州”，似非北齐称谓。东魏、后周改洛阳为洛州；隋开皇三年（583）又有洛州刺史；唐武德四年（621）平王世充后置洛州总管府，开元元年（713）改洛州为河南府（《隋书》卷三十《地理志》）；北齐似没有把洛阳称作洛州，王昶所记的“大齐”似有问题。依造像的风格看，很明显是初唐的雕法。

至于“大”下的字，可能是“唐”字。

（6）潜溪寺（一至〇〇一号）窟，较宾阳三洞为小，其造像特征与宾阳北洞基本相同；但天王已排入佛、菩萨的行列，与宾阳南洞天王在门内左右侧相比，时代可能稍晚一些。

3. 敬善寺

敬善寺区在宾阳三洞之南的半山中，共九十七个窟龛。

（1）二至四九号窟，这是二区中最重要的一个窟，窟门外北侧有宣德郎守记室参军事李孝伦撰的《敬善寺石像铭》，该铭序文中有："纪国太妃韦氏京兆人也……爰择胜畿，聿修灵像……"的文句，可证此窟是韦太妃出钱开凿的。依《新唐书》卷八十《太宗诸子传》，韦太妃是纪王慎的母亲。

在该窟罗汉与菩萨之间，加造一比丘尼像。龙门石窟把供养人加入佛菩萨行列且有具体纪年的石窟，以开凿于永隆元年（680）的万佛洞和咸亨三年（672）的奉先寺为最早，而二至四九号窟造像风格也晚于初唐。

又《金石萃编》卷五十六《纪国陆先妃碑》（纪王慎妃）文中有：

"以麟德二年（665）六月二十六日薨于泽州之馆舍，……纪国太妃时在洛下，初闻凶讣，颇极哀痛之情，……"

可知麟德二年（665）时，韦太妃在洛阳。

所以，综上所述，这一窟的造像当是在麟德二年（665）前后开凿的。

（2）在窟外南壁上，刻有五层雕像，其题记自上而下分别是：

①杜法力为太山府君造像一区；

②杜法力为阎罗大王造像一区；

③杜法力为五道将军及夫人 太山府君录事□造一区；

④杜法力为天曹地府各造五区牛头狱卒各一区；

⑤杜法力为阿修罗王虔闼婆王南斗北辰各一区。

这样的造像题材，是其他石窟中所不见的，据《长阿含经》卷十九《世记经地狱品》中记：

"阎浮提南大金刚山内，有阎罗王宫……有众生身行恶、口言恶、心念恶，身坏命终堕地狱中，狱卒将此罪人诸阎罗王所……时阎罗王以第一天使问罪人已，复以第二天使问罪人言……复以第三天使问罪人言……具诘问已，即付狱卒，时彼狱卒，即将罪人，诸大地狱。"

由于阎罗王掌管着地狱，人们为了解除地狱之苦，因而在造像中，有了阎罗王像。

日本心觉抄《别尊杂记》卷四十六《焰魔天》条道场观中记：

“本尊琰魔天……又阎魔王……次大山府君……次五道大神……”

在焰魔天曼荼罗中，本尊为焰魔天，太山府君在上、五道大神在下，那么杜法力所造的五层雕像，应是一铺焰魔天曼荼罗了。

4. 莲花洞（三至一二二号）

莲花洞是龙门石窟中，除古阳、宾阳洞之外的一个大窟。西壁刻一佛、二声闻、二菩萨像，左右壁刻七十三个龛。

（1）窟内大佛像、菩萨，虽衣饰已完全变为汉民族的形式，但面形不甚瘦削，应尚未到达孝明帝熙平至孝昌（516—527）时期造像风格。另外，南壁东端有一座为唐代刻出十个小龛的北魏形制的碑身，即有大型造像碑，再加之大像的特征，可以推测这就是在《魏书·释老志》中所记“永平中中尹刘腾奏为世宗复造石窟一”的石窟。

（2）莲花洞中最值得注意的题材，是根据《维摩诘经·文殊师利问疾品》的文殊师利与维摩诘的形象。在全窟七十三个小龛中，有二十一个龛（南壁：一、四、八、九、二、三、四；西壁佛像南：一六；西壁佛像北：三〇、三一、三二、三九、四五；北壁：五二、五四、五五、五九、六〇、六一、六二、七三号）的左右上角，刻出这幅故事像。

自吴支谦所译《维摩诘经》之后，到鸠摩罗什时，此经已有多种译本，反映到石窟寺艺术上，炳灵寺石窟一六九号窟内晋代壁画中，就已画出维摩诘形象；云冈早期石窟，也刻有维摩与文殊师利的形象，而在龙门莲花洞中又刻出这样多的文殊师利与维摩诘形象，充分说明了信仰佛教的北朝人对维摩诘这一人物的崇敬。

（3）在南壁六号龛内造像题材很是特殊，龛内南壁与东壁各造一结跏趺坐的佛像，西壁造一莲花跏趺坐的弥勒菩萨像，正中（南座）夹侍是四身声闻像。这样的题材在全国石窟中仅此一处。

（4）一三号龛内造一佛、二声闻、二菩萨，在菩萨上面，刻出佛本行故事像。龛东壁刻悉达多太子思惟状、净饭王与之问答，西壁刻悉达多太子出家后在山中思惟、王师谒见。将佛本行故事刻在一铺像的龛内，是承袭莫高窟、云冈早期造像的做法，只是到龙门此一时期所刻者风格更细腻而已。而在龛楣上所刻出的各样乾闼婆、紧那罗形象，都构成装饰性很强的优美图案，则是龙门石窟艺术上的一个创造。

5.奉先寺（四至〇〇一号）

奉先寺是龙门石窟造像中最大的一所，也是全国石窟群中唯一的劈开山崖、沿崖造寺的一处。

奉先寺设置年代，依大佛座下《大卢舍那像龛记》所记：

“调露元年（679）己卯八月十五日奉敕于大像南设置大奉先寺，简召高僧行解兼修者二十七人。”

而奉先寺摩崖造出的一佛、二声闻、二菩萨、二天王、二力士等九尊像，是：

“粤以咸亨三年（672）壬申之岁四月一日皇后武氏助脂粉钱二万贯……至上元二年（675）乙亥十二月三十日毕功。”

《像龛记》后面，又刻出玄宗开元十年（722）十二月五日河南牒奉先寺：“敕旨龙华寺宜合作奉先寺。”于是，龙华寺并入奉先寺，奉先寺之名延续至今。

奉先寺正中结跏趺坐的卢舍那佛，高十五点一三米、二声闻（阿难、迦叶）高十点四五米、菩萨高十二点九五米、天王高十点二〇米、力士高九点三七米，造像高度由中间向外依次降低，这是具有象征意义的。天王与力士位置列入夹侍行列，与以前不同。龙门在唐以前造像，如宾阳中洞，力士在窟门外左右两侧。宾阳南洞隋代造像，是把天王雕在门内的左右侧。初唐时，潜溪寺中天王列入了声闻、菩萨的夹侍行列。而永隆二年（681）凿出的万佛洞，又把天王放在门内左右侧、力士在门外左右侧。到规模宏大的奉先寺，天王、力士则正式列入夹侍行列。

至于左右菩萨之外的女供养人像，其头部虽已残，但仍能看出作小双髻、宽博袖、长裙曳地、云头屐，身材较菩萨略低，这是龙门唐代造像中的一种特殊题材。

在《卢舍那佛像龛记》中提出了佛和二声闻名称，但菩萨与神王的名称，却未讲到。

《华严经传记》卷一《部类》第一说："案此经（华严经）是毗卢那佛法界身云，在莲华藏庄严世界海，于海印三昧内，与普贤等海会圣众，为大菩萨所说也。"从而，宋法云说，文殊师利、普贤与毗卢遮那是为三圣，故此菩萨常为一对（法云《翻译名义集·菩萨别名篇》）。因此，奉先寺卢会那佛的夹侍菩萨，应当是文殊师利与普贤菩萨。那么，北崖壁力士西边的神王应叫什么呢？其头戴宝冠，着覆膊、护胸、半截甲、护腿，脚踏夜叉鬼、右手托塔，以一般造像题材看，这应是欲界六天内四天王天的四天王。《别尊杂记》卷四十七中说："（北方）毗沙门天王领夜叉罗刹二部鬼神、二鬼座即表此所领云云。……捧塔婆表护佛法。"此神王与该书所记相同，应是北方毗沙门（多闻）天王了。南壁天王像已残损不堪，但北壁既是北方天王，那南壁可能就是南方增长天王。

6. 药方洞（四至〇四一号窟）

药方洞（四至〇四一号）是龙门石窟造像中相当复杂的一个窟。

由窟内一些题记，我们可以推测出开窟时间。南壁大龛西上角天幕式尖拱龛（六号龛），有永安三年（530）六月十二日题记，"清水县开国公李长寿妻陈晕造释迦像一龛"。

东壁门内北侧三号龛，有"普泰二年（532）四月二十四日清信士路僧妙为亡夫造释迦像一区"的题记。

二号龛有"永熙三年（534）五月七日清信女孙姬为亡息敬造释迦像一区"的题记。

由此看来，开窟时间当在永安三年（530）或稍前一些。

但是后壁一佛、二僧、二菩萨像，皆面廓方圆、准头宽大、嘴唇较厚、颈部有三道纹。佛像结跏趺于方座上，衣纹稀疏不规则；菩萨头戴低宝冠、披巾下垂横于胸腹之间，外着璎珞交叉于一圆形饰物内，然后分开上卷，裙作出水式，裙带似发辫下垂如绅的样子，其衣纹有厚重感觉。以上特点，都似初唐风格。而且这铺大像向里凹入很深，似乎是打掉旧像后、再向里凿入雕出新像。因而推想这铺大像，是初唐时雕造的。

此外，佛座前狮子，鬣作卷云状而不分开下垂；窟顶正中刻双重肥硕莲瓣大莲花；门外左衣所刻力士，赤足、袒胸、着短裙，肌肉强健；门外上楣刻土唐式龟趺摩崖碑，这些均是唐代特征。

窟外虽已崩塌，但两壁仍有北魏晚期和唐代贞观二十三年到显庆二年（649—657）的造像龛。

窟门北侧大齐武平六年邑师道兴造像记，与造像记下及门南侧医治四十种病症的一百二十六种药方的刻名并不同时。因为有些药方刻字压在造像记碑之上，且药方字体与造像记也不相同；药方中又有“千金秘方”之文，说明药方是在初唐孙思邈著《千金秘方》之后，把许多民间传统医病的单方，磨勒上石的。

7. 古阳洞以南的三大窟

（1）火烧洞（四至一一二号窟）

火烧洞在古阳洞南上坡，平面近似长方形，是东西长十二点五米、南北宽十米的大型窟。西（后）壁造一佛、二声闻、二菩萨大像一铺，可惜岩石崩落，仅可看到轮廓，而不能观其全貌。

窟中现存最早的造像纪年为：“正光三年（522）七月十七日大统寺大比丘慧荣造像。”正面大像的特征，已进入“秀骨清像”的风格，因而可以认为，开窟当在正光年以前、永平至神龟（508—519）的年代以内。

窟门门楣上尖拱火焰纹左右上角，刻有头戴通天冠若羽人状、乘龙的天人像，此应是佛的护法，忉利天王。与古阳洞、莲花洞诸龛楣上刻出的乾闼婆、紧那罗等像风格相同。

（2）石窟寺（四至一七一号窟）

石窟寺是火烧洞以南北魏开凿的一个相当大的窟。

①地面上莲花图案，在一块平整的方形地面上，刻出每行三朵、一共三行的莲花图案，莲花大如车轮，四周刻莲瓣作花边，看上去，颇似美丽的地毯。在宾阳中洞的地面，也有类似的雕刻，不同的是正中刻龟背纹。

②莲花化生童子的浮雕，西（后）壁大像南边树下思惟菩萨前，刻出一壶，壶中引出一枝美丽的莲花，正中的花蕊中，有一化生童子。上下对衬刻出两对莲叶以及初开、盛开、初落不同阶段的三朵莲花。这是全国石窟寺艺术中难得的一幅莲花浮雕珍品。

③男女供养人行列礼佛图

在全国石窟中，北朝中期以前，供养人像都是单身雕出的。北朝中期以后，在龙门石窟出现组成行列的供养人礼佛图。最重要的代表便是宾阳中洞东壁的“帝后礼佛图”。此作品现在美国。再一处，就是石窟寺两壁下层的供养人像。

北魏孝文帝“革衣服之制”。在石窟艺术上，则宣武帝以前就没有高冠大屐、褒衣博带的供养人像，更没有侍从簇拥、伞扇导引形象。只有迁洛之后、武帝以来，才开始有这类形象。龙门石窟寺的供养人礼佛图便是一例。

（3）大好也洞（四至二七二号窟）

大好也洞是龙门石窟中北朝时期最晚的一个大型窟。除去有北齐武平三年（572）题记的两个龛外，窟内正壁一铺大像、南北壁各龛造像，完全是北魏末期的特征与风格。北壁下层天幕尖拱龛题记是：

“武定七年（549）岁次己巳四月十五日报德寺比丘法相造法相侍佛。”

由此窟中这则最早的题记看，这个窟开创时间约在北魏末期或东魏阶段之内。

窟顶诸菩萨赴会像，是龙门北魏造像中的特殊题材。至于窟门南侧手持幢幡的供养人像，也是供养人中持炉、持花以外的一种新体例。

8. 伊水东岸擂鼓三洞、看经寺与万佛沟的三大窟

在伊水东崖窟龛，编号的有七十八个，其中较重要的是擂鼓三洞（五

至〇〇一、五至〇〇四、五至〇〇五号）、看经寺（五至〇四八）与万佛沟中的（五至一六、五至〇一七号龛）。

（1）擂鼓南（五至〇〇一）、中（五至〇〇四）、北（五至〇〇五）三洞。

这是在东山南头西南向开出的三个窟。中洞门外楣上刻有“大万伍仟佛龛”的题额，因而也叫大万伍仟佛洞。

南洞正中，佛像半跏趺坐于叠涩束腰覆莲方座上；中洞正中设束腰方坛，坛上有束腰叠涩开壶门方座或束腰仰覆莲，中开壶门八角座三个，三躯佛像分别结跏趺坐于上。北洞在三壁上各造佛像一躯，门内左右侧又各造菩萨像一躯。

这三窟中佛像的特征与风格近乎一致。南洞佛像较完整。头戴中间刻莲花两侧刻卷云纹的高宝冠、螺纹发，斜披袈裟、袒右肩，胸前有宽颈圈，臂饰臂钏，两手作降魔印（中洞正中佛像的宝冠、左右二佛佛头是后补的）。

在《图像抄》卷一中记：“大日如来如菩萨形，首戴髻，犹如冠形。”以这三窟中佛像特征，尤其是宝冠来看，很接近密宗胎藏界的大日如来。

中洞南、东、北三壁下层，刻有二十五躯传法的比丘像，这是根据《付法藏因缘传》而刻出的。在每像旁边，都刻有该书中所记付以正法的那段文字，从“佛传摩诃迦叶第一”到“次付师子比丘第二十五”。不过，第三摩田提像与付法文完全被毁；第九佛陀密多、第十胁比丘、第十三毗罗比丘、第十四龙树菩萨、第十五迦那提婆菩萨、第十七僧伽难提比丘等六躯像被毁；第十六罗睺罗被打掉一半；而各像头部都已不在了。

《付法藏因缘传》的镌刻，完全采用了武则天时创造的新字体。证明开窟时间当在武则天时期。而且三窟中的佛座与武周时期其他几窟的佛座风格相同。

（2）看经寺（五至〇四八号）

看经寺在擂鼓三洞之北，是一方形平顶大窟。窟正中有束腰八角覆莲方座，佛像结跏趺坐于其上。开窟时间，与擂鼓三洞大致相同。

南北壁各刻罗汉像九躯、东壁刻十一躯，共二十九躯。这二十九躯罗汉像的依据是什么呢？

除《付法藏因缘传》中所记的二十五祖外，僧祐《出三藏记集》卷十二《萨婆多部师资记目录序》中所记五十三人，其内第一大迦叶到第二十五师子的名字，与《付法藏因缘传》所记大致相同。明确提出二十八祖的是宗密的《圆觉经大疏释义钞》，其中所记与《付法藏因缘记》相比，少一夜奢，重复了第五代提多迦。第二十八祖是达摩多罗（契嵩《传法正宗记》卷二至卷五）。

宋契嵩所撰《传法正宗记》所记二十八祖名字也大致相同，但比《因缘传》少一摩田提。第二十八祖也是达摩。由于达摩到达中国，所以天竺传承即为二十七祖。元念常《佛祖历代通载》正式把西土祖承列到二十七祖般若多罗，把达摩列入中土初祖。

宗密与契嵩是专为禅宗师资传承而写出上述著作，故天竺二十七祖之说，是禅宗的祖承。

宗密所记，较《因缘传》少了与摩拏奴同时在南天竺传法的夜奢；契嵩所记，较《因缘传》少了在罽宾传法的摩田提。因而，天竺二十七祖，加上作为支派传法的摩田提与夜奢，便是龙门看经寺中二十九躯罗汉的依据了。同时可以推测，看经寺是武周时期禅宗人主持开凿的。

（3）万佛沟内的五至〇一六、五至〇一七号龛

五至〇一六号龛在万佛沟东段东北崖上。龛中刻千眼千臂观世音菩萨像，是龙门石窟造像中唯一明确的密宗造像。据智通译的《千眼千臂观世音菩萨陀罗尼神咒经》说：

“菩萨过去毗婆尸佛，亦现作降魔身，千眼中各出一佛，以为贤劫千佛也。千臂各画出一转轮圣王，此菩萨降魔身中最为第一。”

根据以上经文，“千眼千臂观世音菩萨与佛是没有区别的，因而佛教显密各教多把这样的像雕造出来，作为本尊来供养”。

五至〇一七号龛在五至〇一六号龛西侧。龛中造像分上、下两层，上

层刻一佛二夹侍菩萨。佛的背光刻缠枝卷云莲，莲上托出卷云纹，纹上刻空中楼阁，楼阁两侧刻乐器，有横笛、琵琶、排箫、细腰鼓及宝行树等。《佛说阿弥陀经》所记：“上有楼阁，亦以金银、琉璃、玻璃、砗磲、赤珠、玛瑙而严饰之……彼佛国土，常作天乐……彼佛国土，微风吹动，诸宝行树及宝罗网出微妙音，譬如百千种乐，同时俱作。”

该龛中的浮雕与此经所述相同，所以应为“西方净土变”。敦煌莫高窟初唐壁画中有十余幅之多。四川大足龙岗山石窟，也有大幅的“西方净土变”浮雕。但时代最早的浮雕“西方净土变”则是五至〇一七龛中这一幅。

龙门石窟是中原石窟寺艺术中最重要的一处。自公元五世纪下半纪起，北部中国由长期封建割据转入统一，社会相对稳定，促进了经济和文化的发展。石窟寺艺术，由河西影响到平城，进而影响到洛阳。由于北魏上层人士的大事信佛，石窟寺艺术也随之繁荣起来。

唐代把洛阳作为东都，其政治、经济地位极为重要。在武则天建国时期，洛阳成为政治、经济和文化中心。武则天大力倡佛，于是出现了“正教东流，七百余载，大龛功德，唯此为最”的奉先寺造像，使龙门石窟艺术达到极高水平，从而也使龙门石窟成为中国雕塑艺术的宝库之一。

（阎文儒）

四　天龙山石窟

天龙山石窟在太原市西南约四十五公里、天龙山的坡南上，是山西省仅次于云冈石窟的一处大石窟群。天龙山石窟开凿于天龙山东西二峰的半山腰上，东峰开凿十个窟，西峰开凿十四个窟。但正式编号的只有二十一个窟，其余石窟由于外国文化掠夺者的盗劫，其中造像损失殆尽。

天龙寺的南沟里，还有三个元、明时代开凿的石窟，因其离北山坡窟群较远，往往被人忽略。

1. 天龙山的名称与创建历史

天龙山之名，根据现有的碑铭，可知是依天龙寺而得名的。天龙寺之名始于北汉。在北汉广运二年（975）李恽所撰《大汉英武皇帝新建天龙寺千佛楼之碑铭》中记：

“帝宅之西，五里而远，群山邃谷，延袤縈拥，…苍崖峭壁，怪石灵泉……北齐启国，后魏兴邦……各营避暑之宫，用憩鸣銮之驾……古墓摧构，往往存焉……坤维之上，一舍之遥……上有平址，东西仅五十步，北倚石壁，有弥勒阁，内设石像，侍立对峙……驯岭西□□约三百步，有高寺，榜曰‘天龙’。”

此后金正隆四年（1159）七月《重修天龙寺铭》，元至元十七年（1280）《举公、了公普同塔记》，明嘉靖四十四年（1565）《天龙寿圣寺碑记》，万历四十年（1612）杨慎言纂《太原府志》寺观条中，均称“天龙寺”。一直沿袭到清代的各志书。

关于天龙寺名之“天龙”的含义，李恽在《天龙寺千佛楼之碑铭》中说：

“夫龙者潜即勿用，飞即在天，命寺之名，因其宜矣。”

李恽把中国传统哲学《周易·乾传》中“初九潜龙勿用”，与“九五飞龙在天”的意义，用来解释佛教寺院的名称，显然有些牵强。天龙之名应与佛教有关。

在《长阿含经》内，有欲界、色界、无色界的三界诸天；《龙鸟品》中，有难陀、婆难陀二龙王。在佛教中认为天与龙，都是佛的护法，因而在石窟寺造像中，常有天、龙的造出（见云冈石窟）。所以，金正隆四年（1159）《重修天龙寺铭》中也说“此山天、龙、鬼神、伽（疑有脱文）人非人及四众等”护持，故称“天龙”。

天龙寺开凿的时间，历代志书都说是北齐皇建元年（560），如明万历四十年《太原府志》卷二十四《寺观》中记：

“天龙寺，县西南三十里王索西都，北齐皇建年建。内有石室并石佛像及隋开皇间碑刻石室铭，今已剥落。”

天龙寺现存最早的石刻，有两种：一是隋开皇四年（584）真定县开国侯刘瑞与都督刘寿、夏侯进的造像碑；一是北汉广远二年（975）《新建天龙寺千楼碑之碑》。前者已残，而后者则提供了一段有价值的材料（见前面引文）。再据《北齐书·神武皇帝高欢本纪》中所记，高欢割据晋阳，并在天龙山修建了避暑宫院（依《千佛楼碑记》，在北齐时可能还有遗迹），那就有可能为修功德，而在这里开窟造像。今二、三号窟造像的风格，尚未进入北朝末期，与高欢割据晋阳的时间正相符合，所以，完全可能是晋阳当权阶层开凿的。

后来，北齐虽建都于邺，但实力仍在晋阳，因而孝昭皇帝高演就是即位于晋阳。根据造像风格，天龙山一、一〇号窟，可能是北齐时期开凿出来的。

在八号窟窟门外东壁，有隋开皇甲辰年（即开皇四年［584］）邑主、像主仪同三司真定县开国侯刘瑞、香火主高孝举等三十一人造像碑，这个窟是全窟群中最大的，也是最复杂的一个窟。一六号窟造像的风格与八号窟相同，也有相同样式的造像碑，可惜字迹不清了。但一六号窟开凿于隋代是没有问题的。

天龙山半数以上的石窟是唐代开凿的，但今天找不到一处造像题记。李恽的《天龙寺千佛楼之碑铭》中说，北汉睿宗刘承钧曾对弥勒阁中石像（西峰第九号摩崖大像）加以修饰，可见在睿宗之前即已有这尊大像了。但其造像风格不早于晚唐、五代。

在二一号窟西壁上，有后刻的大晋天福六年（941）四月前摄忻州司马造石像罗汉十六尊的题记。但石窟群中不见十六罗汉雕像。

金代正隆四年（1159）虽曾重修过天龙寺，但并没有开窟造像。明嘉靖四十四年（1565）《天龙寿圣寺碑记》中记，“命工凿石、开悬洞之肆楹，引水穿云，修地覈之一里”。这可能也是对悬崖大像进行修整的记录。此后就再也没有开窟造像的文献材料了。

2. 天龙山石窟造像的分期与题材

天龙山东西两峰二十四个石窟，从东魏到五代，可分七期，下沟里三个元明石窟列在最后：

分期	时代	窟数	窟号	与造像有关的题记
一	东魏	二	二、三	
二	北齐	三	一、一〇、三一	
三	隋	二	八、一六	开皇四年刘瑞等的造像碑
四	初唐		一二号窟外左右的石塔	
五	盛唐	十一	六、七、一一、一二、一三、一四、一五、一七、三二、三三	
六	盛唐晚期	五	一八、五、一九、二〇、二一	
七	晚唐五代	二	九、九一小窟	
八	元明	三	下沟一、二、三	
共计		二十九		

石窟形制，各期变化不大，在平面上，唐以前的（①～③型）窟是方

形的，唐以后的是马蹄形（④型）。此外，还有细部差异。

①平面作方形，北、东、西三面作低坛基，坛基上三壁各开大龛，有尖拱龛、天幕形龛两种。尖拱龛两端作龙头形、龛柱作八角形，柱顶有束莲。盝形窟顶，中心藻井刻宝装莲花，四面坡上刻紧那罗舞人像（二二号窟）。

②窟形与龛柱等，大致与①型相同。不同者是前廊雕出两根八角形立柱、柱顶向上依次是仰莲、替木、额枋、斗栱，柱头有人字拱，补间铺作一斗三升形斗栱，或人字拱（一、一〇号窟）。

③平面作方形，正中凿中心方柱；东、西、北三壁开大龛，中心柱开四面龛，甬道较长。窟外有前廊，左右凿八角形柱，柱础刻覆莲、柱头刻坐斗、斗上有横枋，柱头斗栱作一斗三升状，补间铺作刻人字形拱（一六号窟）。

④盛唐时期各窟，平面作马蹄形，窟顶有平顶（六号窟）、穹庐顶（四、一七号窟）、盝顶（一五号窟）三种形式。东、西、北三面壁前作低坛基。门内作方形、门外作券形；有的窟外檐左右刻斗栱，正中补间铺作刻夜叉代替人字拱（一五号窟）。

在造像题材上，天龙山石窟并无特别之处。

东魏时期的造像：

①在大龛内造一佛，龛外造夹侍二菩萨，窟门左右又造夹侍二比丘像（二号窟）。

②在龛内造一佛二菩萨，龛外又加刻夹侍二僧像。左右壁佛龛之南刻文殊师利与维摩诘像（三号窟）。

在窟顶四面坡上，又刻出紧那罗（歌舞伎乐人像）。

北齐时期的造像：

正面坛基上刻释迦、多宝说法像，坛基前正中刻出摩尼珠、左右刻未完全立起的二狮子。左右壁大龛内刻一佛、二声闻、二菩萨，或一莲花跏趺坐菩萨，夹侍二僧二菩萨。坛基前刻乾闼婆——伎乐人五躯，还能看出有细腰鼓、瑟、都昙鼓、琵琶等乐器。门内左右刻持叉二天王；门外左右刻深目高鼻、颈筋暴起的二力士（一〇号窟）。

唐代的造像：

正壁刻一佛二夹侍菩萨，左右壁各造一上首左右舒相菩萨及一夹侍立菩萨，合计是一佛六菩萨像。

一八号窟，刻一佛二左右舒相的上首菩萨，以及二夹侍立菩萨像。

在二〇号窟，东、南、北三壁各造一佛像，夹侍是互用的。东壁正中是一佛、二夹侍声闻，及骑狮文殊、骑象普贤菩萨，南北壁前又各有一立菩萨像。若不再造出南北壁的佛像，这就是一铺完整的造像组合，再刻上南北壁佛像，则文殊普贤及菩萨立像，又可兼作南北佛像的夹侍了。

晚唐五代的造像：

如九号窟大佛下层，正中为观世音菩萨，左右为骑狮文殊、骑象普贤。

元明时期的造像：

下沟一号窟，正壁为骑犼的观世音菩萨，东为骑狮文殊菩萨、西为骑象普贤。东西壁的高坛基上，有残存的十六罗汉或十八罗汉像。

三号窟又刻出地藏菩萨与夹侍二僧，东西壁为十王及判官像。

3. 天龙山各期造像的特征与风格

东魏：

根据前面的考证，天龙山最早的石窟开凿，不应晚于北齐皇建元年（560）。在这一期二、三号窟中仅残存少量造像。

佛像　面相不过分瘦削，臂胛较窄，内着僧祇支，外着褒衣博带式大衣，有双带由大衣内引出作结下垂，大衣右边甩到左肘上（二号窟），还有半结跏趺坐的佛像，大衣下垂作出极密的衣褶（三号窟北壁）。佛座下还刻出尖瘦形复瓣式的莲花。

菩萨像　面相已残。帔巾下垂交叉于腹前，穿环后分开成硬角后上卷于肘上。

所有这些造像特征，都与北魏晚期石窟寺造像的雕造手法相同。

北齐、北周、隋（一、八、一〇、一六号窟）：

佛像　方圆的面型、前胸丰满，衣纹稀疏。莲座大部分都是肥硕的单莲瓣。

八号窟（隋开皇四年［584］开窟）中的佛像，下部衣纹是在双阴线之间，塑一道凸线，这是本期中突出的一种雕造手法。

菩萨像　如一号窟西壁的菩萨的衣纹，与前期相似，而下裙不紧贴于腿上而向外飘起。第八、一六号窟的菩萨衣饰，不雕出衣纹，如印度摩揭陀造像的风格，帔巾不交叉于腹前而压于两肘后、下垂至地，裙带如绅、下垂作蝶形结。

一、一〇号两窟佛、菩萨像下低坛基前，刻出摩尼珠与狮子、伎乐人像。

一六号窟南壁门楣上正中的佛说法图，其人物形象，乃是隋代标准的亭亭玉立的形态。

据以上所述，一、一〇号窟应是北齐时雕造的，八、一六号是北周灭齐（建德六年［577］）后到隋初（开皇四年［584］或以后）开凿的。

盛唐：

佛像　衣饰上，几乎全部是内着僧祇支，敷搭双肩的大衣，胸前无带结，结跏趺坐、用外衣紧裹足部，座上另设劫波育，有束腰叠涩方座或束腰叠涩莲座两种。稍晚的，又有叠涩交错半圆形、束腰处刻圆形壸门的佛座（一二号窟西壁龛），或是夜叉托扛束腰方座（二〇号窟）。

菩萨像　衣饰上，多袒胸、着细颈圈、无复杂的璎珞，帔巾压肘后下垂，大裙紧裹双腿，有极密的衣纹。稍晚，又多作高发髻，上身斜披络腋，胸前挂较细的璎珞。

衣纹的表现手法，大多作中凹边高或反直平阶梯式的线条。贴腿的衣纹，有的作极密的圆线条或较深的刀交，大多有活泼轻盈之感。

造像的塑造，手法是很成熟的，人体肌肉的表现准确而充分。这是盛唐以来雕塑艺术的进步手法，天龙山石窟的作品是其中成功的作品。

晚唐、五代：

九号窟露天摩崖造像，分上、下两层、上层是结跏趺坐的弥勒佛；下层正中是观世音菩萨，西边夹侍骑狮文殊，东边夹侍骑象普贤菩萨。从大像左右岩壁上遗存的枋眼，可以肯定以前曾建有大阁。

弥勒像作螺髻，面型方圆适中，与盛唐“丰厚为体”的风格不同。其束腰叠涩方座的束腰部位，刻出壶门，壶门内刻伎乐人和饕餮纹。把饕餮纹刻在壶门内，是唐代各石窟造像中所没有见过的。

下层正中的观世音菩萨像，上身着细璎珞，斜披络腋，帔巾横于腹际两道，下裙紧贴腿上，裙带有复杂的小结。衣纹以圆而细的线条来表现，且不拘于固定的格式，与宋、辽造像雕造手法相近，又与大足龙岗山晚唐、五代的造像，杭州烟霞洞中罗汉像的雕造手法大致相同。所以天龙山的造像可说是晚唐、五代的优美作品。

元、明时期：

在下沟的三个窟内，元明时代的作品，在题材与手法上虽都有一些新的发展；以塑像为主的佛、菩萨、侍女塑像都是很精美的，但石雕作品则不如北山东、西峰了。

天龙山石窟的开创是与高欢统治集团以晋阳为根据地有密切关系的，从《北齐书·高纬本纪》中记：“凿晋阳西山为大佛像，一夜燃灯万盆光照宫内。”以此情况看，有齐一代统治者，始终是大倡佛教的。那天龙山可能从高欢据并州时（532）就开始凿窟了。以后历代加以修饰与雕造。到宋初，就没有新的开窟工程，但这里仍是太原附近的佛教圣地，所以元明时代又在下沟开了三个窟，造了一批塑像。

（阎文儒）

五　杭州西湖沿岸石窟造像

1. 西湖沿岸各石窟及其开创的历史：

杭州西湖附近四围的山岭中，开凿了许多窟龛，创作了各样题材的佛教造像，在中国晚期石窟艺术中，占有重要的地位。

西湖附近的石窟群，包括以下几处：

（1）西岸北高峰与天竺两山之间的飞来峰石窟；

（2）西南岸烟霞岭下的烟霞洞石窟；

（3）西南岸石屋岭下大仁禅寺后的石屋洞石窟；

（4）东南岸将台山中南观音洞石窟；

（5）东南岸慈云岭南坡下的资延永寿院摩崖造像；

（6）东南岸八卦田西天龙寺北山坡的造像；

（7）东岸清波门外紫阳山南宝成寺内造像；

此外，还有西湖北岸黄龙洞慧开和尚的造像等。

清波门外端石山下通玄观（紫阳小学内）还有道教造像。

这些石窟造像，大多依天然山洞进行加工，而宝成寺后的布袋和尚像，则是就一山凹开凿的。

根据题记，这些石窟中，开创最早的是石屋洞。在石屋洞的西南壁外，有后晋开运二年（945）二月、三月雕造罗汉像的题记以及后周显德二年（955）二月的题记（“女弟子朱四娘造……开运二年〈945〉二月……”）。

飞来峰最早造像的纪年，是广顺元年（951）四月三日所造阿弥陀与观音、势至二菩萨的题记（“常山清信弟子滕绍宗……敬舍净财于石室内镌造弥陀□尊、观音、势至……广顺元年〈951〉”)。

烟霞洞内罗汉像旁和洞口西壁石塔上，有五代后期吴越都指挥使吴延爽的题记和题名。

慈云岭南坡下资延永寿院东大龛一佛四菩萨二天王的造像南，有摩崖造像碑一幢，碑身上刻宋仁宗御制的“佛牙赞”，而碑额却是篆书的“新建镇国资□永寿院石像之记”；而且在碑身上还可看出原碑文被磨去的痕迹，可见这原是一躯造像碑。再结合龛内造像的风格看，应是五代时雕造的。

北宋时期，飞来峰造像虽多，可有造像题记的很少。

青林洞（一号窟）中的题记有：

建隆元年（960）三月十九日上直都管军都头弟子周钦造弥陀石像一躯的题记。

咸平四年（1001）洪二娘等造罗汉的题记。

乾兴元年（1022）四月一日胡承德造卢舍那佛一十七躯题记。

玉乳洞（二号窟）有天圣四年（1026）马氏一娘造像题记。

南宋时期，虽以杭州为首都，但沿岸造像遗迹并不多。现已发现的只有南观音洞中“嘉定元年（1208）五月一日明州比丘性……”的造像题记。

元代造像较多，而且多是藏传佛教系统的造像。其中飞来峰的造像题记，主要有：至元十九年（1282）八月徐僧录等造毗卢遮那佛、文殊师利的普贤菩萨（金光洞一号窟门上崖）；至元二十九年（1292）闰六月日宣政院使脱脱夫人□氏镌造金刚手菩萨（理公塔西五号龛）等至元年间的题记六条。

重新妆銮造像的题记：

至大三年（1310）九月江浙等处行有左丞相答失蛮重装佛国山诸佛菩萨圣像记（通天洞门外西侧）。

紫阳山宝成寺大殿有如下题记：至治二年（1322）“骠骑卫上将军左卫亲军都指挥使伯家奴发心喜舍净财庄严麻曷葛剌圣相一堂”。

总之，西湖沿崖的石窟造像，开始于五代、宋初的吴越，两宋时虽有雕造，但并不繁荣；元代，由于江淮诸路释教都总统杨琏真伽的提倡，在飞来峰大事雕造，成为全国石窟群中元代石窟造像最多的一处。

2. 西湖沿岸各石窟造像的分期与题材：

依据1962年的调查，可分为三期：

飞来峰

分期	时代	窟龛数	窟龛号	主要的题记
一	五代	一	一（金光洞）	广顺二年滕绍宗题记
二	宋	二十五	二（玉乳洞）、六、九、一二、一四、一五、一六、一七、二〇、二三、二五、二六、二七、二八、三二、三四、三六、三七、四四、四七、五一、五二、五五、五八	天圣四年题记
三	元	三十四	一、二、三、四、五、七、一〇、一一、一三、一七、一八、一九、二一、二二、二四、二九、三〇、三一、三二、三五、三八、三九、四〇、四一、四二、四五、四六、四八、四九、五〇、五三、五四、五六、五七	至元十九年徐僧录至二十九年脱脱夫人，宣政院使杨等造像题记
	时代不明	二	八、四三	

飞来峰以外其他各石窟

窟群名	时代	窟龛数	窟龛号	与造像有关的题记
资延永寿院	五代	二	北龛；西龛	
烟霞洞	五代、宋、元	一		都指挥使吴延爽题记
石屋洞	五代	一		开运二年/显德二年造像题记
南观音洞	五代、宋	一		嘉定元年（1208）五月题记
天龙寺	五代	二	一、二	
	宋	一	三	
宝成寺	元	二	一、二	至治二年伯家奴造像题记
黄龙洞	元	一		

西湖沿崖的石窟，多依天然山洞加工而成，因而在窟形上则没有规律。

题材方面，除佛、菩萨、声闻为一铺外，有两种新兴的题材：一种密宗像增多；一种是将罗汉像单独雕出，作为供奉对象。

①烟霞洞：

此窟造像较为复杂，除西壁北段有三佛及夹侍菩萨，其余还有：金轮炽盛光佛；孔雀明王；沙门像；白衣观世音菩萨像；十六罗汉像；布袋和尚像。

以前，有人误将东西两壁的十六罗汉与沙门、布袋和尚合在一起，认为是十八罗汉。这主要是未能辨出沙门（一二号像）、布袋和尚（一八号像），更忽略了这两像与十六罗汉像在风格上的很大不同。

在全国石窟群中保存至今的十六罗汉像，仅见于大足龙岗山三六、二二〇号的五代龛；莫高窟九七号宋、西夏窟及西湖烟霞洞。

烟霞洞十八罗汉的传说源于南宋潜说友所著《咸淳临安志》，书中记越王钱氏梦僧告云："吾有兄弟十八，而今聚会只六。"梦觉访得烟霞洞有罗汉像六，因而补刻十二罗汉，组成十八罗汉像。此后的杭州志书，多抄录此说。但此说显然是附会之谈，不足为信。

②飞来峰：

在这里的五十八个窟龛中，除一般流行的佛、菩萨造像外，在元代，这里创造了许多藏传佛教的造像，这是其他石窟所不见的。

主要题材有：卢舍那佛，夹侍文殊、普贤、四天王、优婆夷、优婆塞等（金光洞口北壁）；水月观音与善财童子像（通天洞南壁）；如意轮观世音像（二七号龛东上角）；东方药师佛像（一一号龛）；二十五罗汉像（玉乳洞）；披帽地藏菩萨及夹侍二僧像（三八号龛）；大白伞盖佛母像（通天洞外一八号龛）；五方菩萨中，东方金刚手菩萨像（五、四九号龛），西方金刚利菩萨像（第二二号龛），北方金刚药叉菩萨像（一九号龛）；多闻宝藏天王像（四〇号窟）；密理瓦巴像（五六号龛。按：法尊法师说，这可能是西藏萨迦教的大师བིར་ལྭ་པ་/བི་རཱུ་པ་ Virūpa的造像）。

摩腾、法兰入汉、白马驮经的故事变相（一六号龛）。有人以像中有“朱八戒”之名，认为这是玄奘取经故事，其实，直到明杨讷著《西游记》杂剧，才有猪八戒这个角色。所以这幅宋代的浮雕，不可能有猪八戒。这“朱八戒”三字是后刻上的，且“朱”字也不对。

③资延永寿院：

五代时期开龛。龛内刻一沙门装的地藏菩萨，从头上飘起朵朵云气，升到龛楣中。这龛楣的云气上，刻出代表天、人道的天与人的形象；手持日月的阿修罗道中的阿修罗像；牛头人身手持叉，代表地狱道中的鬼卒像等六趣轮回中的众生图像。

飞来峰三八号龛内正中，刻披帽右舒相的声闻像和夹侍二僧，有人认为这是元代江南释教总统杨琏真伽与闽僧闻、剡僧泽的造像。但是，在田汝成《西湖游览志余》卷六中明确记载：

“嘉靖二十二年（1543）二月杭州知府福清陈公仕贤，击杨琏真伽等三髡像于飞来峰，枭之灵隐山下。”

今已不见物的造像，田汝成还说：“飞来峰有石人三。”杨的造像显然是圆雕的单体像，而不是摩崖造像。所以，三八号龛中的披帽僧相是地藏菩萨，而不是杨琏真伽的像。

④宝成寺：

有元代至治二年（1322）伯家奴造的麻曷葛剌像（大殿北龛）。

以上题材，反映了唐代以来大乘佛教各宗派形成的关系。既立宗派，则需追溯祖传。宗密《圆觉经大疏释义》记禅宗西土二十八祖，达摩到神会是东土七祖。南宋志磐又记天台宗，从西土十三祖龙树起，中土继随者从北齐慧文起到湛然，称东土九祖。

反映在佛教艺术上，便有了多种罗汉像单独造出，作为主要的供养对象。西湖附近罗汉像众多，便是这种原因。

而白衣观音、如意轮观音、多闻天王、大白伞盖佛母、五方菩萨马曷葛剌等造像，则是唐密宗与藏传佛教盛行后创作的供养对象。

3. 西湖沿岸石窟造像艺术的风格

西湖沿岸的石窟艺术，与河西、陇右、黄河流域石窟艺术的风格是基本相同的。

在早期（五代）石窟造像位置经营上，便可看出这一现象。永寿院西大龛佛左右四身夹侍菩萨中，有二身是结跏趺坐；石屋洞正龛以东二夹侍菩萨，也是结跏趺坐。在莫高窟唐代佛教法会壁画中，有二上首菩萨，即是结跏趺坐。但是安排在石窟造像的一铺之中，是其他各地所没有的。

从初唐开始出现骑狮文殊、骑象普贤二菩萨的形象。在狮、象前加上狮奴、象奴，最早见于莫高窟唐代壁画。但把狮奴、象奴雕刻在一铺造像中，则只有龙岗山心神本窟和飞来峰金光洞北宋乾兴元年（1022）胡承德的造像。

在全国各地石窟中的多闻天王，几乎都是手托塔、脚下踏夜叉的形象。只有飞来峰四〇号窟内的多闻天王是：骑狮子，右手持宝权（旗伞），左手持账囊（老鼠）。这可能与不空所译《毗沙门仪轨》中“金鼠咬弓弦及器械横断，尽不堪用”而击退大石、康等五国强兵，终解安西之围的故事有关。这是在雕造密宗供养的毗沙门大王时刻画出这样的形象。在雕刻风格上，天王的形象，似乎不如唐代的雄武。但其狮子的雕刻，劲健中不失活泼。

烟霞洞的十六罗汉像，是很值得重视的。这十六罗汉像，姿态不同、神情各异，生动地表现出不同的性格与品质，或和善、或肃穆、或狞恶，等等。衣纹表现，“勾绰纵掣、卷摺飘举”，是全国石窟中少有的优秀雕塑作品。

西湖沿岸元代藏传佛教的造像，粉本来自西藏，其形象自然与中原显教有些不同。如《造像量度经续补》“九搩度”条中说：

“佛母像，作十六岁童女相，乳瓶广八指、周三倍……面形如芝麻……腰之极细处，俱比他像稍细……衣服庄严同菩萨像，而总用正大窈窕之相。”

又如忿怒明王及恶相护法神：

“蹲立而足尖向外，右蜷左展，二踵直对，间空三拃，须得蓄威蕴怒、山临岳发之势。”

在衣饰上，则有“髑髅为冠，虎皮为裙，蛇为络腋”等等。这样塑造的目的，正如工布查布所说：“念怒明王及恶相护法神，乃以慈力为降服世间，纯阴毒种，特变猛烈之相者也。”（工布查布《造像量度经续补》）所以，这令人恐怖的形象，正是密教所希望收到的效果。

（阎文儒）

六　千佛崖与皇泽寺石窟

千佛崖与皇泽寺石窟，是研究四川石窟艺术非常重要的两处。佛教艺术在中国传播的路线，是从玉门关东传河西陇右，再到中原，南下巴蜀，广元——古代的晋寿、利州，是入蜀要道，因而千佛崖与皇泽寺石窟在四川石窟中具有重要的意义。

千佛崖

1. 千佛崖的名称与历史

千佛崖距广元城北约五公里，在嘉陵江东崖川陕公路旁的悬崖上。千佛崖的南端，紧靠江水，是古代入川的栈道，颇为险峻。现存窟龛就在南北长二百米的范围内。

“千佛崖”一名，应是近代人们因山崖上满是佛像窟龛而流传的俗称。在古代这里另有名称。第四九号窟门楣上的题记曰：

“元祐三年（1088）正月廿日同游古堂寺”

窟内门西又有：

“家君守利逾年，奉使西路，阅月以都司召，再过百堂寺。元符庚辰（按，元符三年，1100）元月日，颍昌裴亿记。”

两个题记的年代相距仅十二年，而寺名，一曰“古堂”，一曰“百堂”，或许是刻工的讹误，但也可能就是有两个名称。

千佛崖的石窟造像，以七二号窟造像为最早，属南北朝后期，约当梁武帝天监四年（505）以后，因当时北魏从梁朝手中夺取了晋寿，所以，开窟年代，约在北魏宣武帝统治此地的年代。

在千佛崖窟龛中，有不少地方官吏开窟造像的题记。如：

“……利州刺史上柱圀（按，即武则天时所创之‘国’字。）中□王行潘融造救苦观世音佛供养。”（六一号窟北壁）

“利州刺史李弇、进士李云、进士冯瞻、进士李濬。（四九号窟门外东壁）

也有出入蜀地的官吏，经过此地造像做功德。如：

“剑南道按察使银青光禄大夫行益州大都督府长史韦抗功德。”（四九号窟门外东壁）（按：此人在新旧《唐书》中均有传，依传中所记，开窟估计在开元三、四年［715、716］之间。）

“前秘书省校书郎段文昌元和二年（807）四月赴上都，男思立、思齐。”（四九号窟外东壁）

五代以后，就没有怎么开龛造像了。在二三号窟北壁，有北宋太祖乾德六年（968）七月十五日府主相公□越国夫人，“重修装毗卢庶那佛一龛并诸菩萨及部从音乐等”的题记。

到清道光二十二年（1842）有“钦差赴藏顶普善广慈大国师章嘉胡图克图敬谨镌供”的密宗造像一躯（三三号龛），这是千佛崖造像的尾声了。

2. 千佛崖的分期与题材

千佛崖唐代的造像很多，大窟较少、小龛密布于悬崖之上，风化严重。1963年调查时，将能攀登或能望及的窟龛，编出九十五个号码。

期别	时代	数目	窟龛号	有关的题记	其他
一	北魏正始以后大统以前	一	七二		
二	北周、隋	三	一、三四、三五		
三	初唐	二十四	二、二九、三〇、三一、四三、四四、四五、四六、四七、五〇、五二、五三、五四、五五、五六、五九、六〇、六二、七六、七七、七九、九四、九五。	中和二年巴州刺史王广重建功德题记(三〇窟)	

续表

期别	时代	数目	窟龛号	有关的题记	其他
四	盛唐前期(麟德乾封—开元)	二十	八、一、二一、二五、二七、三九、六一、六三、六四、六五、六六、六八、七〇、七一、七三、八〇、八一、八二、八九、四九	大周万岁通天题记(六一窟)；大周利州刺史王行潘题记(六一窟)；神龙二年三月八日题记(八一窟)；开元三年剑南通按察使韦抗题记(四九号窟)	
五	盛唐后期(天宝以后)	四十二	三、四、五、六、七、九、十、一二、一三、一四、一五、一六、一七、一八、一九、二二、二三、二四、二六、二八、三二、三六、三七、三八、四〇、四一、四二、四八、六九、七四、七五、七八、八三、八四、八五、八六、八七、八八、九〇、九一、九二、九三	天宝十五载题记(四八窟)；元和二年段文昌题记(四九窟)；李景瓌题记(大中年内四九窟)；咸通十四年剑州刺史李洞造像题记(四八号窟中心柱南面)；广明二年冬月一日田重祈等题记二则（四九号窟）	
六	晚唐		四八（部分造像）	中和元年王继口题记（四九号）；乾德六年越国夫人重修虚舍那佛题记（二三号窟）	
七	明	一	二〇	何胜先敬镌题记	
八	清	一	三三	道光二十二年章嘉胡图克图造像题记（三三窟）	
	时代不明	三	五七、五八、六七		
总计		九十五			

这九十五个窟龛，都有造像，时代跨北朝到明清。

石窟形制的变化：

①平面作方形，平顶，中心柱呈背屏式，柱前有造像（三三、二四号窟）。

②平面作横长方形，内宽外窄，平顶，中心柱呈背屏式，柱前有造像，或左右有低坛基，坛基上有像（七五号窟）。

③长方形平面，后壁正中凸起部分似中心柱，左右壁各刻四排菩萨像（四八号窟）。

题材的变化：

①龛内刻一佛、二声闻、二菩萨，龛外门左右刻二力士，南北壁上刻二天王、二供养菩萨（二七号窟）。

②龛内刻一佛、二声闻、二菩萨，龛外左右刻力士，重龛外刻二天王，后壁佛背后刻人形化的护法像（三号龛）。

③背屏式中心柱前刻菩萨装的毗卢遮那佛，左右夹侍为二声闻、二菩萨、二力士像。南壁浮雕伎乐人像，北壁刻供养僧像（二三号窟）。

④背屏式中心柱前刻佛涅槃像及十大弟子举哀像，左右镂空刻二娑罗树，树干上二龙缠绕、二菩萨夹侍于树下（七六号窟）。

⑤背屏式中心柱前，刻一佛、二声闻、二菩萨、二力士，背屏上镂空刻“龙”与“阿修罗”二护法像，力士前刻狮子。南北壁刻十大弟子像（七五号窟）。

⑥龛内刻三佛，北夹侍为一僧一菩萨，南夹侍为菩萨像（四一号龛）。

此外单身像中有：

救苦观世音菩萨、地藏菩萨像（四八号窟，中心柱北面有天宝十三载[754]题记）。

救苦观世音佛像（六一号窟北壁，有武周时利州刺史王行潘题记）。

一面六臂的如意轮观音像（四九窟门外东壁，知度支山南西院袁咸题记）。

初唐的窟壁上，还有佛本行中的焚棺图、十大弟子举哀浮雕（七六号窟北壁）等。

3.千佛崖造像艺术的特征与风格

千佛崖位于利州城北，是出入蜀地的第一站，在佛教艺术上，是明显受到陇右天水麦积山造像的影响，尤其是早期的造像更为明显。

①七二号窟是千佛崖最早的一个窟，造像特征如下：

佛像　高肉髻、丰圆而不失秀气的面型，长颈，臂胛较窄，内着僧祇支，外敷搭双肩大衣，下裾的密褶与龙门莲花洞后壁佛像相同。衣纹雕成中间凹、边缘凸起的形态。

菩萨像　低而小的扇面形髻，上宽下稍窄的面型，短颈，宽颈圈，僧祇、帔巾在肩上向外飘扬，下垂至腹部穿璧后，再上卷，下着羊肠大裙，作宽博外扬样式。

声闻像　年老的目犍连面有皱纹，颈筋暴起，左手持念珠，右臂袈裟半披，下衣不是完全出水样式。

这三种造像的特征与风格，与其他河西、陇右、华北等地的石窟造像相比，十分接近北朝三期初造像，也正是初步转入秀骨清像、褒衣博带的阶段。约在正始二年（505）以后的几十年中。

②初唐的造像：大致是面型丰圆而不失清秀。雕造手法，多见只有轮廓而无细部衣纹的佛、菩萨像，与龙门初唐优填王造像的雕风相近（如四五号龛释迦、多宝说法像）。

女供养人像，多是椎髻或盘桓髻，而无高髻、双环望仙髻或抛家髻等样式。

③盛唐前期：

佛像　一种是面部圆润秀丽，颈较长，近于初唐，雕造手法有的不刻出细部衣纹，有的作反直平阶梯式衣纹（六一号窟）；另一种是作螺髻，面型方圆，短颈有三道纹，上身着僧祇支，敷搭双肩大衣，善跏趺坐（八一号，神龙二年［706］所造摩崖大像）。

菩萨像高发髻前有小花鬘冠，面型方圆丰颐，短颈，全身挂细璎珞，帔巾横于腹间两道，下裙紧贴双腿作出水式（四九号窟韦抗造像）。

④盛唐后期：

这一时期，“丰厚为体”的风格流行起来。

佛像宽大的低肉髻，圆胖面型，结跏趺坐于三层仰莲束腰座上（二六、八八、四八号窟）。

菩萨像高大粗重的发髻及花鬘冠，下裙并不紧贴双腿，帔巾横于腹下两道，很有丰圆之感（二六号窟）。

天王像　或作小椎髻，上身着覆膊、无护胸的半截甲，下着长勒靴，左手按剑（八八号窟）。或头戴双耳搭下的盔，长璎高翘，上身着覆膊、护胸的半截甲，战裙外露，有护腿，双手按剑，气势威武（四八号窟）。这与龙岗山石窟晚唐时天王像风格相同。

皇泽寺

1. 皇泽寺的名称与历史

皇泽寺在广元县城西约一公里、嘉陵江西岸的五龙山上。在广元县城就可望到五龙山上的大小几十个窟龛。据1962年的调查，分布在半山崖中的有二十八个窟龛，在山脚还有二个，共三十个。

在半山石窟前，有皇泽寺的则天殿，大殿覆盖了十个窟龛，殿前还曾有许多偏殿、配房和路旁的山门，后均已坍塌。

关于皇泽寺的名称，现存最早的记载，就是则天殿内、后蜀广政二十二年（959）《利州都督府皇泽寺唐则天皇后武氏新庙记》残碑，碑中还记有：

“以水旱……之事，为军民祈祷于天后之庙者，无不响应，……何安素心，且旧庙地势欹斜，……造殿四间、对廊四间并西廊及别塑神像，……”

武则天的父亲曾任利州都督（《新唐书》卷一百三十一《武士彠传》），当是在任时生则天，后则天称帝，为纪念她的“龙兴”之地，依城西原已凿出一石窟，创建皇泽寺。到后蜀时，重修殿宇，新塑则天像。皇泽寺之名，便一直沿袭下来。

2. 皇泽寺石窟造像的分期、题材与艺术风格

皇泽寺石窟是全国重点石窟中较小的一处，由南而北不及百米，大窟龛有四个，小龛有二十四个，山脚下还有一个大窟、一个摩崖大龛。

依造像风格，可分六期（见下表）：

分期	时代	数目	窟龛号	有关的题记
一	梁大同元年到承露二年	二	五、二二	
二	北周、隋	六	五(南、北、西三壁大龛造像)六、七、八、十八、二十八、二十九(东窟)	
三	初唐	十四	一、二、三、九、一〇、一一、一四、四、一五、六、一九、二〇、二五、二七	
四	盛唐		二九(西窟)	大唐宝应二年题记
五	晚唐五代	三	一二、一三、三〇	
六	宋元		五、一八之间的道教造像未编号	
	不明年代者	五	一七、二一、二三、二四、二六	

第一期，可能是萧梁晚期的造像，也是全国石窟中唯一的由南朝梁开凿的石窟。

五号窟，方形平面，浅盝顶，正中有中心方柱，中心柱基座四角各刻一象，作托扛之态。方柱共三层，每面每层各开一龛，龛中刻一佛二菩萨像，座下刻勾栏，龛上刻交角帐式的天幕，最上层四角刻塔。中心方柱较为纤细，为其他各窟所不见。

造像面相并不瘦削，佛座前大衣的密褶较为疏稀，与成都万佛寺出土的梁中大同年间（546—547）造像、北朝四期造像风格相同。这充分说明南朝文化艺术的发展变化，较北朝同时期要略领先一些。

第二期，隋代。造像中出现了完全人形化的八部护法这一新题材。在八号摩崖大龛，这铺造像的声闻、菩萨、力士头上，浮雕出八位半身人像——八部护法像。在佛像南北两侧各有四位：

南侧：头上刻出龙形的“龙”；鸟嘴缨冠的“迦楼罗”；头戴盔的“天王”；昆仑奴式的“夜叉”。

北侧：三面六臂、手持日月及炬的“阿修罗”；

卷发、戴兽面冠、持索的“摩睺罗伽”；

戴盔、缨毛上翘的“乾闼婆王”；已残像，据推应为紧那罗。

人形化的八部护法像，是全国石窟中最早的一幅。

第三期，初唐龛。这是全窟群中最多的一种。其中独特的题材，是在佛背后两侧各刻一株菩提树，其造型已达“轮困尽偃盖之形”。造像的风格，与莫高窟、炳灵寺初唐造像的风格，也完全是相同的，不过更显秀丽劲健了。

第五期的造像虽不多，但出现了新题材，如披帽地藏菩萨（一二号龛）、一首四臂观音像（一三号窟）、塔幢与幢内造像（三〇号龛）、佛本生中树下诞生、太子观耕等故事像（三〇号龛）。

这些题材的出现，与唐时密宗盛行有密切关系，四川从五代以后，又是密宗传播最发达的地区，所以才有上述题材。

五一八号窟之间梯道下层的道教造像，又应是宋代统治者提倡儒、释、道相结合的思潮下创作的作品。

此外，二九号西窟，大唐宝应二年（763）的题记中有“益昌郡城江岸……”的文句。《旧唐书·地理志》记“天宝元年（742）改为益昌郡……乾元元年（758）复为利州”，而二九窟中宝应二年（763）仍称“益昌郡”，这或许是《旧唐书》所记有误。

（阎文儒）

七　大足宝顶石窟

（一）宝顶的名称与开窟造像的历史

宝顶在大足县城东北约十五公里。在未到宝顶之前，路旁的高观音、五块碑等地方，都有摩崖造像，一直到四山环绕的宝顶，随处都有佛教造像遗迹，足见四川民谚“上朝峨眉、下朝宝顶”不是虚谈。

宝顶石窟造像，在圣寿寺西边的大佛湾内，造像刻在范围长达一百四十米的峭壁上。还有一处在圣寿寺大殿旁小佛湾的石壁上。

“宝顶”一名，不见于较早文献。在宝顶大佛湾圆觉洞甬道西北壁上，有南宋四川潼川府路安抚使魏了翁所书“宝顶山”三字，可见南宋时已有“宝顶”之名。在明洪熙元年（1425）《重修宝顶山圣寿院碑记》和清嘉庆《大足县志》中，都有“宝顶”之名。

宝顶摩崖造像开创的时间，在碑记中提供了一些材料。如:明惠妙于洪熙元年（1425）住持宝顶时所刻碑记中云：

“传自宋高宗绍兴二十九年七月十有四日，有曰赵智风者生于米粮里沙溪，年甫五岁靡尚华饰，以所居近旧有古佛岩，遂落发剪爪，入其中为僧。年十六西往弥牟，云游三军，既还命工首建圣寿本尊殿，因名其山曰宝顶。发弘誓愿，普施法水，御灾捍患，德洽远近，莫不皈依。凡山之前岩后洞，琢诸佛像，建无量功德……是院之建，实启于智风……”

大足境内，尚存多处石刻造像，除龙岗山开凿于晚唐外，其他各处多是在两宋时造出的，再结合惠妙的碑记，则可以认为，在绍兴二十九年

（1159）之前，宝顶已有一定数量的佛教造像，到赵智风时更为扩大而已，宝顶圣寿寺内有石砌大殿，四壁全是石刻造像。殿前有绍兴庚申（1140）石刻（《柳本尊传》）。

南宋时的宝顶，留下了许多官吏的题名、题榜额等。如：北崖广大宝楼阁下，有兵部侍郎兼修国史杜孝岩所题“宝顶山”三字；在北崖毗卢舍那佛像旁，有“朝散郎知昌州军州兼管内劝农事宇文屺”的题诗等等。可见，宝顶寺院在南宋时期是十分繁荣的。

元末，圣寿院毁于兵火，除石刻造像外，一片“遗基故址、莽然荆棘”而已。

明成祖永乐十六年，报恩寺僧惠妙、惠旭奉命住持宝顶，重建寺宇，“重整千手大悲宝阁，兴像圆觉古洞”。此后便没有大的变化了，保存也很好。现存面貌与康熙时县令史彰于《重开宝顶山维摩寺碑记》中所记基本相同。

（二）宝顶造像的题材与佛教宗派的关系

1. 大日如来像等造像：

宝顶石刻以密宗像为主，其中多处均雕有大日如来像。大佛湾南崖摩崖造出大日如来与夹侍二菩萨；北崖东端毗卢道场窟内的大日如来像；西端最上层以大日如来为中心的五佛；南崖圆觉洞的大日如来与十二圆觉菩萨像，小佛湾中南壁的大日如来，西北角上层小石室内的大日如来像。

这几身佛像，除大佛湾南崖东部的立佛无五像天冠外，其余都是头戴宝冠，而且顶上都有“金刚佛顶印”或“佛部心印”的两道光柱。这是密宗金刚界所供养像的特征（不空译《金轮王佛顶要略念诵法》）。

其他如北崖西部下层十大明王像、南崖千手千眼观音菩萨、广大宝楼阁图（不空译《大宝广博楼阁善住秘密陀罗尼经序品》）、孔雀明王像等，都是密宗的造像。

2. 柳本尊十炼图：

在大佛湾北崖、小佛湾西北上层小石室等处刻有这一题材。这是为宣扬密宗的圣神感通。

以北崖一例介绍：

第一炼指（光启二年［886］）；

第二立雪（光启二年［886］十一月）；

第三炼踝（天福二年［937］正月）；

第四剜眼（天福四年［939］七月）；

第五割耳（天福四年［939］）；

第六炼心（天福三年［938］）；

第七炼顶（天福五年［940］）；

第八舍臂（天福五年［940］）；

第九炼阴（天福五年［940］）；

第十炼膝（天福六年［941］）。

3. 《父母恩重经变》和《大方便佛报恩经变》浮雕：

这两幅与《观无量寿经变》《地藏菩萨、十王与地狱变》，是全国石窟群中最大的四幅浮雕。

（1）《父母恩重经变》：

该浮雕长十八米。根据唐人所撰《佛说父母恩重经》而创作。智昇《开元释教录》中注曰："经引丁兰、董黯、郭巨等。"这些人物都是维护伦理道德的典型代表。依据这样的思想，这幅浮雕分为十一幅画面：投佛祈求嗣息、怀胞守护恩、临产受苦恩、生子忘忧恩、嚥苦吐甘恩、迴干就湿恩、乳哺养育恩、洗濯不净恩、为造恶业恩、远行忆念恩、究竟怜悯恩。

在"究竟怜悯恩"的题记中云："百岁唯忧八十儿，不舍作鬼也忧之，观喜怒常不慈颜，非容易从来谓色难。"这正是儒家孝道中之"承望父母颜色为难”的观点，用于此处，反映了唐宋以来儒释结合的思想倾向。

（2）以《大方便佛报恩经》为主的孝养故事变相浮雕：

该浮雕长达十七米。正中刻结跏趺坐佛像，佛两侧分上中下三层，每侧各刻六种故事，共十二种故事。

东侧：

下层：六师外道谤佛不孝故事。

中层：释迦割肉供父母故事；

佛因地修行舍身济虎故事。

上层：释迦因行孝证三十二相；

释迦因地行孝剜睛出髓为药故事；

释迦因地鹦鹉行孝故事。

西侧：

下层：大孝释迦佛亲担父王棺故事。

中层：释迦佛因地修行舍身求法故事；

释迦佛诣父王所看病故事。

上层：释迦因地汇书报太子故事；

释迦因地剜身作千灯故事；

释迦因地为睒子行孝故事。

这十二幅孝养故事变相，根据《大方便佛报恩经》的有六种，根据《净饭王般涅般经》的有两种，根据各本生经的有四种。这些故事应是为适应中国儒家孝道思想、为宣传孝道而创作的。

4.“观无量寿经变”浮雕：

该浮雕长达十九米，依据《佛说观无量寿经》创作的。正中雕阿弥陀佛及观世音、大势至二菩萨像。像的东侧刻前八观、西侧刻后八观，每幅画面旁，都题诗一首。像下正中刻上品三生、东部刻中品三生、下部刻下品三生图。

东侧前八观：

日观、水观、地观、树观、池观、楤观、宝像观、华座观（已崩塌，不见造像与题诗）。

西侧后八观：

法身观、观世音观、大势至观、普观、丈六金身观（即杂想观）、上品观、中品观、下品观。

下部三品三生，不仅刻出许多形象，还配以文字解释，说明如何修善业才能往生西方极乐国土；不修善业，若能口称无量寿佛，也可除去八十亿劫生死之罪，命终之后，得往生西方极乐国土。

莫高窟唐代壁画，虽也有很多观经变，也有十六观等，但未见这样的宏幅巨制。宝顶这些故事浮雕旁还配上题诗，阐述故事思想，使观者易像、易学。

5.“地藏菩萨、十王与地狱变”浮雕：

长十七米。上层刻地藏菩萨与十王，下层刻地狱变相。这幅地狱变相是全国石窟中所仅存者。文献中记，唐代如吴道玄等大画家都曾画过地狱变相，惜已无存。

上层正中刻地藏菩萨，夹侍一侍锡杖僧，东西两侧刻头着通天冠或冕冠的十王像。十王东侧有“现报司官”、西侧有“速报司官”。东侧五王依次为：秦广大王、初江大王、宋帝大王、五官大王、阎罗天王。西侧五王为：变成大王、太山大王、平正大王、都市大王、转轮圣王。每一王案前，都有一赞诗，说明此王的职责及处理亡人的态度。如秦广大王的赞词是“诸王遣使检亡人，男女修何功德因；依名放出三涂狱，免历冥间遭苦辛”，都市大王的赞词“一身六道苦茫茫，十恶三涂不易当，努力设斋功德具，恒沙诸辜自消亡”等，其大意即依亡人有无功德而决定是否放出三涂之狱。

下层的“地狱变”有十六种，由东而西依次是：

①刀山地狱；　　②镬汤地狱；

③寒冰地狱；　　④剑树地狱；

⑤拔舌地狱；　　⑥毒蚊地狱；

⑦锯解地狱；　　⑧黑暗地狱；

⑨截膝地狱；　　⑩阿鼻地狱；

⑪饿鬼地狱；　　⑫铁轮地狱；

⑬刀舡地狱；　　⑭镬汤地狱；

⑮铁轮地狱；　　⑯粪地狱。

以上十六种地狱变，都用最生动的生活题材，来表达主题内容，而且还都配有赞词或题词，教以观者如何避免堕入地狱。如刀山地狱的题词曰：“月一日念定光佛一千遍，不堕刀山地狱。”

地狱的名称，在佛经中见于《长阿含经》《起世经》《起世因本纪》《六趣轮回经》《净度三昧经》等。《长阿含经·世记经地狱品》中记有：想、黑绳、堆压、叫唤、大叫唤、烧焚、大烧焚、无间八大地狱。“想地狱”中又有：黑沙、沸尿、五百丁、饥、渴、铜釜、多铜釜、石磨、脓血、量火、灰阿、铁丸、钎斧、豺狼、剑树、寒冰共十六小地狱。而《六趣轮回经》所记十六地狱的名称，也与大佛湾地狱变的名称不同。所以，这幅地狱变中的名称，如拔舌、锯解、截膝、铁轮等，当是汉人根据本民族的生活而设立的。

6.“牧牛图”浮雕：

在大佛湾南崖壁入口处西部，长二十五米，共刻牧牛图十幅。壁上刻“朝奉郎知润州赐紫金鱼袋杨次公证道牧牛图”十九个大字。大字之下依崖壁向西依次刻出：

①牛向前奔，牧人在后做回牵状；

②牧人鞭牛，牛首被挽牵作回转状；

③牧人鞭牛，牛作下奔状；

④一虎由上冲下，牧人作牵牛状；

⑤右牛引颈饮泉，左牛为牧人牵引，正中二牧童相抱作密语嬉戏状；

⑥一牧人执索而立，一牛由山上冲下；

⑦牛在林中吃草、牧人在后休息、身旁刻一立鹤；

⑧一牛引颈作吼状，后一老牧人吹横笛；

⑨一牛卧地，牧人作卧睡状；

⑩最后刻一行者，结跏趺坐（传说是赵智风像）。

禅宗以明心调心为主、基本论点是“莫向身外求”，每人皆有佛性，向身外求之，就像“骑牛觅牛”。以佛性比牛是禅宗的说法。《景德传灯录》卷九“福州大安禅师”条中载，大安禅师曾说，牛可落路人草，可犯人苗稼，所以一定要有人牧放，鞭打调伏。以此比喻在自己的内心求佛。

在牧牛图上题名的杨次公，即是北宋的杨杰，元祐中（1086—1093）为礼部员外郎出润州。杨杰精于佛学，大文豪苏东坡曾以诗记之。

牧牛图的创作，反映了禅宗的盛行。

7.佛本行故事像：

在大佛湾东崖壁上，雕一躯长近三十米头北脚南的涅槃像。像前刻一石案，案前刻出承托石案四力士的半身像，案前再刻出作跪姿的梵天王半身像；石案南北刻出也是半身的菩萨、优婆夷、优婆塞，俱在佛前供养。

涅槃像足下南壁东端刻出三人扶棺作悲恸状。涅槃像北有摩耶夫人树下诞生像，北壁东端又刻有九龙浴太子像。这样的造像组合，在全国石窟造像中是很少见的。

8.其他：

（1）在南崖壁入口之西有“六趣轮回图”，是依据《六趣轮回经》而创作的。其形态为：崖壁中间刻一大轮，轮外最上正中刻鬼王头，口衔轮边，两手作持抱状。轮中刻一行者像，结跏趺坐，由行者心中引出六道光柱，将巨轮分为六份。内层是：

①日、月天道；②人道；③阿修罗道；④饿鬼道；⑤地狱道；⑥畜生道。

中层六道，刻各阶层的人物以及佛像。

外层六道，除最上一道刻出人物形象外，其余都是鸟、兽、鱼、蛇等动物。

（2）在北崖壁“大方便佛报恩经变”之东，“父母恩重经变”之西，摩崖透出风、雷、电、雨诸神像。

（3）在“观无量寿经变”之东。和“十王与地狱变”之西，刻出善、恶、祸、福、苦、乐、六耗图：善、福、乐是天人二道、四禅清净、二乘；恶、祸、苦是地狱、饿鬼、畜生、修罗、贫贱等。六耗即六贼：眼、耳、鼻、舌、身、意。

以上三项造像的内容，主要是教诲人们多修功德，免遭苦痛。

（三）宝顶造像的特征与风格

唐代以来，封建社会经济发展很快，中小地主、自耕农、佃农和小市民日益增多，手工业者还有了自己的组织——行，所以在文化艺术上也有明显的变化。在文学上出现了用接近大众化的语言描写民生疾苦、爱情、神怪等故事，刻画更为逼真；在石窟寺艺术上，也出现了众多贴近现实生活、感染力更强的作品。

在“父母恩重经变”的“生子忘忧”一幅中，年青的父母对新生的小宝宝的疼爱、欢欣之神情，呼之欲出；在“洗濯不净”中，母亲作洗濯状，小姑抱幼儿向母亲头上做撒尿状，充满亲昵甜蜜之情。

在“地狱变”的“截膝地狱”变相中，准确地表现出：由于饮酒而造成父不识子、兄不识弟、夫不识妻等昏乱行为，以劝诫人们不要饮酒。

牧牛图中，姿态各异的牛生动传神，若无深入的观察，很难塑造出来。

其他如十大明王造像，怒目攒拳，勇武凶猛，确有“醜醜驰进之状”。这是唐代各期天王、力士像所未能达到的效果。

在雕刻技法上，不再拘泥于固定、刻板的线条，而是达到了“勾绰纵掣，理无妄下，以状高侧深斜、飘然远举之势”。

宝顶石窟造像是全国晚期石窟造像中最重要的一处。中原地区自盛唐以后，由于社会动荡、经济衰退，石窟造像的开凿雕制，受到很大影响。而西南、西北、东南等地，所受影响不大，以晚唐至宋，都有石窟造像的创作。宝顶石窟造像便是其中之一。

在宝顶石窟造像中，保存有全国最大的石刻浮雕作品，而且其揭示社会生活之深入与准确，艺术手法之高超，感染力之强烈，都是其他石窟群中少有的。

（阎文儒）

八　大足龙岗山石窟

（一）龙岗山石窟的名称与开创历史

龙岗山石窟在大足县城北约二公里半的北山上，在长约四百米的范围内，开凿了众多窟龛，正式编号有二百九十个。

大足县城在群山之中，城北更是层峦叠嶂，正如《大足县志·山川》条中记："龙岗山在县西北十里，其山环拱，山脊折纹，岩龙鳞然。"故而得名龙岗山。

龙岗山窟龛可分南北两区。南区共九十九个窟龛，皆开凿于晚唐、五代；北区，北段除一九〇号窟以后的窟龛，也都开凿于晚唐、五代，南段几乎都是宋代开凿的南北区之间，崖上雕出两座小塔。

龙岗山石窟，是晚唐割据东川的顾彦晖属下"使持节都督昌州诸军事守昌州刺史充昌、普、渝、合四州都指挥静南军使"韦君靖所开凿的。窟群南端一号韦君靖供养像旁摩崖造像碑中记：韦君靖筑寨之后，在乾宁二年(895)，"又于寨内西□□□□□翠壁凿出金仙，现千手眼之威神，具八十种之相好，施□□钱舍迴禄俸，以建浮图，聆钟磬于朝昏，喧赞呗于远近……"

在距韦氏供养像较近的九号大龛内，有一躯晚唐风格的千手千眼观世音菩萨像，应是碑中所记的"金仙"了。

昌州刺史王宗靖于乾宁三年（896）造地藏菩萨、观世音菩萨像（五八号龛北《题记》）。此时还有僧尼的造像（二四〇号龛东侧《题记》）。

光化二年（899）四州都指挥的造像，是全窟群唐代造像中题记最晚的一处。

五代时候的造像，占全窟群的三分之一。有题记的造像主要有：

永平五年（915）押衙第三军散副将所造阿弥陀佛、地藏与观世音菩萨像（五三号龛）。

广政三年（940）二月四日于彦享所造地藏菩萨一龛（三七号龛）。

广政十七年（954）后蜀右厢都押衙知衙务刘恭等造药师佛、八菩萨、十二神王、八部、七佛、阿弥陀佛、地藏菩萨等像和尊胜陀罗尼幢（二八一号龛《题记》）。

在龙岗山未见北宋早期的造像记。宋真宗咸平四年（1001）知大足县事陈绍珣与室家黄氏妆绘了晚唐、五代时造的观世音、地藏菩萨与十王的像龛（二五三号龛外《题记》），咸平二年（999）和四年（1001）又有人修妆了广政十八年（955）王承秀所造像龛（二七九号龛中《题记》）。

最早的北宋造像题记，有：

大观三年（1109）的观音像（二八六号窟）。

政和六年（1116）内弟子邓惟明所造尽普见一身（一八〇号窟北壁《题记》）。

宣和三年（1121）十一月初五日弟子王推昶夫妇、弟子李节夫妇等造五百罗汉像（一六八号窟）。

南宋初，中原地区宋金两朝争战激烈，惟四川比较稳定，因而高宗时代有些新的雕造，如：

建炎二年（1128）四月知军州事任宗易同恭人杜氏镌造妆銮如意轮圣观自在菩萨像（一四九号窟东壁《题记》）。

绍兴十三年（1143）六月十六日昌州录事参军兼司户司法赵彭年镌造文殊师利、普贤王菩萨像（一三六号窟《题记》）。

此外还有前蜀永平三年（913）题记（三二号龛），广政四年（941）（三五号龛）和大观元年（1107）漫漶不清的题记。

全窟群造像题记虽不多，但结合造像风格的考察，完全可以证明开凿的时间是在晚唐，而尾声在南宋。至于明代蜀总制林见素之像，则是为逢迎地方当权者而改宋代造像的丑陋作品。

（二）龙岗山石窟的分期与造像题材

（1）龙岗山石窟的分期：

唐代以后，密宗逐渐发达起来，从而使石窟寺造像中出现了更多的密宗像。龙岗山与宝顶石窟是全国石窟群中，密宗造像最多的两处。

龙岗山石窟造像的时代，依题记，可作如下分期：

期别	时代	数目	窟龛号
一	晚唐五代（895—960）	一百五十	一、二、三、五、六、七、八、九、一〇、一一、一二、一七、一八、一九、二〇、二一、二三、二四、二五、二六、二七、二八、二九、三〇、三一、三二、三三、三四、三五、三六、三七、三八、三九、四〇、四五、四六、四七、四八、四九、五〇、五一、五二、五三、五六、五七、五八、五九、六 〇、六一、六二、六三、六四、六五、六六、六七、六八、六九、七〇、七一、七二、七三、七四、七五、七六、七七、七八、七九、八〇、八一、八二、八四、八六、八七、八八、八九、九〇、九一、九二、九三、九四、九五、九六、九七、九八、一九〇、一九一、一九二、一九三、一九四、一九五、一九六、一九七、一九八、一九九、二〇八、二〇九、二一〇、二一一、二一二、二一三、二一四、二一八、二二〇、二二一、二二二、二二三、二二四、二二五、二二六、二二七、二二八、二二九、二三〇、二三一、二三二、二三三、二三四、二三五、二四〇、二四一、二四二、二四三、二四四、二四五、二四六、二四七、二四八、二四九、二五〇、二五一、二五二、二五五、二五六、二六〇、二六七、二六八、二六九、二七〇、二七一、二七二、二七三、二七四、二七五、二七六、二七七、二七八、二七九、二八一、二五三、二五四(宋改妆)
二	北宋末—南宋初（1109—1146）	六十六	八三、八四、九九、一〇〇、一〇 三、一〇四、一〇五、一〇六、一〇七、一一〇、一一、一一二、一一三、一一四、一一五、一一六、一一七、一一八、一一九、一二〇、一二一、一二二、一二三、一二五、一二六、一二七、一二八、一二九、一三〇、一三一、一三二、一三三、一三五、一三六、一四〇、一四六、一四七、一四八、一四九、一五〇、一五五、一五七、一五八、一五九、一六〇、一六一、一六二、一六四、一六五、一六六、一六七、一六八、一六九、一七二、一七三、一七四、一七五、一七六、一七七、一八〇、一八七、二五七、二五八、二五九、二八六、二八八（明改镌林总制像）

续表

期别	时代	数目	窟龛号
三	明	四	一〇一、一三九、一五六、二九〇
四	民国	四	一〇二、一三四、一三八、一四三
五	年代不明者	五十八	四、一三、一四、一五、一六、二二、四一、四二、四三、四四、五四、五五、一〇八、一〇九、一二四、一三七、一四一、一四二、一四四、一四五、一五一、一五二、一五三、一五四、一六三、一七〇、一七一、一七八、一七九、一八一、一八二、一八三、一八四、一八五、一八六、一八八、一八九、二〇六、二一五、二一六、二一七、二一九、二三六、二三七、二三八、二三九、二六一、二六二、二六三、二六四、二六五、二六六、二八〇、二八二、二八三、二八四、二八五、二八七
共计		二百八十二	

（2）造像的题材：

龙岗山石窟艺术由于开凿较晚，在题材上与中原石窟艺术，有一定的差异。主要特点是：在一铺像中，不仅造出佛、菩萨、声闻，还加入护法如鬼神等形象，这是封建朝廷统治体系日趋严密这一历史背景的折射。再者就是密宗造像增多。也可能以地藏为供养对象的三阶教于晚唐五代时，曾在两川一带流行。此外还有属净土宗与禅宗的各种造像。

①晚唐五代的造像题材：

属于密宗的主要有：

以千手千眼观世音菩萨为主像，左右壁上层刻十方佛、雷神、风神；中层刻文殊、普贤菩萨、摩醯首罗天与鸠摩罗天；下层左右各刻一佛夹侍二僧像及四天王，最下刻供养人像（九号窟）。

大威德金轮炽盛光佛及诸星宿像（三九号窟）。

东方药师佛、夹特二上首日光、月光菩萨、八大菩萨及十二药叉大将像（二五五号唐），或夹侍二僧、二菩萨及十二药叉大将（一九〇、二五六号窟）。

如意轮菩萨像（五〇号龛）。

三面六臂一上二手持日月、中二手持索及剑、下二手当胸一不空罥索观世音菩萨像（二一二、二二四号龛外《题记》）。

西方金刚利菩萨像（六号窟夹侍菩萨）。

毗沙门天王像（五号龛）。

佛顶尊胜陀罗尼幢（三五〇、二六〇、二六二、二六九、二七一、二七九、二八一号龛）。

大梵天相的不空罥索观世音菩萨像（五六号龛）。

属于净土宗与三阶教的造像：

阿弥陀佛、夹侍二僧二菩萨（观世音与地藏菩萨）（二一号龛）。

披帽地藏菩萨像（三七号龛）。

一龛中刻出地藏与观世音菩萨（一九一、二四九、二五三、二七五、二七七号龛）。

地藏与夹侍二菩萨（二三一号龛）。

观世音菩萨像（二六、二七号龛）。

观无量寿经变（二四五号窟）。

地藏与十王像（二五三、二五四号龛）。

属于禅宗的造像：

牧牛图正中刻一骑牛人，左右各刻一牛，上层又刻一牧童（二〇九号龛，据《景德传灯录》卷五、九，禅宗以“牛”比“心”）。

还有：

一佛、二僧、二菩萨、四天王像（一〇号龛）。

一佛夹侍骑狮文殊与骑象普贤菩萨像（一二号龛）。

一佛夹侍十六罗汉像（三六、二二〇号龛）。

三世佛像（三八一、五一、六一号龛）。

勇猛跏趺坐的水月观世音菩萨像（二一三号龛）。

②两宋造像题材：

属于密宗的造像：

药师七佛与十二药叉大将像（一〇七号龛）。

三面八臂菩萨与夹侍八大明王（一三〇号龛）。

观世音、如意轮观自在、白衣观世音菩萨及夹侍二十二天官与诸天将风神、火神等（一四九号窟）。

大圣数珠手观音菩萨像（一三六号窟北壁）。

孔雀明王（一五五号）。

大日如来及十二圆觉菩萨像（一八〇号窟）。

除此之外还有：

东方药师佛、释迦牟尼佛及夹侍地藏菩萨与判官像（一一二号龛）。

弥勒下生变，正中是弥勒佛，夹侍刻二僧及男女多人剃度像（一七六号龛《题记》）。

佛与摩诃帝南（鬼子母）像（一二二号龛）。

一佛、夹侍二僧二菩萨，北壁刻骑象普贤并象奴、一面六臂菩萨、数珠手观音菩萨；南壁刻骑狮文殊菩萨、持印菩萨、托摩尼珠菩萨。门外左右是力士像。窟中心刻有龙缠绕的须弥山及忉利天宫图（一三六号心神车窟）。

“维摩诘经变”中的文殊师利问疾图（一三七号龛）。

五百罗汉像（一六八号窟）。

从上述题材看，龙岗山造像题材中，密宗题材占二分之一以上。这充分反映了这一地区佛教流行的状况。

③龙岗山石窟造像的特征与风格：

两川地区地处西南，在八世纪下半期，不似中原受安史之乱等社会动荡影响大，社会相对安定，因而两川地区晚唐石窟造像，成为全国之冠，龙岗山石窟便是其中之一。

这一时期造像的形态，不像盛唐时那样丰厚肥腴，而是圆润和谐，更接近现实人的生活。少有夸张的手法。

如天王多戴折起的搭耳帽，外着锁子、鱼鳞、片甲，又有覆膊、护胸、护腿，这基本上是当时武士、将军们的英姿，而不是神的形象。

菩萨头戴高宝冠，胸前挂着直垂胫下的细璎珞，帔巾横于腋下上卷，下裙较宽博的样子，与盛唐时的菩萨像基本相同。只是不见斜欹款曲的柔美身姿了。

护法中的天、乾闼婆、紧那罗等，多刻在朵云纹内。

九号龛中，把千手千眼观音、文殊、普贤菩萨和护法诸天神等像，集取一龛，次第清楚，不感混乱。

二四五号窟，又把“观无量寿经变”中的西方净土世界的云台楼阁、天乐飞舞、九品往生与韦提希夫人十六观形象一一雕造出来。尤其是楼阁人物，其深浅远近表达得很清楚，已超出一般浮雕的技法，甚至还有镂空雕的手法，开创明清两代雕刻艺术对立体形象表现手法之先河。

一三六号（心神车窟）是龙岗山最大的一个窟，也是雕刻最美的一个窟。后壁刻一佛二僧二菩萨，南北壁又刻出文殊、普贤、六臂菩萨、不空罥索观音菩萨、数珠手观音、门外二力士，正中又刻须弥山和忉利天宫（又是转轮藏）。从整体看，是以后壁佛像为中心，其他为夹侍；但如果把南北壁菩萨单独来看，如文殊、普贤，又都自成一组，均有自己的夹侍，又是完整的一铺像。人物形象更贴近现实，而且神形多变，堪称石窟艺术中的优秀作品。

石窟中许多密宗造像，如一三〇号龛三面八臂菩萨与八大明王像，面目狰狞凶恶，使人不寒而栗，颇有宗教所需要的威慑作用。

此外，出现了药师、地藏混在一龛的情况，这既是密宗盛行的标志，也是晚唐五代石窟造像的新风格。

中国佛教发展到唐代，密宗由于皇帝的推崇盛行一时，而且东传到日本。唐代末期或之后，禅宗成为佛教流传的主流，净土亦较盛行，其他如天台、华严、律宗等，虽无大发扬，也仍有延续，唯密宗从八世纪后，在中原基本无遗迹可寻，而在两川却大为发展。由宝顶造像中，可以看到它的流传，从晚唐、五代、宋一直到十三四世纪的元代都是如此。

（阎文儒）

九 炳灵寺石窟

炳灵寺石窟，在甘肃永靖县西南近三十公里的积石山中。黄河从西北流来，到积石山转向西南，河东岸有相对而立的峭壁，一道小溪从其中流出，在小溪西北岸的峭壁上，长近二千米，上下四层，濒临黄河，开凿出许多窟龛，这就是炳灵寺石窟。

（一）炳灵寺石窟的名称和历史

1.炳灵的名称，可能源于藏语。藏语的炳（běng），汉译为“堆积”或“万佛”，“灵”是“洲”或“庙”，合起来是“积石”或“万佛的庙宇”。根据一四八号窟外的题记和唐西京西明寺沙门道世的记载，唐时这里称作灵岩寺，直到明正德十二年（1517）仍然称灵岩寺（《重修古刹灵岩寺碑记》），明嘉靖三十五年（1556）吴祯纂修的《河州志》中，有“永灵寺”和“冰灵寺”的称呼，也称作“灵岩山寺”。《嘉庆重修一统志·兰州府寺观》条中，才正式称“炳灵寺”，可见直到清代藏传佛教在此大为盛行之后，甚至有了呼图克图，才改用藏语的“炳灵”。

2.关于这处石窟，最早的文献记载是《水经注》和《高僧传》，但较为详细且说出开窟时间的是道世的《法苑珠林》，该书“伽蓝篇感应缘枹罕临河唐述谷仙寺”条中说：

“晋初河州唐述（按：即积石山）谷寺者，在今河州西北五十里，度风林津，登长夷岭，南望名积石山，即禹贡导之极地也。……南行二十里得其谷焉，凿山构室，接梁通水，遶寺华果，蔬菜充满，今有僧住。南有石门，滨于河上，镌石文曰：晋太始年之所立也……东北岭上，出于醴泉，甜而且白，服者不老。”

文中所记，如距河州的里数及方向，窟群的“凿山构室，接梁通水”及醴泉出于东北岭等。与现存炳灵寺情况完全相同，那么关于开凿于晋太始年间记载，也应是有一定根据的。

3.一六九号窟中有西秦乞佛炽磐时“建弘元年（420）”的造像题记，还有供养人像题名；“大禅师昙摩毗之像；比丘道融之像；法显供养之像”；可证明西秦乞佛氏曾经营过唐述石窟的。建弘元年既然是乞佛炽磐的纪年，那昙摩毗也应是《高僧传·卷十一·玄高传》中所记的昙无毗了。传中说：“时乞佛炽磐跨有陇西，西接凉土，有外国禅师昙无毗来入其国，领徒立众，训以禅道。”昙摩毗与昙无毗，应是一人，只不过汉译时用字不同罢了。

道融题名在昙摩毗之后。《高僧传》卷六《道融传》中，言道融曾“谘禀”鸠摩罗什。虽然传中没有明确提到他去过西秦，但窟中题记既在西秦乞佛炽磐时期，与传中所记时间——姚秦——相同，因而题记中的道融，可能就是鸠摩罗什门下的道融。

《法显传》（《佛国记》）中说：

“法显昔在长安慨律藏残缺，于是遂以弘始二年岁在己亥，与慧景、道整、慧应、慧置等同契至天竺，寻求戒律，初发迹长安度陇，至乾归国夏坐，夏坐讫前行。”

度陇至乾归国，应是西秦的乞伏乾归，弘始二年（400）正是乞伏乾归的太初十三年，也是乾归投降姚秦的时候，法显到达乾归国，很可能到该地区最大的石窟寺院——炳灵寺内坐夏，为作功德而画出了供养佛的形象。如果题记中的法显，很可能即是《法显传》所记之法显，若果真是这样，这题记则是更为重要的遗迹，因为他是中国僧人自印度返回后记出印度等国当时情况的最早的一位。

4.建弘元年（420）的题记与题名，是全国石窟群现存最早的一处，它为我们提供了一个判定年代的标尺。

一六九号窟中，在有建弘元年（420）题记的这层壁画下面，还有一层壁画。这层壁画画有坐佛像，其南上角有“释迦文佛”的榜题，其南下角画一菩萨坐像，头上有“文殊师利”的榜题，菩萨大眼宽鼻、高发髻，着类似通肩式的大衣，线条较粗放；而且，榜题字体很接近晋简。所以，这一层壁画显然应早于有建弘元年（420）题记的一层，其创作年代应在晋太始年（355—363）间。

5. 从西秦到北魏这段时间里，据石窟题记，开窟多是地方官吏、绅士等，一六九号窟中便有“乞佛罗侯”“博士□安□□无团”等题名。

九六号～一三二号窟龛，多是北朝后段（510—550年前后）的创作。在九六、一〇二号龛一排佛像上面，有如下题记：

“大魏延昌二年岁次/癸巳六（?）月甲戌朔十/五日戊戌大夏郡武/阳部郡本□中政（?）曹/子无造窟一区。”

大夏郡乃前凉张骏所置，在河州东南七十里。这也是地方官吏造窟的记录。

唐代，河州成为唐朝对吐蕃用兵的必经之路，因而在此开窟者中，增加许多来自中原的官吏。在六四号龛上，就刻有由兵部侍郎张楚金撰文、记录宰相李敬玄率军到此祭灵泉的史实。

五一、五二、五三、五四号龛下，则有高宗永隆二年（681）“陇右道巡察使行□中侍御史王玄荣”等人的造像题名。

一四八号窟所刻《灵岩寺记》，记录了御史大夫崔琳及随行官员在炳灵寺开窟造像的重要史实。

整体窟龛的开凿，自唐以后绝迹。

（二）炳灵寺石窟艺术的分期和题材

炳灵寺石窟正式编号的共有一百八十三个窟龛，除少数窟龛外，大部开凿在二十米左右高的悬崖上。

1. 分期：

据1963年调查，可分作十期（见下表）。

分期		时代	窟龛数	窟龛号	有纪年的题记	说明
一	晋—北朝一期	晋、西秦—太和十年以前	一	一六九	建弘元年	
二	北朝二期	太和十年—景明正始前后	一	一七二（一六九窟中的一部分造像）		仅看到窟门外北壁的一铺造像
三	北朝三期	永平延昌—东西魏亡	三十五	二、八二、九六、九七、九八、九九、一〇〇、一〇一、一〇二、一〇三、一〇四、一〇五、一〇六、一〇七、一〇八、一〇九、一一〇、一一一、一一二、一一三、一一四、一一五、一一六、一一七、一一八、一一九、一二〇、一二四、一二五、一〇六、一二〇、一二九、一三二、一四〇、一四六	延昌二年（513） 延昌四年（515）	
四	北朝四期	北周	三	六、一三四、一四四		
五	隋	隋	一	八		
六	初唐	贞观—咸亨上元前后	一	四		
七	盛唐前期	仪凤—开元	八十七	三、七、一二、一三、一五、一七、一八、一九、二一、二二、二三、二四、二七、二八、二九、三〇、三一、三二、三三、三四、三五、三六、三七、三八、三九、四〇、四一、四二、四三、四四、四五、四六、四七、四九、五〇、五一、五二、五三、五四、五五、五六、五八、五九、六〇、六一、		

续表

分期		时代	窟龛数	窟龛号	有纪年的题记	说明
七	盛唐前期	仪凤—开元	八十七	六二、六三、六四、六五、六六、六九、七一、七二、七三、七四、七五、七六、七七、七八、七九、八〇、八一、八三、八四、八五、八六、八七、八八、八九、九一、九二、九三、九四、九五、一二一、一二二、一三〇、一三一、一四七、一六八、一七〇、一七四、一七五、一七六、一七七、一七八、一八二	仪凤三年（678） 仪凤四年（679） 永隆二年（681）	
七	盛唐前期	开元时代	五	一三八、一三九、一四八、一四九、一五九	开元十九年(731) 天宝二载(743) 天宝十二载(753) 天宝十三载(754)	
八	盛唐后期		二十四	五、二〇、二五、二六、五九、一三六、一三七、一四一、一四七、一五〇、一五二、一五三、一五四、一五五、一五七、一五八、一六〇、一六一、六二、一六三、一六四、一六六、一六七、一七一	乾元三年（760）	
九	中晚唐	元和—唐亡	六	九、一〇、一一、四八、一三五、一三五、一八〇		
十	宋元明	西夏、宋、元、明	十三	四六、一六五（以上西夏宋） 一六、一四三、一五八（以上元代） 一、七〇、九〇、一三三、一五一、一七三、一八一、一八三（以上明代）	宋何灌题记至正二十九年(1369) 嘉靖十六年(1537) 嘉靖三十三年(1551)	
		时代不定	六	六七、六八、一二三、一二七、一四五、一七九		
	总计		一百八十三			

以造像的特征与风格看，隋代是全窟群中最重要的分界线。而玄宗开元年间，又是盛唐前后期的过渡阶段。

2. 石窟形制

炳灵寺石窟的形制，也是以支提窟为主，少见毗诃罗窟，这自然与汉民族生活在木建筑居室的习惯有密切关系。而最早开凿的一六九号窟，是在天然山洞内造出雕像。

形制变化的规律，可分两个阶段：

①隋以前：平面方形，穹庐顶或盝顶，顶正中作方形藻井，四壁外弧，二壁前有低坛基，坛基上刻券形窟门（如一二六、一二八号窟），有的窟顶作斗四式藻井（如一三二号窟），有的券形窟门外，两端刻龙头，门外左右刻力士像（如八二号窟）。

②隋以后：平面作马蹄形（四号窟）或方形（一六八、一四八号窟），平顶，三壁前作低坛基，窟门四周凹入似木建筑屋室门框的形式。

3. 石窟艺术的题材

炳灵寺石窟艺术的题材，与玉门关以东各石窟以大乘经为主要依据的造像是一致的。

①晋—北朝一期（一六九号窟）：

造像有：一佛、夹侍二菩萨，阿弥陀佛与夹侍观世音、大势至二菩萨，一佛夹侍一菩萨一力士。

壁画有：释迦、多宝说法像，十方佛、千佛、弥勒菩萨、维摩诘与文殊师利像。

②北朝三期：

造像增加了七佛（一二六、一二八号窟），释迦、多宝佛与夹侍二菩萨二力士像（一二五号窟），弥勒上生及夹侍二菩萨像（一二六、一二三号窟），七佛与夹侍二菩萨像（一二六号窟），涅槃像（一三二号窟），思惟菩萨（一二〇、一二八号窟），一佛一僧胡跪捧钵作供献状（一一〇号窟）等等。

③唐代：

造像中出现一佛夹侍二僧、二菩萨、二天王像（四号窟），一佛二菩萨二天王像（二八、六〇、六四号窟），观世音菩萨像（六二、六三号窟），一立菩萨与夹侍舒相二菩萨（三〇号窟）。

④西藏密教的各种画像：

总之，以上所述各种题材，除释迦牟尼佛本行的各种造像外，其他各种题材都应是根据大乘经典而创造出的。这说明大乘佛教在河西、秦、陇一带是十分发达的。

（三）炳灵寺石窟艺术的特征与风格

炳灵寺一六九号窟中西秦建弘元年题记，是全国石窟中有纪年题记最早的一个，它便成为一个标尺，可用来衡量全国各石窟早期的造像与壁画。

1. 晋—北朝一期（以一六九号窟为例）

造像：

佛像：面相方圆，颈部较短，颧骨较低，鼻筋较高，准头略作小字形，唇薄，眉长；着印度摩揭陀式的通肩大衣，既有犍陀罗式手法衣纹，又有汉民族式的衣纹——凸起宽线条中加浅阴线。项光、背光全是画出的。这样的作品，主要是依据外来的粉本，并开始融入汉民族的因素。衣着上还有右臂半披经颈部至左肩及全身作斜披式，或内着僧祇支，外披大衣。有的在僧祇支上画出菱形方格，格中画四花瓣。

菩萨像：面相与佛像相同而略呈扁圆。服饰：着颈圈、臂钏，袒胸，下着羊肠大裙，披巾由肩部垂至肘外飘出（如得大势菩萨）。有的着颈圈、臂钏，由左肩斜披袈裟式较宽的络腋，下着大裙，飘带外绕（如观世音菩萨）。有的着颈圈、短璎珞，璎珞正中有一环，不交叉，下着羊肠大裙，双臂绕以飘带（如东壁后背面向西二一号一铺造像中的菩萨像）。

力士像：高髻、有须，上身着半截甲胄，有简单的覆膊、护胸，下着长裙，手托金刚杵（如二一号一铺中的力士像）。

以上造像，都是摩崖凿出像的轮廓，再敷一层泥皮，塑出细部及衣纹，再以颜色妆銮。

壁画：

一六九号窟的壁画，并不是同期画出的，依现存壁画，可分东壁、南壁、西壁土墙、窟北部正中土墙四个区域，东壁壁画可再分作六个小块画面。

这四区壁画，可分为三个时期，以有建弘元年（420）题记的壁画为分界，早于此者为第一期，晚于此者是第三期。

第一期：在东壁第一块壁画的南半部，上层剥落后，露出一躯半身的坐佛，坐佛南下角一菩萨坐像和一供养沙弥。面型圆团，鼻大口宽，线条粗放，莲座绘制简略。接近莫高窟二七五号窟壁画的风格。题名“释迦文佛”“文殊师利”“沙弥法风”，字体非常接近晋简。故应早于建弘元年（420），约在两晋时代。

第二期：东壁第二、三、四、五、六等几块壁画，阿弥陀佛西方三圣造像南侧的供养人像，再南上下三排供养人像，以及南壁残壁画的千佛像、释迦、多宝等。

佛像面相圆团，着右臂半披的大衣，结跏趺坐，莲座下有涡旋纹的水，背光上不画宝盖，而画出相同于克孜尔石窟早期的残月式菩提树形纹样。夹侍菩萨发髻上戴花瓣冠，双臂露出，着袈裟式大衣，仍是近于印度人的衣饰。所绘供养人，线条较细，飘带飞扬，与“女史箴”“洛神赋”风格相同。“昙摩毗”“道融”等供养人题名，无疑是与建弘元年（420）题记相联系的，因而这几块壁画的时间，约在西秦建弘元年（420）前后。

东壁第三、四块壁画和南壁壁画，佛背光上画出正式宝盖，用色以蓝色为主，胸前还有贴金，塔形为三刹柱双幡覆钵式。所以，这些壁画应略晚于第二、五、六块壁画。西壁土墙上所绘千佛也应属此期。

第三期当更晚些，应归入“北朝二期”，见下述。

2. 北朝二期：

造像：包括一六九号窟内东壁塑像，编号一〇、一一、一二、一三、一四号五身小佛，一七二号窟窟门外北壁上的一佛二菩萨像。面相圆中略显瘦削，颈略长，着通肩或右臂半披式的大衣。全部采用阴线衣纹，不见犍陀罗式的雕塑手法。

壁画：一六九号窟东壁第一块壁画上层与窟北部正中墙上千佛像（即属一六九号窟中的第三期）。东壁上残存的壁画，正中是佛像，北夹侍维摩诘，南侧已剥落，但南夹侍应是文殊师利（按：云冈第六号窟窟门内楣上，也刻有这样一铺像）。

3. 北朝三、四期：

北朝三期的造像，以一二六、一二八、一三二号三窟为典型。特征与风格，与其他各窟群同期者大致相同。面型瘦长、准头较大、嘴小唇薄、颈长肩窄，已呈现汉民族样式——秀骨清像。

佛像是磨光高肉髻，内着僧祇支，外着敷搭双肩褒衣博带式大衣，由大衣两侧引出飘带至胸前作结下垂。也有无飘带者。

菩萨作高、低、单、双髻或花冠，有的从双肩垂下漂亮的发辫，胸前有颈圈，披巾交叉于腹际穿璧或不穿璧，然后上卷，下着羊肠大裙；有的手托莲花、有的手托摩尼珠。

供养人无论男女，完全是褒衣博带宽袖服饰。雕造手法，是新出现的直平阶梯式衣纹。以一二六号窟为例，西北壁的思惟菩萨，头大超过全身的三分之一，且又向前倾斜，因而从下仰视，并无不协调之感。东北壁弥勒上生菩萨座下的二狮子，尾部上翘如忍冬叶。这些巧妙的雕造手法，是当时工匠们的艺术结晶，也是汉民族独有的表现手段。

北朝四期（北周）的造像，数量不多但风格与以前不同。面型略作方圆，鼻筋不高，口眼皆小。佛像垂至座前大衣，衣褶疏稀不具规则。佛像为低肉髻，菩萨像为低宝冠。

4. 隋和初唐：

炳灵寺隋代石窟只有八号窟一个，而且全部塑像均被毁掉，仅残存少量壁画。菩萨面相，清秀而丰圆，高髻前有圆饼形花冠，白色宝缯向外飘出，帔巾下垂横于腹间两道。男供养人像，多着平巾小帻和软角幞头，女供养人像多作低平的小盘桓髻，细腰女裙。用色以蓝为主，呈现出新的人物面貌。

初唐石窟也只有一个四号窟。造像面型清秀而不失丰圆。罗汉像袈裟下部紧窄，有“曹衣出水”之风。菩萨体形婀娜。天王着半截甲，胸前有不明显的护胸，下着长裙及长靿靴，无护腿，足下踏山形物。雕造手法，是反直平阶梯式的圆线条。

5. 盛唐前、后期：

炳灵寺石窟中，有仪凤三年（678）、永隆二年（681）、开元十九年（731）题记的诸窟龛造像，为盛唐前期的典型作品。

造像面相，在前期基础上，发展成方圆适中、眉目细长、准头较大、鼻筋不高的面貌，丰满之中透出灵气，其艺术水准极高。

佛立像着双领下垂敷搭双肩式大衣，下裙作三角形；坐像是内着僧祇支，胸前作小结，外衣同立像，半跏趺坐或结跏趺坐于束腰方座上，座上设劫波育（氎布）。全用圆线条衣纹，与邠州大佛寺同一时期佛像风格相同。

菩萨像，半高发髻，上身着璎珞、颈圈、臂钏，斜披络腋，长裙曳地，裙褶较密，波巾下垂横于膝前一道，体形呈现出女性的曲线美，全身前倾。

天王像，深目高鼻，面目狰狞，上身有护胸，下胫有护腿，足下踏魔鬼，全身也前倾。

罗汉像是画出的，风格近乎初唐（如有开元十九年题记的一四八号窟）。

盛唐后期造像，就整体看，有肥腴之感。

一七一号高达二十七米、结跏趺坐的大佛像，是全窟群中最大的一尊造像。面形丰圆，鼻准较大，唇厚，短颈上有三道纹，上身内着僧祇支，外着敷搭双肩大衣，两肩“云披”出现成为盛唐以后特有的样式。衣纹是直平阶梯式圆线条。

菩萨像胸腹袒露，肌肉发达明显，身材缺乏曲线之美。天王像已无强烈的深目高鼻之感。

6. 中、晚唐和以后的造像与壁画：

炳灵寺石窟中，晚唐开凿较少，造像与前期区别不大。只是各种造像的面相，略为瘦削些。菩萨像的高大发髻，超过面部（如一八〇号窟菩萨，面部长八厘米，发髻高九厘米），为此前所没有。体形曲线虽不明显，但也不显笨拙，与盛唐后期有所区别。

宋、西夏、元、明、清各代，在炳灵寺石窟，虽有修补、妆銮，而并未开窟。唯元明清以来，由于藏传佛教盛行，画出了许多西藏密宗题材的壁画，虽妆銮一新，却也毁掉不少唐代优美的作品。

炳灵寺石窟，是玉门关以东极重要的一处石窟群。其建弘元年（420）的题记，是全国石窟群中最早的石窟题记，具有非常重要的学术价值。而一六九号窟中的造像，又是玉门关以东最早的造像，为研究中国早期石窟寺艺术所受印度与犍陀罗艺术的影响问题，提供了极好的实物资料。隋唐以后炳灵寺石窟造像，风格上又十分接近两京地区，这又证明隋唐两京文化曾传播各地，对当地产生了巨大的影响。

（阎文儒）

十　麦积山石窟

（一）麦积山石窟的名称与开创历史

麦积山石窟，在天水城东南约四十五公里的丛山中，是陇右石窟群中规模较大的一处，其窟龛数量之多，造像之精，不亚于炳灵寺石窟群。

1. 麦积名称之由来：这是因为此山之形似堆麦而得名，《太平广记》中有此记载，因此，山上的石窟寺，也就依山名而统称为麦积山寺了（慧皎《高僧传・玄高传》："高……隐居麦积山"）。但不同时代，也有其他的名称。

依文献记录，可知麦积山寺最早叫石岩寺，隋时改为净念寺，唐时叫应乾寺、灵安寺，北宋时称瑞应寺，后又有瑞应、胜仙二寺和崇果院二处，明时仍称瑞应寺。

2. 麦积山寺开创的历史：

（1）全窟最早造像的风格与炳灵寺石窟建弘元年（420）造像风格相同。在《高僧传・玄高传》中记：

"高母以伪秦弘始四年（402）二月八日生，高乃杖策西秦，隐居麦积山，山学百余人，崇其义训，禀其禅道。时有长安沙门释昙弘，秦地高僧，隐在此山与高相会，以同业友善。"

既然玄高生于姚秦弘始四年，那他到麦积山时能使众沙门"禀其禅道"，则玄高应已成年，时间约在姚秦灭亡之后了。而玄高到达时，这里已有百余人修行，那么在此之前，麦积山应该已有窟室了。

可见，崇祯十五年（1642）《麦积山开除常住地粮碑》的记载是有依据的：“麦积山为秦地林泉之冠，其左寺系历代勅建者。有碑碣可考，自姚秦至今一千三百余年矣，香火不绝。”

故此，麦积山寺的开创时间，应在西秦割据陇右的时期内。

（2）依窟室题记，景明三年（502）张元伯曾造石室一区（一一五号窟佛座前发愿文），此后天水太守王宗家族也曾开龛造像（一二〇号窟内供养人题名）。但麦积山最繁荣的阶段，是在西魏与北周。

据现存的北宋《秦州雄武军陇城县第六保瑞应寺再葬佛舍利记》残碑中说：“昔西魏大统元年再修崖阁，重兴寺宇。”

庾子山所撰的《秦州天水郡麦积崖佛龛铭并序》中记：

“麦积崖者，乃陇底之名山，……大都督李允信（按：百衲二十四史影印蜀大字本和殿版的《周书·邵惠公颢传》附广传，都以允信为充信）者，籍于宿植，深悟法门，乃于壁之南崖，梯云凿道，奉为亡父造七佛龛。”

时间在天和三年至建德三年（568—574）之间（《庾子山集》卷十二）。

麦积山现存七佛阁，一般认为即是李允信开凿的七佛龛（《周书》卷五《武帝纪》建德三年条）。

除七佛阁外，北周到隋时所开窟龛多达四十余个，成为麦积山石窟群乃至玉门关以东全国石窟群中，北周时期开窟龛最多的一处。

如果再加上北朝末期西魏前后所开凿的三十多个窟龛，则共有八十余所。因而完全可以说是麦积山开窟史的繁荣阶段。

（3）近三百年的唐代，麦积山单独开出的窟龛不多。五代时王建、孟知祥等割据两川时，秦州受蜀的统辖（《新五代史》卷五十七《王仁裕传》），因而一一七号窟有前蜀光天元年（918）石孙博士游山的题记，六二号窟又有广政十五年（952）正月十三日的题记。五代及以后，都没有大的开凿。

西部栈道入口处，有北宋景祐二年（1035）墨书题记：“麦积山应乾寺重妆塑东西两阁佛像施主舍钱记。”上七佛阁中，有明天启六年（1626）、七年（1627）的题记，“麦积山大戒比丘僧慧莲，领上下众姓人等虔诚发心修贴妆彩佛、菩萨金像，众姓信女会首”。说明由宋至明，仍是重新塑造或妆銮旧像，并未开凿新窟。

（二）麦积山石窟的分期与题材

1. 分期

麦积山高约一百二十四米，从山脚到七八十米高的半山腰，都凿有石窟。据1961年调查，可分八期，列表如下：

分期		时代	窟龛数	窟龛号	与造像有关的题记
一	晋—北朝一期	西秦—太和十年以前	十五	六八、七〇、七一、七三、七四、七五、七六、七七、七八、九〇(宋塑)、一〇〇、一二八、一四四、一四八、一六五(明塑像)	
二	北朝二期	太和十年—景明、正始前后	十七	一六、一九、二〇、二一、六九、八〇、八六、八九、九三、九三/三、九三/四、一〇七、一一四、一一五、一四三、一四九、一五五	景明三年张元伯发愿文
三	北朝三期	永平延昌—东、西魏亡	五十一	一七、二二、二三、四三、五五、五六、六〇、六四、七二、八一、八三、八四、八五、八七、八八、九一(明塑像)、九二、九七、九九、一〇一、一二、一〇三、一〇五、一一〇、一一二、一一六(宋塑像)、一一七(宋改塑)、一二〇、一二一、一二二(宋改塑)、一二三、一二四、一二六、一二七、一二九、一三〇、一二一、一三二、一三二、一三四、一三五、一三七、一三八、一三九、一四〇、一四五、一四六、一四七、一五四、一五八、一六四	虢骧将军天水太守王宗的题记

续表

分期		时代	窟龛数	窟龛号	与造像有关的题记
四	北周隋	北周隋	四十七	(上七佛阁)五、六、七、八、一〇(宋改塑)、一一、一二、一四、一八、二四、二六、二七、二八(宋明塑像)、三〇、三一、三二、三四、三五、三六、三七、三九、四〇、四一、四二、四四、四五、四六、四七、四八(唐塑像)、五二、五三、五四、六一、六二、六五、六七、八二、九四、一〇九、一一三、一二五、一三四/一、一三六、一四一、一七一	
五	唐		五	三、十三、十五(魏开窟)、五九、九八	
六	宋		九	九(中七佛阁)、三三、五〇、五八、九八、一〇六、一〇八(魏三期开窟)	
七	明		四	一、二、二五、五一	
八	清		一	二九	
	时代不定或不能攀登的窟		二十五	三八、五七、六三、六六、七九、九五、一〇四、一一九、一四二、五〇、一五一、一五二、一五二、一五六、一五七、五九、一六〇、一六一、一六二、一六三、一六六、一六七、一六八、一六九、一七〇	
	总计		一百七十一		

这八期中，大量的石窟是从西秦到隋以前这一百五六十年中创造的。通过对这些石窟形制的分析，可以看出石窟艺术向汉民族化形式演变的轨迹。

（1）一、二期窟：

Ⅰ型：券顶或平顶大型龛（七〇、七一、七二、七五号等龛）。后壁佛像左右各开三层小龛。

Ⅱ型：方形平面，平顶中型窟，左右各开大龛（一二八号窟）。

Ⅲ型：与Ⅱ型窟相同，惟三壁各开大龛，龛作尖拱形，龛楣两端作二龙头或迦楼罗鸟形，头上卷，头下作束腰状，柱有夜叉托杠形象（一五五号窟）。

（2）三期：

除沿袭一、二期的Ⅲ型窟形制外，新出几种窟形：

Ⅳ型：方形平面、平顶，顶正中藻井凹入、凿出双重或三重浅斗；东、西、北三面各开龛（八三、一二一、八七、一〇三号窟）。

Ⅴ型：长方形平面，盝形顶，顶正中刻长方形藻井，四面坡画佛本行、本生故事画，东、西、北三壁各开大龛（一二七号窟）。

Ⅵ型：方形平面，平顶，顶正中画莲花，向外画出圆形枋檫，通至窟顶四角；东、西壁各开龛（八八号窟）。

Ⅶ型：长方形平面，平顶，三壁墙脚处作低坛基，坛上塑像（一五四号窟）。

Ⅷ型：长方形平面，人字坡顶，正中雕出圆形的椽，两端东西壁刻出横枋，初上刻人字形大叉手，叉手上刻出大斗，壁下三面作低坛基。这种形制与汉民族木建筑居室的形式基本相同。

（3）四期（周、隋）：

这一期时间虽短，却是麦积山石窟群中最重要的一个时期，窟形变化也很大。

Ⅸ型：殿堂形窟，上七佛阁，内部分为七间房室，外部雕出正脊、垂脊鸱尾、瓦垅、檐椽；房室前凿出游廊，廊前有八根六角形石柱，柱础呈覆盆莲花式，上顶有大斗相承，惜前部崩塌，形制不全了。游廊每间顶部雕出平綦六方。房室每间方形平面，盝顶，顶正中雕一莲花，由莲花向外引出四圆椽通至窟顶四角，与角柱横枋相结合，椽、枋正中俱作束莲形，窟门作帷幕式，完全是一座仿木建筑的大殿。

五号窟（牛儿堂）外部形制与四号窟相同，只是内部分作三室，外部斗拱枋等结构保存较好。

Ⅹ型：外部与Ⅸ型相同，内作三间，外部作双重屋檐，椽下有橑篆枋，枋下有素方，素方下是坐斗，斗下即是柱，柱内有廊。内部三室，平面作圆形，穹庐顶，尖楧仿形门，两边雕圆柱，柱顶作莲花，莲花上刻摩尼宝珠（二八、三〇号窟）。

XI型：方形平面，内部结构与IX型相同，惟东、西壁下有低坛基，坛上塑像（二六、二七号窟）。

概括这四期的发展，有两个特点：一是由简到繁；二是逐步转向汉民族化形式。

2.造像和壁画题材

（1）麦积山石窟造像和壁画的题材，与玉门关以东各地石窟无异，均以大乘佛教的经典为依据。

从第一期到第四期，凡是方形石窟，多是三壁各开一大龛，龛内塑一尊佛像，或再有二菩萨、二罗汉，以至女童、力士等。因三面各有一佛，有人以为这是过去、现在、未来的三世佛。

据石窟调查结果，唐以前石窟造像，从未见过这样的题记。莫高窟一六六号窟（盛唐）门北壁画的三佛，榜题为：阿弥陀、药师、多宝三佛，并非三世佛。

实际上，麦积山方形石窟中的设置，是由方形石窟形制决定的。四面窟壁，一面是窟门，余下三面，自然就是二面开龛了。云冈第六窟中心柱上，便是依方形塔柱四面开龛的。

（2）麦积山造像到第三期以后，创造出一些超出原有粉本的新题材。

①正中塑佛像，左右夹侍如：一菩萨、一僧像（一〇号窟北壁，化号窟东、西壁）。

②正（北）壁塑一佛二菩萨，东、西壁各塑一佛，北夹侍为僧，南夹侍为供养人，这两个最南端的供养人像，也可说是全窟三铺佛的供养人像（八五号窟）。而一二三号窟左右壁的南端，分别塑一童男、童女像，布局与八五号窟相同。

③在五一号窟中，西、北壁造佛及菩萨，南壁窟门左右各造一僧像。

④三壁各造一佛二菩萨像，东西壁最南端各塑一力士像（八三号窟）。

⑤北壁正中塑佛像，夹侍为一僧一菩萨，东、西壁各塑一力士像

（一二六号窟）。

⑥北壁塑一佛像，东、西壁各塑一菩萨一力士像（一三九号窟）。

⑦北壁龛内塑佛坐像，夹侍二僧像，上层左右塑十大弟子像。龛外又塑一僧一菩萨，东、西壁各塑一佛像，南壁窟门两侧塑力士像（一二一号窟）。

这些新题材的出现，与北魏太和以后推行汉化政策有密切关系，汉文化的因素被逐步加入到石窟寺艺术中。

（3）麦积山与其他石窟群相同的造像，如一、二期流行的一佛、一佛二菩萨、七佛、释迦、多宝说法，莲花跏趺坐的等觉菩萨或思惟菩萨等。三期佛本行故事像（一三三号窟内造像碑、一二七号窟顶东西坡）、佛本生故事像（一二七号窟顶南面的睒子本生、西面的萨埵太子饲虎）等。到宋代时，又出现了白衣观音像（一六五号窟）。

（三）麦积山石窟艺术的特征与风格

麦积山石窟造像，是全国石窟群中极重要的一处，其中以前四期最为突出，而宋代的塑像，也相当重要。麦积山隋以前的窟龛数量大，而且造像基本全是泥塑（除两铺摩崖大像、千步廊千佛像外）。泥塑艺术创作余地较石刻更大，且麦积山早期造像又很丰富，因而使其成为全国石窟寺艺术的宝库。

1. 西秦与北朝早期：

由于炳灵寺石窟西秦建弘元年题记的发现，为研究此时期造像，提供了标尺。

①造像：

佛像：面形方圆适宜，鼻梁隆起，眼角长，颧骨不高，磨光高肉髻，或水波纹发髻；上身内着僧衹支上面绘小方块（七八、一二八号窟）或花瓣形图案（七〇号窟），外着右臂半披大衣，左侧衣边作折带式纹。

菩萨像：高发髻，头戴有三个花瓣的花鬘冠，并有余发下垂于双肩；上身斜披络腋，宽颈圈，下着羊肠大裙，紧贴腿上；巾带压肘下向外飘起（七四号等窟）。

这些造像衣纹，大多是深而密。其手法完全是汉文化的阴线条，或在凸起宽线中刻阴线，这与莫高窟早期、炳灵寺西秦时代的手法相同，已看不到有纯粹犍陀罗式的衣纹了。

②壁画：画人物，多用极细铁线作轮廓线或勾勒衣纹。莲池中水纹表现，完全用涡旋纹（九〇号龛内西壁）。这与炳灵寺西秦建弘元年壁画的风格，几乎相同。

乾闼婆与紧那罗诸天人的形象，袒胸，露裙，裙宽大而不贴于腿上，且露出双脚，这与其他各石窟早期天人像，也是一致的。

由此可以推断，麦积山早期的造像和壁画，与炳灵寺建弘元年造像，壁画的时间，大致相同。

2. 北朝三期：

佛像：自第二期起，面型已渐渐向瘦削变化，到这一期则更明确地塑出面瘦颈长、臂胛略窄的秀骨清像。上身内着僧祇支；次外着方领外衣，由胸两侧引出双带，在胸前作小结下垂；最外披敷搭双肩的大衣，衣下垂有密褶。时间上靠近北周佛像，其内髻要略低一些（八八号窟）。

菩萨像：面相与佛像相同，发髻与衣饰有以下几种：

①头上作小高髻，有颈圈，外着帔巾交叉于腹际，长璎珞交叉后穿璧，然后上卷；下着羊肠裙，裙的边缘向外飘起（八五号窟）。

②头上作扇面形髻，上身着衫，宽博袖口，下着裙；帔巾上卷不交叉，或于腹际交叉而不穿璧（八八号窟）。

③头上作螺旋髻，身着方领汉装大衣（一〇一号窟）。

④头上作较高的花瓣形髻，其裙带在身旁悬璧，再作小结下垂（八七号窟）。

⑤头上作覆钵式圆发髻，身体向佛像一边侧斜（一二七号窟）。

⑥上身着僧祇支，下着羊肠裙，左手持璧，腰间系璧及饰物（八四号窟）。

声闻像：从第二期起，正式把佛的两大弟子——年老的目犍连、年青的舍利弗——排入佛、菩萨像的行列（一五五号窟）。到第三期，左一铺造像中，出现二声闻就更多了。在衣饰上，也向汉民族化样式转变。声闻内着僧祇支，外穿汉式双领袈裟，袖口宽博，足下着鞋（八五、八七号窟）。年老的目犍连，则多作深目高鼻面型，足下踏长筒毡靴（八五、八七号窟）。

此外，还有头顶四周剃发、正中梳辫时世妆的男侍和双鬟小髻、圆领窄袖的女侍（一二三号窟）。力士像的塑造，不仅生动地表现出力士的钢筋铁骨，而且连胡须也细细地塑出，而不用彩绘表现（一三九、一五四号窟）。

这一期的雕塑手法，在表现衣纹上，出现了直平阶梯式的新手法。

3. 北周、隋：

北周、隋两个王朝，前后共六十多年。在石窟寺艺术上，这是由北朝造像向初唐造像转变的过程。麦积山保存了四十七个北周、隋的窟龛，而且是全窟群中最大的窟龛，因此这里的周、隋造像，就成为全国石窟中的重点作品了。

佛像：低肉髻，并一改瘦削之容，变为方圆面型；衣饰无大变化，但肩胛较肥；半结跏趺坐，座前衣纹变成浅而疏稀的样子。

此外还出现模制的（影塑）、颇似唐代善业泥式的千佛像，贴在窟壁上层，这是佛像雕塑中的新创作。

菩萨像：头上小高髻，低宝冠，宝缯由两肩下垂，是本期的突出特点。衣饰上与前期最明显的区别是帔巾下垂于胸腹之际一道，再加上一长一短的双重璎珞（二六号窟）。稍晚的菩萨像也有帔巾横于胸腹之际两道，下裙瘦窄，有如出水样式（一四、一六号窟），开唐代菩萨造像之新风格。

在雕塑技法上，出现新式的圆线条，这是在前期直平阶梯式线条的基础上发展而成的更写实的手法。

4. 宋代：

麦积山石窟，在有唐一代只造出两铺摩崖大像（一三、九八号）——千步廊（散花楼?）的千佛像和西边五九号摩崖塑像，其余则是依前代窟龛补塑造像而已，并无突出创作，因此，不作重点介绍。

公元七世纪以后，在塑像方面，麦积山宋代造像是很突出的。在全国石窟群中，大足龙岗山、宝顶、敦煌莫高窟、陕北诸石窟和杭州西湖沿岸等处也保存有许多宋代造像。在麦积山，宋代时补造、妆銮了许多佛、菩萨、力士等像，数量多、艺术水平高。

佛像：全是螺髻。面相长圆似瓜子形，鼻梁不高，准头较宽，嘴角小而下垂，眼皮稍厚。胸前虽有僧祇支，但大部全袒。雕塑手法，主要是凸起的圆线条。

菩萨像：有两种风格：

①面相清秀丰圆，嘴角细小而美丽，身材窈窕。以细璎珞作颈圈，袒胸，飘带由肩下垂，捆扎于腰际，下裙紧窄贴腿上如出水式（四三号窟）。也有的帔巾压肘后下垂。在雕塑手法上，衣纹表现游曲自如，颇有“勾绰纵掣”之风。

②与上述风格不同之处，在瓜子形的面型更为明确，眼角上挑，上身着短衫或僧祇支形衣衫，下着裙，外部又着长至膝上的大衣。雕造手法，衣纹表现趋于平直而稍似呆板，与大足龙岗山宝顶的雕像相接近。这种造像较前一种略晚些（一六五号窟）。

力士像：这是全窟群中最为人们所称赞的作品，其筋肉隆起，纠纠雄武，而且其神态、动作，淋漓尽致地表现出力士忠实地侍卫主人、驱逐恶魔的形象（四三号窟）。

这一期造像，如菩萨、力士，是全窟群中表达个性最突出的。而且有的菩萨像如一六五号窟菩萨像，又是时代性较强的作品，特点突出。

1. 麦积山石窟是在西秦割据的领域内。到北魏统一北中国时，这里的一些高僧如玄高等人，也都东到平城，这当然对平城地区佛教的传播与佛教艺术的发展产生巨大影响。云冈初期造像题材与风格，就可以追溯到炳灵寺与麦积山早期的石窟造像。

同时，麦积山在天水东南，天水与蜀地在地理、人文等方面关系密切，因而广元千佛崖、皇泽寺的石窟造像，其风格与麦积山造像相同。而麦积山宋代的造像，则与大足龙岗山、宝顶宋代造像风格接近。可证北朝时代，麦积山造像风格影响了蜀地，而宋代蜀地与麦积则是相互影响的。

2.北周、北齐建国时间很短。关东一带，如南北响堂山、天龙山等石窟，是北齐开凿的重要石窟群。北周在关中及以西的造像，遗存至今的只有麦积山，而且其数量之多，规模之大，是关东北齐各窟群所不能比的，尤其李允信开凿的七佛阁，又是全国石窟中相当大的一处。因而北周时代重点石窟造像，也应以麦积山为主了。

3.全国石窟群中，造像全部是泥塑的，以麦积山、莫高窟为首位，但莫高窟的造像多数是隋代及隋代以后的，只有麦积山，从西秦到宋，历代都有塑像，尤其是隋以前的塑像，数量之巨大，塑造之精美，居全国之首，在中国雕塑艺术史上，公元七世纪以前的代表作当属麦积山石窟。

（阎文儒）

十一　天山以南石窟

新疆是古代中西交通的要道。佛教传入中国，首先到达新疆天山以南各地区。因而中国的石窟寺艺术，即开创在这里。

天山以南的石窟，在银山以西的主要有：拜城克孜尔石窟，库车森木塞姆、库木土拉、克子喀拉罕、玛札伯哈等石窟，以及焉耆的七格星寺院遗址和石窟。银山以东主要有：吐鲁番东的柏孜克里克石窟、胜金口寺院遗址。吐鲁番西交河城遗址附近的雅尔湖石窟及鄯善县西的吐峪沟石窟。这些石窟群，是在古代龟兹、焉耆、高昌等范围内，是新疆石窟群中最重要的几处。

克孜尔石窟

克孜尔石窟群，在拜城东约五十公里的克孜尔镇东南七公里的戈壁悬崖下，木忆特河河谷北岸。这处石窟群遗存至今的共有二百三十五个窟，但大多残破不堪，看不到一躯造像。其中尚存较好壁画的约七十四个窟。根据窟内壁画的题材与风格，可以分作四期：

第一期：一七、四七、四八、六九等四个窟。

第二期：七、一三、一四、三八、八五、一〇六、一一四、一三、一五、一八〇、一九五等十二个窟。

第三期：八、二七、三二、三四、五八、六四、八〇、九二、九七、九八、九九、一〇〇、一〇一、一〇四、一一〇、一二六、一六三、

一七一、一七九、一八五、一九二、一九三、一九六、一九八、一九九、二〇五、二〇六、二〇七、二一九、二二四等三十个窟。

第四期：三三、四三、六七、七六、八一、一〇七、一一六、一一七、一一八、一二三、一二九、一三二、一三五、一六〇、一六一、一六五、一六六、一六七、一七六、一八四、一八六、一八八、二一二、二二七、二二九等二十五个窟。

早期开凿、晚期作壁画的有：七七、一八九、一九〇号三个窟。

（一）石窟的形制

石窟可分作两类：供养佛像作礼拜的支提窟；供僧人修行的毗诃罗窟。

1. 支提窟可分九种形制

①平面作长方形，大多分前后二室。后室多较完整，作纵券顶；后壁开一大龛，龛前有如山形遗痕，龛左右开通道，两甬道尽头以隧道相连，隧道后壁下多凿一安置涅槃像的长条形石台。这是克孜尔最常见的一种形制（一期一七号窟）。

②前室凿摩崖露天大龛，龛内塑像。如四七号窟前室大龛，高达十六点三米，想来这大像的高度也应在十六米左右，龛前两壁又凿出五层洞眼，应是木建筑窟檐的遗迹。室内两旁开通道，甬道末端开横券顶或盝顶后室，后室后壁凿出长条形石台。这样的大窟与阿富汗巴米杨大像石窟形制相当接近。

③长方形纵券顶，后壁凿佛龛，无甬道、隧道小型窟（第二期一四号窟）。

④与①型基本相同，惟后壁大龛之下正中又凿出一甬道，通后隧，南北两壁均凿出许多小龛。窟顶凿出方格形的平棊（第三期二七号窟）。

⑤平面与①型相同，惟窟顶不作纵券顶，而凿出五重斗四式藻井（第三期二〇七号窟）。

⑥平面与①型相同，窟顶凿成一面坡式建筑的样子，在顶内凿出六根椽木形状。南北壁各凿两层小龛。左右甬道所夹的中心柱，开四面龛（第

三期九九号窟）。

⑦平面作方形，穹庐顶，顶正中画出十二条幅或十四条幅壁画（如第四期六七、一二九、一三五号窟）；有的在穹庐顶四角雕出凸起的莲花（如第四期一六一号窟）。

⑧平面作长方形，分内、外二室，内室正中有佛座残迹，盝形顶。外室窟顶上两出木椽一而坡建筑的形状（如第四期一一七号窟）。

⑨平面与⑧型相同，惟前室作长方盝顶，后室顶作六重斗四式藻井（如第四期一三二号窟）。也有作七重斗四式藻井的（如第四期一六七号窟）。

以上这九种窟，都是佛教徒们礼拜佛的场所，所以在窟内塑造或描绘出佛、菩萨等形象。石窟艺术作品，大多集中在这些窟内。

2.毗诃罗窟

毗诃罗窟，是僧徒们修行的住所。在玉门关内地区及华北、华中一带的石窟群，多数是供养佛、作礼拜的支提窟，少见毗诃罗窟。但在克孜尔石窟群中，却有许多毗诃罗窟。可分三种形制：

①平面作方形，窟顶作横券顶，门东南向。窟的右（西）边，从外凿一甬道，左转通到室内；窟的前壁开一方形明窗，左东壁凿一长条形石炕，可容一人。窟内右壁（甬道左壁）偏北处，有灶的遗痕（一〇三号窟）。

②平面作横长方形，横券顶，前壁偏左处开窟门，正中开明窗，无炕与灶的设置，东壁开一小龛，窟壁中部与窟顶有壁画（如一一六号窟）。也有的窟于前壁正中开门、左右开明窗（一一八号窟）。

③大型窟，平面作方形，横券顶。前壁正中开明窗，左右开二门。西壁有较大的灶，无石炕，四壁用白灰涂抹（一一九号窟）。

以上洞窟，①型窟可能是一般僧人的住所；②型窟可能是大和尚所住的精舍；③型窟大概是寺院僧人的厨房。

此外，还有与①型支提窟形制相同的大窟，只是东壁（左）开甬道与左边毗诃罗窟相连（一一〇号窟）。

（二）壁画

第一期壁画：

根据唐代大和尚道世的说法，造支提窟须在四种纪念佛的地方：“一生处；二得道处；三转法轮处；四涅槃处。”又有菩萨有四法，终不退转无上菩提道，其中第二项是：

“若于四衢道中，多人观处，起塔造像，可作念佛善福之缘。塔中画作若转法轮及出家相，乃至双树人涅槃相。”道世所提出的四处起塔和画出佛的三种形相，应是敬佛的基本形式。克孜尔石窟的壁画题材，自然也越不出这样的规律。第一期四个典型窟中的壁画题材，基本上与道世所说相同。

佛说法像：在石窟的两壁上，画出上下两层方格，格内画出佛说法图。佛的两旁画出四众（比丘、比正尼、优婆塞、优婆夷）和菩萨形象。这与许多佛经“序品”中所记佛说法开始的情形大致相同（一七号窟）。

释迦涅槃像：在石窟隧道后壁，画出涅槃形相和举哀的菩萨等弟子（一七号窟），或此位置凿出宽近二点二米、长十米的石台，台上塑涅槃大像（今已不存），后壁画佛的项光、身光以及举哀的众比丘（如四七、四八号窟）。

佛立像：一种是各石窟中常见到的立佛像（如四七号窟后室方柱南北龛内的立佛像）；一种是托钵游化乞食立像（如六九号窟北壁）：另一种是依《佛说观佛三昧海经》等绘出的形相，该经记：“（佛）舌下亦有众杂色脉……变成众光……一一光间，有一光台，其色众妙，不可具名。一一光台，龛室无数，一一龛中无量化佛结跏趺坐，声闻菩萨、一切大众，皆悉围绕。”（《大智度论》《佛说观普贤菩萨行法经》所记与此大致相同）

即在项光、身光内绘有千佛释迦立像。在佛胸部，上层画一佛二菩萨像；下层画并列四菩萨像。腿部上层画二菩萨像；下层画二供养人持果盘跪像，再下又是二菩萨（如一七号窟东甬道立佛像）。

塔内坐佛像：在一七号窟东甬道内，画有双幡覆钵式的塔，塔内画出小坐佛像。这与道世所说于塔中绘佛“转法轮相”的题材相同。

本生故事像：在石室纵券顶上，画出佛作菩萨时各种苦行的形象，即康僧会所译《六度集经》中所说“一曰布施；二曰持戒；三曰忍辱；四曰精进；五曰禅定；六曰明度”等常人难以达到的六种行为。其具体的故事，就是佛“于过去作鹿、作羆、作麞、作兔、作粟散王、转轮圣王、龙、金翅鸟，诸如是等行菩萨道”。在一七号窟之上，画出菱形方格，格内画出许多本生故事。其中，如贫人化为鱣鱼救黎民、乾夷王施头、萨波达王割肉、兔王焚身供养梵志、象王施牙、猕猴舍身救人、猕猴王舍身救众猴、慕魄太子皈依、大光明王始发无上心、昙摩绀太子为求法投火、虔阇尼婆梨王剜身燃千灯、睒道士孝父母、萨埵那太子饲虎等故事图画。

据历代求法高僧如晋法显、唐玄奘、新罗慧超等人的求法行记记载，他们所经过的天山以南地区，如鄯善、焉耆、龟兹、姑墨等地的沙门大多是习小乘学的，因此这些地区的石窟寺艺术自然也要以小乘的故事为主要依据进行创作。克孜尔在古龟兹、姑墨之间，其石窟壁画当然便是以小乘经的佛本行、本生为创作题材，而不见玉门关以东石窟寺中以《法华经》《维摩诘经》、弥勒净土与西方净土等大乘法为题材创作的形象。

此外，还有龟兹供养人、法轮、三宝标、金刚杵、天雨花等图案画和龟兹文题记（如六九号窟）。

壁画用色：以红、绿、蓝三色为主。不过红色已多变成黑色或棕色了。以风格论，整体较粗糙。人物画中，都是用极粗的线条画出轮廓线，轮廓线内平涂颜色，树木作矛头形、蝶形、椭圆掌形，并以粗笔作点表现树叶。在每个本生故事像外菱形方格内，所画椭圆形纹饰，应是图案化的山峰，这与中原地区东汉早期墓葬壁画的风格相接近。

这期石窟，其窟形接近阿富汗巴米杨石窟的形制，壁画题材为简单的佛、菩萨、本生故事，壁画风格也非常粗糙。据文献所记，在魏晋时代已有高僧从龟兹来到内地。综合这些情况来看，可知龟兹境内克孜尔早期的石窟开凿，当在东汉与三国之际。

第二期壁画：

在题材上，一种是在窟顶的菱形方格内，完全画出佛本生故事像（一三、一四号窟）；一种是在窟顶的最下层画佛坐像，此上错落地画出本生故事像和佛坐像（三八号窟）。

在纵券顶正中的长形范围内，除画三尊佛外，增加了持巾过头作舞状的紧那罗和二头一身双翼的共命鸟；以及南端画日及四鸟，北端画月、星及四鸟等像（三六号窟）。

在七、一三、三八号窟的券形顶最下两边伸出部分，还画出鳍、蛤、鸟等等动物形象。而三八号窟两壁最上层画出乾闼婆与紧那罗的伎乐歌舞图像，则是北朝隋唐以来龟兹乐的最好资料。

一三、一四、三八号窟窟顶的本生故事，承袭一期而稍有变化。一七五号等窟窟顶的坐佛像，是新发展与三期接近的题材。三八号窟的人物画，有铁线式、较细的线条，从整体面貌上看也较第一期明快些。在绘画艺术上，这一期是有些进步的。其时代约相当于中原两晋。

第三期壁画：

题材：一种是窟顶全部画上菱形方格，方格最下一层画佛本生故事像；方格之内，俱画坐佛像，每一佛像旁又画出一不同形态的人物，可能是佛本行故事中的某一故事，但因过分简单，难以辨识清楚（八、八〇、三四号窟）。

另一种是在窟的东、西、北三壁上，画出上、中、下三层方格，格内画佛本行故事，能识别出内容的有："出游四门""逾城出家""入山修道"和"涅槃"的形相（一一〇号窟）。

一种是菱形方格内的佛像，顶上有双幡覆钵式塔（如一九一、一九三、二〇五号窟）。一种是在窟的两壁上画三铺较大的佛说法图（如八号窟）。或有佛本生故事像，画在甬道两壁上（如二〇六号窟）。其他各大龛塑像，佛座两旁画出狮子像，这是该期的新题材（如八〇号窟）。

此期技法，人物画的轮廓线，完全是"屈铁盘丝"式的细线条，间或也有略粗者，轮廓线内用赭红晕染。线条较前一期要劲健、挺秀，有圆润、明朗之感。其时间约在南北朝到隋的阶段。

第四期壁画：

这期壁画的题材，多种多样。

佛像：有游化乞食的立佛，身光内画千佛，身光边缘画水波纹（如一二三、一六〇号窟），类似释迦、多宝立的佛像（如二二九号窟）。两壁画四层方格，格内画二供养人或比丘，而无听法四众的坐佛像（如一二九号窟）。窟顶菱方格中，画池中莲茎上托莲座的坐佛像（如一七六号窟）。在最上层画本生故事像，下几层画坐佛像（如一八八号窟）。有的在门上画出涅槃像（如一六一号窟）。在后壁画出“西方净土变”（六七号窟）。

此外，有类似比丘装持锡杖的地藏菩萨像（如一一八号窟）。穹庐顶条形画幅内绘有伎乐人像（如一三五号窟）。在图案式花纹中，有了钱文、系璧纹、共命鸟纹（一六七号窟）、鳞纹（一三二、二二九号窟）、缠枝卷草纹（一一六号窟）、缠枝牡丹、莲花纹（一一八号窟）等。

壁画技法，较前期又有进步。人物画的轮廓线有了粗细变化，似莼菜条（六七号窟）。在轮廓线内以晕染法上色。

佛像的衣饰，大多演变为龟兹人常穿的双领下垂大衣（一〇七、二二九号窟）。

树木的表现，不仅有矛形、蝶形，还出现三、五片花瓣式的树冠，很似画史所说的“轮困尽偃盖之形”了（一一八号窟）。山峰的表现也不仅有图案式的，还有写实的画法，并有了类似初步的皴法（如一一八、一八六号窟）。

需要特别提出的是，用色以土红、大绿为主，已相当接近于莫高窟中、晚唐壁画的用色了。

这一期的壁画更接近了中原汉文化的艺术风格。其时间应在唐、宋时代。而一六一号窟穹庐顶与窟四壁上层所凿出的石枋，枋上所绘花纹，与北京故宫许多门楣上的琉璃砖横枋花纹相接近，因此推想克孜尔石窟的废弃，约在元代以后。

克孜尔石窟除上述能明确分期的洞窟外，还有早期开窟、后期补画壁画的洞窟，如七七号窟的窟形与四七号窟相同，其开窟时间应在早期。但窟中壁画可分三个阶段：在后室涅槃像（像已无存）足部壁上的比丘像，应属一期；甬道两壁菱形方格内的鹿、羊、鹦鹉、鸽、鱼等本生故事及“刷脉镂叶”的树木，应属第三期画风；至于后室盝顶方格中的菩萨像，较甬道中的画，还要晚一些。一八九号窟，则在早期毗诃罗窟内画上千佛，把毗诃罗窟改作支提窟了。

根据以上分析，克孜尔石窟的开创时间，应在东汉末期；废弃时间，约在元代以后。但从天宝十三载、贞元十年的题记看，至少有一些窟在唐代即已废弃了。而全面的废弃，应在伊斯兰教统治南疆的时代里。

森木塞姆石窟

森木塞姆石窟群，在库车城东北约四十公里，离克内什村十公里，库鲁克达格山口东西崖壁上。至今保存较完整的石窟有五十二个，也可分为支提窟与毗诃罗窟两种。石窟的形制与克孜尔石窟几乎完全相同。只有二六号窟是方形平面中心柱窟。塔柱四面开龛，前后室俱作横券顶，全窟四壁开大龛，后壁开明窗，与云冈早期洞窟形制相同。

由于石窟大部分被毁，尤其是壁画剥落严重，至今比较完整、能据之分期断代的，仅有十九个窟。依壁画题材与风格、结合石窟形制，可分四期：

第一期：一一、四三号窟；

第二期；二六、三〇号窟；

第三期：三四、三五、四一、四二、四五、四八号窟共六个；

第四期：一、四、五、二〇、二八、三九、四〇、四四、四六号窟共九个。

这四期石窟，在形制、壁画题材与风格上，和克孜尔石窟分期大致相同。而其中突出的方面，如下所述：

一、二期壁画题材，多用佛本生的猕猴故事。如猕猴王舍身救群猴的故事画（一一号窟西甬道）；狮子王为猕猴二子被鹫鸟所攫欲舍命的故事画（三〇窟南甬道）。还有猿攀树、猿骑虎等故事画（三〇号窟）。

间或采用对称的构图绘出本生故事画，如孔雀王为国王说三痴、二鹦鹉闻四谛品（三号窟北甬道），都是采用两树交枝作连理状、两鸟相对形式。与中原战国、西汉时代的对兽、对鸟纹瓦当，唐时窦师纶所创制的“瑞锦对雉”纹样，十分接近。

三、四期壁画题材，并没有新的创造。可清楚地划分的：三期壁画花边，多是忍冬纹，到第四期出现宝相花和缠枝牡丹等。人物画的轮廓线，不只是“铁线描”，还出现类似“春蚕吐丝”的笔法（四六、四〇号窟）。至于四四号窟窟顶中所画的天王甲胄和旗帜形状，又都接近敦煌莫高窟五代、宋的壁画。所以森木塞姆石窟群最后的时间，应当是在回鹘高昌以前。

森木塞姆石窟群，从一一、四三号两个雄伟的一期大窟及中区土丘东面长近八十米、两端有高大瞭望台的遗址来看，这处石窟群应是古代龟兹国东境最大的一所寺院。

库木土拉石窟

库木土拉石窟群，在库车城西南约三十公里、三道桥西八公里左右，渭干河出山门的东岸上，南北蜿蜒七百五十余米。主要洞窟有七十二个，但像克孜尔石窟一样，塑像全被毁掉，其中只有三十一个窟尚存有较完整的壁画。若与克孜尔石窟壁画相比较，可分三期：

第一期：二、四六、六三号窟，相当于克孜尔石窟第二期。

第二期：二六、二八、二九、三一、三三、三四、五四、代八号窟共八个窟，相当于克孜尔石窟第三期。

第三期：四、九、一〇、一一、一二、一三、一四、一五、一六、三六、三七、三八、四二、四三、四五、六〇、六一、六二、六五、七一号窟，共二十个窟，相当于克孜尔石窟第四期。

值得注意的是：窟群最北的六八、六九、七〇、七一、七二号五个大窟，其六九号窟是毗诃罗窟，窟内壁上刻有汉僧题名和龟兹文题记。其余四窟是支提窟。以六九号窟外石廊顶所刻的忍冬纹和宝装莲花、七〇号窟石廊顶上与汉瓦当相接近的卷云纹来看，应是一、二期的石窟。但七一号窟顶露出的朵云纹图案，应是晚唐时代画上去的。所以这五个大窟的开凿时间与壁画绘出，并不是同一时间。

石窟的形制，大多与克孜尔石窟相同，只是第三期出现了长方形平面、纵券顶、窟正中设五十厘米高的坛基窟形（如一四号窟）。这与吐鲁番柏子克里克三期的石窟、莫高窟五代、宋初曹氏窟的形制相近。

第一期壁画：

这期壁画的题材，与克孜尔石窟二期大致相同，只是在排列形式上有些变化。或在窟顶正中护法像左右最上层方格内画佛本生故事（如六三号窟）；或在两边最下层方格内画佛本生故事（如四六窟）；或在最上层和最下层方格内画佛本生故事（如二号窟），其余各排方格内画佛坐像。

隧道前后壁，或在菱形山状方格内画鹿、猿、鸟等佛本生故事（如二号窟）；还有在隧道前壁不画涅槃像而画出焚棺图（如四六号窟）。四六号窟东西甬道下层的龟兹供养人像和大龛龛楣上层的伎乐图，是研究龟兹人生活的极好资料。

壁画技法：人物、鸟、兽等形象，多用极粗的线条作轮廓线，线内以上红涂抹。形象较为呆板。其技法接近克孜尔第一期。但在题材布置上，如窟顶本生故事，或在最上层一行；或在最下层一行；或在上下两层而中间夹以坐佛像，这与克孜尔一期窟顶全部画本生故事不同。因而推想库木土拉的第一期，应相当于克孜尔石窟的第二期。其开凿时间，约在晋代。

第二期壁画：

这一期新出现的题材，有在窟顶菱形方格内画双幢覆钵塔、塔下是莲花座坐佛、佛前画宝阶阶下有宝池，这可能是阿弥陀佛的形象（如五八号窟）。也有在窟顶上画正方格，格内画莲花座上的坐佛像（如二八、二九号窟）。此外三四号窟东、南、北壁，画出五层或六层的连环故事画（可能是佛传故事），每层中间又有墨书龟兹文题记。

以技法说，人物轮廓线，细而劲健，有“屈铁盘丝”之风。佛像头部前倾，不仅庄严，而且生动。表现树冠，有的分成二朵如蝶形，有的作花瓣状。

用色以蓝、白、绿为主，有很强的明朗爽快感。与克孜尔石窟一期比，有其显著的进步。

开凿时间约在中原南北朝至隋时期。

第三期壁画：

库车是唐代安西都护府驻址，在《唐书·地理志》三中记：

“安西大都护府……显庆三年五月，移安西府于龟兹国……郭昕守安西府二镇，与沙陀、回鹘相依，吐蕃久攻不下。”

直到德宗贞元三年（787），才被吐蕃攻下。在此前的一百多年中，由于此地受唐朝统治，因而从四号窟到一六号窟，除毗诃罗窟外，其余各窟，大致是居住在安西的汉人开凿的。所以在壁画题材中，出现了许多汉人所信奉的大乘经变，如“西方净土变”（一六号窟）、“东方药师变”（一六号窟）、“弥勒变”（一四号窟）以及“降魔”“鹿野说法”“迎佛”等图像（一四号窟）；还有以西方阿弥陀佛、观世音、大势至二菩萨组成一铺画像（四五号窟），以及螺髻、遍身画千佛和天人的释迦牟尼像（九号窟）。此外，门内左右画出比丘及男供养人像（一二号窟）。还有许多窟顶全部画上密密的千佛像。

画像的特征，如菩萨装饰：高发髻，上花鬘冠，胸前着细璎珞，帔巾下垂横于胸腹间两道，这又是唐代菩萨画像的典型形象。其他一般供养人所着襆衫幞头以及武士头上的雉尾，也都是唐代服饰的特点。

壁画风格，人物画用色明快，形象生动，线条劲健、圆润，有蓴菜之风。在边纹中、窟顶上或佛座下，都用了朵云纹，它与宝相花纹成为当时代表性的纹饰。在山水画方面，虽未达到画史所说“石体坚凝、杂木丰茂”的地步，但也出现了远山近水，“一摆之波、三折之浪”的笔法。虽无“屈节皴皮”的树木，但已有了“樛枝”式的树干。画房屋，已有“向背分明”“深远透空”的手法。这些都说明当时绘画艺术水平有明显的进步。

总之，库木土拉石窟群，除四至一六号窟，可能是汉人开凿的以外；像四二号窟，即有汉文题记，如南甬道四身菩萨像旁“南无大慈大悲救苦观世音菩萨”的题记；但在南壁残画中，也有回鹘文的题记，说明龟兹在盛唐以后，汉文通行该地区；直到回鹘高昌时，回鹘文与汉文仍是同时并用的。

在渭干河出山口东岸、大窟群之南，也有许多石窟。第七号窟（长条形毗诃罗窟）内，有朱书“大德法藏鄔郰……画金砂寺”汉、回鹘文对照的题记，这说明此窟群在唐代有“金砂寺”之名。又说明回鹘高昌时代，此地仍有汉僧。

在东千沟四五号窟转北的深沟中有罗汉洞，其中有汉僧题名，如：“大唐东京/大师彦寿/礼罗汉骨”；“法师惠灯共大德□进法兴/礼拜罗汉迴施功德兹（慈）母离苦解脱”。

此外，还有许多汉僧题记，这说明库木土拉石窟群是唐代龟兹国境内汉僧较集中的地方。

可见，库木土拉石窟，在盛唐以前并不如克孜尔石窟与森木塞姆石窟繁荣，所以一、二期石窟较少，从安西都护府移住龟兹，到回鹘高昌统治龟兹，是库木土拉石窟最繁荣的阶段。其第三期艺术风格之所以接近敦煌莫高窟同时代的作品，就是因为此地生活着很多汉人，带来了汉文化的影响。因而库木土拉石窟是在龟兹石窟艺术中最接近中原艺术风格的一处。

柏孜克里克石窟

柏孜克里克石窟，在吐鲁番城东北约五十多公里处，沿木头沟水上溯十余公里，石窟就在沟水西岸戈壁断崖上。柏孜克里克石窟是银山以东、高昌地区保存较好且数量较多的一处石窟群。正式编号的有五十七个窟，可分为支提窟与毗诃罗窟两种。

1. 石窟形制

支提窟可分七种类型，主要有：

①长方形平面，纵券顶，正中凿中心柱，有左右甬道和隧道，与克孜尔①型窟形制相同（如九、一六号窟）。也有中心柱前作横券顶的（一八号窟）。

②方形平面，穹庐顶，四角凹入画供养菩萨像（一四号窟）；或在左右砌甬道，后作隧道，与焉耆七格星大殿遗址相同（一五号窟）。

③长方形平面，纵券顶，正中设坛（三九号窟）。

④长方形平面，纵券顶，后面开小毗诃罗窟（如三六、三七号窟）。

毗诃罗窟，可分大小两种：

二六号窟是大型窟，长方形平面，纵券顶，后壁又凿出一小毗诃罗窟，窟正面上部凿一明窗，四壁只有白灰壁面而无壁画。

七号窟是小窟，又似小型的储藏室。

石窟建筑方法，一种是在戈壁悬崖上凿出洞窟；另一种是依山崖以土坯砌起窟室来。后一种是银山以西各窟群所见不到的。

2. 分期

在57个石窟中，能分期的有30个，依石窟形制与壁画风格，可分四期：

第一期：一八号窟；

第二期：一四、一五、一七、二八、二九号窟；

第三期：八、九、二二、二三、二四、二七、三一、三三、三四、三五、三六、三七、三八、四五、四六、四八、四九、五〇、五一号窟，共十九个；

第四期：一六、三九、四〇、四一、四二号窟。

不能确定年代的十六个窟。

第一期的一八号窟，是开凿石室与土坯垒砌相结合的窟。中心方柱前的横券顶已崩落，在残余的左右甬道、隧道顶上所画斗四式平棊、忍冬纹、鳞纹，及两壁所画着通肩大衣的千佛，与克孜尔三期后段壁画风格相接近。开凿年代相当于南北朝末到唐初。

第二期五个窟，如一七号窟左右壁画十方佛像，窟顶上画“西方净土变”和“地狱变”（?）。关于“地狱变”的画出，张彦远曾记东、西都寺院有五幅地狱变，一幅阎王变。

在全国现存的石窟中，除莫高窟有“十王”图像、大足宝顶有“地狱变”浮雕外，未见其他石窟有地狱变相，如果确是地狱变壁画，则是全国石窟中唯一的一处。

二八、二九号两窟壁画，从菩萨、供养人的服饰，到缠枝宝相边纹，间用土红颜色，都是盛唐、中唐的风格。其中二九号窟在佛背光上的乐器，尤其是“忽雷”，是其他各石窟壁画所没有的。

一四、一五号穹庐顶窟形，虽然在莫高窟与瓜州口乃是属五代、宋初的创造，但这两窟壁画的题材，如四角凹入处不画天王而画供养菩萨，窟四壁画四铺佛说法像，题名又不用五代、宋初此地通用的回鹘文字，因此这几个窟的创建年代，应在回鹘高昌统治此地之前，相当于盛、中唐的阶段之内。这又说明玉门关内穹庐式的窟，较此为晚。

第三期十九个窟，主要窟形是③型长方形纵券顶的大窟，或⑥型后加开小禅窟的大型窟。在壁画题材上，窟顶多画千佛（如二二、二三、二七、三一、四六号窟）；或画塔，塔顶上有双旙，塔中有着双领下垂式大衣的千佛。上角有回鹘与汉文对照的题名（如：九、四五、五一号窟），或仅有汉文题名的千佛（如三六号窟）。左右壁画有着草鞋踏莲花的佛立像（如二二号窟），或在像下画出供养人（如三一号窟），或画出经变、故事画（如三六号窟），还有《法华经》的“见宝塔品”“从地涌出品”“譬喻品”等经变（五一号窟）。四八号窟又有披虎皮的菩萨像。

图案纹样，在佛背光上，有水波纹、钱纹、宝珠火焰卷草纹（如二七、三一、三三、四八号窟）或正中是莲花边外饰朵云纹（九号窟）。

这些窟的壁画，除以上特点外，与前期最大区别是有了回鹘文题记，或汉、回鹘文对照题记。因而可把此期列入晚唐、五代、宋，回鹘高昌时代。

第四期的五个窟，在壁画题材上，出现头戴幞头长飘带的星宿图（如三九号窟）佛涅槃像（如四二号窟）、桃形髻或花冠的回鹘女供养人像、山字形冠或高髻式冠的男供养人像（四〇号窟）以及蒙古骑士装束供养人像（如四二号窟）。这些都是回鹘高昌晚期到元代的壁画题材。

在壁画风格上，以圆圈代替画山的皴法（如三九号窟），以五朵云纹代替佛座（如四二号窟），以及装饰性的朵云纹（如三九号窟）等。因而这一期的时间应在回鹘高昌晚期到元代。

总之，柏孜克里克石窟，是开凿石崖与土坯并用的建窟形式，为银山以西各窟群所不见。其开创年代应在麴氏高昌时代，繁荣期在回鹘统治高昌的年代，至元代进入尾声，之后这窟群便开始废弃了。

吐峪沟石窟

吐峪沟石窟在高昌故城东约十五公里，鄯善县吐峪沟村北山口内吐峪沟水东西两岸上，分为沟东、沟西两区。沟东半山开凿了上下两层石窟。由于山崖崩塌，将东岸现存石窟分东南、西北两区。东南区，四个窟：西北区，二十一个窟。

1. 东岸

（1）东南区：

这区四个窟，只有四号窟较为完整。窟平面正方形，穹窿顶，中间设高坛基，四壁有弧度，近似中原晋墓形制。窟顶正中画莲花，四周画条幅，条幅中画立佛像。穹窿顶外四角画千佛，左、右、后三壁壁画分三层，上层画千佛；中层画佛本生故事，故事图中有“尸毗大王”……“时有国王名曰妙光，为一切”等汉文题记。这些汉文题记的字体，与罗布淖尔地区发现的晋简，莫高窟发现的晋、十六国卷子字体相同。壁画风格，以较粗线条勾勒人物轮廓线，线内略加晕染，接近克孜尔石窟的二、三期之间，即河西张轨、吕光、沮渠蒙逊等在此地设立高昌郡的年代。

（2）西北区：

在此区二十一个石窟中，二、三、四号三个窟，彼此相连，窟内都有简单的壁画。其题材，佛像下座为胡床，是其他各石窟中所见不到的。边饰用粗大的忍冬纹，千佛像完全是通肩大衣，轮廓多为粗线条，线内以粗笔涂染，风格较为简单朴实。其开凿应早于东南区四号窟，应接近克孜尔石窟第二期。

有中心柱的六号窟，甬道顶画斗四式平綦，与柏子克里克一八号窟画法相同，故时间亦应相当。四壁及中心柱上所画双领下垂式千佛，也不是早期风格。

2.沟西

西岸共有十六个窟，其中较完整的一个窟，从残存的甬道、隧道顶所画斗四式藻井及藻井中的纹饰来看，与东岸六号窟时间相近。

吐峪沟石窟群的开创时间，以东岸西北区的二、三、四号窟壁画风格来看，最早应在晋设高昌郡之前。东岸东南区的四号窟应在晋设高昌郡时代。

其中早期壁画题记，完全用汉文，充分证明高昌地区的石窟是汉文化传统的艺术风格。而吐峪沟石窟又是高昌地区创建最早的石窟。

寺院遗址

（1）焉耆七格星明屋

七格星明屋在焉耆城西约三十三公里，紫泥泉子西北近六公里的草滩上。“明屋”是维语，汉译为“千间房子”。在维族传说中，关于“明屋”有一段缠绵的爱情故事，据说古代中国有一王子叫“巴尔哈达”，康国有一公主叫“丝纶”，他们彼此相爱，巴尔哈达还是个很巧的工匠，他为丝纶造了千间房子。后来，巴尔哈达被杀，丝纶也自杀了。人民为纪念巴尔哈达的善于劳动，便把凡是善于劳动的形象，都称作“巴尔哈达”。这里大量的房屋遗址，便传说是巴尔哈达所造的千间房子。

七格星明屋，主要是两大寺院的遗址，佛殿精舍众多。可分为三部分：南大寺遗址、北大寺遗址和石窟。

南大寺遗址：在今铁路农场引水渠东南。方向是正北偏东五十度。有前后两大殿，前殿较大，建筑在高大的台基上，长二十三米，宽二十一米，以土坯砌起，左、右、后三面甬道，与石窟的左右甬道、隧道形式相同。大殿前正中，有用土坯砌起的塔，该塔东南有瞭望台，西北有一六角形基座的塔，塔前还有山门遗迹。

大殿左右有许多僧房和小殿堂遗址。大殿后面的高地上，建有许多僧房和支提式小殿堂；正中与前后二殿相对的地方，有两个阙形遗址。

此高地后隔一山沟，又是高地，其上与大殿相对处建有较小的殿堂，小殿堂西北，则有众多僧房的小支提窟。

可见该寺院规模之大，僧人之多。

北大寺遗址：在水渠西北，方向是正南偏东二十五度。寺院后面并列着三座大殿，建筑形式与南大寺大殿相同，东殿与中殿之间，有两座很大的房址，中殿前面还有建筑残迹，最前端好像是山门的遗迹。

山门东西各有一座高约十米的土台，可能是钟、鼓楼的旧址，西边高土台下，有残壁画，为唐式的莲花纹样。东高台、东侧的小型房址中，发掘出建筑装饰雕刻，有变形忍冬卷草花叶，有插花的鼓腹长颈瓶。西高台与山门之间，还有一排四座土坯砌成的支提窟，纵券顶，中心柱。中、东大殿之后，有六个土塔遗址，西边最大的还可看出有方形塔院，塔基为六角形，每面有壶门。

在南大寺遗址所采集的残佛、菩萨等造像和残绳纹砖，以及在北大寺遗址小支提窟土坯墙中所夹杂硬度较高的残砖与敦煌旧城正中高土台（西凉遗址）出土的砖、洛阳阿斗城采集的砖相同，因而推断此处开创的时间，约在两晋时代。而以鼓腹长颈插花瓶像建筑装饰，又可证明废弃的时间，约在元代。

石窟：北大寺西北，山南面有十个石窟，形制上基本与克孜尔石窟一期的①型石窟相同，但一、二、三号等窟的中心柱不是方的，是扁方的，很像背屏。而二号窟扁方中心柱前还有长方低坛基，坛上有塑像。窟顶画朵云纹、缠绞莲花纹，接近敦煌莫高窟晚唐至宋初的大窟。

至于七、九号等窟的窟形与克孜尔期①型相同，窟顶、甬道残存壁画中，有菱形方格纹，七、九号窟外壁右上角，又有早期佛立像残迹，因而它的开创时间，约与克孜尔石窟的二、三期相同，即在西晋至隋。

（2）胜金口寺院遗址

胜金口的寺院遗址，在木头沟水出火焰山口的东岸上，现存遗址有四处：两处在火焰山口的半山腰中，两处在山脚下公路两旁。

①半山腰中两处寺院遗迹，全部是用土坯依石崖砌出的横券顶或纵券顶支提窟或毗诃罗窟，两侧还有土坯砌成的仿木建筑僧房。前面又有土坯砌起的院墙遗痕。

残余壁画，如东北寺址大殿南窟，窟顶画出以卷云纹组成的莲花；大殿北窟，又画出枯木寒鸦图和葡萄满枝、垂柳成荫图。西南遗址正殿纵券顶还画有千佛像，券顶两坡画出流苏。每室中，几乎都有回鹘文题记。开创时间，应在回鹘高昌的早、中期。

②山脚下寺院遗址，土坯砌成的方形院落，正中大殿与七格星南北大寺内大殿形式相同。左右有长方形纵券顶寮房。最南边距离胜金口街较近的遗址，在大殿后面左右墙角还作出穹庐顶四角凹入的方形小室，其与柏子克里克一四号窟相同。1959年在这里发现过回鹘文、梵文、汉文佛经和“开元通宝”钱。证实了开创年代，可能早到盛、中唐的西州时代，一直

延续到回鹘高昌。

天山以南各石窟，根据它本身的发展规律，并结合历史文献记载，初步认为开创在东汉末期，衰落在元、明之际。可以看出此地早期的石窟艺术，是在天山以南各地本民族形式的基础上，吸收印度、犍陀罗、汉族艺术而形成的佛教艺术，这种艺术风格东传，影响了玉门关以东河西地带的石窟艺术。但七世纪以后，以东、西两京（洛阳、长安）为中心的汉族文化，广泛传播到各地，由于新疆与内地的关系日益密切，天山以南的石窟艺术，则又明显受到了汉族石窟艺术的影响，甚至在库木吐拉三期石窟中，有许多可能就是汉人开凿的。至于高昌地区，从吐峪沟早期直到回鹘高昌时代，石窟艺术的风格，与玉门关以东大致相同。当然，也不是没有地方特色的。

（阎文儒）

十二　八十年代前后石窟研究概述

中国石窟研究是二十世纪以后兴起的一门学科，是美术考古的一个重要分支。清代的金石学家辑录了大量的石窟刊铭，并进行诸多史事考证，然未能超出金石学的限界。二十世纪初，中国考古学者日益重视和研究石窟，石窟等考古逐渐纳入考古学范畴。迄今九十年来，石窟研究经历了三大阶段，即第一阶段：二十世纪三四十年代；第二阶段：二十世纪五六十年代；第三阶段：二十世纪八十年代前后。第一阶段工作是在战争年代中进行的，中国学者的研究尚处在探索阶段，着重于壁画临摹和题记辑录，尤其在辑录题记方面有浓厚的金石学色彩。1930—1933年西北科学考察团调查新疆石窟，1935年北平研究院记录响堂山石窟是突出的两项，黄文弼、张大千是这一阶段最著称的人物。外国学者如日人小林行雄、长广敏雄等，对我国石窟也进行了勘查测绘工作，其成果刊布在二十世纪五十年代成书的《云冈石窟》上。第一阶段限于客观条件，投入的力量十分有限，研究也局限于几大石窟。第二阶段，新中国成立后百废待兴，二十世纪五十年代与六十年代前期，调查工作几乎遍及全国所有的石窟遗迹。这一阶段涌现出常书鸿、阎文儒、谢稚柳、王去非、常任侠、罗赤子、宿白、金维诺、潘絜兹、史岩、罗哲文、温廷宽和刘慧达等一大批石窟考古工作者，他们已开始运用考古类型学方法分期，并发掘了重要石窟的窟前建筑遗址。石窟研究已成为考古学极重要的组成部分，并在量的积累上达到相当程度。然而这一阶段多限于石窟的介绍，尚缺乏系统的和纵深的专题研究。第三阶段，二十世纪七十年代末，尤其八十年代，在充分总结和认识二十世纪五六十年代成果的基础上，再次展开大规模的石窟考古调查活动。这一阶段中国学者已能够较熟练地把考古层位学和类型学理论，应用到石窟寺考古中来，并适当地运用现代科技手段。其中考古类型学的广泛应用，使许多专题研究得以深入，在石窟分朝分区、题材、相互关系和佛教史考察等方面，取得举世瞩目的硕果。北京大学考古系在研究导向和人才培养方面起了关键作用，宿白、马世长、丁明夷、晁华山、温玉成等作为研究的中坚力量。这一阶段以克孜尔、敦煌、云冈、龙门石窟的研究为主流，兼顾其他石窟，成果集中刊布在二十世纪八十年代中国文物出版社，与日本平凡社联合刊行的《中国石窟》系列以及《中国美术全集》石窟卷上，中国学者研究达到国际水平。但这一阶段石窟报告的编写依然颇显不足。二十世纪八十年代前后，石窟寺研究集中体现在下文四大石窟群分期成果方面。

新疆石窟群

新疆毗邻印度次大陆，是中国最早开凿石窟的区域。新疆石窟分布在丝绸之路北路沿线上，主要有古龟兹区的克孜尔石窟、库木吐拉石窟和森木塞姆石窟及古高昌区的柏孜克里克石窟和吐峪沟石窟，其中克孜尔石窟开凿最早，规模最大，又持续时间长。新疆石窟塑像历史上破坏殆尽，保存下来的壁画是最有价值的文物。

克孜尔石窟分朝研究从洞窟形制和壁画两方面入手，结合技术断代，划分为早（三世纪末至四世纪中叶）、中（四世纪末至五世纪中叶）、晚（六世纪中叶至八世纪中叶）三期。早朝主要有中心柱窟、大像窟和僧房窟，流行释迦成道后教化因缘的说法图及用菱格形式表现的本生故事和因缘故事画。中期沿用了早期的窟形，同时出现较多的方形窟，诸形式洞窟形成明显的组合关系。这一时朝出现描述释迦从诞生到涅槃的本行图，说法图盛行不衰，因缘故事数量超过本生故事。晚期沿用中期窟形，规模变小，绘画趋于简化，主要流行千佛题材。由壁画题材推断，克孜尔石窟的古龟兹区流行小乘佛教一切有部，晚期大乘佛教对其艺术的影响加深。库木吐拉石窟是龟兹境内汉人开凿汉僧住持最多的一处石窟，流行中心柱窟和方形窟，分早（五至七世纪）、中（八、九世纪）、晚（十、十一世纪）三期，有典型的龟兹系壁画和典型的汉系壁画，也有兼二因素的壁画。龟兹系壁画盛行于五至八世纪，题材有说法图、菱格形因缘与本生故事画，礼拜供养图和天象图。汉系壁画始于七世纪末，中经吐蕃时期，还包括十、十一世纪回鹘时期的汉风壁画，流行净土、药师、观无量寿等题材经变画和千佛图。

吐峪沟石窟是古高昌区开凿较早的石窟寺，流行中心柱窟和方形窟，早期洞窟约开凿于五世纪，晚期洞窟开凿于九至十四世纪回鹘时期。柏孜克里克石窟是高昌区保存较好、内容丰富的一处石窟，有石窟、土坯窟和二者结合构造的石窟寺。约开凿于五世纪，六七世纪麹氏高昌时期和唐代续有修建，以九至十三世纪回鹘时期开凿的洞窟最重要，在新疆石窟艺术中具特殊地位。柏孜克里克石窟即受到龟兹、于阗佛教艺术的某些影响，又与敦煌石窟晚唐——宋时期的壁画有某些相同点。壁画题材有因缘故事画、佛传故事画、千佛图和经变画，以大型立佛为中心的供养画极具代表性。三十八窟摩尼教壁画久已为学术界共识，目前又辨识出更多的摩尼教洞窟和壁画。

河西、陇东石窟群

河西、陇东是我国石窟艺术极发达的一个区域，西通新疆，东连中原、四川。河西石窟保存了大规模的塑像、壁画，陇东石窟除塑像、壁画外，石刻也比较发达。河西区敦煌莫高窟位居中国石窟之首，对其各时代洞窟均进行了详细的分期。综合而言，北朝时期流行中心柱窟，方形平面覆斗顶窟和禅窟。北魏、西魏时期塑像流行主像为释迦或弥勒的一佛二菩萨三尊像和释迦多宝并坐像，北周以后佛的两侧出现二弟子，发展为五尊像。北魏、西魏时期壁画流行佛传、本生和因缘故事，北周时期故事画题材增多，并出现连续长幅的佛传故事画。隋唐时期莫高窟艺术达全盛，方形覆斗顶窟是这一时期的典型洞窟，初唐以后中心柱窟消失，唐前期出现大像窟，后期出现卧佛窟。塑像方面，隋代流行一佛、二弟子，二菩萨（或四菩萨）一铺的组合，个别塑像组合增加了二力士、四天王像。唐代流行一佛、二弟子、二菩萨、二天王，或加二力士的组合。壁画方面，隋代除流行旧有题材外，出现了规模较小而简单的经变画。唐代广为流行诸种类的经变画，前期同一窟内的题材种类较少，后期则多种经变汇于一窟。唐代还出现密宗题材壁画。五代、宋时期，沿用原来石窟并流行方形佛坛窟，下层窟前面接建木结构殿堂建筑。塑像的内容与组合同唐代，个别窟的文殊为主像。壁画题材亦从唐代。西夏、元时期多改建以前洞窟，妆銮旧有塑像，壁画构图简化和程式化，元代出现藏画风格的密宗造像。为探讨云冈石窟的源流，对凉州石窟边进行了某些考察，凉州石窟流行中心柱窟和置大像的佛殿窟，中心柱呈上宽下窄的层级式。塑像主要流行释迦和交脚弥勒菩萨，面相浑圆，高鼻深目，躯体健壮。

陇东石窟群中，炳灵寺一百六十九窟第六龛西秦建弘元年（420）造像，塑一佛、二菩萨，背光绘伎乐飞天，龛内周壁绘十方佛，这是考察早期佛艺术的基点。唐代为炳灵寺的盛期，流行平面为方形、圆形或马蹄形的平顶窟。以石造像为主，主像题材有阿弥陀佛、药师佛、弥勒佛、观世音菩萨等，流行一佛、二弟子、二菩萨、二天王，和一佛、二菩萨、二天王的组合形式。麦积山石窟以大量泥塑著称，北魏洞窟较重要，五世纪中后期流行方形佛坛窟，造像以三世佛为主，六世纪初流行方形平顶窟、马蹄形穹窿顶窟和套斗形藻井顶窟。造像题材流行三世佛，组合为一佛、二弟子、二菩萨或加二力士的组合。北魏壁画题材流行内容连续的大型佛本生故事，并出现最早的净土变壁画。北周时期流行崖阁式大窟和中小型方形盝顶窟，造像以七佛题材最引人注目，壁画中以绘为主绘塑结合的形式独具一格。固原须弥山石窟和庆阳北石窟寺研究也取得许多新成果。

晋豫及其以东石窟群

云冈石窟是这一区域开凿最早、规模宏大的石窟。十六至二十窟，中外学者公认为460—465年开凿的昙曜五窟，为马蹄形平面的穹窿顶窟，造像流行三世佛和千佛，是为第一期，第二期洞窟（465—493），根据大金《西京武州山重修大石窟寺碑》，结合造像特点，确立了七、八窟，九、十窟，一、二窟和五、六窟，十一至十三窟时代接近九、十窟的先后次序，中国学术界基本首肯这一意见，日本学者对此尚存某些异议。该期流行方形平面的前后室平棊顶窟，有的为中心柱式，有的在后壁凿礼拜道，壁面雕刻都作上下重层、左右分段的布局。造像题材多样化，大像少见，出现世俗供养人行列。流行释迦佛、三世佛、交脚弥勒佛与释迦多宝并坐佛。约在太和十三年（489）前后，出现褒衣博带式佛装。汉魏以来分层分段附有榜题的壁面布局，中国传统的建筑形式及其装饰日益增多。第三期（494—524）不成组的中小型洞窟居主流，布局多样的小龛遍布云冈各处，流行中心柱窟、千佛窟、四壁三龛式窟或四壁重金式窟。造像流行释迦佛、弥勒佛、释迦多宝并坐佛、维摩变和佛传故事等。

龙门石窟北朝洞窟从窟形、小龛入手，唐代洞窟从造像入手取得诸多成果。北朝洞窟平面为方形或近于方形，有的三壁三龛，有的三壁设坛或不设坛式窟。具体分为四期，即一期：孝文、宣武帝时代；二期：胡太后时代；三期：孝明帝以降；四期：东、西魏与北齐、北周时代。造像前三期以三世佛为主，有的为释迦一铺像，组合有一佛、二菩萨，一佛、二弟子、二菩萨、二力士或一佛、二弟子、四菩萨。龛像题材多为释迦佛、弥勒佛，晚期还有二佛并坐和无量寿佛等。第四期主要为补刻的龛像，人物造型趋于矮胖壮健。唐代造像规模大，时间长，题材丰富。第一期（太宗至高宗时期）流行椭圆形、凸字形及方形平面穹窿顶或莲花藻井窟。造像流行阿弥陀佛、释迦佛和弥勒佛，多为一佛、二弟子、二菩萨、二天王的组合。第二期（武则天时期）为龙门石窟艺术的鼎盛期，流行后室方形，周壁雕坛床，后室环顶前室平顶式窟，尚有大摩崖像龛。净土宗的阿弥陀与观音是最主要的造像题材，为九尊像组合，尚有卢舍那大佛、西土二十九组和地藏菩萨等其他宗派造像。第三期（中宗神龙至德宗贞元）流行方形平顶的前后室窟，造像以阿弥陀、地藏、观音较多，密宗造像盛行。

响堂山石窟是东魏北齐最重要的石窟寺，塔形窟最具代表性。一期（东魏晚期）流行中心柱覆钵式塔形窟，造像为一佛、二菩萨组合。二期（568年以前）流行三壁三龛覆钵式塔形窟，塔身出现四柱三间式的廊子，造像组合为一佛、二弟子、二菩萨（或四菩萨）。三期（565—577）流行楼阁式塔形窟，下层洞窟为中心柱，上层为三壁三龛结构，覆钵式亦开龛造像。天龙山石窟北朝一期（528—546）流行方形覆斗顶的三壁三龛式窟。二期（北齐时期）流行主室为方形的三壁三龛式窟，题材有三佛、释迦多宝并坐佛、交脚弥朝佛和倚坐佛。唐代洞窟（673—704）流行方形覆斗顶或圆形圆顶、周设坛墓的列像窟。

四川石窟群

大足石刻在四川石窟群中占有重要位置，北山和宝顶山是较重要的两处。佛湾是北山造像的精华，以密宗为主，次为三阶教和净土宗，一期（约892—907）流行中小型平面为方形或半圆形平顶龛，主要题材有观音、阿弥陀、地藏、释迦、毗沙门天王、西方三圣、三世佛、西方净土宗、日月光菩萨、如意轮观音和千手观音等。二期（约913—955）流行小型浅龛，题材有观音、地藏、陀罗尼经幢、药师变、十六罗汉及千佛和不动明王等。三期（约1109—1146）流行平顶或穹窿顶龛，出现了中小型石窟。造像流行诸观音，新出现毗卢佛、华严三圣、七佛、二佛并坐、摩利支天女、孔雀明王、弥勒下生经变和五百罗汉组像等。宝顶山造像以大佛湾最集中，均为摩崖造像，大型连续雕刻和庞大的群像为国内石窟罕见。题材多样，密宗居多，流行六道轮回、华严三圣及父母恩重经变等。广元石窟是中原北方和南方地区交互影响的重要实例。皇泽寺在北朝末至初唐时期，主要有中心柱窟和大佛窟，组合为一佛、二弟子、二菩萨或加二力士。千佛崖主要为佛殿窟和中心柱窟。

我国诸石窟有明显的东西传承关系，即先新疆，次河西、陇东，后晋豫及其以东的发展次序。龟兹石窟艺术源于犍陀罗艺术，它向东首先影响到凉州石窟和敦煌石窟。云冈石窟则主要源于凉州石窟模式。云冈石窟的主流进而发展为龙门石窟、巩义石窟、响堂山石窟和天龙山石窟。新疆以东的主要石窟多开凿在当时作为政治文化中心的都城左近，五世纪晚期以降，其石窟艺术渐形成自己的特点，尔后，中国各地石窟在发展中尽管保持了地方特征，却不同程度地受到当时政治文化中心盛行内容的影响。五世纪晚期，南方造像明显地影响了中原北方，六世纪中期以后，河西、陇东石窟艺术又影响到川北地区。隋唐时期中原典型的净土变和密宗造像南遍四川，西及新疆。

（李静杰）

佛塔

一　隋文帝造塔

隋文帝造塔，是文帝杨坚于仁寿年间（601—604）一再下诏在国内各州普遍建造的舍利塔。这和古代印度阿育王的普遍造塔相仿，在中国佛教史上是一件大事。

文帝造塔。前后共有三次。第一次，仁寿元年（601）六月十三日，文帝年满六十岁，他于这一天下诏造塔，表示自己皈依三宝，重兴佛教，愿与国内臣民同发觉心，共修福业。因此，特请大德沙门三十人分送舍利于国内三十州起塔，并定于这一年十月十五日正午，各处同时把舍利安置塔内，下入石函。各州起塔安好舍利之后，纷纷呈报瑞应。文帝于接到蒲州安德王雄等所进《庆舍利感应表》之后，曾勅答说，由于分布舍利建塔，感得宫殿之内复降舍利，莫测由来；主管部门可依照前定仪式，再分送国内，增建灵塔，使人们都免盖缠。于是又第二次造塔。仁寿二年（602）正月廿三日，文帝下诏分送舍利于国内五十一州（此据《广弘明集》卷十七所载。但同书收载这次造塔瑞应报告，列举五十二个州名。《神州三宝感通录》卷上和《法苑珠林》卷四十都更多出沈州一处，凡五十三州），并定于这一年四月八日正午，各处同时奉舍利入函。后复有第三次造塔，即在仁寿四年（604）正月，又下诏说，以前分布舍利各处起塔，国内诸州还有未遍之处，今再遣大德分送舍利于国内三十州（此据《续高僧传》卷十八《昙迁传》，同书《洪遵传》作三十余州）起塔，并定于这一年四月八日，各处同时奉舍利入函。以上三次建塔凡一百十一处。此数与《续高僧传》卷十二《童真传》所载相同。其地区遍及于现在中国的十七个省（自治区、直辖市），南方还到达现在越南的北部。

文帝对于造塔的程序，事前有种种规定，实施的仪式也极隆重。据仁寿元年（601）六月十三日公布的《隋国立舍利塔诏》所说，各州起塔，限在指定的佛寺内。如无指定寺院的州，可选择有山水的寺前山起塔；要是原来没有佛寺的州，则就该州选高爽净处造寺起塔；另外规定建塔的佛寺，住僧最多可达三百六十人，其次二百四十人，再次一百二十人，不能再少。又为了各州起塔形式统一，特制造模型，送往各州仿造。送舍利的人选，则就当时名僧中选聘善识法相，堪任宣扬的大德。每州派充任专使大德一人，随行侍者二人，散官一人，并携带薰陆香一百二十斤、马五匹。关于起塔的仪式，规定先要为皇族、官民及一切有情举行七天行道和忏悔。该州主要官吏各停止公务七天，专事检校，务尽诚敬。在行道期内，诸州僧尼都应为舍利设斋。至于起塔经费，为了使人们都能参加这项法事，听任布施，并限制施资在十文以下，以期普及；如施资不够营造，可以役使正丁，动用库藏。据著作郎王劭所撰《舍利感应记》所说，第一次分送舍利时，文帝亲以金瓶、琉璃器皿安装，用薰陆香泥封口盖印，极其慎重。当舍利送入州境时，该州总管刺史率领诸官出迎，夹路步行，作为前导，听任四众尽来供养。由专使大德对众宣说皇帝德意，分布舍利乃与全国臣民同作善因。于是引经解说，诃责恶行。教导忏悔。次宣读文帝忏悔文，到会大众普受三归。文帝于起塔那一天的早上，也在国都大兴宫，迎请大兴善寺佛像及沙门三百六十七人入殿供养，并举朝斋戒，以示虔敬。这样对于造塔一事的重视，成为遍及全国的现象。

隋文帝舍利塔的形式，原系模仿鄮县等地旧有的阿育王塔（见《续高僧传》卷十八《昙迁传》）。现在各塔无一遗存，具体的结构已不能详知，只是依照唐末景福元年（892）《悯忠寺重藏舍利记》所载，隋文帝初建之塔乃五层大木塔（见《金石萃编》卷一百一十八），其平面应为方形（唐代以前一般塔样皆如此）。塔基容纳珍藏舍利的石函，结构十分结实。塔铭则埋在塔下（宋代、清代都发掘出来很多）。江苏栖霞山原有文帝仁寿元年在蒋州建置的舍利塔，毁坏之后，南唐重建，虽仍为五层，但改为八角形，又用石料加以雕刻，已非隋塔原来面目了。

隋文帝之兴建舍利塔，有种种原因。据说，他从小在尼寺内由尼僧智仙抚养长大，所以从小就受到佛教的影响，智仙也将重兴佛教的希望寄托于他。后来，他继北周之后即帝位，便一反北周灭佛政策而为保护佛教。他先于开皇年间（581—600）在国都法界尼寺造连基浮图安置舍利。改元仁寿以后，就仿效阿育王的故事，更普遍建塔，大兴佛寺，实现智仙尼的愿望。另外，开皇九年（589）灭陈，统一南北，次年即依昙迁之请，承认各地私度僧尼的资格，概给公费，一时得度僧尼达几十万人。又罗致高僧在国内设置各种“众主”。使教学钻研专业化。加以建寺、写经、造像等，都含有藉佛教帮助国家统一的用意。至于舍利塔之建置，更可加强信仰，消除这以前流行的末法思想而一新耳目，振奋人心，并也包含着实际的政治意味，所以一再推行于全国。

从隋文帝建塔这一事上，也可看出当时高僧们的活动。隋初高僧最著名的要推昙延、慧远和昙迁。昙延的门下“涅槃众主”童真。慧远的门下“涅槃众主”灵璨、善胄，“十地众主”慧迁，鸿胪馆蕃僧教授净业，三韩教授灵润，以及辨相、慧畅、宝儒等义学高僧，就都充当分送舍利的专使。昙迁本人是造塔的促成者，也曾任专使。此外充任专使的还有著名的译师彦琮，律师洪遵和觉朗，禅师静端，义学师僧昙、慧海等，以及由感通事迹著名的宝积、道密等，散见于《续高僧传》，有事迹可考的共百余人。

文帝造塔，对于后代起了相当大的影响。突破各州建塔原是就寺而立的传统，各寺规定一定数目的住僧，因而形成了各州中心都市建立官寺的趋势。这一趋势到了唐代更具体表现为国立佛寺的设置。如唐高宗于乾封元年（666），于诸州设寺，武周载初元年（689）又设大云寺，后中宗于神龙二年（706）设中兴寺，玄宗于开元二十六年（738）设开元、龙兴二寺等。另外，民间之营造舍利塔，也跟着形成风气。其见于金石文字的，在唐初即有贞观五年（631）造的凤翔法华寺舍利塔，龙朔元年（661）造的河中修正寺舍利塔等。又据《广弘明集》卷十七的记载，仁寿元年（601）第一次起塔之后，高丽、百济、新罗三国使者将回国时，也各自申请分些舍利带回本国起塔供养，都得到允许。所以这一法事的影响，也远及朝鲜半岛。

（游侠）

二　佛牙舍利塔

佛牙舍利塔是中国佛教界修建的一座新塔，塔址在北京西山著名胜地八大处的第二处，即灵光寺原址，供奉着一颗释迦牟尼灵牙。这颗灵牙在我国已经流传了一千五六百年。

根据佛教史籍记载，佛陀入灭荼毗后，有两颗灵牙留在人间。一颗传到斯里兰卡，另一颗传到当时的乌苌国印度河上游及斯瓦特地区，后由乌苌国传到于阗（在今我国新疆）。五世纪中，南朝高僧法献西游于阗，从而把它带回南齐首都，即现在的南京。隋代统一，佛牙被赍送到长安。五代时期，中原兵乱，佛牙展转传到当时北方辽代的燕京，即现在的北京。《辽史〔卷二十二〕道宗本纪》，载有咸雍七年（1071）八月将佛牙舍利安置“招仙塔”的记录。这就是佛牙来到北京的来源。

招仙塔的所在地灵光寺，创建于第八世纪。塔建在寺内东南隅，是一座八角十级的砖塔。因塔砖刻有佛像或佛塔的花纹，所以一般称为“画像千佛塔”，几百年来，灵光寺一直是北京的一个游览胜地。1900年，帝国主义八国联军侵入，大肆焚掠，使北京遭受到了巨大破坏。远在郊外的灵光寺和招仙塔也被侵略者的炮火轰为一片瓦砾。事后，僧人收拾残破，在塔基中发现了一个珍藏佛牙舍利的石函。函内有一沉香木盒，上有“释迦牟尼佛灵牙舍利，天会七年四月廿三日记，善慧书”的题记。塔顶的石雕露盘，幸还完整，上刻建塔年月，与《辽史》记载完全符合；造塔人是“大辽国公尚父令公丞相大王燕国太夫人郑氏”。按此“燕国太夫人”，即当时辽国宰相耶律仁先的母亲。至于木盒上题名的“善慧”，则是五代时北汉僧人，明河《补续高僧传》中有传。“天会”是北汉年号。“天会七年”，即公元963年。按北汉是五代后期山西北部反宋亲辽的一个军阀割据的政权，后来为宋朝所灭。这颗佛牙从1071年入塔到1900年出现，在招仙塔中供奉了八百三十年。

佛牙舍利发现后的半个世纪中，中国在军阀官僚反动统治和帝国主义侵略下，社会一片混乱，僧人没有可能作如法的供奉。直到新中国成立后，在北京佛教界的倡议和人民政府的支持下，于1955年把佛牙舍利迎到广济寺，供养在舍利阁七宝塔中，以供国内外信众的瞻礼。这颗佛牙舍利还曾先后应缅甸和斯里兰卡两国佛教徒们的要求，护送出国，接受两国信徒的礼拜。

1957年，中国佛教界发起，依照佛教传统重建新塔，作为供奉佛牙舍利的永久场所，使千年胜迹得以恢复。从1958年夏到1964年春，一座凝重庄严的新塔和附属殿堂建成。

佛牙舍利塔高五十一米，八角十三层密簷，承以二十二米见方、高出地面二点七米的宽大拜台。在结构上采用现代建筑的施工技术；在造型上保存了中国古典佛塔的传统，并加以融化和发展。塔身外型用的是唐宋时期北方流行的单层密檐形式，配以碧瓦金刹，绮窗复栱，有朴素简洁与挺拔秀丽的风格。塔身内部分作七层殿堂。底层为一暗室，周墙嵌镶石刻碑记和经文。室外绕以石梯，上达佛牙舍利堂。堂中设置金刚座和彩绘屏风，以七宝金塔供奉着佛牙舍利。堂内墙壁用大理石嵌成，堂顶装硃地贴金蟠龙藻井，显出庄严肃穆、恬静和平的气氛。以上六层分别供养着汉、藏、蒙、傣各族佛教的经象和法物。

1964年6月25日，中国佛教协会在这里隆重举行了佛牙舍利塔开光典礼。参加典礼的有应邀来自柬埔寨、斯里兰卡、印度尼西亚、日本、老挝、蒙古、尼泊尔、巴基斯坦和越南的佛教代表团。一些国家驻华使节和外交官员也参加了典礼。各国佛教代表对于佛教史上这一件大事因缘，一致表示欢喜赞叹，并热情祝愿宝塔常住，舍利永安，世界和平，人民安乐。

（中国佛教协会）

三　妙应寺白塔

妙应寺白塔位于北京西城区阜成门大街妙应寺内。因寺内保存这一通体皆白的藏传佛教塔，故俗称“白塔寺”，它的正名反而被人们忘却了。

妙应寺坐北朝南，由山门、钟鼓楼（已毁）、天王殿、二世佛殿、七佛宝殿、廊庑、塔院等几部分组成。寺最初称“大圣寿万安寺”，元至元十六年（1279）始建，历时十年，至元二十五年（1288）落成。明天顺元年（1457）才改称“妙应寺”。《宛署杂记》卷十九记载：“妙应寺旧名大圣寿万安寺……景泰八年宛民郭福请于朝，修寺，赐今名。”景泰八年（1457）正月英宗，改年号为天顺，故《长安客话》卷二，《帝京景物略》卷四和《春明梦余录》卷六十六，均改作天顺元年。寺于元至正二十八年（1368）六月遭火灾，经明清两代几次修葺，现今元代遗物仅存这座白塔。除三世古佛殿、七佛宝殿两殿基及两殿基间的穿廊基（即所谓工字基）还沿袭了明景泰再建时的规制外，其余皆清代遗物。

辽道宗寿昌二年（1096）时曾建过一座塔，是为供养佛舍利的，为今日白塔之前身。塔内藏有佛舍利戒珠二十、香泥小塔二千及《无垢净光陀罗尼经》五部。塔内的形制已不可考。辽金时代北方的佛塔，绝大部分为密檐式。即使辽代在白塔寺曾有旧塔，也不会是现在这种白塔的形制。元世祖至元年间（1264—1294）如意祥迈长老奉敕所撰《圣旨特建释迦舍利灵通之塔碑文》刻石、所记释迦舍利灵通之塔即今妙应寺白塔，纠正了从明末崇祯时刘侗、于奕正撰《帝京景物略》和清初孙承泽《春明梦余录》所记关于辽塔和元建白塔混淆的讹误，成为现存北京文献中记录白塔的最早一块碑记。

至元八年（1271），元世祖从近臣处传闻并详视了从旧塔内出土的石函等遗物后，在旧基及其附近开始建造这座大型的藏传佛教塔，工程浩大，历时八年之久。塔建成后为要安奉旃檀瑞像，所以在塔前又建了规模宏大的寺院，赐名“大圣寿万安寺”。《佛祖历代通载》卷二十二：“帝（元世祖）一日曰：旃檀瑞像现世佛宝、当建大圣寿万安寺。”施工过程中，得到了朝廷的大力支持，《佛祖历代通载》卷二十二记该寺四界为世祖所亲定：“帝（世祖）建大圣寿万安寺，帝制四方、各射一箭，以为界至。”开始兴建后，世祖还曾命中卫军伐木供料，《元史》卷十《世祖十》：“（至元二十二年十二月）戊午，以中卫军四千人伐木五万八千六百株，给万安寺修造”，是年世祖又命知谏为第一代开山主，缪荃荪传抄本《顺天府志》卷七引《宗原堂记》“……继以领粹教都总统开内三学都坛主开府仪同三司光禄大夫司徒邠国公知谏，至元二十二年，世祖皇帝建圣寿万安寺于新都，诏楝（谏）公开山主之”，《元史》卷十五《世祖十二》：“（至元二十五年夏四月）甲戌，万安寺成，佛像及窗壁皆金饰之，凡费金五百四十两有奇，水银二百四十斤”，装饰华丽有若内廷。《元史·五行志》：“此寺旧名白塔，自世祖以来为百官习仪之所，基殿陛栏楯，一如内廷之制”，内部布置，世祖亦曾亲自主持。《楚国文宪公雪楼程先生文集·卷九旃檀佛像记》和《元史·世祖十二》均记载了世祖亲临该寺和安设旃檀像事。程钜夫在《雪楼集》中更言简意赅地描绘了白塔建成的情景：“至元十六年建圣寿万安寺，浮图初成，有奇光烛天，上临观大喜，赐京畿百亩万五千，耕夫指千，牛百、代器备。世祖卒，成宗置世祖影堂于殿西，内放玉册十有二，玉牒宝钮一；置裕宗影堂于殿之东，月遣大臣致祭”，性质颇似祖庙。《大都图册》云：“大圣寿万安寺，精严壮丽，坐镇都邑”，从至元八年（1271）建塔，十六年（1279）建寺，一直到天历三年以后，前后历经五六十年之久。可见，妙应寺白塔和大圣寿万安寺的兴建，是元代皇室在大都兴建的重要工程之一。建塔过程中，还邀请了在西藏建黄金塔的著名尼泊尔工艺家阿尼哥。《凉国敏慧公神道碑》："……公讳阿尼哥，波罗国王之胄……少长每有所成，巧妙臻极……若西园之玉塔凌空，皆公心匠之权舆……"这样一座著名的寺院，在建成后的九十七年，即元至正二十年（1360）因火灾而毁，仅仅幸存的是白塔和二影堂。

妙应寺白塔建在寺院的尽头塔院内，塔院高于寺院殿堂，院内四周建有角亭四，正中有"具六神通"殿，内供三世佛。高大的塔，居院正中，它由塔基、塔身和塔刹三部分组成，通高五十点九米，砖结构覆钵式塔。台基由三层组成，最下层平面呈方形，台前设一门，门前有台阶，形如横桥，分东西踏步，可直蹬塔座。上、中层平面，均作亚字形，四角向内递收二折的须弥座，其束腰有圆形角柱，其须弥座有力地显示了塔的巍峨壮丽。其上由二十四个砖砌半圆突起的莲瓣组成"复莲座"，再上有五道砖砌的环带"金刚圈"，往上向里收进以承塔身，使塔由方形基台到圆形塔身的过渡，显得十分自然，并富于装饰性。再往上就是硕大的覆钵状塔身，好似倒置的钵盂，外形粗壮、低矮、周身环绕七条铁箍，以起加固作用。塔身以上至塔顶由须弥座形"塔脖子"、十三天（相轮）、天盘（华盖）、塔刹等组成。塔身上的方形折角亚字形须弥座和雕莲瓣串珠的圆座，是元代砖雕艺术的杰作，线条流畅，图案古朴，使整个塔形显得变幻多端、不呆板。塔脖子以上是凹凸相间的圆锥形相轮，共十三层，称作十三天，从下往上收刹，似长颈矗空，节节而起。其顶端又承托着一个圆形华盖，远望好像一把别致的伞在替白塔遮荫，而这把"伞"的直径竟达九点七米。下面用厚木作底，近似碟形。顶上覆盖铜质板瓦，板瓦间接缝处又用四十条铜筒肯瓦盖合，就像伞面上放射形的伞骨一样。这样巨大的天盘，只用了八根锻铁支柱斜撑着它。天盘正中还累迭着形如小塔，而又分作八层的镏金宝顶作为塔的收尾。塔刹用八根固定在天盘边缘铁环上的铁索链拉紧。天盘周围悬挂着铸铜镂空高一点八米的"华鬘"三十六挂，一挂铸成阳文佛字，周围绕以花纹、另一挂花纹繁缛，中间铸成梵文"佛"字，均为万历十九（1591）时铸成，每挂下悬一口小铜钟，风吹击响，发出清脆悦耳的声音。檐挂华鬘，身络蛛网，珍铎迎风而韵响，金顶向日而光辉，亭亭岌岌，遥映紫宫，制作之巧，古今罕有。镏金铜宝顶高约五米，也是由塔基、塔身、塔刹三部分组成，做法采用了分节套装的办法，纯白的塔身与金黄的伞盖，在湛蓝的天空里生辉，景致壮丽，是北京城市主体轮廓线上的一个重要景物。

白塔在八百多年的风霜雨雪和天灾人祸的侵袭下，虽经过了元至正四年（1344）、明宣德八年（1433）和清康熙乾隆两朝、民国十四年（1925）和民国二十六年（1937）的几次修葺，但到新中国成立前夕，白塔已荒芜衰败了。新中国成立后，党和政府多次拨款修缮，安装了避雷针，除掉塔身上的杂树。尤其是1976年唐山地震波及北京后，妙应寺白塔也受到了一定影响和损坏，在古建筑师的大力协作下，进行了一次规模较大的修缮，对白塔的结构和工程做法等有了进一步的了解。在整修塔刹小铜塔时，又发现了乾隆十八年（1742）奉纳的一批佛教文物，计有乾隆手书《般若波罗蜜多心经》、藏文《尊胜咒》、五佛冠、补花袈裟、木质观音、舍利子、赤金长寿佛、大藏经、五彩线白塔图案册等。这些佛教文物补充和印证了乾隆十八年《御制重修白塔碑铭》和清乾隆间章嘉国师所撰《京西门白塔因缘志》的记载，给妙应寺白塔增添了新内容。

白塔的形制，渊源于尼泊尔的白塔（奇白）、元初才出现在雄伟的大都城，是我国现在藏传佛教塔中年代较长的一处，它保留外来风格较多，是我国民族特色与外来风格相结合的产物。它不仅是一件精致壮丽的艺术品，是研究五代历史的重要文物，而且也是中尼两国人民友好往来、文化交流的实物例证，它象征着中尼两国人民悠久而深厚的友谊。

妙应寺白塔，已于1961年为国务院列入全国重点文物保护单位。

（吴梦麟）

四　真觉寺金刚宝座塔

金刚宝座塔位于北京西直门外四里许的白石桥北岸东侧真觉寺内。真觉寺始建于明朝永乐年间（1403—1424）。据《帝京景物略》卷五记载："成祖文皇帝时，西番板的达来供金佛五躯，金刚宝座规式。诏封大国师，赐金印，建寺居之。寺赐名真觉……"清代乾隆帝为给其母后庆寿，用了十年的时间对真觉寺大加修缮，并为避雍正帝胤禛的名讳，将真觉寺易名为"大正觉寺"（《重修真觉寺御制碑》）。

从故宫档案馆珍藏的乾隆重修正觉寺的奏档看来，寺内布局是以塔为中心，前后共设四重大殿，东西两路建有钟楼、鼓楼、廊庑配殿、行宫、重簷亭等，共计房屋二百间左右，布局别具一格，异常雄伟壮观。清末寺毁于火，塔亦略有损失。1927年，寺的殿宇均被拆除，仅存五塔及其四周的空地各一丈，塔前偏西蒙藏合文碑一座，东边满汉字碑一座（《雍和宫道观所刊物》）。为扶危补残，购置寺之旧地三十亩，于1937年开工，次年告竣，建门楼、院墙及门房，以资维护（见门垛西侧石刻铭文）。新中国成立后，政府对仅存寺内的金刚宝座塔进行了四次维修，使它依旧巍然耸立。1982年，对外开放。

真觉寺金刚宝座塔，按明永乐初年，西番板的达来供的金刚宝座规式而建。从塔的南券门上石匾额内刻的"敕建金刚宝座，大明成化九年十一月初二日造"的字迹来看，金刚宝座至1473年才告竣工。宝座内里以砖砌筑，外表由乳白色理石贴面，建立高约五十公分的低矮台基上，呈长方形体。宝座东西宽十五米七十三公分，南北长十八米六十公分，高七米七十公分。座体四面均刻出五层短檐，宝座南北正中，辟开大券门，进南券门后，是长方形过室，顶部雕有盘龙藻井。藻井这一古建装饰是高等寺窟的标志之一，在金刚宝座内部有六处之多。由过室再向里是回廊式塔室，中间为方形塔内中心柱。柱体四周均辟二米多高的佛龛，内置石刻佛坐像。环绕塔室一周又回到了过室，东西两侧有小券门，登宝座的阶梯就巧妙地设在门内。拾级盘旋而上，可至宝座上平台。台出口处盖有一座别致的圆顶方室绿琉璃罩亭，与宝座上分立的五座塔自然融为一体，使得金刚宝座更加古雅。五座塔，比例匀称，玲珑精湛。中央一塔高八米，十三层，其余四塔均高七米，十一层。加之刻以簷、梯、斗拱装点，使真觉寺金刚宝座塔成为中国古建吸收外来文化成功的范例。

然而，更富有特色的是金刚宝座的雕刻。它无一处不雕，无一处不刻。匠师们采取了古老的“减地平钑”法，使雕刻富有古朴、典雅精致、遒劲的独特风格，细细数得，金刚宝座塔上上下下共雕佛像一千五百六十一尊，菩萨像四十尊，还有四大天王和降龙、伏成罗汉的造像，五佛坐骑：狮子、象、马、孔雀、迦楼罗的形象，也有吉祥八宝及轮、杵、瓶、牌的雕刻若干处。更可贵者，梵文雕刻的数量之多，在中国少见，为研究者提供了大量的实物资料。还有藏文赞词一首，最后祝愿国家人民利乐安康。罕见的是，在中央一塔南面的须弥座束腰中间刻有“佛足石”，大小与真的双脚一样，足心向外，托在果实丰满的莲座之上，两侧以吉祥八宝：轮、螺、伞、盖、花、瓶、鱼、长祈供，构图严谨，刀法娴熟，显示出工匠的格外用心。据查“佛足石”的雕刻，北京仅此一处。

真觉寺金刚宝座塔，是中华民族文化史上不可多得的艺术精华，明代巨大的石雕，不仅历史悠久，而且形制秀美、雕刻精辟、内容丰富，因此具有很高的历史、艺术和科学价值。1961年国务院公布，真觉寺金刚宝座塔为第一批全国重点文物保护单位。

（王丽君）

五　临济寺青塔

临济寺，位于河北省正定县城东南约二里许的临济村。寺址正临滹沱河北岸，当时是个摆渡口，故名临济村。据《正定县志》载，临济寺创建于东魏兴和二年（540）。晚唐时僧人义玄受法于黄檗希运后，归河北弘法，主持镇州（河北正定）临济院，即在此创立了中国佛教禅宗五家之一的临济宗。义玄禅师禅风峻峭，以“棒”“喝”并用著称，“人法照用”“三玄、三要”等法接引学子。

义玄禅师于唐懿宗咸通八年（867）十月十日，摄衣裾坐，与二禅师问答毕，寂然而逝。其弟子建衣钵塔于城内东南方现址，临济寺也随即迁往城内塔址。

临济寺早已成为废墟，仅存一座青塔和两通石碑。在二十世纪八十年代，寺又重新兴建，殿堂僧舍逐渐恢复起来。青塔历代多有重修。现存的青塔为金大定年间（1161—1189）重修后的形制。至新中国成立前夕，檐破瓦落，只剩下一座塔身。此次重建殿堂时，将塔也予修复一新。塔平面作八角形，立在四方的石坛上。八角形的塔基也是石砌，石基以上始为砖造。最下层为须弥座，其上为平座及栏杆，再上为莲座。莲座之上便是塔的初层。初层甚高，四面开着门、窗，角上有圆柱。第二层以上的八级都较低。平坐及初层檐的斗拱都出双杪，第二层以上则只出单杪，在第二、四、六、八层上，补间铺作用有斜拱的如意斗拱，而三、五、七、九诸层，则只用单纯的华拱。金属塔刹，刹下莲座。整座塔为密檐式，共九级，高约二十六米，两通石碑分别刻明正德十四年的《重修临济塔记》和清道光十年的《重修临济寺碑记》。

临济宗在我国佛教宗派史上是发展和繁衍最广、信徒众多的一派，因有“临济遍天下”的传语。在公元十二三世纪之间传入日本，在日本发展和繁衍，为日本佛教宗派中的重要一支。临济寺是临济宗的发祥地，青塔是为纪念该宗创始人义玄禅师遗留下来的圣迹，故此寺塔不仅是中国佛教徒向往朝礼的圣地，而且对中日两国人民的友好往来和文化交流具有重要的意义。

（慧新）

六 应县释迦木塔

释迦塔在大同市南应县佛宫寺内。佛宫寺初名宝宫禅寺。元延祐二年（1315）敕改为佛宫。在金、元时期，规模宏大，僧人众多。到明、清日趋衰落，规模逐渐缩小，清末就是现存的范围了。

释迦塔，根据现存资料查考，创建于辽清宁二年（1056）。所用数以万计立方的木材，砍伐、运输、加工、制作，在六十多米的高空操作和安装，其难度之大，是很难想象的。然而，这座高耸入云的释迦木塔，建造雄伟挺拔、坚固庄严，充分反映了劳动人民卓越的勇敢智慧和建筑才能，是镶嵌在祖国文物遗产中的一颗璀璨明珠。国务院于1961年立为全国重点文物加以保护。

佛宫寺坐北向南，沿中轴线依次为山门，山门后两侧钟鼓楼对峙，向北少许是前檐廊硬山东西配殿，中部即为木塔，塔后经酸淡梁小桥（甬路）与方形砖台、砖门楼，门楼后，东西两侧有攒尖四方小凉亭各一座，迎面是面宽七间，进深两间的单檐歇山顶大雄宝殿，及东西两侧僧房、殿前硬山东西配殿。全寺除释迦塔外，均为明、清两代重建。

释迦塔建在分上下两层高大的石砌台基上，下层为方形，上层依塔做成八角形。上层台基和月台各角均有角石，角石上面雕有突起的石狮，姿态各异、风格古朴，均为辽代原物。塔平面呈八角形，外看有五个明层，各层间夹设暗层，实是九层。底层为重檐，檐共六层。塔身高六十七米三十一公分，底层直径为三十米一十七公分，庞大壮观，是国内现存最古最高最完善的一座木塔，在国内外享有很高的声誉。

塔身为檐阁式，整体构架全用木建。在构架原理和形式上体现了辽代的建筑特色。构架层层立柱，上层柱子插在下层柱头杨上的“叉柱造”，用梁、枋、斗拱逐级向上垒架而成。底层的内外两圈木柱用内外两层厚墙保护，以上各层均用内外两圈木柱支棒梁架。同时在各层柱头上叠垒了多道额枋，组成内外两道八角形整筒式多层框架。框架之间用草栿和明栿拉结，特柱网联成一个整体。为了防止框架变形，各暗层施设了复梁，加强了整体结构的刚性。这种结构对于保持塔身稳定挺直具有重要的作用。五个明层的内檐空间高大，是专供佛像用的，以增佛像庄严。外槽上部为暗层，伸出平座、屋檐，下部为走廊，供游人活动，做到了结构、功能和艺术的巧妙结合。木塔从上到下，从内到外，共使用了五十四个不同形式的斗拱，这在建筑史上是罕见的。

塔顶作八角攒尖式，上立铁刹，它由仰莲、复钵、相轮、火焰、仰月、宝瓶及宝珠等物组成，制作精致，与塔身形体十分协调。自仰月下用铁链八条，分别系于各屋角垂脊未端上，可使塔刹稳固。

从塔的外形上看，上层檐柱均较下层檐柱略为内向，形成塔的外观一层比一层小的优美轮廓。纵观木塔全景，体形庞大，出檐深远，屋檐两端微像向上反曲，斗拱大、式样多，屋椅上配以向外跳出的平座，上立栏杆，内设走廊，十分壮观。站在塔下仰视，斗拱朵朵犹如百尺莲开，高耸的塔刹似入云霄，真可谓“远看擎天柱，近视百尺莲”，使人看了惊叹不已。

塔底层南向开门，周设回廊。各层装有木质楼梯，可以逐级攀登直至顶层。二层以上设平座栏杆，游人至此，凭栏远眺，桑干如带，恒山如屏。每上一层景色境界为之一变，使人视野开阔，心旷神怡，确有“天宫高耸，同登极乐，天下奇观”之感。

木塔的形式，为垂楼式塔。至今保存下来的木构楼阁式塔，仅有这一座了，自然十分可贵。

木塔建成后，历经了漫长的风雨侵袭、多次地震及战争的破坏。据记载：“今（金）元迄我明，大震凡七而塔屡震，屹然壁立。”民国十五年（1926）阎、冯在应县一战，塔被二百余发炮弹所击，塔身弹痕累累，随处可见，但仍“屹然壁立”，近年的邢台、唐山地震都波及应县，尤其是唐山大地震，塔上风铃全部震响，持续一分多钟，木塔又一次经受住考验。经过几百年来一次次天灾人祸，木塔虽未圮塌，但也遭到各种损坏。历金、明、清、民曾先后六次进行过修缮，前三次具有明显的加固性，后三次均属装饰修补。

从塔拾阶而上，进入一层南门，首先映入眼帘的是结跏趺坐于束腰莲花座上，高约十一米的释迦牟尼塑像，面容丰满，身着袈裟，前衣襟呈水波状，坦胸正坐，左手向前微下垂，右手向上屈指作环形，名为“说法印”，表示说法的姿势。由于室内光线较暗，就显得更加庄严肃穆，当游人适应了光线后，又显得温和慈祥，令人可亲可敬。莲座下的八大力士，头戴盔、身着甲，造形生动，形态各异，躯体健壮，英武有力；内墙壁上的六尊如来像，比例适度，色彩鲜艳；两侧顶端的飞天凌空飘举，衣带随风飘洩而缓缓下垂，姿态优美，神采奕奕，是画中少见的佳作。顶上雕刻着八角形各种图案的华丽藻井。南门两侧墙上画着面目狰狞的两大金刚，手持法器，降福除灾。内槽门两侧画二大天王，形态威猛，气势逼人，受佛嘱咐，守门护法。其上是佛的两大弟子，一是迦叶尊者，一是阿难尊者。门额照壁板上画三幅女供养人像，体态丰满，神态安详虔诚，衣饰华丽，线条优美，双手端着仙果、仙花，虔诚地奉侍着佛。二层坛座方形，上设一佛四菩萨。三层坛座八角形，制作精制，上设四方佛。南方为宝生佛，北方为成就佛，东方为阿闳佛，西方为阿弥陀佛。四层坛座方形，上设一佛二菩萨二弟子。石层坛座方形，中间端坐着毗卢遮那佛，四周塑八大菩萨，顶上是木制八角形藻井。

这些塑像，唯底层释迦佛，形体相貌仍为辽代风格，其他塑像，后经屡次装銮，已失原貌，但在神态是谐调的。庄严、慈祥的神气，丰满、镇定的法相姿态，体现了佛法无边，皈依幸福。这些造像弘扬佛教，反映了辽代雕塑艺术的成就及其演变发展过程。

众多善男信女，千里迢迢远道而来，在晨钟暮鼓中，顶礼膜拜，也有留名题字的。在现存匾额中有明代的两个皇帝观赏木塔之后留下的墨迹：一是永乐四年（1406），成祖朱棣北征，驻牌塔上亲书“峻拯神工”四字，此匾现挂在五层南面；一是正德三年（1508），武宗朱厚照登塔宴赏时，被木塔奇异复杂的构造、宏伟壮丽的外观所吸引，当下疾书“天下奇观”四字，制成匾后，悬挂在四层南面。在匾牌中有的是记载木塔修葺年代的，三层南面的巨牌就记载了木塔的创建和历次修缮年代，是考证木塔建筑历史的珍贵史料。

近年来，在整修塑像时发现了一批刻经，写经和木刻板套色绢质佛画及神农采药图等珍贵文物。这批文物、年代准确，内容丰富，是多少年来辽文化的一次空前发现。年代最早的是辽统和八年（990）的刻经。统和二十一年（1003）的部分契丹藏，是国内外稀有的孤本。它是研究辽代造纸、印刷、书法等方面的重要实物资料，对探讨辽代政治、经济和文化具有重要意义。

近年来，许多中外游客诗人画家、专家教授、工农大众慕名而来，考察古建，访胜选画，观赏北国风光。1979年全国人大常委会副委员长班禅额尔德尼·确吉坚赞远道而来给释迦佛献了哈达。

全国解放后，国家曾多次拨款进行修缮，塔内更换了楼板、栏杆，加固了梁架，加固了塔基、塔身。现在对外开放，它以雄伟古老的英姿，展示在中外佛教徒和游人面前。

（张永权）

七　栖霞寺隋塔

栖霞寺隋塔，位于南京栖霞寺大殿东南。始建于仁寿元年（601），南唐时重修。据《摄山志》卷二载："隋文帝时，诏送舍利天下，凡八十三州，分造石塔，蒋州（今江苏省南京市）栖霞寺其一也。"卷三载：隋文帝造舍利塔，岁岁剥蚀。金碧毁落，南唐高越、林仁肇重修，复加严饰。在塔的第一级第七面天王像侧，刻有"匠人徐知谦"五字，可能是隋代遗迹。小佛像、飞天等浮雕艺术都具有隋唐的风格，塔四周的卐字栏杆，也是六朝时代流行的作法，而四天王像与南唐李昇陵的二将军浮雕，其风格又颇相近，基座的"释迦八相图"为五代浅浮雕的代表作。因此，一般认为塔为隋朝建、南唐修。

塔为灰白石质，八角五级密檐式，仿木结构，全高十八点零四米。初层塔身广大，立在须弥座样式的基座上，基座与塔身之间有莲座，刻仰莲三重。千叶莲瓣。基唐下有基台二层，第一层每边长三米，二层直边长二点五一米，最下为塔的底座。所有基座、基台、底座等平而都作八角形，底层正而置踏道，阶南向。四周为卐字形栏杆，系1931年修理时从地下掘出，平面亦八角形，每边长五点三四米，形制与云冈石刻所刻相同。基台、基座均有精致雕刻，基台的第一层侧面浮雕缠枝宝相花，基面南刻水波、凤凰；东南刻虾、蟳、龟、猴；东刻三鬼；东北刻龙；北刻龟；西北刻飞马；西及西南两面所刻模糊不清。第二层侧面刻米雀各一对，基面刻八角形图案。基座束腰部浅浮雕横披式的"释迦八相图"，其次序与后代塔的次序略异：西北为"托胎"，刻释迦白兜率天宫乘白象下降母胎；北为“诞生”，刻释迦降生，摩耶夫人手拱菩提树干，一彩女托盘跪在旁边，其余彩女皆合十庆贺；东北为“出游”，内容为释迦作太子时游观四门，看见生、老、病、死各种痛苦；东为“踰城”，刻释迦乘马出逃，入山修道；东南为“成道”，内容是释迦修道成功；南为“说法”，刻释迦成道后在鹿苑说法；西南为“降魔”，刻释迦跏趺坐莲座上，左右有十二魔师举刀剑围攻，龙、蟒、狮亦作攫拏之势；西为“入灭”，内容为释迦涅槃后，袒右肩卧在狮子座上，座后有十二长者围侍，掩泣拊心，衣裙线条，流畅劲挺，人物姿态生动。八相图间八角转角处均浮雕力士或神龙。基座上并有挑出的平檐一层，平檐侧面各刻海石榴花及神狮一对。

初层塔身在角隅有八角形依柱，塔正背两面刻作门形，背面门向北，扉上有门钉，当中是衔环兽首一对；正面站向南，扉上亦有门钉，当中也是兽环一对。东面传系文殊菩萨，像已被铲，西面为普贤骑象，其余四面，均为高浮雕天王像，西北为持杵天王。西南为持叉天王，东南为持剑天王，东北为执罥索天王，其次序与所持法器也和后世的四天王不尽同。天王系全身像，雄壮健实，神态生动。在各像间的依柱上阴刻《金刚》《提谓》等经。

塔檐下的斜面，各刻飞天像，肥胖多姿，颇与敦煌五代石窟的飞天相似。

五层密檐刻成筒瓦状，每角飞檐作龙头。上四层飞檐间的八面各作两圆拱龛，内刻坐佛，原有六十四尊小像，除三尊残损外，大多完整。塔顶上相轮久失，现在的相轮为1931年仿北魏云中寺补建。

该塔建筑精密稳重，构造上采用石块接榫安装的技术，雕刻精美，运用高浮雕、浅浮雕、铁线描多种技艺，充分反映了古代劳动人民创造性的智慧。隋唐时期的古建筑至今遗存不多，因此，栖霞寺隋塔在我国石刻艺术、佛教建筑史和中西文化交流史上，都具有重要的价值。

该塔自南唐重修后，虽历多次兵燹，加上一千多年来的自然损坏，每层塔檐及平檐，都有残缺，部分石刻被损坏，但保存基本完好。南唐以后，主要的一次维修在1930—1931年。据《重修摄山隋舍利塔记》，当时由叶恭绰主其事，刘敦桢教授等设计，根据当时原存部分复原了四周的石栏杆，填补、重刻了塔基的缺损部和部分仰复莲石刻等，基本恢复了旧观，但相轮已非原貌。

新中国成立以后，政府很重视对该塔的保护，清理了塔的四周环境。1956年将该塔列为江苏省级文物保护单位，1957年又安装了避雷针，四周重修了铁栏杆，1963年进行了测绘。在“文革”中避雷针和铁栏杆于1967年被拆去，1971年修复了避雷针，1973年重新建造了铁栏杆，并对长期以来受损坏的大部分石栏杆重新进行了整修和恢复。

（徐鹏）

八　苏州虎丘塔

虎丘塔又名云岩寺塔，位于江苏苏州阊门外虎丘山，是我国佛教建筑中的艺术瑰宝。不论是它奇特的结构，还是内部典雅的装修，处处反映了古代劳动人民的智慧和才能。由于它历史久远，造型美观，成了古城苏州的标志。

虎丘塔建在虎丘山后山悬崖顶上，这里原是王珣琴台故址。塔分七层，高四十七公尺，加上山头本身的高度，拔地七八十公尺，给人以巍峨峻险的感觉。所以宋人曾有“天虚塔欲浮”的感慨。盘旋登上塔巅，远眺四周，绝无阻拦，江南景色尽收眼底。

据苏州文献记载，此塔建于隋仁寿年间。新中国成立初期经调查，初步确定为五代时建筑。1957年从出土文物中证实，此塔始建于五代后周显德六年（959），成塔于北宋建隆二年（961），这是一座千年古塔，毋庸置疑的了。

虎丘塔是完全仿照木塔式样修造的砖塔，塔身、平坐、勾栏等都用砖造，外檐、斗拱是砖木混合结构。塔的平面是八角形，由外壁、回廊和塔心三部分组合而成。塔的内外壁面以及藻井，用泥灰塑成浮雕式牡丹花卉，以各色颜料粉饰；形态各异，风姿绰约，俨然宋人绘画，在艺术上有极高的价值，为塔的建筑中所罕见。塔身由下而上逐层收缩，外壁轮廓线显得十分柔和秀丽。五代到北宋，是我国修建砖塔的全盛时期，虎丘塔可称是这一时期砖塔的代表作品，在我国建筑史上有着显著地位。

千年以来，虎丘塔除了经受风雨的侵蚀，地震的摇撼外，还经历了多次大火，但依旧巍然屹立。由于地基不均匀沉降，塔的东北面沉陷尺余，塔身也由此而明显倾斜。明崇祯年间，采取纠偏措施，将塔的顶层重建南移；塔的中心线形成了一条奇特的曲线，显得更加婀娜多姿。意大利比萨塔因倾斜而著称于世，但是它比虎丘塔的历史要晚三四百年，所以虎丘塔可称是世界上现存最早的斜塔。

1957年修塔时，还在塔上发现了雕刻精致的石函、广漆楠木经箱、磁青纸经卷、铜佛像、三连檀香佛龛等珍贵文物。其中，还有越窑青瓷莲花碗一只，碗托作大瓣莲花图案，釉色明润，光泽如玉，是越窑稀有精品。这些文物，是虎丘佛教鼎盛的历史见证。

在历史上，虎丘殿堂多次遭受破坏，但屡毁即屡建。在清代后期又遭战火浩劫，大部分殿宇建筑，毁于兵燹。以后虽局部不断有所修建，可是已远不如昔日之兴盛了。在国民党统治时期，山上已是一片危房断垣，千年古塔也是百孔千疮，岌岌可危。新中国成立后，政府及时组织力量，拓建整修，使不少古迹渐次恢复旧观；并在全山进行大规模绿化，至今已是绿树成荫，翠竹片片；1957年对塔进行抢修加固，并把它列入全国重点文物加以保护。如今，又恢复了生机，虎丘欣欣向荣，一年四季国内外游客络绎不绝，成了众人向往的游览胜地，虎丘塔这一古代艺术珍宝也重放异彩。

（王仁宇）

九　泉州东西塔

泉州开元寺是我国东南的名寺，东西塔则是开元寺里的名塔，两塔俗称“刺桐双塔”，或“紫云双塔”；单称东塔曰镇国塔，西塔曰仁寿塔。双塔是古刺桐城闻名遐迩的胜迹。

泉州东西塔兀立于晋江平原千年之久，是泉州港历史的见证人。泉州港初兴于唐，双塔也建于唐。东西塔的面貌随着海港面貌的变化而变化。唐时泉州初兴，经济还不雄厚，只能建立木质的单塔，后来泉州经济逐渐繁荣，就由木塔改为砖塔。最后，泉州港大兴，才由砖塔扩为石塔。

明崇祯年间释元贤在《福建泉州开元寺志》中曾简单总结双塔建筑的过程：

“东塔号镇国塔，唐咸亨文偁禅师始作木塔。（按咸亨系咸通的笔误）……咸通六年（865）木塔成，赐名镇国……宋天禧中（1017—1021），改作十三级，宝庆丁亥（1227）复灾，僧守淳改造砖塔，凡七级。嘉熙戊戌（1238）年僧本洪始易以石，仅一级而止。法权继之，至第四级化去。天竺（即今印度）讲僧，乃作第五级及合尖，凡十年始成”（按石塔系西塔先建，后续建东塔，故时间为1238—1248）。

“西塔号仁寿塔，五代梁贞明二年丙子（916）建。……王（按即闽王王审知）乃以林木浮海至泉建塔，经始于贞明二年四月朔，至十二月晦日成，凡七级，号无量寿佛塔。……宋赐名仁寿……（宋）淳熙年间（1174—1199），僧了性再造复兴。僧守淳改造砖塔。绍定元年戊子（1228），僧自证始易砖为石……嘉熙元年（1237）始竣工，实先东塔十年而成云”（按：

双塔从1228至1248年，前后共二十年才全部完成）。

泉州港在南宋有两个时期是值得称道的。一是造桥热，泉州现存的古桥梁称为“绍兴十大名桥”，反映了当时中外交通的兴盛；二是造塔热，建成两个史无前例的双塔，反映了当时文化的兴盛。而双塔建成后，至今已七八百年，经得起台风、地震等考验，仍然完整无损，因此有人用“鬼斧神工”四字来形容它。

东西双塔位于开元寺大殿两侧，相距二百公尺，而基位略为向东南倾斜，地下磐石为基，因此十分牢固。双塔全部用白花岗岩做材料，年久月深，变为赭色，更为古雅。两塔高度略等，东塔四十八米二十八公分，西塔四十四米零六公分。每层高度、宽度层层递减。因此两塔非如他塔的削直，而是显得雄姿壮丽。其基座砌成方形的矮座，两塔为刻莲花的“须弥座”，东塔加刻“佛传图”。每层各设四门，位置都有变换，以免各层相压太重，产生断裂的危险。每层四门两侧，刻以各种雕像。与唐代犍陀罗艺术不同，这些作品具有写实的宋代风格。神像衣着装饰逐渐中国化。每层设有塔龛，每龛有雕像十六尊，双塔共八十尊（今已不存）。塔尖为七宝铜所制，日光映照，光彩夺目。塔尖悬以铁链八条，斜挂八方。塔尖有相轮七层，其底层藏有历代文物，1927年、1928年修理时，曾取出展览，然后再行装入。塔内中心，有八角巨柱，为石构的主要骨干，直通至顶。双塔不设石梯，难以攀登。现在东塔设有铁梯，已可攀登至顶远望，东见海滨归帆点点，西北丘陵起伏，南侧晋江平原一望无际。两塔结构大体相似，仅有若干差异，其造型为八角翼飞式，八角高翘，显得特别秀丽，全国宋塔仅苏州单塔最为形似，但质料不同，苏州单塔全为木构，泉州东西塔则全部石构，而造型则全部仿自木构，极为形似。这便是它难能可贵的所在。建筑家梁思成在其《中国建筑史》里说：

“我国佛塔以砖塔为多。如此双塔者，全部石构，雕刻柱额、斗拱等，模仿木构部分，至为忠实，实可贵罕见之例也。”

双塔造型是我国石工把古代印度复钵式的石砖和我国楼阁式的建筑

相结合的新创造，也是中印文化融为一体的新形式。东西塔现存一百六十尊神像浮雕，所有图像大都具有宋代雕刻的特点，其面部不像唐朝那样丰满，衣褶亦不像唐朝雕刻那样具有曹衣出水一般的生动。宋代图像大都具有写实的特点，其服饰多脱去外国色彩，改用中国服装。

双塔上所雕的神像，和宋代泉州社会所流行的崇拜佛像有关。佛有燃灯、释迦、弥陀三世佛像，菩萨有文殊、普贤、观音、势至、地藏，还有弥陀佛像。高僧则有印度的达摩，罽宾慈云，中国则有玄奘、寒山、拾得、义存、意远、道宣，甚至民间所喜爱的齐天大圣（猴王）也可在塔的浮雕中找到。此外还有佛教中的守护神如四大金刚、金刚力士、韦驮等。

东塔下的“佛传图”，也颇引人注目。佛传图是雕刻释迦生平的故事：显教只刻八幅，密宗增加到十二幅。其中主要有燃灯受礼、乘象入胎、树下胎生、九龙灌顶，以及剃度、降魔、说法、涅槃。泉州东塔的佛传图，不是通常的八幅或十二幅，而是十九幅。除了通常的八幅以外，还增加了许多印度的神话故事，如第一幅《童子求偈》，乃印度大神印德拉吃人的故事，本与释迦牟尼历史无关。这说明东塔的佛传图已经把佛传图扩大，在艺术上也更精细了。

（陈泗东）

十　嵩岳寺塔

嵩岳寺塔位于河南省郑州市登封市城西北六公里处。塔在寺内。寺今还有山门和三小殿堂。塔的创建早在北魏，原建完整保存至今。是我国现存最早的砖塔。此塔驰名中外，就是由于它的古、高和具有建筑艺术等特点。

唐李邕在《嵩岳寺碑》里说：“嵩岳寺者，后魏孝明帝之离宫也。正光元年榜闲居寺。……仁春一载，改题嵩岳寺。……十五层塔者，后魏之所立也。”所谓“离宫”，乃是孝明帝时（516—528）建的，改闲居寺是在孝明帝正光元年（520），此塔就在这时所建。清人景日昣在《说嵩》中持有异议，据他考订，闲居寺乃“宣武帝离宫”，并进一步认定，“宣武已立为寺，而明帝始榜其名”。即改寺亦在宣武帝时，明帝只不过榜其名而已。就这两种说法，我们可以认为，闲居寺当在北魏宣武帝永平元年至孝明帝正光元年（508—520）之间创建，至于塔的建造时间，依李邕碑载，很可能是在孝明帝题榜（改离宫为闲居寺，时520年）之后，即从此算起，嵩岳寺塔已有一千四百八十多年的历史。北魏时寺中僧众七百，殿宇千间，规模相当大。隋、唐之际，又大兴土木。隋文帝仁寿二年（602）在寺南又建舍利塔。唐代建大通秀禅师塔等。宋、金以来，寺趋衰落，明、清之际，除巍然耸立的北魏砖塔之外，寺已荒芜了。

嵩岳寺最重要的文物是北魏大塔。塔高四十余米，平面作等边十二角形，这在我国各类古塔中，此是一个先例。全塔由基台、塔身、密檐和宝刹构成。基台高八十五公分，宽一米六十公分，平面为十二边形，正面有方形月台，同基台一样高。基台上塔身，四面开券门可通塔室。塔身中部以腰檐区分为上下两部分，下面素面无雕饰，上部各角砌出棱柱一根，柱头有莲花，宝珠装饰，下有柱础，各面无门，砌出佛龛，凸出壁面。龛正中亦有券门，可入龛室内，龛顶砌出佛塔上常见的山花蕉叶，须弥座、覆体，受花和叠檐等，龛下部基台正面，各雕两只砖狮，侧正面都有，姿态各异，八面计十六尊雕狮，造型雄浑有力，面面均有佛龛，内设小室，室壁上残存彩绘图案。由此可以推断，龛内原来置存佛像。

塔身以上，是层次密集的十五层塔檐。这种密檐的做法，在此塔以前尚找不到实例，因而被我国建筑学家称之为“如异军突起”。

由于古代匠师的精心设计，使此塔的密檐部分，呈现出多种柔和的圆弧造型。每层檐下，砌有直壁，壁上又砌出真假券门和假窗，共计五百零四个，正与李邕《嵩岳寺碑》“方丈十二，户牖数百”的记述相符合。塔的最上部分，是高大而复杂的塔刹，自上而下，由宝珠，七重相轮，受花、覆钵组成，高近四米。

嵩岳寺塔从结构到造型，反映出的是一种奇异的塔型。其特点是上上下下浑砖砌造，层层叠叠布以密檐。过去有人称此为“单层多檐式塔”，亦有称为“砖塔型”的；也有称为“密檐式砖塔”的；还有称之为“密檐楼阁式塔”的。在我国古塔中，纯的塔型是比较少的，各类塔的内部与外部，特别是在装修方面，总要受到区域民族的影响。所以，在判定塔型时，应当抓住它的基本特征加以考虑。称嵩岳寺塔为“密檐式塔”是比较切合它的基本特征，并且能够反映了它的造型的创造性。就嵩岳寺塔的样式，在印度佛塔造型中从未见过，故梁思成、刘敦桢先生称它的出现“如异军突起”。他们从理论上推测此塔“是用中国固有的单层重檐（或多檐）的建筑物，来代替印度窣堵波之一部分——刹——所产生的形制”。这种推测是有道理的。但此塔除受中国单层重檐（或多檐）建筑物影响外，同时也受楼阁式建筑物的影响，例如，在密檐间矮壁的各面都作出真（或假）门窗，便是仿效多层楼阁建筑的证明，因为在我国单层重檐（或多檐）建筑的檐间是不加门窗装修的。具体地说，此塔下部做高崇的塔身，而上部造密集的叠檐，这一基本特征是吸取了我国单层重檐（或多檐）建筑物的传统手法，而在檐间低矮的塔身加饰门窗，则是吸取了楼阁建筑的特点。

此塔的主要用材是青砖，一般说来，塔上所用的砖材是高质量的，泥质细、火候高，实践证明耐压耐蚀性能都很好，但在使用时，建筑匠师们并没有信手用材，是把火候烧得最好的优质砖挑选出来，砌制外壁，而把略为逊色的砖砌于内壁和壁腹。砖层间的黏合材料——黄土泥，从其坚硬程度和强固的黏结性能看，也决不是一般黄土泥，很可能是经过澄、滤或加入一定的黏合剂而成的，在已知的古墓与古塔中，确有用稀米汁加入石灰中做黏合材料的实例和记述。

塔的外壁和所敷白灰皮，是砖塔的保护衣。最初可能有两个作用，一是美观的需要，可以在白灰皮上绘制彩画；二是保护塔壁，如在各层反叠涩檐上，用白灰泥抿成斜坡，以利排水，不使雨水渗入塔体，就是明显的保护措施。

塔室之内，原置圣台佛像，供法师与香客绕塔做佛事之用。塔室结构颇有变化，向内叠出的檐子，把塔身内部分为十层，拉大了层距。塔层下部平面仍做成等边十二角形，但二层至顶部，则改为八角形。整个塔室呈空筒状。

嵩岳寺塔是我们现存最古的原建筑佛塔。在建筑史上，体现了劳动人民的智慧结晶。它的艺术成功，影响深远。

（张银山）

十一　六榕寺花塔

六榕寺和寺内的花塔，位于广东省广州市朝阳北路，均创建于南北朝时期的梁代，是广州市重点佛教名胜之一。

据有关史料记载，六榕寺和寺内的佛塔，梁大同三年（537）由释昙裕主持修建，当时寺名宝庄严寺；塔内供有释迦牟尼佛舍利，故名舍利塔。唐高宗上元二年（675）重修寺塔。五代时，南汉后主刘鋹的宗室女出家为尼，住在此寺，改名为长寿寺。宋初，寺遭兵燹，塔亦倾圮。端拱二年（989）重建殿宇，并铸造禅宗六祖慧能（638—713）铜像一尊，改寺名为净慧禅寺。当时寺内有六株盘根错节的大榕树，元符三年（1100）苏轼来游，挥笔写下“六榕”二字，寺僧刻匾挂于山门外，从此，六榕寺的新称便代替了以前的旧名。

明洪武六年（1373），六榕寺的大殿被朝廷改为“永丰谷仓”。其他殿堂也多被改建或拆毁，仅存花塔和观音殿。洪武八年（1375）由住僧愈坚苦心劝募，在塔的东边重建觉皇殿，改山门南向为东向。清朝二百六十多年间，寺经多次维修。1919年，住持铁禅募修六祖堂，建补榕亭，并在六祖堂前树立“曹溪法乳”牌坊，文人金保泰撰联书其柱上：“胜迹数名出，达摩履、东坡屐、王勃碑，当年蛮海寻幽，三百钟声留过客；仔肩担大法，舍利塔，南宗像，太湖石，此日瘈榕庭得古，五千弟子有传人。”

新中国成立后，曾先后两次修缮六榕寺和花塔，但在“十年浩劫”中，寺遭严重破坏，文物除慧能禅师铜像和花塔外，一扫而空。

寺塔创建于梁，唐高宗上元二年（675）释宝轮等重修，王勃为此撰《宝庄严寺舍利塔碑记》叙其事。五代末，寺塔均毁。宋元祐二年（1087），郡人林修、沙门道琮重建宝塔。相传当时择基建塔三易其地，都未成功。一天夜晚，林修梦中得神人指示称曰：塔基在子城朝天门外里许地方，周围有九口水井。次日寻之，果得旧基。经发掘，于基下获一巨鼎，内藏宝剑三把，古镜一面及佛牙舍利。遂庀工鸠材，在旧基上重建砖木结构的新塔，至绍圣四年（1097）始告落成。塔内供有贤劫千佛中的八十八佛及五百罗汉塑像，故改塔名为千佛塔，即保存至今的花塔。至于千佛塔为什么叫花塔？有两种说法：一说由于塔身华丽美观，用琉璃瓦覆盖的层层塔檐，稍稍翘起，宛如怒放的花朵，远远望去，整个宝塔好像是用花环叠成的花柱，故名；一说五代南汉时期，每逢上元中秋之际，士人淑女进寺登塔，悬挂花灯，以兆丰稔，故名此塔为花塔，沿用至今。

元至正十八年（1358）重修花塔时，铸千佛铜柱安于塔顶，塔顶天盘上所镌“元至正十八年铸”的文字，至今犹清晰可见。清咸丰六年（1856）飓风吹起塔顶，同治十三年（1874）住持靖涛重修。1915年，受地震影响，塔身出现裂痕。顶层的千佛铜柱发生倾斜，于是塔门封闭达十余年。1934年，寺僧铁禅会同居士赵士觐等发起重修，在塔的内部用铜筋混凝土加固，塔外各层回廊的木栏料改用铁制。塔内原来供奉的泥塑八十八佛像，也多残损，遂改为江西瓷像。工程历时二年告竣。

六榕寺的规模在创建之初是相当可观的，占地面积约达一平方公里，西与光孝寺相接，北抵越秀山麓，殿堂之多，建筑之美。是不难想象的。以后经过多次改建重修，一再缩小，现在仅有山门、觉皇殿、六祖殿、客堂、解行精舍、说法堂及僧舍等房屋数十楹。

山门，即第一进弥勒殿，门外原来悬挂的“一塔有碑留博士，六榕无树记东坡”的木刻对联，在“文革”中被毁掉。第二进觉皇殿（即大雄殿）。第三进六祖殿，供奉六祖的紫铜坐像。这尊像是989年铸造的，高一米八，据说有一万多斤重（亦说八千多斤）。端庄凝重，神态自然，双目微闭，趺坐沉思，成功地显现了樵夫出身的一代禅祖的敦朴风貌。

六祖殿后即花塔，塔高五十七点六米。呈八角形，从外形看是九层，里面每层一明一暗，实有十七层。从第一层到第九层，拾级而上，每层的外面都有用栏杆围着的“回廊”，凭栏四眺，羊城景色尽收眼底。塔的顶层有一根直通顶端的大铜柱，与九霄盘等相贯串，露盘上的八条护链又与塔的八角相勾连，整个塔形，玲珑剔透，典雅大方，体现了宋代建筑的艺术风格。

花塔的北面有解行精舍，1932年建成，居士王弘愿曾在此设灌顶坛，传授东密。花塔的南面有说法堂，是广州星期念佛会的所在地。说法堂前即为寺内有名的榕园，古榕数株，浓荫蔽日，是游人喜爱憩息的场所。

（云峰）

十二　崇圣寺三塔

崇圣寺三塔位于云南省大理白族自治州大理县城西北苍山脚下，耸立在苍山洱海之间，以其悠久的历史和雄伟的身姿，展示了我国古代西南边疆各族劳动人民在建筑方面的卓越成就。

崇圣寺三塔建在原崇圣寺前面。寺东为千寻塔，即大塔；南、北为小塔，排列成三角形。千寻塔方形，高五十八米。为多层密檐式砖塔，共十六层。塔内空心，置有似“井”字形交叉的木骨架，可以攀登至塔顶，壁面素平无饰。塔身最下部为石砌台基，高一米十一公分，上层台基为砖砌须弥座，高一米九十公分，其外有石栏杆。塔身第一层高十三米四十五公分，以上各层逐渐变矮。第二、三层塔身和檐最宽，各为十二米七十公分，最上层为六米二十六公分。塔身第一层仅两面开有券门，第一檐层东、西面有券洞，内置石雕佛像。第二檐层南、北两面开小窗，与塔心相通。以上各层均与第一、二檐层相同。各层四面两侧各砌单层小方塔。塔顶为砖砌方形，置铜制覆钵。上置一相轮，最上部塔刹在一九二五年大地震时震落。千寻塔虽经历代修葺，仍保持了唐代的建筑风格。造型与西安市小雁塔极为相似。

南、北小塔均为八角形多层式砖塔，共十层，南小塔高三十八米二十五公分。北小塔高三十八米八十五公分。两座塔身表面涂有一层白色泥皮，雕有各式花纹。塔身第二层八面各有券龛和佛像一座，背面为浮雕佛光，形象生动，造型优美。第二层底部以莲花瓣、瑞云为装饰，上有单层小方塔。第三层塔檐上砌成“梁柱斗拱”及二层的小方格。第四层为花瓶状的浮雕。以上各层交错重复下面四层的装饰内容。塔顶为三个衔接的铜制葫芦。在第二个葫芦上遮有八角伞，伞上系有铜铃，并有金属线与最高一层的塔檐相连接。

三塔建于何时无确切记载。千寻塔的建筑年代，据目前所知云南地方史料看，有三种说法：一说建于“唐贞观六年，尉迟敬德监造”（《云南山川志》）；一说建于“唐玄宗开元元年癸丑岁，大匠恭韬徽义所造”（《景泰云南图经》）；一说建于“唐开成元年，王嵯巅建大理崇圣寺，圣僧李贤安立三塔”（《南诏野史》）。根据崇圣寺铜钟铸有“维建极十二年岁次辛卯三月丁未朔二十四庚午建铸”的纪年（建极十二年为唐懿宗咸通十二年——871），以及剑川石钟山石窟丰祐天启十一年（841—859）之间造像等佛教遗迹印证，千寻塔可能是南诏晚期的建筑。南、北小塔的建筑年代晚于千寻塔，从其风格看似五代时的建筑。三塔处于地震频繁的地区。唐僖宗光启二年（886）以来，云南见于记载的地震达三十余次。明代以前全省两次破坏性的地震均在大理，明代的两次强烈地震亦在大理。三塔千百年来仍巍然屹立，充分体现了我国古代劳动人民的建筑智慧与才能。

（黄如英）

十三　法门寺真身舍利塔

塔址在陕西省扶风县城北法门寺内。高耸而立，雄伟壮观。真身舍利，即释迦世尊的指骨舍利。舍利有：法身舍利和生身舍利二类。其生身舍利又分全身舍利和碎身舍利二种。释尊涅槃，荼毗后留下了灵牙、顶骨、身骨，指骨等无数舍利。据载：当时被摩揭陀，迦毗罗卫等八国分去，各自起塔供养（《佛本行经》卷七）。至阿育王统一印度（前三世纪）后，王将其中七座塔的舍利取出分装众多宝箧，建造众多小型宝塔分送四面八方去供养（《阿育王传》）。依据《大唐圣朝无忧王寺大圣真身宝塔碑铭并序》记载："此寺（无忧王寺——法门寺古称）大圣真身宝塔者……阿育王之首建也。……或曰：华夏之中有五，即扶风得其一也。"就是说，法门寺塔所藏的佛陀指骨舍利，即阿育王所造宝塔之一，分送供养展转而来。

在《大智度论》里说，即使供养小如芥子的舍利，亦获无量功德。法门寺塔的佛指舍利，"长寸二分"（《集神州三宝感通录》），是稀世之珍，不仅佛教徒对他顶礼膜拜，而且古代著名的唐朝统治者对他也是五体投地的。自贞观五年（631）唐太宗敕许岐州刺史张亮开塔，后来唐高宗、武则天、唐肃宗、德宗、宪宗、懿宗先后六次开塔，将佛指舍利迎入宫内供养。其中高宗、则天和懿宗三次规模甚大。如懿宗咸通十四年（873）奉迎入内的一次："广造浮图、宝帐、香舆、幡、幢、盖以迎之，皆饰以金玉、锦绣、珠翠。自京城至寺三百里间，道路车马，昼夜不绝。""佛骨至京师，导以禁军兵仗，公私音乐，沸天烛地，绵亘数十里……"（《法门寺》引《资治通鉴》）。高宗一次历时最长，从显庆四年（659）十月开塔迎奉，至龙朔二年（662）二月送还本塔，先后于长安、洛阳两都大内供养，历时二十八个月。

法门寺真身舍利塔，创建于北魏，毁于北周武帝禁佛。唐贞观年间（627—649）重建，显庆年间（656—661）修建，宋代邵博所撰的《闻见后录》记载该塔“四层”。明万历年间（1573—1620）建就八棱十三级砖塔，至1982年崩塌。1988年照明塔形式再次建起，坚固庄严，胜于往昔。

1982年明塔倒塌时，当得铜佛像四十八尊，《毗卢藏》《普宁藏》经本二十七（残）卷，其他佛经近四百卷，后在拆除残塔过程中又得佛像五十六尊，合前共得一百零四尊。为了重建新塔，彻底清理了旧塔基和地宫，地宫原建于874年，唐朝廷按照当时密教规制构造和布置供养佛指舍利的曼荼罗。奇珍异宝，品类繁多，布局井然有序。曼荼罗内“一身三影”——一枚真身佛陀指骨舍利和为了护持真身而仿制的三枚影骨舍利。金银器一百二十一件，琉璃及各类珍珠、宝石、玉器近四百件（颗），瓷器十六件，石质文物十二件，铁质文物十六件，漆木等器十九件，丝织品七百余件。以上各件，制作技艺高超，造型精美自然，皆一级甲等文物。其丝织品中如金襕袈裟等唐代檄金丝最细直径已达到零点一毫米，比今世界上生产的最细檄金丝还细。

1988年，一座仿明八角十三层砖塔重新建起，是年十一月九日宝塔开光，请中国佛教协会副会长明旸法师主法，隆重举行“释迦如来真身舍利瞻礼法会”，中国佛教协会会长赵朴初居士和陕西省政协主席周雅光为法会剪了彩，参加瞻礼的中外缁素五万多人，皆大欢喜，叹未曾有！

（王新）

十四　大雁塔

大雁塔位于陕西西安市慈恩寺内，是唐代梵文经典的蒐藏所在。慈恩寺始建于隋开皇九年（589），初名无漏寺，唐武德初年（618）废毁。贞观二十二年（648），皇太子李治为报其母文德皇后鞠养之恩，命有司依故寺兴建为大慈恩寺。当时寺院规模巨大，玄奘奉勅由弘福寺移居慈恩与为上座，住翻经院，专事翻译。唐高宗永徽三年（652），玄奘三藏以人事不常，经本易散，欲在寺端门的南边建立三十丈高的大石浮图一座，安置从天竺请来的经像。后以功费难就，改用砖瓦，就寺中西院营建。塔的基面各一百四十尺，初唯五级，并相轮露盘，凡高一百八十尺，每层中心，都有舍利，或一千或二千，凡一万余粒。上层以石为室，贮太宗、高宗所制《三藏圣教序》《记》碑。首尾二年，功业始毕。后因塔心卉木钻出，塔身逐渐颓毁，武周长安年间又依汉土刹表旧式，增其高度为七层，内部改作空心，以便登临。唐岑参诗说："四角碍白日，七层摩苍穹"，即雁塔改建后的实景。

"安史之乱"，慈恩寺的堂宇遭受摧残，次第圮毁，惟雁塔岿然独存。有僧莲芳，重加修葺。宋元丰年间，塔毁于火。熙宁年中塔再失火，经宵不灭，而塔亦不可复登。明万历甲辰，尚书温纯重加修葺，于塔设置梯阶，始得登临其顶。塔经数度涂饰，昔日唐贤的墨迹，皆不可得。塔四门上石桄上的刻画，极其精绝，也为游人刻名侵蚀。仅东西两龛褚遂良书《圣教序·记》，完好无损。清同治年间，陕西一带回民起义，慈恩寺堂宇，又成灰烬，唯塔独免于灾。今日的寺庭，是光绪十三年以后所建。

雁塔屡经修理，已非原状，今日实测，塔有七层，高一百九十四尺，塔基各边长八十四尺，呈四方形。四面砌花岗石为门。各层绕以短廊，亦启四门。塔内设置六阶，从阶梯次第上登。

塔，本名慈恩寺塔，可能是据《西域记·摩揭陀国》载因陀罗势罗窭诃山中，有亘娑窣堵波（雁塔），为雁投身自殒以开悟小乘教徒之处的故事而名雁塔。雁塔地居形胜，所在显敞，是登高望远的好地方。唐朝以科举取士，尤重进士出身。三场以后，文战既捷，列名慈恩寺雁塔，谓之题名。历代许多文人学士在这里登高赋诗题名，留下了大量逸事佳话。大雁塔中的历史遗物，可考知的有四：

一、梵文经典。此项梵典的来源有二：其一是玄奘三藏所携归的，共五百二十夹，六百五十七部，初在长安弘福寺。永徽二年（651），在慈恩寺建立梵本经台贮藏。雁塔筑成后，永存塔中。其二是永徽六年（655）那提三藏所携来的。三藏来唐时，所携大小乘经律论五百余夹，合一千五百余部。初抵长安时，安置慈恩寺中，其初忱未移入雁塔。显庆元年（656），那提三藏奉勅往毗仑诸国采取异药。在此期间，为玄奘三藏移出，当系置雁塔中，妥为保存。此项梵本，直至唐代中期以后，尚未散佚。元和八年（813）武延秀所撰《慈恩寺梵夹经记》（《宝刻类编》卷五）述其实况。玄奘三藏一代的翻译，即依据此项梵籍。那提三藏旋于龙朔三年（663）在慈恩寺译出《八曼荼罗经》《阿吒那智经》等三经。贞元十九年（645）释牟尼室利来朝，复就奘师梵本，译出《守护国界主陀罗尼经》十卷。北宋时雁塔两度大火，梵夹与辟支佛牙俱归灰烬（《长安志》卷六）。

二、四门石桄，刻镂均极精妙。西方塔门内殿中央作释迦说法图。图绘释迦趺坐莲花台上，前面安置香炉。释迦的左边胁侍菩萨九人，右边八人，都侍坐莲花上。佛殿左右轩廊内，各立菩萨一体。柱础、圆柱、斗拱轩檐、四注屋脊、轩廊，皆刻莲花，为研究唐代建筑史所资。

三、弥勒石像，白大理石圆雕，高等身，今已弃置北门内黑暗处。

四、《圣教序》碑及《圣教序记》碑。此两碑是太宗、高宗应玄奘三藏的请求而制作，借以表彰玄奘译业的。在《玄奘塔铭序》上说，“《三藏圣教序》成，神笔自写”。此是太宗御笔撰书，时在贞观二十二年（648）六月（据《慈恩传》卷六），高宗时居春宫，奉睹圣文，又制《述圣记》。京城僧侣请镌二序与金石，藏诸寺宇。显庆元年（656）高宗以行体书碑，又用飞白势作“显庆元年”四字。二碑镌成，与慈恩寺佛殿前东南角别造碑屋安置。这是《圣教序记》的初本，久佚无考。今日传世的，计有褚遂良的雁塔本、同州本、王行满本及怀仁集右军书本四种。其中褚遂良所书写的雁塔本，原载雁塔上层石室内（《慈恩传》卷七），不知何时移在塔下，分置左右两龛内，左龛内为太宗御书《三藏圣教碑序》，褚遂良于永徽四年（653）十月书。右龛内为高宗御撰《三藏圣教序记》碑，褚氏于同年十二月书。右龛内的碑，因与左碑相对，故采自左向右读的体裁。这是《圣教序记》的第二本。褚氏的书法，源出史陆（《述书赋》），于正书中兼用行笔，参以分隶，其笔法疏瘦劲练，如孤蚕吐丝，雅有西汉遗韵。其次为同州本，内《太宗序》《高宗记》俱全，但无答勅及《心经》。书于龙朔三年（663）六月，时褚氏已卒六年，乃是同州人怀念他的遗泽而复摹刻的。较两本书法风格，则同州本饶骨，雁塔本饶韵，若出两手。雁塔本体势动如婵娟美女，不胜罗绮，同州本意稍拘谨，笔力健劲，有坠石惊雷之势。两者实各具殊胜，难分轩轾。

（戴蕃豫）

十五　曼飞龙塔

位于云南省西双版纳傣族自治州景洪市勐龙乡曼飞村寨后山山顶上。始建于清乾降年间（1636—1795）。因山顶岩石上有一“佛足印”，故而建塔于其上。该塔是上座部佛教的著名建筑，1988年被列为第二批全国重点文物保护单位。

曼飞龙塔由一大石塔八小塔组成，砖石结构，系八角金刚宝座群塔。建筑形式与东南亚上座部佛教诸国的佛塔类似，在我国上座部佛教古建筑中艺术价值很高。每年的傣历一月十五日（月圆时），都要举行佛塔庆典活动。

（张琪）

十六　姐勒金塔

姐勒金塔傣语称“广姆贺卯”，位于云南省德宏傣族景颇族自治州瑞丽市姐勒寨。曾是一座历史悠久，建筑精巧，为数十七的塔群，已有四百多年的历史。

此塔为实心砖石结构，由塔座、坛台、宝伞、风标、塔铃等组成。主塔高二十余米，四周有十六个小塔环绕大塔。塔身涂金，光彩夺目。

姐勒金塔在德宏傣族景颇族自治州傣族的历史上是比较著名的，为全州古建筑之冠。从建筑艺术上说，这种形式的佛塔类似缅甸仰光的“瑞光塔”，是随上座部佛教由印度经缅甸传入瑞丽后，产生的一种佛教建筑。

（张琪）

附录:《中国佛教》参编词条作者小传

（按作者姓氏笔画排序）

王森（1912—1991）

王森，1912年1月11日出生于河北省安新县，原名瑞陞。1931年考入北大哲学系，1935年毕业后，留在时任哲学系主任汤用彤身边当助手。1936年夏，到清华哲学系任助教，讲授印度哲学和因明。七七事变后，北平沦陷，清华南迁。王森蛰居北平，转入私立中国大学哲学系任教。抗战胜利后，到北大东语系任教，并加入菩提学会，对勘藏汉文佛经。1952年，调入中央民族学院研究部，讲授藏传佛教、西藏史、梵藏佛典等，指导各国留学生。1958年，调入中国社会科学院民族研究所，后亲赴拉萨实地调研、搜访文献。1978年后任中国社会科学院民族研究所副研究员、研究员、研究生院教授，从事藏传佛教和藏族史的研究，并任中国民族史学会理事、中国宗教学会理事等职。王森著述有《西藏佛教发展史略》《藏传因明》等，他曾为民族文化宫图书馆馆藏贝叶经编写目录，并为中国佛学院编著《佛教梵文读本》教材。1991年2日2日于北京病逝，终年79岁。

王新（1923—2020）

王新，曾任中国佛学院副院长、中国佛教协会教务部主任、中国佛教文化研究所研究员、副所长，中国佛教协会第四届理事会理事，第五、第六届理事会常务理事，第七届理事会咨议委员会委员。2020年2月14日，王新在北京逝世，享年98岁。

云峰（1921—2003）

云峰法师，广东省海康县雷城（今广东省雷州市）人，俗名朱富，1921年生，1931年到湛江南山上林寺礼宗和上人为僧，法名法奇、字云峰。曾任广州六榕寺住持，第六、七、八、九届广东省人大常委会委员，广州市佛教协会会长、名誉会长，广东省佛教协会会长、名誉会长，中国佛教协会咨议委员会副主席等。

巨赞（1908—1984）

巨赞法师，俗姓潘，名楚桐，笔名有万钧、周行等。生于1908年，江苏江阴人。早年担任地方小学校长，1930年因领导教师罢课，遭到通缉，匿居杭州灵隐寺，后依住持却非剃度出家。1933年，巨赞应太虚之聘，到汉藏教理院任教。后辞职赴南京，入中国内学院学习。1937年春，赴闽南佛学院任教，7月抗战爆发后，先后前往湖南、广西领导佛教僧俗从事抗日活动。抗战后，巨赞返回灵隐寺，后赴香港讲经。1949年，受邀到北京出席第一届中国人民政治协商会议。此后，他连续当选第二、三、四届全国政协委员，及第六届的常务委员。1957年，当选中国佛教协会副会长，曾主持出版《现代佛学》杂志。巨赞法师生平著有《评熊十力所著书》《禅宗的思想与风范》《般若思想在中国汉族地区的发展》等作品。1984年，巨赞法师于北京圆寂，世寿77岁，僧腊52年。

中国佛教协会

中国佛教协会（The Buddhist Association of China），由虚云、喜饶嘉

措、圆瑛、赵朴初等二十多位全国佛教界知名人士发起，于1953年在北京成立。会址设于北京广济寺。中国佛教协会是中国各民族佛教徒联合的爱国团体和教务组织。其宗旨是：团结、带领全国各民族佛教徒爱国爱教，拥护中国共产党的领导和社会主义制度，坚定不移走中国特色社会主义道路；发扬优良传统，传承优秀文化，加强自身建设，维护合法权益，弘扬佛教教义，兴办佛教事业，践行“人间佛教”思想，庄严国土，利乐有情，为促进经济社会发展发挥积极作用，为维护宗教和睦、民族团结、社会和谐、祖国统一、世界和平作贡献，为实现“两个一百年”奋斗目标和中华民族伟大复兴的中国梦贡献力量。中国佛教协会是中国大陆唯一的全国性佛教组织，各省市均设有地方性佛教协会。

方广锠（1948— ）

方广锠，1948年7月生于上海，后随家迁赴新疆。1962年到1968年在新疆沙湾县第一中学学习。1969年1月至1972年7月在新疆沙湾县乌拉乌苏公社插队，1972年7月至1978年9月在新疆塔城师范学校工作。1981年毕业于中国社会科学院研究生院南亚系，获硕士学位。1988年毕业于中国社会科学院世界宗教系，获博士学位。1989年3月至1993年5月在北京图书馆（现国家图书馆）善本部工作，1993年5月至2004年5月先后在中国社科院亚太研究所、世界宗教研究所工作，2004年6月起在上海师范大学工作。主要从事佛教文献学、敦煌学研究，他独著、合著有《中国写本大藏经研究》《中国国家图书馆藏敦煌遗书总目录·馆藏目录卷》等20余部。主编、合编《藏外佛教文献》《中华大典·哲学典·佛道诸教分典》《中国思想宝库》《开宝遗珍》等10余种，各类敦煌遗书图录200余册。参编《中国大百科全书》等各类工具书10种，发表学术论文270余篇。

石鸣珂（1901—1971）

石鸣珂，即芝峰法师，字象贤，浙江温州（今浙江省温州市）人。14岁剃度出家。后到宁波观宗寺受戒，留观宗寺的观宗研究社学习。1923年至汉口佛学会所办佛学讲习所学习，毕业后转入武昌佛学院学习。芝峰深得太虚器重，太虚许多重要讲稿，都由其记录、整理、发表。1925年秋，回到剃度的护国寺讲经，后来在寺中办讲舍，为地方培育初级僧才。1927年，闽南佛学院遇危乱之事，太虚函召其与大醒赴闽院整顿，两位分任教务与事务主任。在闽院期间，教授唯识等内容，其学识渊博、辩才无碍，使闽院名声大振。1932年，芝峰、大醒随太虚离开闽院。先在苏州护国寺讲《维摩诘经》，后到武昌编辑《海潮音》月刊。抗战期间，寄居于上海静安寺。1946年，太虚设立中国佛教整理委员会“会务人员训练班”，集合九省三市的优秀比丘120余人，施以行政训练，命芝峰担任班主任。新中国成立后不久还俗，其后在中国佛学院执教。著作散见于《海潮音》《现代僧伽》《现代佛教》等杂志，他从日文翻译过来的《唯识三十论讲话》《禅学讲话》等作品，甚受欢迎。1971年逝世，享年71岁。

田光烈（1912—2007）

田光烈，1912年生于贵州遵义（今贵州省遵义市）。1943年起在中国内学院，追随欧阳竟无、吕澂先生研习佛学，1951年入云南大学任教，1956年入金陵刻经处，并参与《中国佛教百科全书》编撰工作。1977年调至南京大学教授唯识，1979年调回金陵刻经处。出版有《玄奘哲学研究》《论禅学》《佛法与书法》《〈闺范〉译注》《玄奘大师与世间净化论》等专著，并先后在《哲学研究》《现代佛学》《法音》等书刊上发表论文80余篇。曾任中国佛教协会咨议委员会委员、南京市政协委员、南京市佛教协会顾问等职，晚年于闽南佛学院担任研究生导师。2007年7月27日离世，享年96岁。

吕澂（1896—1989）

吕澂，字秋逸，又作秋一、鹫子，1896年生于江苏省丹阳县（今江苏省镇江市丹阳市）。早年研究美学，曾留学日本学习美术，归国后任教于上海美术专科学校。在美学方面著有《美学概论》《美学浅说》《现代美学思潮》等作品。后来醉心佛学，协助其师欧阳竟无创办并管理“中国内学院”。抗战爆发后，随内学院入川，后任院长。在处理院务之余，投入学术研究。通英、日、法、梵、藏各种文字，不仅在中国佛学方面富有创见，在梵藏佛学方面也深入堂奥，出版有《中国佛学源流略讲》《印度佛学源流略讲》《因明纲要》等著作，并发表过多篇论文。1953年6月，北京成立中国佛教协会，被推选为常务理事。1956年，《中国佛教百科全书》编纂委员会成立，任副主任委员，具体主持编纂工作。后任全国政协委员、中国科学院哲学社会科学学部委员、中国佛学院院务委员会副主任等职。1989年7月8日，于北京病逝，享年93岁。

任杰（1920—2011）

任杰，1920年11月出生于四川省剑阁县，1937年在四川江油窦团山云严寺出家，法名常浩，次年于彭县龙兴寺受比丘戒。1941年，跟随能海法师修习佛法与藏文。1945年，于五台山亲近扎萨克喇嘛学习。1956年，成为中国佛学院首届学员，此后的二三十年中始终追随法尊法师、观空法师等人学习。1972年，调回中国佛教协会，参与《辞海》宗教部分和《中国大百科全书·宗教卷》的编写工作。1974年，开始参与整理《房山石经》。1989年退休后继续从事编译等工作。1994年起，应请在五台山塔院寺连续四年为结夏安居的僧众授课。汉译了嘉曹杰《四百论释》，印度圣天菩萨造、菩提贤论师《智心要集论释》及其他如《古印度中观论著九种》等诸多论著。于2011年10月6日逝世，享年91岁。

刘峰（1923—2003）

刘峰，又名刘常净，生于1923年，安徽人，法名澄璧，法号常净。1940年在北京广济寺受具足戒，并就读于北京广济寺弘慈佛学院，后又到青岛湛山寺佛学院学习，对龙树中观学产生浓厚兴趣，开始苦学中观学。1956年中国佛学院成立后，进入中国佛学院学习，依周叔迦先生研究三论宗，以优异的成绩获得中国佛学院第一届研究生学历。1980年中国佛学院恢复招生后，被聘请为中国佛学院三论宗专业导师，在中国佛学院从事教学工作长达23年之久。于2003年去世，享年80岁。

刘衡如（1900—1987）

刘衡如，曾用名刘定权，四川邛峡（今四川省成都市邛峡市）人。1900年8月生。1921年毕业于四川陆军测量学校，任职于四川陆军测量局。1923年8月入南京内学院研究佛学及中国文学。1927年9月起，历任四川大学、成都大学、成都师范大学及华西联合大学教授。1931年回南京内学院任研究员。1933年任重庆大学中文系教授。1936年刘文辉设西康建省委员会，因刘衡如通佛学和藏文，请他担任民政科长。后历任西康省政府秘书处秘书、省政府高等顾问、康定县县长、西康省政府高等顾问等职。1949年11月协助刘文辉起义。1950年9月，任康定中学教员，并继续研究佛学。1952年9月起潜心中医研究。1956年11月至北京，任中国佛教协会《佛教百科全书》编纂委员会及三时学会编辑。1958年7月受人民卫生出版社之托，开始校订古医书。1962年为国务院参事室安置人员。1985年1月被聘任为中央文史研究馆馆员。著有《破〈新唯识论〉》《玄奘五印行迹图》《中国医药和阴阳五行的起源》《试论六经血气多少之常数》等文，整理、校订了《本草纲目》《灵枢经》《针灸甲乙经》等二三十种医书。于1987年1月11日去世，终年87岁。

观空（1903—1989）

观空法师，俗姓廖，湖南省耒阳县（今湖南省衡阳市耒阳市）人，生于1903年。1919年于湖南衡阳西禅寺礼智玄长老出家，法名观空，同年在南岳上封寺受具足戒。1922年在武昌佛学院学习，1925年随大勇法师赴西藏学法。1936年，应北京四众邀请，在法源寺佛学院讲《菩提道次第论》。不久又返康定，准备再赴西藏学法。1939年，应邀再度至京，旋赴天津，经印度入藏，在拉萨哲蚌寺从颇章喀大师、康萨仁波切学经。1958年，回到北京，于中国佛学院任教，指导学员汉译《中论文句释》《四百论释》《六十正理论释》《中观宝鬘论释》等藏文著作。又译《缘起赞句义略解·见深义眼》等，后又从藏文回译圆测法师《解深密经疏》后六卷。亦曾以笔名潭影发表过多篇论文。1989年7月5日于福建莆田广化寺圆寂，世寿87岁，戒腊69年。在《中国佛教》的编写中亦署名为潭影。

苏晋仁（1915—2002）

苏晋仁，字公望，祖籍湖南湘阴（今湖南省岳阳市湘阴县），1915年生于长沙，随其父迁居北京。九一八事变后，正在中学读书的苏晋仁，因国难家衰不得不中途辍学，此后一边工作养家糊口，一边坚持勤奋自学，后受教于周叔迦、吴廷燮与陈垣等人。1953年到中央民族学院工作，并在中国佛教文化研究所、中国道教文化研究所、中国佛学院及北京市佛教协会等单位进行研究与教学。不仅著有《两汉县政考》《真谛三藏年谱附译述考》《佛教文化与历史》等专著，还校注了《宋书》“乐志”“天文”“律历”“百官”四志，并辑有《敦煌道教遗书》。2002年4月16日，于北京逝世，享年87岁。

苏晋仁（左二）

李安（1908—2005）

李安，1908年5月出生于浙江东阳县（今浙江省金华市东阳市）。1930年入中国内学院，1935年6月，由欧阳竟无推荐，被选为金陵刻经处董事会第二届候补董事，后任董事。1954年，调入金陵刻经处工作。1956年调任中国佛教百科全书编纂委员会南京分会任编辑。1960年回金陵刻经处工作，1987年被评为中国佛教协会佛教文化专业副研究员，直至2001年退休。李安长年从事佛经刻板的编目整理及佛教文献的研究采集工作。曾在中国佛学院、中国佛学院栖霞山分院、北京社会科学院、金陵协和神学院等处讲学。编有《吕澂佛学论著选集》，著有《童蒙止观校释》，撰有《论佛法知行观》《杨仁山居士与金陵刻经处》《吕澂先生在佛教研究上的贡献》等文章，论文结集为《李安佛学论著选集》。2005年2月21日，于南京逝世，享年97岁。

李静杰（1963— ）

李静杰，1963年生。1987年毕业于吉林大学考古专业，1992年毕业于北京大学考古专业，获硕士学位。1987年8月至1998年5月，先后就职于河北省文物研究所、北京故宫博物院。

1998年赴日本名古屋大学学习，2002年获博士学位。回国后就职于清华大学美术学院，现任清华大学美术学院艺术史论系教授、博士生导师。主要研究中国古代美术与宗教美术，在中国古代佛教造像的指导思想、佛教造像系谱、中古中外文化艺术交流方面有所突破。代表作品有《南北朝隋代萨埵太子本生与须大拏太子本生图像》《北朝时期定光佛授记本生图像的两种造型》《关于云冈第九、十窟的图像构成》等。

吴明

为禹振声笔名。

吴梦麟（1937—2022）

吴梦麟，生于1937年，山西定襄（今山西省忻州市定襄县）人。1961年毕业于北京大学历史系考古专业。之后，一直在北京市文物系统从事文物考古保护与研究工作，现为北京石刻艺术博物馆研究员，并任中国文物学会专家，圆明园学会学术委员会委员，北京史研究会副会长，北京文物局学术委员会委员等，编著的作品有《房山石经题记整理与研究》《北京万佛堂孔水洞调查》等。2022年12月26日于北京逝世，享年85岁。

张中行（1909—2006）

张中行，字仲衡，1909年生于河北省香河县。1935年毕业于北京大学中文系，后在北京大学任教。新中国成立后长期供职于人民教育出版社，从事中学语言教材编辑，退休后任人民教育出版社特约编审，直至1997年。主编及参编的著作有《文言常识》《文言文选读》《古代散文选》（三册）及中学通用语文教材等。自二十世纪八十年代开始散文随笔创作，出版散文集《负暄琐话》等，另著有《文言与白话》《文言津逮》等。于2006年2月24日在北京去世，享年97岁。

张永权

张永权，时任山西省应县木塔文保所所长。

张建木（1917—1989）

张建木，名克强，1917年5月6日生于河北武清县（今天津市武清区）。早年毕业于辅仁大学国文系，后入北京大学、辅仁大学文史研究所研修，受教于陈垣、沈兼士、余嘉锡等人。毕业后，除在抗战期间前往后方重庆执教外，一直在北京从事研究与教学工作，曾在中国大学、北京大学、北京师范大学、雍和宫汉藏学院、中央民族学院等处讲学。1956年至中国佛教协会从事学术研究，并参加《佛教百科全书》编译工作。曾任中国佛教协会名誉理事、中国佛教文化研究所研究员、中国民族语言协会理事、中国西藏佛教研究会理事等。通晓梵、藏文，不仅写有《玄奘法师的译经事业》《〈俱舍论〉识小》《宗喀巴大师传》等文章，还汉译多罗那它《印度佛教史》，并与法尊法师合作将《格西曲札藏文辞典》译为汉文。其在声韵训诂之学上亦有造诣，写有《声训学杂论》《说文解字序偶笺》《论〈左传〉里的“于”跟“及”》等文，并参与《新华字典》的编写。于1989年12月29日离世，享年72岁。

张琪（1963—　）

张琪，曾在中国佛教协会综合研究室、中国佛教文化研究所、《法音》编辑部等部门工作，曾任中国佛教文化研究所副所长，现任《法音》编辑部主任。

陈弘

为法尊法师笔名。

林子青（1910—2002）

林子青，1910年10月10日出生于福建漳州，1927年毕业于厦门闽南佛学院，后广泛参学，先后执教于镇江竹林寺竹林佛学院、常熟兴福寺法界学院、香港大屿山佛学院以及上海静安佛学苑等地，在上海市佛教协会工作多年，1960年至1980年期间曾在中国佛学院兼职任教。1942年弘一大师在闽示寂，诸家回忆记载多不一致，林子青发愿编著了《弘一大师年谱》。1956年应中国佛教协会之聘，至北京参加《中国大百科全书》佛教撰稿工作，后又参加“房山石经”研究工作多年。1986年，任《弘一大师全集》编委会主任，1990年编著《弘一法师书信》。又经几十年的资料搜集与整理，于1992年编著出版《弘一大师新谱》。2000年，台湾法鼓文化出版社编辑出版了《林子青居士文集》（计三册），其中收录了他的论文、专著及散文等共95篇。历任中国佛教协会理事、常务理事、咨议委员会委员、中国佛教文化研究所研究员，终生致力于佛教教学、翻译及文史研究工作。2002年9月30日在北京去世，享年92岁。其在《中国佛教》的编写中亦署名为“施无畏”。

林培安

上海音乐学院教授，对于佛教音乐，特别是佛教梵呗颇有研究，著有《梵呗窥源佛曲辨宗》《佛教梵呗传入东土后的华化和演变》《丛林度化观水陆——中国佛教梵呗仪轨浅谈》《禅心如乐　奉曲直抒——关于弘一法师的佛教歌曲》《弘一法师与〈三宝歌〉》等文。

明真（1902—1989）

明真法师，俗姓赵，名哲，出家后法名明真，号真慈，1902年出生于湖北省荆门县（今湖北省荆门市）。1924年到武昌莲溪寺出家，次年到湖南南岳祝圣寺受具足戒。1929年，被聘为南岳佛学讲习所的国文教员。抗日战争爆发后，投身抗日活动。1939年5月，南岳佛道教救难协会成立，出任文书股长，该会的组织大纲和宣言，多出其手。抗战胜利后，仍驻锡南岳，先在祝圣寺讲学，后来移居山上的南台寺。1953年，中国佛教协会在北京成立，当选为理事。翌年，又当选湖南省人民代表大会代表。同年应中国佛教协会之邀赴京，后长居北京。1959年，一度回湖南，参加《湖南省志·宗教志》的编纂工作。1980年，当选中国佛教协会副会长兼副秘书长，同时受请担任法源寺住持，兼任中国佛学院副院长。1985年，被选为湖南省佛教协会会长。1989年5月17日圆寂，享年88岁，戒腊65夏。

周叔迦（1899—1970）

周叔迦，1899年生人，原名明夔，字志和，笔名有云音、演济等，原籍安徽东至县。同济大学毕业后开办工厂，1926年旅居青岛期间，遇到一位密宗法师，由此潜心佛学。1931年到北京，先后于北大、清华、辅仁诸大学任教讲授佛学，期间加入“三时学会”从韩清净学习唯识。抗战胜利后，加入中国民主同盟。1950年，担任中国尼泊尔友好协会副会长，并当选为第三届全国人民代表大会代表。1953年，与众人一起发起组织中国佛教协会，当选副秘书长，曾到锡兰参加释迦牟尼涅槃2500年纪念大会，后又参加“房山石经”的拓印工作。1956年，中国佛学院成立，出任副院长兼教务长。著有《唯识研究》《阿弥陀经义疏》《菩萨戒律汇集》等作品，其授课讲义与未结集的论文已汇为《周叔迦佛学论著集》，由中华书局出版。1970年，于北京逝世，享年72岁。

周绍良（1917—2005）

周绍良，祖籍安徽东至县，1917年4月23日生于天津，其父为著名佛教学者周叔迦。早年追随唐兰、谢国桢、陈垣等人学习。1954年起在人民文学出版社任编辑工作。1986年，被聘为国家文物鉴定委员会委员。1987年，出任中国佛教协会第五届佛协副会长兼秘书长，同年担任中国佛教文化研究所所长。后任中国吐鲁番学会语言文学分会会长、中国唐史学会副会长、中国人民政治协商会议全国委员会委员等职。周绍良在佛学、古文献学、红学、敦煌学等领域均有造诣。编著有《敦煌变文汇录》《唐代墓志汇编》《唐代墓志汇编续集》，与周汝昌、李易合作点校《红楼梦》。曾将自己众多收藏的珍贵藏本、书画捐给了故宫博物院与天津图书馆。于2005年8月21日在北京逝世，享年88岁。

法尊（1902—1980）

法尊法师，俗姓温，字妙贵，河北深县（今河北省衡水市深州市）人，生于1902年。早年在五台山显通寺出家，1922年，到北京法源寺依道阶法师受具足戒。是年，太虚大师在武昌创办“武昌佛学院”，法尊在道阶法师的鼓励下，南下入佛学院就读。1925年夏，与其他20多名学僧在大勇的带领下赴藏学法。此程艰难，同行者或返回，更有大勇等多人于途中病逝。1931年，终到拉萨，止于哲蚌寺学习，深受本格西的器重。1936年，奉太虚大师之命，返回重庆，任“汉藏教理院”教务主任，并代理院务。1949年，到北京主持“菩提学会”。1953年，中国佛教协会成立，被推举为常务理事。1956年，中国佛学院成立，任副院长。1980年中国佛学院恢复后任院长。精通佛学，藏文水平颇高，汉译有《菩提道次第广论》《密宗道次第广论》《现观庄严论》《集量论》《释量论》等诸多著作，并将汉文《大毗婆娑论》译为藏文。1980年，在北京圆寂，世寿79岁。在《中国佛教》的编写中亦署名为陈弘。

持松（1894—1972）

持松，1894年生于湖北荆门，俗姓张，法名密林，字持松。1912年，于荆州铁牛寺出家。1913年，到汉阳归元寺受具足戒。后至上海“华严大学”学习，1916年毕业后，回到湖北，于当阳玉泉寺祖印法师处叩习天台。1918年出任常熟虞山兴福寺住持。1922年冬，与大勇等人到日本高野山学密，1924年回国，应请住持武昌洪山宝通寺，以此为复兴中国密宗的道场。1925年，随团赴日参加“东亚佛教大会”，会后往新潟从权田雷斧僧正及比叡山、高野山多处学习。1927年回国，往来上海、南京、杭州、武昌等多处传法灌顶。1936年，再赴日本考察学习。1947年，任静安寺住持。1953年，被选为中国佛教协会常务理事，1956年，当选上海市佛教协会会长。著有《密宗通关》《金刚大教王经疏》《真言宗朝暮行法》《摄大乘论义记》《华严宗教义始末记》等。1972年，于上海圆寂，世寿79岁，僧腊60年。

赵朴初（1907—2000）

赵朴初，1907年11月5日生于安庆，中国民主促进会创始人之一，卓越的佛教领袖、杰出的书法家、著名的社会活动家与伟大的爱国主义者。早年从事佛教和社会救济工作。1936年后参加抗日救亡活动，曾任上海慈联会救济战区难民委员会常委，负责收容工作，动员、组织青壮年参加新四军。1939年参加宪政促进运动。1945年参与发起组织中国民主促进会。1949年9月出席中国人民政治协商会议第一届全体会议。中华人民共和国成立后，历任华东军政委员会民政部副部长，华东生产救灾委员会副主任，中国作家协会理事，中国书法家协会副主席，中日友好协会副会长、顾问，中国佛教协会副会长、会长，中国红十字会名誉会长，中国人民争取和平与裁军协会副会长，1983年6月任政协全国委员会副主席，政协全国委员会民族和宗教委员会主任。2000年5月21日在北京逝世，享年93岁。

胡继欧（1921—2001）

胡继欧，1921年生于湖北沙市（今湖南省荆州市沙市区），曾依止太虚大师、大勇法师、五台山札萨克喇嘛、密藏院衮确多杰上师等大德学习佛法，藏文法名仁钦卓玛。与丈夫杨德能毕生以“汉藏兼修、显密兼弘”为宗旨，依止法尊法师等高僧大德广学汉藏显密，注重弘扬格鲁派教法。自1950年法尊法师在北京菩提学会主持翻译工作，他们共同依止法尊法师三十年之久学习，并担任法尊法师翻译经论之助手。他们保存法尊法师文稿，后共同整理编辑了法尊法师的全集。先后在五台山汉藏佛学院、北京蒙藏学校、民族学院附中、中国佛学院、雍和宫、北京佛教居士林等处讲授藏文与佛法。1964年至1990年，在中国佛教协会从事藏文翻译工作，并参与房山石经的整理与研究。1990年至北京佛教居士林，担任副理事长、研究室主任，并受聘为中国藏语系高级佛学院副研究员。两位老居士晚年致力于北京佛教居士林的恢复与重建，受到广大林众的赞许和爱戴。于2001年1月6日离世，享年80岁。

禹振声

曾任教于中国佛学院，主要研究台贤二宗，撰有《十二因缘台贤义释》《二谛台贤义释》等文，参与了《俗语佛源》词条撰写。

施无畏

为林子青笔名。

姚长寿（1945—　）

姚长寿，1945年出生于上海，1968年毕业于南京大学中文系；1981至1983年，1990至1996年曾先后两次，由中国佛教协会派遣赴日进修；1996年获日本佛教大学博士学位。曾任中国佛教文化研究所副所长、中国佛教图书文物馆馆长、中国佛学院副院长、教授、研究生导师。2006年退休。曾在中国佛学院开设“华严学概论”“华严五教章讲读”“中国佛教史”“净土学概论”“净土论研究”等课程，是华严学、净土学研究生的指导教授。著译有《中国佛教石经的研究》（合著）、《七寺古逸经典研究》（合著）、《印度佛教史概述》（合译）等。

徐丹晖（1941—　）

徐丹晖，原名徐中和，1941年8月出生于北京，祖籍四川省合江县。1965年毕业于北京大学中文系，后在北京广播学院（现中国传媒大学）任教，从事现代汉语、语体学、修辞学的教学与研究，编著有《语言艺术探索》《写作与语言艺术教程》等。

高观如（1906—1979）

高观如，字和南，1906年生，江西安义人。早年与沈行如、吴信如等人在长沙二学园修学，师从顾净缘，后赴日本留学。1930年回国，从事佛教史、文学艺术等研究和编辑工作。曾任“三时学会”编辑室主任、中国佛教协会理事，中国宗教学学会理事等职，并在中国社会科学院担任研究生导师。编著有《入佛指南》《小乘佛教概述》《大乘佛学概述》《中国佛教文学与美术》等作品，又有《印度宗教史》等译著。于1979年逝世，享年74岁。

郭元兴（1920—1989）

郭元兴，1920年11月出生于江苏省睢宁县，幼年学佛。1942至1949年，先后在重庆译员训练班进修，曾任重庆考试院院长办公室书记，天水骑兵学校英文编译等。1952年返沪任《觉有情》月刊特约编辑，其后多年在中学任教。1980年5月，重回到佛学研究的岗位上，1988年6月被聘为中国佛教文化研究所研究员。娴熟英、藏、梵等多种外语，宗唯识而兼善宁玛，撰有《达摩二入四行与道家言》《高僧法显行迹杂考》《读萨迦两祖名称幢和八思巴的两篇〈西藏王统记〉》《〈山海经〉之西荒地理与印度、释典及西方古地志》等论文。于1989年6月30日在北京逝世，终年70岁。

黄忏华（1890—1977）

黄忏华，字璨华，号凤兮，生于1890年，祖籍广东顺德（今广东省佛山市顺德区），自幼客居南京。青年时富有救国热血，辛亥革命爆发后，在上海组织过学生军，五四运动前后，又加入过少年中国学会，后经柳亚子介绍入国民政府立法院工作。先后从欧阳竟无、太虚大师学佛，著述丰富，编著《佛教各宗大意》《佛学概论》《唯识学轮廓》《南传佛教概略》等书，其所著《中国佛教史》被誉为“现代中国人撰写的第一部系统的中国（汉传）佛教通史”，是我国以西洋学术方式撰写佛学著作的先驱，被众多佛教院校作为教材使用。除佛学外，还译著有《近代美术思潮》《西方哲学史》《近代文学思潮》《现代哲学概观》《美术概论》《政治学荟要》等作品，发表多篇诗文。于1977年8月28日在杭州去世，享年88岁。

阎文儒（1912—1994）

阎文儒，字述祖，又名成凡，号真斋主人。1912年11月出生于辽宁锦州。1933年毕业于东北大学史地系。1936年考入北京大学文科研究所，师从向达。1943年，随向达、夏鼐等人参加西北科学考察团。1947年任沈阳博物院委员兼秘书长。1948年，任职北京大学文科研究所，后调入历史学系考古学教研室，讲授“中国美术史”“石窟寺艺术”“考古学通论”等课程。1957年夏，受中国佛教协会委托，赴北京房山云居寺考察石刻经。在中国石窟寺考古、艺术考古等领域贡献突出，主要著作有《中国石窟艺术总论》《两京城坊补考》《中国考古学史》等。1994年8月逝世，享年82岁。

梁思成（1901—1972）

梁思成，广东新会（今广东省江门市新会区）人，1901年生于日本东京，其父为梁启超。1912年辛亥革命后，随父母从日本回国，1923年毕业于清华学校高等科。1924年，与林徽因一起赴美国宾夕法尼亚大学建筑系学习，后又去哈佛大学学习建筑史。1928年，二人回国在沈阳东北大学创立了中国近现代第一个建筑学系。1931年，到北平中国营造学社工作，1932年主持故宫文渊阁的修复工程。七七事变后，带领全家辗转到昆明和四川定居，并在昆明恢复了“营造学社”。在兵荒马乱时代，和妻子、同仁一起，踏遍中国十五省，二百多个县，测绘和拍摄二千多件各代保留下来的古建筑遗物。1945

年日本投降后，担任清华大学建筑系主任，创办营建学系。1949年新中国成立后，兼任北京市规划委员会副主任，主持了首都人民英雄纪念碑的建筑设计，为保护北京古建筑奔走呼吁。于1972年1月9日在北京逝世，享年71岁。曾任“中研院”院士、中国科学院哲学社会科学学部委员，其重要著作《营造法式注释》《图像中国建筑史》在身后出版。

隆莲（1909—2006）

隆莲法师，俗名游永康，1909年出生于四川乐山（今四川省乐山市），1941年在四川成都（今四川省成都市）爱道堂出家，1942年受聘为四川莲宗尼众部教务长。1984年，出任新中国第一所比丘尼教育学院——四川尼众佛学院院长。后任全国政协委员、四川省政协常委、四川省文史研究馆馆员、中国佛教协会副会长、中国佛教协会咨议委员会副主席、中国佛教文化研究所研究员等职。隆莲法师才学蜚声中外，著有《四分比丘尼戒本讲义》《能海法师年谱》等，汉译有《空行母行轨》《入菩萨行论广释》《绿度母四曼荼仪轨》等，英译《比丘尼二部僧戒羯磨》等，亦曾参与《中国佛教》《藏汉大辞典》等重要出版物的编写工作。2006年11月9日，于四川成都爱道堂安详示寂，享年97岁。

喜饶嘉措（1884—1968）

喜饶嘉措，青海省循化撒拉族自治县人，1884年农历四月初八出生，乳名多杰。7岁，由诺尔布格西授沙弥戒，正式剃度出家，法名喜饶嘉措，意为“智慧的海洋”。16岁入安多拉卜楞寺学习，后受具足戒。21岁到达拉萨，入哲蚌寺学习。1916年，32岁的喜饶嘉措取得拉然巴格西学位。之后应十三世达赖喇嘛邀请，到罗布林卡宫工作，校刻了《布敦全集》《甘珠尔》等。1936年年底，在国民政府的邀请下赴京讲学。抗战开始后，连任国民党参政会参政员。西藏时局变化，国民政府指示喜饶嘉措以个人名义赴藏朝圣，率领一部分人员进行宣慰工作。1949年，新中国成立后，出任青海省人民政府副主席兼省文教委员会主任，西北军政委员会委员和西北民族事务委员会副主任等职。1955年，当选中国佛教协会会长，后兼任中国佛学院院长，多次率团出访缅甸、尼泊尔、印度等国。于1968年11月1日去世，世寿85岁。

游侠（1902—1987）

游侠，字于默，1902年生，浙江平阳（今浙江省温州市平阳县）人。早年随国共两党革命，曾任共产党平阳县委书记，后任国民党海军部机要秘书，领少将衔。1950年解放军建军后，以渡江起义将领的身份任华东海军委员会秘书。1925年即在中国内学院随欧阳竟无学习，抗战时随内学院西迁四川。1943年，欧阳竟无去世后，吕澂担任院长，担任其学术与院务助理至1946年底。1949年7月，与赵朴初被上海佛教界公推为上海佛教界代表前往北京。1950年，从部队转业至上海群联出版社任编审。1953年，应吕澂之邀担任金陵刻经处编辑，并于后来参与《中国佛教百科全书》撰写工作。1978年年底，重回金陵刻经处工作。于1987离世，享年85岁。

虞愚（1909—1989）

虞愚，原名德元，字竹园，一字佛心，号北山，原籍浙江山阴（今浙江省绍兴市），1909年生于福建厦门（今福建省厦门市）。中学毕业后即入武昌佛学院学习，后在上海、厦门继续学业。在厦门大学期间，经太虚法师介绍到闽南佛学院兼课，有机会研读大量因明典籍。1934年毕业后留校任教，翌年赴南京任国民政府监察院编审。后赴重庆，在监察院工作期间亦兼任汉藏教理院文哲课程。1941年任教于贵州大学，后任厦门大学哲学文学专业教授，新中国成立后兼任逻辑教研组组长。1956年进京参与《中国佛教百科全书》编写，并兼任中国佛学院教授。1982年到中国社会科学院哲学所工作。虞愚出版了《因明学》《中国名学》《印度逻辑》等著作，又撰有《法称在印度逻辑史上的贡献》等文章。在书法、文学等方面亦有创获，出版有《书法心理》《北山楼诗集》等著作。1989年7月28日在厦门逝世，享年80岁。

潭影

为观空法师笔名。

戴蕃豫（1910—1989）

戴蕃豫，1910年生，四川人。戴蕃豫早年追随章太炎学习，后于北京图书馆善本室工作，此间开始《后汉书》的研究。抗战期间，到四川大学历史系任教。抗战胜利，应冯文潜之邀，入南开大学历史系执教。1956年，进入新成立的中国佛学院担任讲师，先后在中国佛学院、北京师范大学、联合大学等校任教。戴蕃豫有《中国佛教美术史》《中国佛典刊刻源流考》《稿本后汉书疏记》等诸多著作。1989年1月1日逝世，享年79年。

后记（2004年版）

《中国佛教》第五卷已经编好即将送出版社了，这是一件值得高兴的事情。

《中国佛教》一书原是供斯里兰卡英文百科全书的中文稿，是在我会会长赵朴初大德领导下组织佛教学者撰写的。后在整编过程中，对原稿佛教胜迹和文化部分略有调整和补充。经与同仁商量，并得到会领导的支持，收入了《佛教和中国文化》，选用增加组写的《中国佛教与哲学》等十六篇，删去原稿《印佛及印塔》等五篇，本卷付梓文稿八十八篇；合前一、二、三、四卷三百四十一篇，五卷总计四百二十九篇。除去胜迹和文化两部分外，其余文稿都是遵循核对资料，改其误漏，删节需删，保存原貌的原则整理的。

此书第一卷“中国佛教史略”“中外佛教关系史略”“中国佛教宗派源流”。当时由巨赞、明真、净慧等法师，虞愚教授及本人共同整理编辑，1980年出版。后来会务渐多，人事分工变化，第二卷“中国佛教人物”和“中国佛教仪轨制度”，由本人负责整编，第三卷、第四卷“中国佛教经籍”和“教理”亦然。绠短汲深，勉为其难。幸得上下左右各方面的支持和协助，先后不下十人，帮助誊清稿件，十分辛苦，致有1982年第二卷出版，1989年第三卷、四卷同时出版。第二卷原先只是“中国佛教人物”，没有“仪轨制度”，“仪轨制度”原拟排在“经籍”和“佛教教理”之后，但因“佛教人物”作为一卷，与前相比字数不足，出版部门提出意见需要增加文稿，不得已将“仪轨制度”排在“人物”之后（字数符合出版社需求），成第二卷。

1987年当第三卷、四卷脱稿并交出后，我会研究部改为中国佛教文化研究所。我同姚长寿副所长相商，拟一起着手尽快把第五卷文稿整理出来。但因工作需要，不久我即离所调到别的部门工作，文稿交由长寿副所长负责。时隔数年，长寿副所长欲往日本深造，我被指定兼管中国佛教文化研究所，文稿又回到我的手中，可谓是时节因缘，不可思议。但由于主客观种种原因，又是四个年头过去了，今天才把此稿整理就绪，即将交付出版。扪心自问，深感内疚，愧对赵朴初会长的关怀和信托，愧对广大读者的期待。

关于编辑《中国佛教》第五卷文稿的几个具体问题，说明如下：

一、藏经版本稿件。藏经是我国佛教的瑰宝。从北宋开宝本刻印藏以来，至清藏止，现在可考的，一共有十八个木刻版本。如再加上藏、蒙、满、傣、西夏文版本和清后的铅印本，那就更多了。这方面原稿几乎全部是吕澂先生撰写的。当时看，实在是言简意赅，探骊得珠。可是，事隔二三十年，又陆续发现了一些过去不知或知之而未见的藏经版本，再看吕文就显得有许多不足之处。因此，请中国社会科学院世界宗教研究所藏经版本专家方广锠先生将近年来新发现的藏经版本整理出来作了重要补充。极具学术研究价值。

二、石窟稿件。佛教石窟是我国佛教艺术的宝库。二十世纪六十年代初期，我会商请北京大学闫文儒教授带了几个助手，先后用了一年余的时间，到全国各大石窟实地考察。根据考察测绘、摄影和记录等资料，为本书撰写了十一篇文稿。后来闫先生将其中的“云冈石窟”一篇借去使用，不知何故，及我们索回时，该篇文稿有了缺页，尤其是在第三期造像部分缺失较多。闫先生已经离开人世。因此，请其高足、时任北京市文物研究所研究员的祁庆国先生依据闫先生生前写的《论云冈石窟的造像题材与风格》（《北朝研究》1994.2.3合刊）、宿白先生《平城实力的集聚和〈云冈模式〉的形成与发展》（同上）、《佛教石窟考古概要》的《云冈石窟》部分（文物出版社，1993版）等资料，将所缺部分，按照原稿体例和学术论点补齐，并酌量吸收了近年考古勘察和研究的新成果。其余十篇石窟稿件，也是祁庆国先生整理完成的。甚为珍贵。

在本书即将出版之际，佛教与中国文化部分请姚长寿教授重新校阅、润色，文字表述更为完美、准确，在此向为此书撰稿的诸公，向所有为此书付出过心力的法师、居士和同志，还有为此书增组稿件操劳过的魏承彦、姚长寿诸先生表示衷心的感谢，限于水平，在组编方面错误在所难免，希望读者予以指正。

是为后记。

王新

公元1995年10月吉日

佛历2539

补记（2004年版）

《中国佛教》一书，第一、二、三、四卷原是由上海知识出版社出版的。当第五卷文稿于1995年向其交稿时，该出版社已经不复存在（与他社合并后易名）。因此，稿件搁置起来，拖延至今。加之本人近年来四大不调，展转沉疴，精力不支。上述诸多原因，使朴老生前未能看到本书的出版，深为憾事。

另外，原拟编入第五卷的名山圣地和佛教寺院稿件，由于内容较多，卷页过量，商量再三，拟将作为《中国佛教》第六卷编辑出版。此卷的宗旨是，除介绍寺院的历史、宗派、传承、建筑、文物等外，着重反映中共十一届三中全会恢复宗教政策二十多年来寺院的发展变化。记述佛教面临改革开放的难得历史机遇，在高僧大德和广大信徒护持下，寺院得以辉煌发展变化的盛况，对于表明我国的宗教政策和佛教文化的多彩多姿是很有意义的。

如今，在中国佛教协会一诚会长新一届领导班子的大力支持下，经中国佛教协会综合研究室主任徐玉成先生的努力，现由中国社会科学出版社顺利出版发行。借此机会，特向中国社会科学出版社冯春凤同志和诸位善知识所付出的辛勤劳动和默默奉献表示诚挚的感谢。

特此补记。

王新

2004年4月吉日

后记（二）

《中国佛教》（中、英文卷各五辑，总计十册）的完整出版，是中国佛教协会成立70年来非常重要的文化事业，也是佛教文化薪火相传的大事，更是当代佛教文化建设的盛事。其编写的历史因缘非常殊胜：1955年周恩来总理受斯里兰卡总理之托，委托中国佛教协会组织人力编写、翻译《中国佛教百科全书》。它也是赵朴初居士、吕澂先生、法尊法师、巨赞法师、喜饶嘉措大师、周叔迦居士、周绍良先生等如今耳熟能详、在新中国佛教史上起到重要作用人物的群体成果。其出版工作亦是一个长时段的历史事件，始于1979年，在时任会长赵朴初居士的领导下，中国佛教协会开始着手整理中文底稿。1980年6月，《中国佛教》第一辑由知识出版社发行，出版之后社会反响热烈。随后，1982年8月第二辑，1989年5月第三、四辑，均由知识出版社出版；2004年6月，第五辑在中国社会科学出版社出版。《中国佛教》主要沿用了二十多年前所编写的旧稿，但也有新稿，尤其第五辑是在修订旧稿的基础上，增补了部分篇章。总之，初版时，前五辑《中国佛教》是陆续出版，时间跨度很长，且内容在旧稿基础上有所增删。其中第五卷，与前四辑有较长的时间间隔，出版社也发生了变动。

2018年，第五届世界佛教论坛召开，在这一机缘的推动下，中国佛教协会于当年3月启动了“《中国佛教》英译出版项目”，该项目由中国佛教文化研究所承办。项目计划将当时留存的稿件进行整理和电子化，并将撰写的全部英文定稿录入成文字，进行审定和出版。一方面，让当年编译团队的成果走向大众，服务于当下的中国佛教文化建设；另一方面，为英语世界提供一套英文版的《中国佛教百科全书》（*Encyclopedia of Chinese Buddhism*），为世界各民族文化交流互鉴增添思想资源。项目的牵头单位为中国佛教文化研究所，由我本人为项目负责人。团队设立协调小组，主要负责工作方案的设计与协调、工作流程的制定和监管、审定团队的联络沟通、不同层级信息的传达反馈、相关协作部门的沟通协调、校录相关材料的撰写与报送，组长为范文丽，组员有刘东、能仁、澄龙等。截至2020年，项目完成的工作包括如下几件大事（依事件开始的时间顺序）：一、英文定稿的整理、校对、初步审定；二、全部文稿的电子化；三、世界佛教论坛展览用手稿的编订；四、“知识社会史视域下的中国佛教百科全书编撰”学术研讨会的召开。

在范文丽博士的推进下，来自海内外40多位年轻学者、法师、博士、硕士研究生等参与了《中国佛教》英译稿的修订工作。同时，这批英译稿的出版工作亦成为我的心头大事。在演觉会长、宗性副会长、刘威秘书长等会领导的支持下，在中国出版传媒股份有限公司总经理李岩、国际儒联宣传出版委员会吴浩秘书长的热心帮助下，在华文出版社包岩社长的积极推动下，中英文《中国佛教》的出版工作在2021年现出曙光。2022年2月，中国佛教协会与华文出版社正式签订合同，决定出版《中国佛教》（英文卷），并命名为*Encyclopedia of Chinese Buddhism*（《中国佛教百科全书》），同时也对《中国佛教》（中文卷）进行再版，以形成中英对照的效果。

2022年2月9日，因五辑《中国佛教》（中文卷）出版事宜，我前往拜访中国佛教协会综合研究室原主任徐玉成老先生。徐老师将一批第五辑的手稿以及还未完成写作的第六辑手稿委托给我，保留在中国佛教文化研究所。那一皮箱的手稿，徐老师一直将之放在身边近30年，虽然搬家两处，未曾有损。发黄的手稿，破旧的皮箱，一颗对佛教文化虔诚、精进的心！一副沉甸甸的重托，一种“且待来者”的信任，一种“薪火相传”的期待，无比感慨！

《中国佛教》（中文卷）的校订工作，主要由我的博士生朱兆丰、张忆雯完成，刘东给予协助。他们需要先将五册书稿的pdf版本转为word版，并依据前者进行校对。由于这套书出版经年，pdf 版已经模糊不清，几乎每一页都需要逐字校对，因此，实际上校对的工作量是比较大的。他们校订后，最后由我本人通读一遍，作为定稿提交给华文出版社。

《中国佛教》（英文卷）在国内系首次出版，因成稿年代久远，且经过当年的多次修订后，英文卷与中文卷并非严格对应，有些地方略有出入。出版过程中，华文出版社组织专家与编审团队做了大量认真、细致的工作。吴文娟主任组织编辑团队采用中英文卷对校的方法，对书稿进行审读把关，发现了诸如人名、地名、典籍名、年份、历史事件细节等表述不一致的地方。针对此类问题，编辑团队与我及范文丽逐一沟通，逐项核实、订正。有时，针对一处铭文、一个典籍名称、一个年号，需要查阅各种资料相互佐证，其间的过程颇为曲折，大家付出了艰辛的努力。编辑团队与我们都有一个共识，面对这样一套凝聚着前人心血的著作，无论怎样严谨、细致，都感觉不够。

2022年5月27日，我突然一念灵感，决定在书后附上编写者每人大约300字的传记，这项工作由刘东负责。文化的传承是一代代人心血的流淌，记住他们是最好的怀念。实际上这项工作的开展是有一定的难度，赵朴初、吕澂等先生生平资料很丰富，我们需要从中挑选、缩写而给予收录；同时，我们也发现了那个特殊年代的无奈，如林子青先生在《中国佛教》中署名为“施无畏”、法尊法师署名为“陈弘”、观空法师署名为“潭影”、禹振声化名为“吴明”。

2018年至今，我一直生活在这一重要的历史因缘中，既获得领导们的肯定和支持，也有师友、学生们等团队力量的支撑，当然偶尔也有一些无奈与无力。有时，想一想在困难时代的那批人，心中也就没那么多情绪，只剩下豪情与坚持，一直走到现在。

每一代人都有每一代的因缘与使命。《中国佛教》的中、英文卷能够同时出版，是二十一世纪中国佛教文化事业的重大事件；作为参与者的我们，能够为这一重要成果的面世奉献一些自己的心血，既是责无旁贷的，也是非常幸运的。

当然，这一事业仍然没有最终圆满，因为还需要撰写、修订、翻译第六卷。既然是未竟事业，那就继续努力吧！

圣凯

于北长街27号中国佛教文化研究所

2022年10月1日